E.M 普通高校应用型本科经济与管理系列规划教材

经济法教程

Economic Law

（第二版）

曲　宁　雒园园　郭荣庆　主编

大连理工大学出版社

图书在版编目(CIP)数据

经济法教程 / 曲宁，雒园园，郭荣庆主编. —2 版.
—大连 ：大连理工大学出版社，2013.6(2014.12 重印)
（普通高校应用型本科经济与管理系列规划教材）
ISBN 978-7-5611-7913-0

Ⅰ. ①经… Ⅱ. ①曲… ②雒… ③郭… Ⅲ. ①经济法
—中国—高等学校—教材 Ⅳ. ①D922.29

中国版本图书馆 CIP 数据核字(2013)第 118043 号

大连理工大学出版社出版

地址:大连市软件园路 80 号　邮政编码:116023

发行:0411-84708842　邮购:0411-84708943　传真:0411-84701466

E-mail:dutp@dutp.cn　URL:http://www.dutp.cn

丹东新东方彩色包装印刷有限公司印刷　　大连理工大学出版社发行

幅面尺寸:185mm×240mm　　印张:19.5　　字数:380 千字

2009 年 9 月第 1 版　　2013 年 6 月第 2 版

2014 年 12 月第 3 次印刷

责任编辑:邵　婉　　责任校对:齐　悦

封面设计:波　朗

ISBN 978-7-5611-7913-0　　定　价:32.00 元

前　言

本教材在体例安排上，主要从经济管理的特点出发，只要是与经济管理有关的、企业管理者应当掌握和了解的重要经济法律制度，我们就予以选用，全面介绍了市场经济条件下的基本市场运行规则。在教学内容上，在介绍具体的法律法规时，抓住重点，根据市场对高级专门人才的需求，把相关专业技术职称考试的要求内容和考点与课堂教学结合起来进行重点讲解。在教学方法上，注重理论与实践的结合，突出案例教学在经济法学系中的作用，以案说法，希望促成特色教学方法的形成，以帮助提高教学效果。

教材（第二版）重新编写了课后习题，并且配备答案。

本教材适用于本科非法学专业的经济法课程教学，尤其是经管类专业学生，也可供经济管理类干部培训及社会读者自学使用。

编者

2013 年 5 月

目 录

第1章
经济法基本理论

学习目标

经济法的概念、法律体系和原则；经济法律关系及其要素；法律事实和经济法律关系的产生、变更和终止；经济法律责任。

生活个案

小张、小李和小赵经过市场调研看好一个项目，三人一共投资200万元，成立了一个企业，该企业并没有去工商局登记。在经营过程中，三人与当地职能部门签署合作协议，职能部门发布文件，限定当地消费者购买该企业产品，使企业获得了该地区的垄断地位。

市场主体的市场准入问题是经济法首先要调整的问题。坚持市场主体法定化原则，能够确保市场运行秩序以及交易安全。单纯依靠市场力量，市场主体出于对一己私利的追求会导致市场中出现不正当竞争行为，会产生垄断，致使市场秩序混乱。国家要通过适当的干预，来维护市场的有序运行。

1.1 经济法导论

1.1.1 经济法的产生和发展

调整经济关系的法律规范是商品经济发展到一定历史时期的产物。它随着生产力的发展,社会政治制度的变化,经历了一个产生、发展的历史演变过程,并随着经济关系的复杂化,日益增多和完备。

经济关系在原始社会是由习惯来调整的,到了阶级社会,则由统治阶级制定的维护本阶级和同盟者利益的法律来调整。特别是到了现代,科学技术的加速发展带来了社会生产力的大规模提高,资本主义发展到了垄断阶段,资本主义经济危机的出现使得资本主义国家的国家职能开始做出相应的调整,美国和德国纷纷制定立法干预经济生活。所以,经济法的产生和发展是社会生产和商品经济发展的必然结果,是国家组织和管理国民经济活动的必然手段。

"经济法"的概念是18世纪法国空想社会主义者摩莱里在1755年出版的《自然法典》①一书中首先提出的。19世纪法国空想社会主义者德萨米在1842~1843年分册出版的《公有法典》②一书中也使用了"经济法"这个概念,并且发展了摩莱里的经济法思想。

但是那个时代的"经济法",实际上是"产品分配法"的代名词,是计划经济条件下的分配法。显然,这种经济法的概念完全不同于世界各国在经济全球化、普遍采用市场经济体制的今天的经济法的概念。

现代意义的经济法,应该形成于西方国家的垄断资本主义阶段。一般认为,经济法最早出现于第一次世界大战前后的德国。但当时的经济法其主旨是加强垄断,以保护德国相对落后的资本主义经济。德国于1919年颁布了世界上第一部以经济法命名的法律《煤炭经济法》。其实这已经是最早的现代意义的经济法了。

美国尽管没有经济法这个专有名词,但是我们不能否认经济法部门在美国的存

① 商务印书馆于1982年出版了由黄建华、姜亚洲根据1970年出版的法文原著译成中文的《自然法典》。摩莱里是18世纪法国启蒙运动中早期的著名空想社会主义者,恩格斯曾经对摩莱里的理论给予了很高的评价,认为它是18世纪的"直接共产主义理论"。摩莱里的经济法思想可以归纳为:(1)建立以公有制为主体的所有权制度;(2)保证每个公民都有劳动的权利和承担劳动的义务;(3)按人口数量实行需求平等的分配;(4)强调国家对社会经济生活实行统一的管理。

② 商务印书馆于1982年出版了由黄建华、姜亚洲根据1967年出版的法文原著译成中文的《公有法典》。德萨米的经济法主张归纳起来主要有:(1)主张实行公有制,认为公有制的最好形式是公社;(2)认为最好的分配方式是按比例的平等分配;(3)主张建立没有贸易的社会制度;(4)重视对劳动关系的法律调整。

在。1890年,美国国会通过了《谢尔曼法》,旨在限制垄断商业和贸易的联合或独占行为。罗斯福政府运用国家管理经济的手段调节经济大萧条,收到了良好的效果。这标志着经济法地位在美国得到了稳固。

在第二次世界大战结束后的几十年里,世界各资本主义国家普遍加强了对经济的广泛统治。维护自由竞争的市场秩序、促进社会经济协调发展的较为成熟的经济法在西方发达国家日益形成,在保护竞争和限制垄断,实行国民经济局部"计划性"以及提高劳动生产力等方面做出了很大的贡献。

中国的经济法,在20世纪70年代末80年代初与经济法学相伴而生。随着健全经济法制的呼声不断加强,在经济法学酝酿和形成的过程中,《中华人民共和国森林法(试行)》(1979年)、《中外合资经营企业法》、《中外合资经营企业所得税法》、《广东省经济特区条例》、《关于扩大国营工业企业经营管理自主权的若干规定》(1979年国务院发布)、《国务院关于推动经济联合的暂行规定》(1980年)、《关于发展社队企业若干问题的规定(试行草案)》(1979年国务院发布)、《中华人民共和国优质产品奖励条例》(1979年国务院发布)、《中华人民共和国环境保护法(试行)》(1979年)、《经济合同法》等法律法规先后出台;1981年成立了"国务院经济法规研究中心"(1986年并入国务院法制局),专司经济法规起草、修订的组织、协调工作;各级人民法院于1979年开始设立经济审判庭,主要受理商品购销、农村承包经营、银行和信用社借贷、建筑工程承包和加工承揽等经济合同纠纷,也审理经济损害赔偿、知识产权和涉外经济纠纷等;1980年恢复设立铁路运输法院和水上运输法院,在大面积国有林区设立森林法院;1984年开始设立海事法院;1986年人民法院组织行政审判庭等。这些法制实践和经济法学说相结合,从主客观两个方面表明了在中国出现了经济法这一新兴法律部门。

我国业已形成的经济法体系,在经济管理方面,有《中华人民共和国预算法》(1994年)、《中华人民共和国税收征收管理法》(1992年制定,1995年、2001年修改)、《中华人民共和国外商投资企业和外国企业所得税法》(1991年)、《个人所得税法》(1993年、1999年、2005年修改)、《中华人民共和国会计法》(1985年制定,1993年、1999年修改)、《中华人民共和国审计法》(1994年制定、2006年修正)、《中华人民共和国中国人民银行法》和《中华人民共和国商业银行法》(1995年)、《中华人民共和国外汇管理条例》(1996年制定、1997年修正)、《中华人民共和国农业法》(1993年)、《中华人民共和国土地管理法》(1986年制定,1988年和1998年修改)、《中华人民共和国城市房地产管理法》(1994年制定、2007年修正)、《中华人民共和国烟草专卖法》(1991年)、《中华人民共和国对外贸易法》(1994年、2004年修改)、《中华人民共和国反倾销条例》(2001年、2004年修订)、《中华人民共和国反补贴条例》(2001年、2004年修订)、《中华人民共和国海关法》(1987年、2000年修改)。

在企业和投资方面,制定了《中华人民共和国全民所有制工业企业法》(1988年)、《全民所有制工业企业转换经营机制条例》(国务院1992年)、《中华人民共和国乡村集体所有制企业条例》(国务院 1990 年)、《中华人民共和国城镇集体所有制企业条例》(国务院 1991 年)、《中外合资经营企业法》(1990 年制定、2001 年修改)、《中华人民共和国中外合作经营企业法》(1988 年制定、2000 年修改)、《中华人民共和国外资企业法》(1990 年制定、2000 年修改)、《中华人民共和国公司法》(1993 年制定、2005 年修订)、《中华人民共和国证券法》(1998 年制定、2005 年修改)、《中华人民共和国合伙企业法》(1997 年制定、2006 年修改)、《中华人民共和国乡镇企业法》(1996 年)、《中华人民共和国企业破产法》(2007 年)、《中华人民共和国企业法人登记管理条例》(国务院 1988 年)、《中华人民共和国公司登记管理条例》(国务院 1994 年发布、2005 年修订)、《中华人民共和国合伙企业登记管理办法》(1997 年)等。

在经济活动和维护公平竞争方面,制定了《合同法》(1999 年)、《中华人民共和国反不正当竞争法》(1993 年)、《中华人民共和国产品质量法》(1993 年制定、2002 年修改)、《中华人民共和国广告法》(1994 年)、《中华人民共和国价格法》(1997 年)、《中华人民共和国消费者权益保护法》(1993 年)、《反垄断法》(2007 年)等。

1.1.2 经济法概念

经济法自引入我国法学领域,理论界就对其概念进行了激烈的、长时间的争论,到目前并未形成统一的认识。提到经济法,很容易想到“有关经济的法”,这也是经济法的最初含义。后来随着经济法的研究的不断深入,经济法逐渐被定义为与民法、行政法并列的部门法意义上的经济法。但是部门经济法的产生,并没有取代经济法最初的含义,在今天,经济法有两种含义,一种是“有关经济的法”,一种是部门经济法。

本书指称的经济法,就是“有关经济的法”,包括民法、商法和部门经济法中的重要内容,基本上涵盖了规范社会经济关系的重要基本法律。根据这个标准,经济法体系包括以下内容:

(1)市场经济主体法。①企业法。企业是市场经济的细胞,没有企业的参与,市场经济就失去了生机和活力。这里的企业法包括《合伙企业法》和《个人独资企业法》。②公司法。严格来讲,公司是企业的一种形式,而且是现代企业制度的核心部分。③外资企业法。随着中国投资环境的改善和投资领域的拓宽,中国境内的外商投资企业的数量和投资额迅速增加,外商投资企业也是我国市场经济的重要组成部分之一。包括《中外合资经营企业法》、《中外合作经营企业法》以及《外资企业法》。④破产法。作为市场主体的退出制度,破产法对于债权人的依法受偿和债务人的利益保护的作用都是不可忽略的。

(2)经济运行规则法。①合同法。合同法是市场经济中商品流转的基本法,国民财富和资源只有通过合同这一债法的主要内容才能实现增值,多元市场主体的多元经济利益才能实现。②物权法。物的归属是物的利用和物的保护的前提,物权法是确认财产、利用财产、保护财产以及调整各种财产法律关系的基本民事法律。③工业产权法。包括《专利法》和《商标法》两部法律。这是权利主体对文学、艺术、科学领域的智力成果和工商业领域的识别性标记和成果享有的权利。④市场交易法律制度。建设社会主义市场经济体制，要求建立全国统一、开放的各类生产要素市场，需要国家干预、协调市场管理，制定市场运行的基础性规则。《反垄断法》和《反不正当竞争法》能够维护市场竞争秩序；《产品质量法》和《消费者权益保护法》能够提高产品质量水平，保护消费者的合法权益，更好地维护社会主义经济秩序。

1.2 经济法的原则

经济法的基本原则是指表明经济法的法律精神或者法律价值，反映经济法体系本质特征，对经济立法、司法以及经济法具体制度具有导向性的基本准则。

经济法是国家干预经济的法。国家干预经济必须依法进行，受到法律的约束。下面我们来具体论述一下经济法的三个基本原则。

1.2.1 社会整体效益原则

社会整体效益，就是衡量市场行为时不仅仅以个体行为的效率为基准，而且还要考虑他人、社会对个体行为所付出的经济成本，甚至自然环境的代价；不仅仅以个体行为的经济效率为标准，还要考虑社会效益，如社会公正等。

【案例 1-1】 某市一栋单体高层住宅，2002 年物业管理公司与当地一家广告公司签订《 外墙使用协议 》，约定由该广告公司出资租用该住宅临街面外墙，用于修建广告牌，其广告牌的收益归广告公司所有，使用期为 10 年。而物业管理公司则将该笔外墙出租的租金收入自家口袋。2007 年该小区业主以外墙属于小区全体业主共同所有，并且广告牌侵犯了业主的采光、通风、安全等权利为由，向法院提起诉讼，要求判令广告公司拆除广告牌，停止侵害，恢复原状，并将该笔外墙出租的租金全部返还给全体业主。

1.2.2 经济公平与公正原则

经济公平与公正，是在规则平等的市场交易和资源分配中，要尽量实现交易主体之间利益的实质公平，以最终达到社会利益的整体平衡。经济公平与公正原则的基本要求在于维护经济法主体间的公平，维护社会公共利益和整体利益。例如，消费者和生产者之间，虽然交易是在平等主体之间进行的，但是生产者和经营者可以利用自己对产品和服务了解的优势，进行不利于消费者的交易。

【案例1-2】 反铣的纸板开槽机是专门对厚纸板进行开槽后作为包装箱、包装盒用的，它的主要技术特征在于铣刀安装在操作平台的下面，纸板进去开槽时，其开槽下来的粉尘均由平台底部的吸风器吸入到粉尘储藏袋内，克服了同类产品开槽时粉尘漫天飞舞给工作环境所造成的污染，改善了操作工不戴口罩即无法操作的局面。由于该机设计合理，结构科学，同行即纷纷仿制，专利权人以专利法为武器，分别对侵权方提出起诉，并胜诉，反映了我国知识产权法的公平和公正。

1.2.3 经济干预行为法定原则

要衡量和实现社会整体利益，实现社会主体之间的经济公平和公正，就需要政府干预经济。

经济干预行为法定原则是现代社会法治和宪政要求在经济法中的具体体现。所谓经济干预行为法定，是指干预经济的主体、职权、程序及相应的责任都由法律做出明确的规定，所有的经济干预行为必须依法进行。

【案例1-3】 甲是一名食品加工厂的工人，由于该厂所生产的鸡类分割产品积压，资金周转不开，无力向职工发放工资。于是，厂长提出领取与工资相符的产品鼓励职工自己销售以换成货币。甲每月工资为800元，本厂鸡类产品出厂价为50元/箱，到发工资那天，他领到16箱产品。

《劳动法》中有明确规定，工资应当以货币形式按月支付给劳动者本人。劳动部颁布的《工资支付暂行规定》(劳部发489号)也针对这种情况规定，工资应当以法定货币支付，不得以实物或有价证券替代货币支付。因此，企业必须以货币形式支付劳动者工资，任何借口以实物或有价证券支付工资的做法都是违法的。

社会整体利益原则、经济公平与公正原则和经济干预行为法定原则是经济法的三大原则，已经是我国学者们的共识。①

1.3 经济法律关系

法律关系是由法律规范确认的人与人之间的具有权利义务内容的社会关系。它与其他社会关系相比较，具有以下特征。第一，它是一种意志关系，这里的意志是统治者的意志，属于上层建筑。第二，它是由法律规定和调整的关系。法律关系的产生、变更和消灭是以得到法律认可为前提的，因而法律规范是法律关系存废的前提条件。第

① 肖江平. 中国经济法学史研究. 北京，人民法院出版社，2002：228-229

三，它是以权利义务关系为内容的关系。法律规定和调整人们的行为是通过界定行为人的权利义务得以实现的，因而没有权利义务的法律关系是不存在的。第四，它是受国家强制力保证实施的关系。法律规范是由国家强制力保证实施的行为规范，故由此而形成的关系就是受国家强制力保护的。

1.3.1 经济法律关系的概念和特征

经济法律关系是指由经济法律规范规定和调整而形成的权利义务关系。它具有以下四个方面的特征：

(1)经济法律关系是在经济领域中发生的意志关系

经济法律关系产生于经济领域，主要可归结为经济领域的管理关系和协调关系。这一关系体现的是国家意志和当事人意志。当事人必须服从国家意志，不能违背其基本要求，而国家的意志要靠当事人来实现。

(2)经济法律关系是经济法规定和调整的法律关系

由于经济法规是经济法律关系产生和其内容得以实现的前提，因而，没有经济法规的具体规定，该法律关系不能产生，其内容也无法实现。

(3)经济法律关系是一种具有经济内容的权利义务关系

权利义务是法律关系的核心，法律确认某一法律关系的目的亦是依靠确认权利义务来实现的。经济法律关系所体现的权利义务则具有经济内容，即为了完成一定的经济任务和实现一定的经济目的。权利义务关系的变更与确定也是当事人参与经济法律关系的根本目的。

(4)经济法律关系是具有强制性的权利义务关系

经济法律关系的权利义务一旦形成，即受国家强制力保护，任何一方当事人都不得违背。如果某一方不履行经济法律关系确定的义务，将会受到法律的追究，任何一方的权利受到侵害，都可请求法律的保护。

1.3.2 经济法律关系的要素

经济法律关系具有三个基本构成要素，即主体、内容和客体。这三个要素缺一不可，其中任何一项内容发生变更，都可能会引起经济法律关系的变更。

1. 经济法律关系的主体

经济法律关系的主体是在经济管理和协调过程中依法独立享有一定权利和承担一定义务的当事人。享有一定权利的当事人是权利主体，承担一定义务的当事人是义务主体。

(1)经济法律关系的主体能够以自己的名义独立地参与经济法律关系。无论何种主体参与经济法律关系,都是以自己的名义进行,即使是国家机关代表国家参与经济管理、经济协调法律关系,都不能宽泛地以国家名义,而只能以自己的名义独立地参与经济法律关系。

(2)经济法律关系的主体是经济法律关系中权利义务的担当者。经济法律关系中的权利义务直接归属于经济法律关系的主体,凡在经济法律关系中享有一定权利和承担一定义务的人,就是经济法律关系的主体。

(3)经济法律关系主体能够独立地承担经济法律责任。经济法律关系的主体不履行一定义务时,就要承担相应的法律责任。由于该责任往往涉及经济内容,故经济法律关系的主体必须具有一定的财产权,有相应的财产作为承担责任的物质基础。

经济法律关系的主体范围是由经济法调整的对象范围决定的。主体范围大致可以分为两大类。

(1)经济管理主体。这主要是指依据宪法和行政法及其他有关法律、法规规定其性质、职能、任务、隶属关系等,承担组织、管理和协调经济职能的组织和机构。其主要是为国务院及其承担经济职能的部、委、局、会、行、署和地方政府及其相应机构,也包括各级权力机关,以及由国家和法律授权而承担某种经济管理职能的组织等。

(2)经济活动主体。这是指依据民法、经济法、行政法以及其他法律、法规成立,从事经济活动的组织和个人。这类主体主要包括以下几类。①各类企业。这是指拥有独立资产,以营利为目的的文化、教育、卫生等组织机构,从事生产、流通和服务性活动的经济实体。包括各类法人企业及其他非法人企业。②事业单位。这是由国家财政或其他单位拨款,不以营利为目的的文化、教育、卫生等组织。他们往往以法人资格参与经济法律关系。③社会团体。这是指由人民群众或组织依据自愿原则组织的、进行社会活动的社会组织,包括群众团体、公益组织、文化团体、学术研究团体、协会等。他们也以法人资格参与经济法律关系。④农村承包经营户、个体工商户。农村承包经营户是指农村集体经济组织的成员,在法律允许的范围内,按照承包合同规定从事商品经营的形式。个体工商户是指公民个人不雇用或少量雇用他人,以营利为目的,从事生产经营的个体经济。他们以"户"的名义参与经济法律关系,一般承担连带无限责任。⑤公民个人。公民个人承包或租赁企业,参与税收、工商管理、竞争法律关系等。

此外,经济组织的内部机构,虽不具有独立的法律人格,但在一定条件下也是经济法律关系的主体,如负担企业一定生产经营职能的分支机构、职能科室和基层业务活动的组织等,依法与企业订立承包或租赁等责任制合同;分公司、分店等依法纳税人参加税收法律关系等。

国家机关和国家作为整体,除作为经济管理主体外,在一定条件下也是经济活动关系的主体,如国家对外签订政府贷款和担保合同、对内对外发行政府债券、政府部门出让土地使用权等。

2. 经济法律关系的内容

经济法律关系的内容是指经济法律关系主体享有的权利和承担的义务。这是经济法律关系的核心，直接体现了经济法律关系主体的利益和要求，因而，没有权利义务的经济法律关系是不存在的。

(1)权利。权利是指经济法律关系的主体在经济管理和经济协调关系中依法具有的自己为一定行为或者不为一定行为和要求他人为一定行为或不为一定行为的资格。它包括以下四个方面的含义。

①经济职权。经济职权是指国家机关进行经济管理时依法享有的权利。经济职权的特征有：经济职权的产生基于国家授权或法律直接规定，经济职权具有命令与服从的隶属性质，经济职权不可随意转让、放弃和抛弃。经济职权的内容包括决策权、命令权、禁止权、许可权、批准权、撤销权、免除权、审核权、确认权、协调权和监督权。

②财产所有权。财产所有权即所有权，是指所有者对其财产依法享有的独立支配权。所有者可以自己亲自实施对物的占有、使用、收益和处分的权利，也可以许可他人行使对标的物的占有、使用、收益甚至处分的权利。财产所有权在主体上包括国家所有权、集体所有权和公民个人所有权。

③经营管理权。经营管理权是指企业进行生产经营活动时依法享有的权利。经营管理权可以分为两大类：一是经营权，包括生产经营决策权、产品劳务定价权、产品销售权、物资采购权、进出口权、投资决策权、留用资金支配权、资产处置权等；二是管理权，包括工资奖金分配权、劳动用工权、内部机构设置权、人事管理权、拒绝摊派权和联营兼并权等。

不同类型的企业所享有的经营管理权的具体内容并不相同。对于国有企业而言，经营管理权是企业对于国家授予其经营管理的财产享有占有、使用和依法处置的权利。经营管理权的职能与财产所有权的职能并非完全一致。两权分离是社会主义经济建设发展的必然，是搞活国有企业的一个重要方面。

④请求权。请求权是经济法律关系主体的合法权益受到侵犯时依法享有要求侵权人停止侵权行为和要求有关国家机关保护其合法权益的权利。其主要内容有：要求赔偿权、请求调解权、申请仲裁权、经济诉讼权等。

请求权是一种救济性权利，通常在一方主体不履行应尽的义务和职责时发生。它是经济法律关系主体为使自己的合法权益得以实现而必须拥有的权利。

(2)经济义务。经济义务是经济法律关系主体依法具有自己为一定行为或者不为一定行为的责任。根据法律规定，经济法律关系主体的经济义务主要包括：认真贯彻国家的方针政策，遵守国家法律、法规；履行经济管理职责；完成国家指令性计划；履行依法订立的经济协议和合同；依法缴纳税金；不得侵犯其他经济法律关系主体的合法权益等。

3. 经济法律关系的客体

经济法律关系的客体是指经济法律关系主体权利和义务所指向的对象。客体是确定权利义务关系性质和具体内容的依据，也是确定权利行使和义务履行的客观标准。如果没有客体，经济权利义务就失去了依附的目标和载体，也就不可能发生经济权利和义务。因此，客体是不可缺少的要素之一。经济法律关系的客体可以分为三种：

(1)物。物是指能够为人控制和支配、具有一定经济价值并可通过物质具体形态表现存在的物品。物包括自然存在的物品和人类劳动生产的产品，以及固定充当一般等价物的货币和有价证券等。

(2)经济行为。经济行为是指经济法主体为达到一定经济目的，实现其权利义务所进行的经济活动。它包括经济管理行为、提供劳务的行为和完成工作的行为等。例如，保管合同、承运合同、加工承揽合同的客体便是保管、运输、加工制作等行为。作为经济法律关系客体的经济行为，仅指具有法律意义即为实现权利义务而实施的行为。

(3)智力成果。智力成果又称精神财富，是指经济法主体从事智力劳动创造取得的成果，如科学发明、发现、技术成果、艺术创作成果、学术论著等。智力成果本身不直接表现为物质财富，但可以转化为物质财富。智力成果作为经济法律关系的客体，其法律表现形式主要有商标权、专利权、专有技术、著作权等。

1.3.3 法律事实及经济法律关系的发生、变更和终止

1. 法律事实

法律事实，是指能够引起经济法律关系发生、变更和终止的客观情况。经济法律关系则是经济法律事实的结果。比如，合同法规定了租赁合同，但这仅仅是对民事主体的民事权利和民事义务提供了一个可能性，如果民事主体要想在民事生活中具体享有某种民事权利和承担民事义务，还取决于一个客观的情况的发生，即只有当事人签订了房屋租赁合同，才会在他们之间产生租赁的法律关系。

法律事实可以分为事件和行为两类。

事件是不依经济法律关系主体主观意志为转移的客观现象，包括自然现象和社会现象。如由于山洪暴发引起的保险合同的赔偿，人的死亡引起的继承关系的发生或者扶养关系的消灭。

行为是以当事人的意志为转移的法律事实，是能够引起经济法律关系发生、变更、终止和产生法律后果的行为。比如税收行为、企业间订立合同的行为等。

2. 经济法律关系的发生、变更和终止

经济法律关系的发生、变更与终止，必须具备以下条件。

(1)要有一定的法律事实。经济法律关系的发生、变更与终止，必须以法律事实为

根据，没有法律事实，不可能形成任何法律关系。

(2)国家制定有相应的法律规范。如果国家从未针对某一社会生活领域制定有相应的法律规范，在这一社会领域就不可能有法律关系产生。并不是所有的自然现象和人的活动都可以成为法律事实。比如，刮风、下雨等自然现象；散步、看书等活动都不是法律事实，因为它不能引起经济权利和经济义务的发生、变更和终止。

【案例 1-4】 2004 年 7 月 28 日，北京市气候炎热异常，于某为招待来访的朋友，从某商场买了几瓶冰镇的啤酒来喝。于某在打开一瓶啤酒时，“砰”的一声，瓶体爆炸了，泡沫及玻璃碎片满地都是。于某的双手被划破，脸部刺了一道很深的切口，送医院缝了八针，花掉医药费 2 000 元。之后，于某向法院起诉，要求维护其合法权益。经过法院调查，于某开瓶没有过错，而是厂家的啤酒瓶质量不合格，因气温高而发生爆炸。

分析：于某去商场买啤酒是一个经济法律关系，受《合同法》调整；啤酒爆炸，于某受伤，是一个经济法律关系，受《产品质量法》调整；啤酒生产商给于某赔偿，也是一个经济法律关系，受《产品质量法》调整。

“于某购买啤酒”是法律事实中的行为；“啤酒自行爆炸”是法律事实中的事件，这两个事实引发了经济法律关系的发生。

法律规范、法律事实和经济法律关系是三个既不相同又有联系的概念。三者的关系是：法律规范是确定法律事实的依据；法律事实是引起经济法律关系发生、变更和终止的原因；经济法律关系是法律事实引起的结果。

1.4 经济法律责任

1.4.1 经济法律责任概述

经济法律责任，是指由经济法规定，在国家干预和调控社会经济过程中因主体违反经济法律、法规而依法必须承担的法律后果。它是国家用以保护现实的经济法律关系的重要方法。经济法律责任的特征有：

(1)综合性。从经济法律责任的内部构成来看，它不是一种单一的法律责任。它是民事责任、行政责任和刑事责任的综合。

(2)双重处罚性。主要表现在两个方面。一方面，对违法的法人，既可以对其予以经济制裁又可以同时对法人组织中的直接责任者予以民事、行政乃至刑事的制裁。另一方面，对同一违法主体，可以同时适用数种制裁措施。双重处罚性体现了经济法律责任的公正性与严格性，对于制裁经济违法行为具有十分重要的作用。

(3)多元追究性。有权追究违法主体的经济法律责任并实施法律制裁的机关主要有司法机关、国家经济行政机关、仲裁机构，他们都有权运用有关的经济法律法规，在其职权范围内，对违法主体予以相应的法律制裁，都有权追究违法主体的经济法律责任。

1.4.2 承担经济法律责任的原则

1. 过错责任原则

过错责任原则是我国经济法确认的，在追究违法主体的经济法律责任时普遍适用的一项原则。其适用应具备以下条件：

(1)须有经济违法行为。经济违法行为是经济法主体所为的不履行和不适当履行经济义务的行为。经济法规定的经济义务有两种形式，即作为的义务和不作为的义务。与之相适应，经济违法的行为既可以表现出违法主体的作为，也可以表现出违法主体的不作为。前者如自立名目滥收费用，后者如违反税法拒不纳税。

(2)行为人须有过错。过错是指行为人在实施经济违法行为时，主观上所持的故意或过失的心理状态。故意是行为人能够预见自己的行为会产生一定的危害社会的后果，但仍实施该行为并希望或放任危害结果的发生；过失是行为人应该预见自己的行为会发生危害结果，但由于疏忽大意而没有预见或者虽然预见却轻信可以避免，而致使危害结果的发生。

(3)须有损害或者危害的事实。一般来说，行为人的行为只要违法，就应当予以追究，令其承担相应的经济法律责任。但是，违法行为是否造成了危害经济管理秩序或者损害他人利益的事实，在具体确认经济法律责任时，也是一个不可忽视的要件。特别是在确定违法主体应负何种责任，对违法主体应予何种制裁时，危害事实的有无以及危害性质、危害程度等客观情况，就具有特别重要的意义。

(4)违法行为与危害事实之间存在必然的因果关系。

2. 无过错责任原则

无过错责任原则是经济法主体承担经济法律责任的特殊原则。所谓特殊，是指这种原则只有在特定情况下，即经济法律明确规定的情况下才适用。

无过错原则是指在法律有直接规定的情况下，无论行为人有无过错都要对其行为所导致的损害事实承担责任的原则。这一原则的确立，可以使因实行过错原则得不到应有补偿的受害人得到补偿，使经济法律责任的承担更加公平、合理。

3. 经济法律责任的形式

(1)经济责任。经济责任是指对违反经济法的单位和个人依法采取的一种财产性的强制措施。经济责任主要包括支付违约金、支付赔偿金、罚款、强制收购、没收财产。

(2)行政责任。对违反经济法的行为，可依法追究违法者的行政责任，给予行政处罚。根据《中华人民共和国行政处罚法》第8条的规定，行政处罚的种类包括：警告；罚款；没收违法所得、没收非法财物；责令停产停业；暂扣或者吊销执照；行政拘留；法律、行政法规规定的其他行政处罚。国家机关、企事业单位还可以根据法律、法规，按照行政隶属关系对违法者实施行政处分。行政处分的种类有警告、记过、记大过、降职、撤职、留用察看、开除等。

(3)刑事责任。对违反经济法律，情节严重，构成犯罪的行为，要依法追究刑事责任，给予刑事制裁。根据《中华人民共和国刑法》的规定，刑罚分为主刑和附加刑。主刑包括管制、拘役、有期徒刑、无期徒刑和死刑。附加刑包括罚金、剥夺政治权利、没收财产。主刑独立适用，附加刑可以单独或附加适用。对犯罪的外国人、无国籍人可以独立适用或者附加适用驱逐出境。

公司、企业、事业单位、机关、团体实施危害社会的行为，法律明确规定为单位犯罪的，应当负刑事责任。单位犯罪的，对单位判处罚金，并对直接负责的主管人员和其他直接责任人员判处刑罚。

本章小结

经济法是商品经济发展到一定历史阶段的产物。在今天，经济法有两种含义，一种是“有关经济的法”，一种是部门经济法。本书指称的经济法，就是“有关经济的法”，包括民法、商法和部门经济法中的重要内容，基本上涵盖了规范社会经济关系的重要基本法律。社会整体利益原则、经济公平与公正原则和经济干预行为法定原则是经济法的三大原则。经济法律关系是指由经济法律规范规定和调整而形成的权利义务关系，主体、内容和客体是其三个基本构成要素。经济法律关系的主体是在经济管理和协调过程中依法独立享受一定权利和承担一定义务的当事人。享有一定权利的当事人是权利主体，承担一定义务的当事人是义务主体。经济法律关系的内容是指经济法律关系主体享有的权利和承担的义务。经济法律关系的客体是指经济法律关系主体权利和义务所指向的对象。法律事实，是指能够引起经济法律关系发生、变更和终止的客观情况。法律规范、法律事实和经济法律关系这三者的关系是：法律规范是确定法律事实的依据；法律事实是引起经济法律关系发生、变更和终止的原因；经济法律关系是法律事实引起的结果。经济法律责任，是指由经济法规定，在国家干预和调控社会经济过程中因主体违反经济法律、法规而依法必须承担的法律后果。从归责的角度说，经济法律责任有过错责任和无过错责任。从承担责任的形式的角度说有经济责任、行政责任和刑事责任。

习　题

1. 简述经济法的概念。
2. 经济法关系的要素有哪些？
3. 经济法律关系的发生、变更和终止需要具备哪些条件？

第2章
物权法律制度

学习目标

物权的概念、特征；物权变动的概念；物权的法定主义和物权分类的标准和意义；物权变动的原则以及物权的效力、物权的变动原因、物权的公示和物权的保护方法；运用所学物权法知识解决现实生活中物权纠纷。

生活个案

2007年4月5日房东唐某和朱某签订卖房合同，商定唐某把自己的房子卖给朱某，先收定金8万，等朱某一个月内付清剩余房款后再办理房屋过户手续，并当日把房子先交给朱某使用。几天后，由于价格、人情等多种原因影响，唐某又把该房子卖给孙某，并和孙某办理了房屋过户手续。试问，唐某先后和朱某、孙某签订的卖房合同效力如何？该房子现在究竟属于谁？孙某能否要求朱某腾出房子？此案应如何处理？

2.1　物权法概述

商鞅在《商君书·定分第二十六》中说："一兔走，百人逐之，非以兔为可分以为百，由名之未定也。夫卖兔者满市，而盗不敢取，由名分已定也。故名分未定，尧、舜、禹、汤且皆如骛焉而逐之，名分已定，贪盗不取。"①由此可以看出确定物的归属是何等重要，这是物的利用和物权保护的前提。当然物权法不仅仅确定物的归属问题，它还确定物权人对物可以享有哪些权利和应当承担哪些义务及物权保护等诸多问题。

我国于 2006 年 3 月 16 日通过了《中华人民共和国物权法》，自 2007 年 10 月 1 日起施行。

2.1.1　物权的概念和法律特征

1. 物权的概念

物权是指权利人对特定的物享有直接支配和排他的权利，包括所有权、用益物权和担保物权。

物权法所指的物，包括不动产和动产。不动产是指土地以及房屋、林木等土地定着物；动产是指不动产以外的物，比如汽车、电视机等物品。一般来说，物权法上的物指的是有体物或者有形物。当然，已为人类所掌握、控制并加以利用的光、电、气等无体物也能作为物权客体。要指出的是，能够作为物权法规范对象的物应具备如下几点：首先，应是人力所能控制并有利用价值的物；其次，应为特定物，即以物单独所具有的特征加以确定的物；最后，一般应是独立物，即能够单独、个别地存在的物。只有是独立物，物权人才可以对其进行支配，也才能用交付、登记等形式公示物上的权利状态。

精神产品不属于物权法的调整范围，但在有些情况下，物权法也涉及这些精神产品。主要是指，著作权、商标权和专利权中的财产权可以作为担保物权的标的，《物权法》第 223 条规定，可以转让的注册商标专用权、专利权、著作权等知识产权中的财产权可以出质作为权利质权。

【案例 2-1】　据 2005 年 12 月 13 日《新京报》消息，有人在搜狐发帖称要卖肾，并公布了自己的 QQ 号码。据这位发帖人称，他离婚后无钱供养儿子上学，才想到卖肾筹钱留给儿子。联系前述我们对物权法中"物"的界定，不难看出这里的肾不是物权法的"物"。作为活人身体一部分的肾不是独立物，我国法律也禁止人体器官的买卖。

① 转引自高鸿均《中华法文明的当代省思》(上)，载《清华法治论衡》第 7 辑，第 34 页。

2. 物权的法律特征

物权具有以下法律特征：

(1)物权是权利人直接支配物的权利。所谓直接支配物，是指物权人可以依自己的意志就标的物直接行使其权利。权利人的支配可以通过民事行为来实现，如房屋所有人出卖、出租自己的房屋，或者在自己的房屋上设定抵押权等；也可以通过事实行为来实现，如房屋所有人自行居住。

物权是权利人在法律规定的范围内对一定的物享有直接支配并排除他人干涉的权利。由于物权是权利人直接支配物，任何其他人都不得非法干预的权利，因而物权又称为“绝对权”、“对世权”。

(2)物权是权利人直接享受物的利益的权利。物的利益，以权利人对于标的物的直接支配与享受为特点。这里的利益，可以分为三种：一是物的所有权归属；二是物的利用；三是就物的价值而设立的债务的担保。

2.1.2 物权的效力

物权，是权利人直接支配其标的物的排他性权利，具有优先的效力和物上请求权。

1. 物权的优先效力

物权的优先效力，亦称为物权的优先权，是指同一标的物上有数个相互矛盾、冲突的权利并存时，具有较强效力的权利能排斥具有较弱效力的权利的实现。这里含有两种情形：一种是物权之间的效力顺序；另一种指物权和债权同时并存时物权的优先性。

(1)物权之间的效力顺序

一般说来，两个在性质上不能共存的物权不能同时存在于一个物上，故而，后发生的物权根本不能成立。如果物权在性质上可以并存，则后发生的物权仅于不妨碍先发生的物权的范围内得以成立。在此情况下，先发生的物权优先于后发生的物权。例如，在同一物上设立数个抵押权，先发生的抵押权优于后发生的抵押权。物权相互之间以成立时间的先后确定其效力的强弱，本质上是对现存的、既得的物之支配权的保护。

【案例 2-2】 刘某 1999 年从全联房地产公司购买了一套价值 60 余万元的商品房(期房)，支付了首付款 13 万余元，并向银行申请了 20 年八成个人住房贷款。2000 年以后，刘某离京到深圳工作，一直没有催房地产公司交房。等到刘某回京发现，他那套房子被全联房地产公司以 50 余万元的价格转手卖给了另一人。通过本案例，我们能理解性质相同的所有权不能存在一物上。因为此房只有一个所有权，房地产商把一处房产卖给不存在共有关系的两个人，是和所有权的排他性相冲突的。

(2)物权对于债权的优先效力

在同一标的物上物权与债权并存时，物权有优先于债权的效力，这主要表现在如下两个方面：第一，在同一标的物上，既有物权又有债权时，物权有优先于债权的效力。上述所讲的是一般原则，在法律有特别规定的情况下，也有极少数的例外。例如，不动产租赁使用权在民法上属于债权，如甲将其所有的房屋出租给乙，以后又将该房屋卖给丙，丙取得该房屋的所有权后，乙仍然可以对丙主张其租赁使用权。这就是"买卖不破除租赁"。第二，在债权人依破产程序或强制执行程序行使其债权时，作为债务人财产的物上存在他人的物权(担保物权)时，该物权优先于一般债权人的债权。例如，在债务人的财产上设有担保物权的，担保物权人享有优先受偿的权利。

【案例2-3】 甲和乙商谈，愿意将20吨水泥卖给乙，并签了买卖合同，乙就取得了请求甲交付该20吨水泥的债权。后来，因某种原因，甲又将这20吨水泥卖给丙，并将水泥交付给丙，丙就取得了已交付的20吨水泥的所有权。而此时的乙只能请求甲承担债务不履行的责任。这是因为物权是直接支配物的权利，而债权的实现则要依靠债务人的行为，债权人不能对物进行直接支配。基于两者在性质上的不同，物权具有这种优先效力。

2. 物上请求权效力

物上请求权是指物权人对物的支配因受到他人妨碍而出现缺陷时，为恢复其对物的圆满支配状态而产生的请求权，包括返还原物恢复原状请求权和排除妨碍请求权。

物权是对物的直接支配权，权利的实现无须他人行为的介入。如果有他人干涉的事实使物权受到妨害或有妨害的危险时，必然妨碍物权人对物的直接支配，法律就赋予物权人请求除去此等妨害的权利。由此可见，物上请求权是基于物权的绝对权、对世权，可以对抗其他任何人而发生的法律效力。它赋予物权人各种请求权，以排除对物权的享有与行使造成的各种妨害，从而恢复物权人对其标的物的原有支配状态。

物上请求权的适用范围较为狭窄，物上请求权只有在物还存在或者是虽受损害但在补救之下仍不失其基本效用下才适用的一种请求权。如果此物已经损坏或者已经为善意第三人所有，此种情形下也只能适应债权请求权挽回物权人的损失。当然，在物权因他人的违法行为受到妨害时，如果有标的物的实际损害，可以同时发生损害赔偿请求权，故物上请求权与损害赔偿请求权是可以并存的。

【案例2-4】 甲的汽车在行驶中发生故障，正好停在乙的房屋门口，挡住乙的通道。这时，乙有权直接请求甲排除妨碍，甲有义务排除妨碍，把故障汽车拖离乙的门口。这是乙作为房屋的所有人行使物上请求权。如果换一种情形，甲的汽车撞坏了乙的房屋时，物权人乙有权请求侵权人恢复房子被撞前的状态，同时请求赔偿损失。这是物上请求权和损害赔偿请求权同时并存。

2.1.3 物权的变动

1. 物权的变动概述

物权的变动，是物权的产生、变更和消灭的总称。即物权的取得、变更和丧失。

物权变动的原因主要有以下三类：第一，法律行为，如合同等；第二，法律行为以外的其他原因，如时效、先占、拾得遗失物、混合、加工以及混同等；第三，基于某些公法上的原因，如征收、没收等。

2. 物权的变动原则

物权是对于物进行直接支配的权利，从物权变动的安全性和确定性考虑，就需要有公示原则和公信原则。

(1)公示原则

公示原则要求物权的产生、变更、消灭，必须以一定的可以从外部查知的方式表现出来。

世界各国在公示方式上大体采用如下的方式：对动产而言，其公示方式是交付或者占有；对不动产而言则是登记。

需要注意的是，不公示不发生物权变动的效力或者不登记不得对抗善意第三人仅限于因法律行为而发生的物权变动。对于因法律行为以外的法律事实而发生物权变动的是否登记不影响物权变动的效力，如继承、建造等取得的所有权，即使未登记所有权也发生变动。但是，对于此种情形下取得所有权的不动产物权取得人而言，要处分该项物权必须先要进行登记，否则不发生效力。具体规定如下：①基于裁判文书发生物权变动的。因人民法院、仲裁委员会的法律文书或者人民政府的征收决定等，导致物权设立、变更、转让或者消灭的，自法律文书或者人民政府的征收决定等生效时发生效力。②基于继承或者受遗赠取得物权。因继承或者受遗赠取得物权的，自继承或者受遗赠开始时发生效力，也就是说，被继承人死亡时继承人取得相应的不动产或者动产物权。③因建造等事实行为而发生物权变动。因合法建造、拆除房屋等事实行为设立或者消灭物权的，自事实行为成就时发生效力。

(2)公信原则

物权的变动以登记或交付为公示方法，当事人如果信赖这种公示而为一定的行为(如买卖)，即使登记或交付所表现的物权状态与真实的物权状态不相符合，也不能影响物权变动的效力。公信原则包括两方面的内容：其一，记载于不动产登记簿的人推定为该不动产的权利人，动产的占有人推定为该动产的权利人，除非有相反的证据证明。这被称为“权利的正确性推定效力”。其二，凡善意信赖公示的表象而为一定的行为，在法律上应当受到保护，保护的方式就是承认发生物权变动的效力。

公示与公信是密切联系在一起的，公信原则是公示原则的必然逻辑结果。公信原则集中体现在善意取得制度上。按照新物权法规定，善意取得制度中的物可以是动产也可以是不动产。

【案例2-5】 甲将房屋卖给乙，并且经过产权登记。后乙又将房屋转卖给丙，也经过产权登记。以后，甲与乙之间的买卖合同因违反法律规定而归于无效。这时，基于前述合同的无效，乙不能取得房屋的所有权。至此，对于丙来讲，他可否取得房屋的所有权，就要看法律是否赋予不动产物权登记以公信力，如果赋予以公信力，因当时登记的所有权人是乙，丙有充分理由相信房屋是乙的所有物，则丙取得房屋所有权；如果不赋予以公信力，即使登记的所有人是乙，丙也相信房屋是乙的所有物，但丙不能取得房屋的所有权。由以上论述不难看出，从维护交易安全，稳定社会经济秩序出发，应当赋予不动产物权登记以公信力。

3.物权变动的具体规定

(1)不动产变动登记

①概念。不动产物权登记，是指不动产登记机关根据申请人的申请或者依职权将不动产物权设立、变更、消灭等情况记载于其专门设置的登记簿上。

②不动产物权登记机关及其职责。我国《物权法》没有明确规定不动产物权登记的主管机关，仅规定由不动产所在地的登记机构办理不动产登记。不动产物权登记机关负有以下职责：查验申请人提供的权属证明和其他必要材料；就有关登记事项询问申请人；如实、及时登记有关事项；法律、行政法规规定的其他职责。

③不动产物权登记的性质。不动产物权登记是不动产物权登记机关的一种行政行为，也是当事人变动不动产物权的意思表示的外在形式，即不动产物权行为的形式。

④不动产登记与不动产权属证书的关系。不动产权属证书是权利人享有该不动产物权的证明。不动产权属证书记载的事项，应当与不动产登记簿一致；记载不一致的，除有证据证明不动产登记记载确有错误外，以不动产登记簿为准。

⑤更正登记。不动产登记错误的真正权利人和利害关系人可以申请登记机关将有关登记事项予以更正视为更正登记。不动产登记机关进行更正登记的前提是：申请人有确凿的证据证明登记错误的；或者登记名义人同意进行更正登记的。有这两种情形之一的登记机关应当予以更正。

⑥异议登记。所谓异议登记是指利害关系人认为不动产登记簿存在错误，为了防止其利益受到损害请求登记机关将其对于该不动产登记簿的异议予以记载在案，从而防止第三人善意取得的临时性法律制度。异议登记并不能阻碍登记名义人处分其不动产，只是异议登记后针对该异议事项第三人不能再构成善意，因此也就无法善意取得该项物权。但异议登记后异议申请人必须在15日内起诉，不起诉的异议登记失效。如果异议登记不当，造成权利人损害的，权利人可以向申请人请求损害赔偿。

【案例2-6】 甲被登记为一处房屋的所有人。乙认为登记有错误，于是主张其自己才是真正的权利人，此时的乙可以申请异议登记。异议登记后甲仍然可以将该房屋转让给丙,但是若事后经法院判决乙为真正的权利人,那么丙不能主张其已经善意取得该不动产。若经法院判决甲是真正权利人,乙的异议登记不正确,那么丙取得该房屋的所有权。同时,乙由于申请异议登记错误应当对甲所遭受的损失承担损害赔偿责任。

⑦预告登记。当事人签订买卖房屋或者其他不动产物权的协议,为保障将来实现物权,按照约定可以向登记机构申请预告登记。预告登记后,未经预告登记的权利人同意,处分该不动产的,不发生物权效力。预告登记后,债权消灭或者自能够进行不动产登记之日起三个月内未申请登记的,预告登记失效。

(2)动产的交付

交付是让与动产物权的公示方法。交付只能作为以民事法律行为让与动产物权的公示手段。

需要注意的是,船舶、航空器和机动车等物权的设立、变更、转让和消灭,未经登记,不得对抗善意第三人。但此处的登记不是物权变动的公示方式,只有对抗作用。物权法规定动产交付有如下四种方式:①现实交付,是指将标的物的占有直接移转给对方当事人。②简易交付,是指受让人已经占有动产,如受让人已经通过寄托、租赁、借用等方式实际占有了动产,则于物权变动的合意成立时,视为交付。③占有改定,即动产物权的让与人与受让人之间特别约定,标的物仍然由出让人继续占有。这样,在物权让与的合意成立时,视为交付,受让人取得间接占有。④指示交付,即动产由第三人占有时,出让人将其对于第三人的返还请求权让与受让人,以代替交付。

2.1.4 物权的保护

1. 物权保护的概念

物权的保护是通过法律规定的方法和程序,保障所有人在法律许可的范围内,对标的物行使占有、使用、收益和处分的权利的制度。对物权进行保护是我国各个法律部门的共同任务。物权的民法保护有两个途径,一个是自力救济,即物权人行使其权利受到侵害时,自行依法行使请求权,以保护其权利;二是通过民事诉讼程序对物权进行保护,也称公力救济。

2. 物权保护的方法

从民法意义上说,物权保护的基本方法就是物权本身的保护方法和债权的保护方法。物权本身的保护方法就是物上请求权的保护方法,债权保护方法就是侵权损害赔偿请求权的保护方法。

物上请求权的范围,包括返还原物请求权、恢复原状请求权、排除妨碍请求权和妨害防止请求权。这些请求权都是基于所有权产生的,但在他物权受到侵害或存在侵害可能时,也可以适用。

物权保护方法不受诉讼时效拘束。

2.2 物权的种类

物权种类是由法律严格界定的，这和合同确立的自由主义不同。

2.2.1 物权法定主义

1. 物权法定的概念

物权的种类和内容由法律统一确定，不允许以当事人的意思自由创设。

2. 物权的法定种类

基于物权法定主义原则，各国民法都对物权作出明确的规定。因社会经济制度和历史文化传统的不同，各国民法上规定的物权种类参差不一，但大都可以归纳为以下四类：

(1)所有权

这是所有人在法律规定的范围内独占性地支配其所有的财产的权利。所有人可以对其所有的财产占有、使用、收益、处分，并可以排除他人违背其意志所为的干涉。

所有权是最完整、最充分的物权。为充分发挥物的效用，从所有权中可以分离、派生、引申出各种其他的物权。

(2)用益物权

这是对他人所有的物在一定范围内使用、收益的权利，包括地上权、地役权、典权等。

(3)担保物权

这是为了担保债的履行，在债务人或第三人的特定财产上设定的物权，主要有抵押权、质权、留置权等。

(4)占有

这是指对物的控制、占领。占有究竟是一种单纯的事实，还是一种权利，各国的立法是不一致的。

【案例2-7】 1995年8月，甲与乙协商签订书面合同。双方约定，甲将其所有门市房的使用权长期转让给乙，乙给付甲16万元。合同签订后，乙将16万元支付给甲。2004年7月，乙通过拍卖的方式将门市房的长期使用权转让给了丙。现甲诉至法院要求解除与乙公司所签订的合同，并要求丙返还该门市房。经查证核实：房管部门的登记记载该门市房所有权为甲。

结合本案的实际，我们可以看到，甲与乙签订了一份合同，约定甲将门市的长期使用权转让给乙，该案涉及到“长期使用权”性质的认定。根据我国法律的规定，物权分为所有权和其他物权，其他物权包括用益物权和担保物权，“长期使用权”显然接近用益物权的范围，但是在我国现有用益物权中并不存在所谓房屋的“长期使用权”的类型。由此可见，“长期使用权”不是我国的物权类型，当事人设定“长期使用权”不是物权，设定物权的行为显然无效，但是这并不妨碍当事人之间自由约定债权的内容。依据合同自由原则，当事人甲和乙可以自由约定合同的内容，在法律规定的范围内，可以自由订立合同条款，只要其内容不违背法律、法规和社会公共利益，法律就承认其效力。因此从债权角度，当事人甲与乙是可以约定使用权的转让的，这个转让门市使用权实际上是一个租赁合同。当然根据我国《合同法》第 214 条的规定，租赁的期限不得超过 20 年，超过 20 年的，超过部分无效。也就是说，乙依据与甲的租赁合同最长可以取得 20 年的租赁权，超过的部分对当事人是无效的。[①]

2.2.2 所有权概况

1. 所有权的概念和特征

(1)所有权的概念

财产所有权是财产所有人在法律规定的范围内，对属于他的财产享有的占有、使用、收益、处分的权利。

(2)所有权的特征

第一，所有权是绝对权。所有权与债权不同，债权的实现，必须依靠债务人履行债务的行为，主要是作为；所有权不需要他人的积极行为，只要他人不加干预，所有人自己便能实现其权利。所有权关系的义务主体是所有权人以外的一切人，他所负的义务是不得非法干涉所有权人行使其权利，是一种特定的不作为义务。

第二，所有权具有排他性。所有权属于物权，具有排他的性质。所有权人有权排除他人对于其行使权利的干涉，并且同一物上只能存在一个所有权，而不能并存两个或两个以上的所有权。当然，所有权的排他性并不是绝对的，特别是在我国，为了社会公共利益对于集体所有权或个人所有权进行干预是常见的，也是必需的。但是与债权相比，所有权的排他的性质还是十分明显的。

第三，所有权是一种最完全的物权。所有权是所有人对于其所有物进行一般的、全面的支配，内容最全面、最充分的物权，它不仅包括对于物的占有、使用、收益，还包括了对于物的最终处分权。所有权作为一种最完全的物权，是他物权的基础。与所有权相比，地上权、地役权、抵押权、质权、留置权等他物权，仅仅是就占有、使用、收益某一特定的方面对于物直接管领的权利，只是享有所有权的部分权能。

第四，所有权的永久性。这是指所有权的存在不能预定其存续期间。

---

① 刘伟春，万景周. 物权法定与合同自由案例引发的思考. 中国民商法律网

2. 所有权的内容

民法通则第71条规定:"财产所有权是指所有人依法对自己的财产享有占有、使用、收益和处分的权利。"我国物权法规定,所有权人对自己的不动产或者动产,依照法律规定享有占有、使用、收益、处分的权利。由此可见,所有权的权能包括占有、使用、收益和处分。

①占有。占有是所有权人对于财产实际上的占领、控制。这往往是所有权人对于自己的财产进行消费(包括生产性的和生活性的)、投入流通的前提条件。

财产所有人可以自己占有财产,也可以由非所有人占有。所有人占有是指所有人自己在事实上控制自己的财产,直接行使占有权能。

非所有人的占有,是指所有权人以外的人对于财产的事实上的控制。这种占有可以分为合法占有和非法占有。非所有人的合法占有,是指根据法律规定或所有人的意思而占有他人的财产,如承租人根据承租合同占有出租人的财产,保管人根据保管合同占有寄存人的财产。非所有人没有法律上的依据而占有他人的财产是非法占有,如小偷占有赃物,未经许可强占他人的房屋等。

非所有人占有按占有人主观心理状态的不同又可以分为善意占有和恶意占有。占有人不知道并且不应当知道他的占有是非法的,即为善意占有;占有人知道或应当知道其占有是非法的,即为恶意占有。我国物权法规定占有人因使用占有的不动产或者动产,致使该不动产或者动产受到损害的,恶意占有人应当承担赔偿责任;但对于善意占有人,法律不苛以此种赔偿义务。

【案例2-8】 孙老板向某公司购买了10箱货。付钱提货的时候,公司的装车工往车上装了11箱货。孙老板对此并不知情,急匆匆地开车走人。谁知车行半途,突遇交通事故,11箱货全毁了。这时,公司发现装错了货,要求孙老板赔偿多装的一箱货的损失。孙老板该不该赔?明知是无权占有,还继续占有下去,就构成恶意占有。此案中孙老板对多出一箱货的占有并不知情,这种占有就是善意占有。现货物因交通事故毁损了,孙老板不用对其无权占有的一箱货物承担赔偿责任。

②使用。使用是依照物的性能和用途,并不毁损其物或变更其性质而加以利用。使用是为了实现物的使用价值,满足人们的需要。

③收益。收益是收取所有物的利益,包括孳息和利润。孳息分为法定孳息和自然孳息。法定孳息是指依法律关系取得的利益,如利息、租金;自然孳息是指果实、动物的产物以及其他依物的用法收取的利益,如果树上的果实、母猪生下的猪崽。

④处分。处分是决定财产事实上和法律上命运的权能。这是所有权内容的核心,是所有权的最基本的权能。处分可以分为事实上的处分和法律上的处分。事实上的处分是在生产或生活中使物的物质形态发生变更或消灭。例如,面包被消费,原材料经过生产成为产品。法律上的处分是指依照所有人的意志,通过某种民事行为对财产

进行处理。例如，将物转让给他人。

占有、使用、收益和处分四项权能一起构成所有权的内容。完整的所有权包含上述四项权能。但在实际生活中，占有、使用、收益、处分四项权能体现形式多样，但所有人仍不丧失对于财产的所有权。例如，保管人可以占有交付保管的财产，承租人可以占有、使用租赁物，而行纪人可以占有、处分委托出售的财产。实际上，所有人正是通过这四项权能的具体行使，发挥财产的效益，以满足自己生产和生活的需要。

2.2.3 所有权的细化

1. 所有权的类型概述

根据不同的标准，可以将所有权划分为不同的类型。根据物权法的规定，主要有以下两种不同的分类。

(1)国家所有权、集体所有权与私人所有权

我国存在着三种所有制，即全民所有制、集体所有制和私人所有制，反映在法律上，物权法规定了国家所有权、集体所有权和私人所有权。这是以所有制为标准规定的三种类型的所有权。

(2)自然人所有权、法人所有权与共有

我国实行社会主义市场经济，保障一切市场主体的平等法律地位和发展的权利。物权法是民法的组成部分，民事主体也就是物权主体。以民事主体为标准，可将所有权分为自然人所有权(或者称个人所有权)、法人所有权与共有三种类型。

2. 国家所有权

(1)国家所有权的概念

《物权法》第 45 条第 1 款规定："法律规定属于国家所有的财产，属于国家所有即全民所有。"国家是国家所有权的主体。物权法规定，国家财产由国务院代表国家行使所有权；法律另有规定的除外(《物权法》第 45 条第 2 款)。

(2)国家所有权的客体

《物权法》第 41 条规定："法律规定专属于国家所有的不动产和动产，任何单位和个人不能取得所有权。"即根据宪法和法律的规定，有些财产只能作为国家所有权的客体，即国家专有，而不能成为集体组织、其他单位或个人所有权的客体。这些财产有：矿藏、水流、海域、城市的土地、无线电频谱资源、国防资产。

属于国家所有权客体的还包含如下方面：法律规定属于国家所有的农村和城市郊区的土地；森林、山岭、草原、荒地、滩涂等自然资源属于国家所有，但法律规定属于集体所有的除外；法律规定属于国家所有的野生动植物资源；法律规定属于国家所有的文物；法律规定属于国家所有的铁路、公路、电力设施、电信设施和油气管道等基础

设施。

另外，农村集体经济组织全部成员转为城镇居民后，原属于集体所有的土地，以及因国家组织移民、自然灾害等原因，农民成建制地集体迁移后，原集体所有的土地，属于国家所有。

为了公共利益的需要，依照法律规定的权限和程序，国家可以征搜集体所有的土地和单位、个人的房屋及其他不动产。征搜集体所有的土地，应当依法足额支付土地补偿费、安置补助费、地上附着物和青苗补偿费等费用，安排被征地农民的社会保障费用，保障被征地农民的生活，维护被征地农民的合法权益。征收单位、个人的房屋及其他不动产，应当依法给予拆迁补偿，维护被征收人的合法权益。征收个人住宅的，还应当保障被征收人的居住条件。任何单位和个人不得贪污、挪用、私分、截留、拖欠征收补偿费等费用。征收的土地归国家所有。

3. 集体所有权

（1）集体所有权的概念

集体所有权又称劳动群众集体组织所有权，是集体组织对其不动产和动产享有的占有、使用、收益、处分的权利。集体组织所有权是劳动群众集体所有制在法律上的表现，其享有者主要是农村集体组织，也包括城镇集体企业。劳动群众集体所有制是我国社会主义公有制的组成部分。集体组织所有权对集体所有制起着巩固和保护的作用，在我国所有权制度中居于重要地位。

（2）集体所有权的客体

集体所有的不动产和动产包括：①法律规定属于集体所有的土地和森林、山岭、草原、荒地、滩涂；②集体所有的建筑物、生产设施、农田水利设施；③集体所有的教育、科学、文化、卫生、体育等设施；④集体所有的其他不动产和动产。除属于国家专有的，法律禁止归集体所有的以外的物，都可以成为集体所有权的客体。

4. 私人所有权

私人所有权是私人对其不动产和动产享有占有、使用、收益、处分的权利。

私人所有权的主体不仅是自然人个人，还包括私人投资设立的具有法人资格的独资企业，还有两个以上的自然人及私有法人企业共同出资设立的合伙企业。

《物权法》第 64 条规定："私人对其合法的收入、房屋、生活用品、生产工具、原材料等不动产和动产享有所有权。"物权法不仅规定了私人所有权的客体，而且还规定了私人财产的其他表现形式和财产来源，包括私人的合法的储蓄、投资及其收益受法律保护，国家依照法律规定保护私人的继承权及其他合法权益。还规定私人依法可以独立出资或者与他人共同出资设立企业，享有出资者权益。除了法律规定属于国家和集体的所有权客体及法律禁止成为私人所有权客体的以外的物，都可以成为私人所有权的客体。

物权法规定，私人的合法财产受法律保护，禁止任何单位和个人侵占、哄抢、破坏。

5. 法人所有权

《物权法》第 68 条第 1 款规定："企业法人对其不动产和动产依照法律和章程享有占有、使用、收益和处分的权利。"根据一物一权原则，出资人对其投入企业的不动产和动产，丧失了所有权，企业取得了法人所有权。企业法人所有权是企业法人在法律和其章程规定的范围内，独占性地支配其不动产和动产的权利。出资人对其出资的企业享有出资者权益，包括资产收益、重大决策以及选择经营管理者等权利。

根据《物权法》第 45 条的规定，国有企业财产属于国家所有。1994 年国务院发布的《国有企业财产监督管理条例》第 5 条规定："企业财产属于全民所有，即国家所有。国务院代表国家统一行使对企业财产的所有权。"第 27 条规定："企业享有法人财产权，依法独立支配国家授予其经营管理的财产。政府和监督机构不得直接支配企业法人财产。"从这两条规定可以看出，国有企业享有企业法人财产权，是指国有企业依法享有独立支配国家授予其经营管理的财产的权利，并不享有法人所有权。

6. 其他主体所有权

《物权法》第 68 条第 2 款规定："企业法人以外的法人，对其不动产和动产的权利，适用有关法律章程的规定。"即是说，企业法人以外的法人，其所有权的行使要受到法律和章程的限制。

《物权法》第 69 条规定："社会团体依法所有的不动产和动产，受法律保护。"社会团体主要包括人民群众团体（如工会、妇联、共青团）、社会公益团体（如希望工程基金会）、专业团体（如律师协会）、学术团体（如各种研究会）、宗教团体（如佛教协会）。社会团体可以是法人，也可以不是法人。社会团体的财产主要来源于其成员的出资及缴纳的会费、国家拨付的资产和补助、接受捐赠的财产以及积累的财产等。

2.2.4 业主的建筑物区分所有权

在我国，随着住房制度的改革和高层建筑物的大量出现，住宅小区越来越多，业主的建筑物区分所有权已经成为私人不动产物权中的重要权利。

1. 建筑物区分所有权的概述

(1)建筑物区分所有权的概念

所谓建筑物区分所有权，指的是权利人即业主对于一栋建筑物中自己专有部分的单独所有权、对共有部分的共有权以及因共有关系而产生的管理权的一种新型综合权能。

(2)建筑物区分所有权应具备的条件

一个建筑物区分为若干部分，该部分需具备一定条件，才可以作为建筑物区分所有权的客体。这些条件有：

①须具有构造上的独立性，即被区分的部分在建筑物的构造上，可以加以区分并

与建筑物的其他部分隔离。至于是否具有足够的独立性,应依一般的社会观念确定。例如,一个住宅单元通过固定的楼板、墙壁与其他单元相隔离,成为独立的住宅单元,这可以作为建筑物区分所有权的客体。如果其内再以屏风分隔成若干部分,其内各部分则不具有构造上的独立性,而不可以作为建筑物区分所有权的客体。

②须具有使用上的独立性,即被区分的各部分,可以为居住、工作或其他目的而使用。其主要的界定标准,应为该区分的部分有无独立的出入门户。

2. 建筑物区分所有权的内容

建筑物区分所有权的内容,包括区分所有建筑物专有部分的单独所有权、共有部分的共有权,以及因区分所有权人的共同关系所生的管理权。

①专有部分的单独所有权

专有部分是在一栋建筑物内区分出的独立的住宅或者经营性用房等单元。该单元须具备构造上的独立性与使用上的独立性。但此项专有部分与建筑物上其他专有部分有密切的关系,具有共同的利益。因此,业主对其建筑物专有部分享有占有、使用、收益和处分的权利,但业主行使权利不得危及建筑物的安全,不得损害其他业主的合法权益。例如,就专有部分的改良、使用,足以影响区分所有建筑物的安全时,不得自行为之。

业主不得违反法律、法规以及管理规约,将住宅改变为经营性用房。业主将住宅改变为经营性用房的,除遵守法律、法规以及管理规约外,应当经有利害关系的业主同意。

【案例2-9】 花果山小区位于某市光明街。小区建成后,小区内一楼公建房陆续有业主入住经营。业主孙某入住后,为增加经营面积,将一楼的地面刨开,向地下深挖,以此增加经营面积。深挖深度达3米多。小区居民因此担心,楼体会不会受到影响,会不会留下安全隐患。该案例中孙某为增加经营面积而深挖楼层底部,这种行为危及整栋楼房的安全,是为法律所禁止的。

②共有部分的共有权

共有部分是指区分所有的建筑物及其附属物的共同部分,即专有部分以外的建筑物的其他部分。对于共有部分的范围,应包含如下方面:

第一,共有部分含有由全体业主共同使用的部分,例如,地基、屋顶、梁、柱、承重墙、外墙、地下室等基本构造部分,楼梯、走廊、电梯、给排水系统、公共照明设备、贮水塔、消防设备、大门、通信网络设备以及物业管理用房等公用部分,道路、停车场、绿地、树木花草、楼台亭阁、游泳池等附属公共设施。

第二,建筑区划内的道路,属于业主共有,但属于城镇公共道路的除外。

第三,建筑区划内的绿地,属于业主共有,但属于城镇公共绿地或者明示属于个人的除外。

第四，建筑区划内的其他公共场所、公用设施和物业服务用房，属于业主共有。其中，建筑区划内，规划用于停放汽车的车位、车库应当首先满足业主的需要。占用业主共有的道路或者其他场地用于停放汽车的车位，属于业主共有。

我国物权法还规定，业主对建筑物专有部分以外的共有部分，享有权利并承担义务，但不得以放弃权利为由不履行义务。共有部分为相关业主所共有，均不得分割，也不得单独转让。业主转让建筑物内的住宅、经营性用房，其对建筑物共有部分享有的共有和共同管理的权利一并转让。业主依据法律规范、合同以及业主公约，对共有部分享有使用、收益、处分权，并按照其所有部分的价值，分担共有部分的修缮费以及其他负担。

【案例 2-10】 家住北京广渠门的王先生在一楼住了快 20 年了，没有使用过电梯，却年年要交电梯费，这么多年了，这事一直没人管。王先生认为，既然自己住在一楼，从来不用电梯，不用交电梯费也就顺理成章了。但是依照物权法规定，业主对建筑物专有部分以外的共有部分，享有权利并承担义务，但不得以放弃权利为由不履行义务。因此，王先生所主张的不交电梯费没有法律依据。

3. 业主的管理权

基于区分所有建筑物的构造，业主在建筑物的权利归属以及使用上形成了不可分离的共同关系，并基于此一共同关系而享有管理权。该管理权的内容为：

①成立业主委员会的权利。业主有权设立业主大会并选举业主委员会。地方人民政府有关部门应当对设立业主大会和选举业主委员会给予指导和协助。业主大会或者业主委员会的决定，对业主具有约束力。

业主大会或者业主委员会作出的决定侵害业主合法权益的，受侵害的业主可以请求人民法院予以撤销。

②业主共同决定相关事项的权利。物权法规定，下列事项由业主共同决定：制定和修改业主大会议事规则；制定和修改建筑物及其附属设施的管理规约；选举业主委员会或者更换业主委员会成员；选聘和解聘物业服务企业或者其他管理人；有关共有和共同管理权利的其他重大事项。以上所列事项应经占建筑物总面积过半数的业主且占总人数过半数的业主同意。

另外，物权法规定，筹集和使用建筑物及其附属设施的维修资金，改建、重建建筑物及其附属设施应当经占建筑物总面积 2/3 以上的业主且占总人数 2/3 以上的业主同意。

建筑物及其附属设施的维修资金，属于业主共有。经业主共同决定，可以用于电梯、水箱等共有部分的维修。维修资金的筹集、使用情况应当公布。建筑物及其附属设施的费用分摊、收益分配等事项，有约定的，按照约定；没有约定或者约定不明确的，按照业主专有部分占建筑物总面积的比例确定。

③业主对物业管理单位的选择权。业主可以自行管理建筑物及其附属设施，也可以委托物业服务企业或者其他管理人管理。对建设单位聘请的物业服务企业或者其他管理人，业主有权依法更换。

物业服务企业或者其他管理人根据业主的委托管理建筑区划内的建筑物及其附属设施，并接受业主的监督。

业主应当遵守法律、法规以及管理规约。业主大会和业主委员会，对任意弃置垃圾、排放污染物或者噪声、违反规定饲养动物、违章搭建、侵占通道、拒付物业费等损害他人合法权益的行为，有权依照法律、法规以及管理规约，要求行为人停止侵害、消除危险、排除妨害、赔偿损失。业主对侵害自己合法权益的行为，可以依法向人民法院提起诉讼。

【案例 2-11】　某市区海滨大道南兴花园住宅小区频频发生失窃案件，其主要原因在于物业管理不到位。业主多次向物业公司反映，但公司以种种理由推托，在和物管公司多次交涉未果后，住宅小区业主委员会向负责该小区物业管理的公司下达解聘通知。

2.2.5　相邻关系

1. 相邻关系的概念和特征

(1)相邻关系的概念

相邻关系是指两个或两个以上相邻不动产的所有人或使用人，在行使占有、使用、收益、处分权利时因给对方提供必要便利而发生的权利义务关系。

不动产相邻关系，从本质上讲是一方所有人或者使用人的财产权利的延伸，是为了合理使用不动产而对他人财产权利的限制。

(2)相邻关系的特征

相邻关系具有如下特征：

①相邻关系发生在与不动产相邻的所有人或使用人之间。

②相邻关系的客体一般不是不动产和动产本身，而是由行使所有权或使用权所引起的与邻人有关的经济利益或其他利益。

③相邻关系的发生常与不动产的自然条件有关，即两个以上所有人或使用人的财产应当是相邻的。

【案例 2-12】　甲、乙都是集体所有的土地的承包经营人，甲承包的土地处于乙承包的土地与公用通道之间，乙如果不通过甲承包的土地就不能到达公用通道，或者虽有其他通道但非常不便，乙就有权通过甲承包的土地到达公用通道或自己承包的土地。这样，在甲、乙两个承包经营人之间就发生了相邻关系。这种相邻关系对于乙来说，是其土地使用权的合理延伸；而对于甲来说，是对其土地使用权的必要限制。

2. 相邻关系的类型

相邻关系非常广泛，情况也很复杂，以下是根据物权法的规定和实践做出的分类。

(1)相邻通行关系

不动产权利人对相邻权利人因通行等必须利用其土地的，应当提供必要便利。通行人应当尽量避免对相邻的不动产权利人造成损害，造成损害的，应当予以赔偿。

历史上形成的通道，土地的所有人或者使用人无权任意堵塞或者改道，以免妨碍邻人通行。如果确实需要改道，应取得邻人的同意。

(2)相邻管线安设关系

相邻人因建造、修缮建筑物以及铺设电线、电缆、水管、暖气和燃气管线等必须利用相邻土地、建筑物的，该土地、建筑物的权利人应当提供必要的便利。但相邻人应当选择损害最小的地点及方法安设，相邻人还应对所占土地及施工造成的损失给予补偿，并于事后清理现场。

(3)相邻防险、排污关系

相邻一方在挖掘土地、建造建筑物、铺设管线以及安装设备时，不得危及相邻不动产的安全；不得使邻地的地基受到危害；不得使邻地的建筑物受到危害。相邻一方的建筑物有倾倒的危险，威胁邻人的生命、财产安全时，相邻一方应当采取预防措施，如加固、拆除；相邻一方堆放易燃、易爆、剧毒、放射、恶臭物品时，应当与邻地建筑物保持一定距离，或者采取预防措施和安全装置。相邻他方在对方未尽此义务的情况下，有权要求排除妨害，赔偿损失。

(4)相邻用水、流水、截水、排水关系

相邻人应当尊重水的自然流向，在需要改变流向并影响相邻他方用水时，应征得他方的同意，并对由此造成的损失给予适当补偿。

自然水流经过地的所有人或者使用人都可以使用流水，但应当共同协商、合理分配使用。如果来自高地段的自然流水，常为低地段的所有人或者使用人使用，即使高地段所有人或者使用人也需要此水，也不得全部堵截，断绝低地段的用水，以免给低地的所有人或者使用人造成损失。低地的所有人或者使用人应当允许高地的自然流水流经其地，不得擅自筑坝堵截，影响高地段的排水。

相邻一方在为房屋设置管、槽或其他装置时，不得使房屋雨水直接注泻于邻人建筑物上或者土地上。

(5)相邻光照、通风、音响、震动关系

相邻人在建造建筑物时，应当与邻人的建筑物留有一定的距离，不得违反国家规定的有关工程建设标准，以免影响邻人建筑物的通风、采光和日照。

相邻各方应当注意环境清洁、舒适，讲究精神文明，不得以高音、噪音、喧嚣、震动等妨碍邻人的工作、生活和休息。否则，邻人有权请求停止侵害。

(6)相邻竹木归属关系

相邻地界上的竹木、分界墙、分界沟等，如果所有权无法确定时，推定为相邻双方共有财产，其权利义务适用按份共有的原则。

对于相邻他方土地的竹木根枝超越地界，并影响自己对土地的使用，如妨碍自己土地的庄稼采光，相邻人有权请求相邻他方除去越界的竹木根枝。如果他方经过请求不予除去，相邻人可以自行除去。当然，越界竹木根枝如对相邻人的财产使用并无影响，则相邻人无权请求除去。

3. 处理相邻关系的原则和具体根据

《物权法》第84条规定："不动产的相邻权利人应当按照有利生产、方便生活、团结互助、公平合理的原则，正确处理相邻关系。"这是我国司法实践早已形成的经验总结。《物权法》第85条规定："法律、法规对处理相邻关系有规定的，依照其规定；法律、法规没有规定的，可以依照当地习惯。"

2.2.6 共有

1. 共有的概念和分类

共有是两个以上的人(公民或法人)对同一项财产享有所有权。

共有关系产生大致有两种原因：一是基于法律直接规定产生的，如婚姻法规定若当事人无特别约定，夫妻关系存续期间所得的财产归夫妻共有；二是依合同约定产生的，如三人共同出资购买一辆汽车，以合同约定各人享有的权利和承担的义务。

民法通则和我国物权法确认了两种共有形式，即按份共有和共同共有。

2. 按份共有

(1)按份共有的概念与性质

按份共有，是指两个以上的人(主体)对同一项不动产或者动产按照其份额享有所有权。按份共有是最常见的共有关系，它可以发生在公民之间、法人之间，也可以发生在公民和法人之间。

(2)按份共有的内部关系

①共有人对共有物的占有、使用、收益。

各共有人依其份额对共有物进行占有、使用、收益，这种权利的行使及于共有物的整体全部。根据共有物的性质，全体共有人不能同时对共有物进行占有、使用、收益时，如何解决这一问题，首先应由共有人对占有、使用、收益的方法进行协商，如协商一致，共有人按照约定管理共有的不动产或者动产；没有约定或者约定不明确的，各共有人都有管理的权利和义务。

②对共有物的转让、处分的规定。

首先，是共有人对自己共有份额转让的有关规定。在一般情况下，按份共有人转让其享有的共有份额，无需得到其他共有人同意。但各共有人不得侵害其他共有人的利益，并受法律的限制。法律有特别规定的，共有人处分其份额应遵守法律的规定。此外，在共有关系中有禁止共有人出让其份额的约定的，对共有人应当具有约束力。共有人之一不按照约定处分自己应有份额的，应当无效。但是这种约定是对所有关系的特别限制，不能对抗善意第三人，如果第三人受让其份额为善意无过失，则发生共有份额所有权转移的后果。

为了维护各共有人的相互信任，在共有人转让其份额时，在价格等条件同等的情况下，其他共有人有优先于非共有人购买的权利。如果几个共有人都想购买这项份额，应由转让份额的共有人决定将其份额转让给哪一个共有人。

其次，是关于按份共有人对共有物的处分。我国物权法规定，处分共有的不动产或者动产以及对共有的不动产或者动产作重大修缮的，应当经占份额 2/3 以上的按份共有人的同意。但是共有人之间另有约定的除外。

最后，是关于按份共有人的无权处分法律后果。某一共有人或者某部分共有人未得到拥有共有份额 2/3 以上的共有人的同意，擅自处分共有物的，对其他共有人构成侵权行为。如果是事实上的处分，如毁损共有物，对其他共有人应负侵权责任。如果是法律上的处分，对于其他共有人不产生法律效力。但对于第三人来说，该行为属于效力待定的行为，如果其他共有人事后追认了该行为，则该行为有效；如果其他共有人事后不追认该行为，则该行为无效，其他共有人可要求其承担侵权的民事责任。但要注意的是，如果第三人在取得该动产时是出于善意，应按善意取得规则处理。

【案例 2-13】 甲乙丙三人各出资 30 万元购置一套房屋。甲乙二人因生意缺钱，二人可以以该房屋中自己所有的份额向银行抵押并获得贷款 60 万元。如果甲乙二人到期不能归还银行借款，那该套房屋面临被拍卖的境地。这时，丙可以对甲乙二人在该房屋上的份额行使优先购买权。丙可以向甲乙二人各支付 30 万元，甲乙二人在向银行还贷的同时，也消灭了与丙的按份共有关系。

【案例 2-14】 某村居民王某于 2007 年 3 月申请到一块宅基地，决定建造一栋二层共 12 间房屋的楼房。同年 7 月，王某因资金不足，遂找到邻居刘某借款。双方书面合同约定：刘某借给王某 8 万元建房，1 年后如王某不能归还本金和利息 8 千元，则房屋为双方共有，各人得一半房屋。2008 年 3 月该房建成，王某将第二层的三间房交给了刘某。同年 4 月初，王某在登记产权时，将产权登记为自己单独所有。同年 7 月底，王某因到期不能偿还借款，刘某提出要按原协议分割房屋，双方各得一半，并要求办理登记手续，王某表示同意，并且又在一层拨出三间房给刘某，但一直未办理产权变更登记手续，刘某也未实际搬进该房。同年 10 月，王某找到于某，提出愿以 22 万元出售该房屋，并向于某出示了房屋产权证，于某表示同意购买。同年 10 月底，王某收到于某交付的房款后，将自己占用的房屋全部交给了于某，并到刘某家要求偿还借款本金，同时要求刘某为于某腾房。刘某认为该房已属于他和王某共有，王某无权将该房全部卖给于某。双方因不能达成协议，刘某遂在法院提起诉讼，请求确认王某与于某之间的转让房屋协议无效。

(3)按份共有的外部关系

共有的不动产或者动产产生的债权债务，在对外关系上，共有人享有连带债权、承担连带债务，但法律另有规定或者第三人知道共有人不具有连带债权债务关系的除外；在共有人内部关系上，除共有人另有约定外，按份共有人按照份额享有债权、承担债务，共同共有人共同享有债权、承担债务。偿还债务超过自己应当承担份额的按份共有人，有权向其他共有人追偿。

【案例 2-15】 甲、乙共有的动物给他人造成损害，甲、乙应负连带赔偿责任。但这种连带关系是对外而言，对共有人内部，共有人中的一人或者数人在代替其他共有人履行义务或者承担责任后，有权请求其他共有人偿还其应当承担的部分。

(4)共有物的管理及费用负担

共有物的管理费用，包括保存费用和改良费用，以及其他费用，如缴纳税款等，对共有物的管理费用以及其他负担，有约定的，按照约定；没有约定或者约定不明确的，按份共有人按照其份额负担。如果某一共有人支付上述费用超过其份额所应负担的部分，有权请求其他共有人按其份额偿还所应负担的部分。

(5)共有物的分割

共有人可以协商确定分割方式。达不成协议，共有的不动产或者动产可以分割并且不会因分割减损价值的，应当对实物予以分割；难以分割或者因分割会减损价值的，应当对折价或者拍卖、变卖取得的价款予以分割。

3. 共同共有

(1)共同共有的概念

共同共有是指两个或两个以上的民事主体，根据某种共同关系而对某项财产不分份额地共同享有权利并承担义务。共同共有的特征是：第一，共同共有根据共同关系而产生，以共同关系的存在为前提，例如夫妻关系、家庭关系；第二，在共同共有关系存续期间内，共有财产不分份额。这是共同共有与按份共有的主要区别；第三，在共同共有中，各共有人平等地对共有物享受权利和承担义务。

(2)共同共有的分类

关于共同共有的形式，我国学界普遍认为共同共有包括夫妻共有、家庭共有和遗产分割前的共有。

①夫妻共有。共同共有最典型的形式就是夫妻共有。我国婚姻法规定，夫妻在婚姻关系存续期间所得的下列财产，归夫妻共同所有：一是工资、奖金；二是生产、经营的收益；三是知识产权的收益；四是继承或赠与所得的财产，但遗嘱或赠与合同中确定只归夫或妻一方的财产除外；五是其他应当归共同所有的财产。夫妻对共同所有的财

产,有平等的处理权。

②家庭共有。家庭共有财产是指家庭成员在家庭共同生活关系存续期间,共同创造、共同所得的财产。例如,家庭成员共同受赠的财产,以及在此基础上购置和积累起来的财产等。

③遗产分割前的共有。我国《继承法》第 24 条规定:“存有遗产的人,应当妥善保管遗产,任何人不得侵吞或者争抢。”

(3)共同共有人的权利

共同共有人的权利,及于共有物的全部。共有人按照约定管理共有的不动产或者动产;没有约定或者约定不明确的,各共有人都有管理的权利和义务。

处分共有的不动产或者动产以及对共有的不动产或者动产作重大修缮的,应当经全体共同共有人同意,但共有人之间另有约定的除外。

【案例 2-16】 甲、乙结婚后购得房屋一套,仅以甲的名义进行了登记。后甲、乙感情不和,甲擅自将房屋以市价出售给不知情的丙,并办理了房屋所有权变更登记手续。共同共有人对共有物的处分,应当经全体共同共有人同意。但具体到本案,甲乙婚后的房产证上登记的是甲的名字,并且丙当时不知情,也按照市场价支付了房款和办理了所有权变更登记,因此构成善意取得。

(4)共同共有的消灭和财产分割

共同共有在共同关系存续中,各共有人不得请求分割共有物。同时,由于共同共有主要是因婚姻、血缘关系而形成的,共同共有人之间存在着更密切的关系,因此,共同共有人不能像按份共有人那样转让自己的份额(这种份额是潜在的)。

共同共有的消灭主要是因共同关系的终止而引起的,如婚姻关系终止引起夫妻共有财产关系的消灭;同时也可以因其他原因而消灭,如共有物灭失、转让给他人等。共有财产的分割,除了应当遵循前述按份共有的共有物分割原则外,还应遵守法律关于该共同共有关系的规定,如法定继承中分割共同继承的遗产,应按照法律规定的遗产分配原则进行。至于分割方法,共有人在不损害共有物价值的前提下,可以选择采取实物分割、变价分割、作价补偿等方法。

2.2.7 所有权的特殊取得方式(原始取得)

所有权的取得分为继受取得和原始取得。其中买卖、互易、赠与、遗赠和遗嘱继承属于继受取得;本文下列的其他方式可归结为特殊方式取得,亦称原始取得。

1. 善意取得

善意取得是指无权处分人,在将其占有的无权处分的动产或者不动产转让给受让人以后,如果受让人在取得该动产时出于善意,则依法取得对该动产或不动产的相应物权,原物权人不得要求受让人返还,而只能请求转让人赔偿损失的法律制度。

按照所有权的物权的效力，所有权人完全可以对任何占有其所有物的人请求返还原物。但是，如果允许所有权人在任何情况下都可以请求返还原物，则对善意第三人的保护不周，有害于交易的安全、快捷和可预见性。所以规定善意第三人在符合法律规定的情况下可以取得无处分权人转让的物的所有权，是为了维护交易的确定性和安全性。善意取得制度作为所有权保护的一种例外，是无权处分的特别规定，是对所有权的物权效力的一种限制。

根据我国《物权法》第106条和第108条的规定，善意取得须具备以下的条件：①第三人受让该不动产或者动产时是善意的。这里的善意，是指取得标的物的第三人不知道或者不应当知道占有人为非法转让。②以合理的价格转让。③转让的不动产或者动产依照法律规定应当登记的已经登记，不需要登记的已经交付给受让人。

【案例2-17】 李平夫妇在当地有两套住房，夫妻商量将其中的一套一居室的住房用于出租。李平通过一家中介，将该套住房租给了陈某。三个月过去了，李平前往出租屋打算向陈某收下季度的房租费，谁知开门的是一位张女士，她说这套房子是她从一位叫李平的人手中花50万元买的，并拿出了房产证。李平表示自己就是房主，从来没有卖房，并拿出了他的房产证。双方都感到不妙，立即到公安局报了案，并一同来到房产局。经查证核实，张女士手中的房产证是真的，而李平手中的房产证是假的。原来陈某与李平在签订租房协议期间，曾要求看李平的房产证并要求复印，李平答应了，陈某看过李平的房产证后，制造了一个假的房产证，趁与李平签合同时将房产证调了包，然后他又把这套房子卖给了张女士并办理了房产过户手续。此案被列为刑事案件侦查，但是李平认为张女士的购房无效。

本案中陈某不是房主，是无权处分人，但张女士不知情，在法律上被认定为善意相对人。张女士与陈某签订了房屋买卖合同，并办理了房屋登记，张女士由此取得了该房屋的所有权。李平不能要求张女士返还房屋，李平的损失应当由陈某赔偿。具体到房屋登记部门，其也存在一定的过错，张女士与假李平(陈某)在办理房屋过户登记的时候，房产局未尽到严格的审查义务，应当承担相应的责任。

2. 遗失物

遗失物是所有人遗忘于某处，不为任何人占有的物。遗失物只能是动产，不动产不存在遗失的问题。遗失物也不是无主财产，只不过是所有人丧失了对于物的占有。

(1)拾得人的义务

拾得人应当及时通知权利人领取，或者送交公安等有关部门。拾得人在遗失物送交有关部门前，有关部门在遗失物被领取前，应当妥善保管遗失物。因故意或者重大过失致使遗失物毁损、灭失的，应当承担民事责任。

(2)拾得人的权利

这主要是指拾得人的必要费用偿还请求权和依据悬赏广告而获得报酬的权利。权利人领取遗失物时，应当向拾得人或者有关部门支付保管遗失物等支出的必要费用。权利人悬赏寻找遗失物的，领取遗失物时应当按照承诺履行义务。

(3)拾得人侵占遗失物情形的处理

拾得人侵占遗失物的，无权请求保管遗失物等支出的费用，也无权请求权利人按照承诺履行义务。

(4)无人认领时国家取得所有权

遗失物自发布招领公告之日起六个月内无人认领的，归国家所有。

【案例 2-18】 王某丢失一皮夹，内有自己银行卡和身份证，除此之外还有现金少许。皮夹丢失后王某甚是着急，在本市知名报纸刊登广告。称如谁捡到皮夹交还给自己，本人愿出 500 元作为答谢。刘某捡到王某的皮夹想交还给王某，并要王某兑现自己的承诺，给 500 元作为答谢。王某此时反悔，不愿给刘某答谢费。刘某见状留置了王某的皮夹，声称只要王某给自己 500 元，他就马上返还皮夹。该案中，首先刘某不能留置王某的皮夹；其次王某应兑现自己的承诺给刘某 500 元酬金。

3. 拾得漂流物、发现埋藏物或者隐藏物

我国《物权法》第 114 条规定：拾得漂流物、发现埋藏物或者隐藏物的，参照拾得遗失物的有关规定。文物保护法等法律另有规定的，依照其规定。

4. 从物和孳息所有权的归属

物权法规定，主物转让的，随从物随主物转让，但当事人另有约定的除外。天然孳息，由所有人取得；既有所有人又有用益物权人的，由用益物权人取得。当事人另有约定的，按照约定。法定孳息，当事人有约定的，按照约定取得；没有约定或者约定不明确的，按照交易习惯取得。

5. 添附

添附是指数个不同所有人之物结合成一物，或者由所有人以外的加工而成一个新物的法律事实。添附有如下三种情形：

(1)附合

附合是指两个以上不同所有人的物结合在一起而不能分离，若分离会毁损该物或者花费较大，如用他人的建筑材料建造房屋。附合有两种情况：

①动产与动产的附合。这是指不同所有人的动产互相结合，分离的费用较大或非毁坏不能分离。对此一般的做法是，动产与动产的附合应当由原所有人按照其动产的价值，共有合成物。如不再按份共有，则应当由主物或价值较高的物的原所有人取得合成物的所有权，并给对方以补偿。

②动产与不动产的附合。这是指动产附合于不动产，成为不动产的组成部分。一般原则是建筑物或者种植物归土地所有人所有，至于双方的权利和义务，则视添附行为人是出于善意还是恶意而定。

(2)混合

混合，是两个以上不同所有人的动产互相混杂合并，不能识别。混合发生在动产之间，它与附合的不同在于：附合（指动产的附合）的数个动产在形体上可以识别、分割，只是分离后要损害附合物的价值，出于社会利益考虑最好不分割；而混合则是数个动产混合于一起，在事实上不能也不易区别。各国民法大多规定混合准用附合的规定。

（3）加工

加工，是指在他人之物上进行劳动使之成为新物的事实。对于加工物所有权的归属，一般做法是，加工物的所有权原则上归原物的所有人，并给加工人以补偿。但是当加工增加的价值大于材料的价值时，加工物可以归加工人所有，但应当给原物的所有人以补偿。

6. 先占

我国在立法上没有规定先占制度，学者也大多认为没有所有人的财产应直接归国家所有，从而否认先占取得。但一味否定先占制度也不符合社会现实，对于抛弃的废旧物，先占者可以取得其所有权。我国法律应当从现实生活出发，确认先占制度，这样不仅有利于稳定社会经济秩序，还有利于充分发挥物的效用，促进社会经济的发展。

2.2.8 用益物权

用益物权是对他人所有的物，在一定范围内进行占有、使用、收益、处分的他物权。在我国现行民法与民法学理论中，主要有土地承包经营权、建设用地使用权、宅基地使用权、地役权。

用益物权的特征有如下几点：①用益物权是他物权、限制物权；②用益物权是不动产物权；③用益物权以对标的物的使用、收益为其主要内容，并以对物的占有为前提；④用益物权原则上是有期限物权。

1. 土地承包经营权

（1）土地承包经营权概述

土地承包经营权是指自然人、法人或者其他组织因从事耕作、种植或其他农业生产经营项目而基于承包合同对集体所有或集体使用的国家所有的农业用地所享有的占有、使用、收益的权利。其特征在于：

第一，承包经营权是存在于集体所有或者国家所有的土地或者森林、山岭、草原、荒地、滩涂、水面的权利。农民集体所有的土地由本集体经济组织的成员承包经营的，由发包人与承包人订立承包合同，约定双方的权利和义务。

农民集体所有的土地只有符合条件的农村土地，并经法定程序，方可由本集体经济组织以外的单位或个人承包。这些条件是：①只限于不宜采取家庭承包方式的荒山、荒沟、荒丘、荒滩等农村土地；②只能够通过招标、拍卖、公开协商等方式承包；③应当事先经本集体经济组织成员的村民会议 2/3 以上成员或者 2/3 以上村民代表的同意，并报乡(镇)人民政府批准；④本集体经济组织成员未在同等条件下行使优先承包权。

第二，承包经营权是承包使用、收益集体所有或者国家所有的土地或者森林、山岭、草原、荒地、滩涂、水面的权利，承包人对之并无处分权。

第三，承包经营权是为种植业、林业、畜牧业、渔业生产或者其他生产经营项目使用，不能另作他用。

第四，承包经营权是有一定期限的权利。根据农村土地承包法规定，耕地的承包期为30年，草地为30年到50年，林地为30年到70年，特殊林木的林地承包期，经国务院林业行政主管部门批准可以延长。在土地承包经营期限内，发包方不得随意调整承包地，若因自然灾害严重毁损承包地等特殊情形对个别农户之间承包的耕地和草地需要适当调整的，必须经本集体经济组织成员的村民会议2/3以上成员或者2/3以上村民代表的同意，并报乡(镇)人民政府和县级人民政府农业等行政主管部门批准。

【案例2-19】 某村村委将本村90多亩荒山卖给某房地产开发公司进行开发，兴建山村别墅。部分村民感觉不服，便想找村委讨个说法。村委表示该村荒山是集体所有，所有村委有权利把荒山卖给某房地产开发公司。通过上述的承包经营权特征中第一部分的讲解可知：村委本身无权卖本村的荒山。

(2)土地承包经营权的取得

①基于民事行为取得承包经营权的，包括创设取得和移转取得两种情况：

土地承包经营权的创设取得，主要是指承包人与发包人通过订立承包经营合同而取得承包经营权，分为家庭承包和以招标、拍卖、公开协商等方式进行的承包。通过这两种方式承包的，都应当签订承包合同，承包合同自成立之日起生效，承包方于合同生效时取得土地承包经营权。县级以上地方人民政府应当向土地承包经营权人发放土地承包经营权证、林权证、草原使用权证，并登记造册，确认土地承包经营权。

我国物权法规定，土地承包经营权人依照农村土地承包法的规定，有权将土地承包经营权采取转包、互换、转让等方式流转。流转的期限不得超过承包期的剩余期限。未经依法批准，不得将承包地用于非农建设。土地承包经营权人将土地承包经营权互换、转让，当事人要求登记的，应当向县级以上地方人民政府申请土地承包经营权变更登记；未经登记，不得对抗善意第三人。

按照现在物权法规定，以上所述土地承包经营权不能抵押，但通过招标、拍卖、公开协商等方式承包荒地等农村土地，依照农村土地承包法等法律和国务院的有关规定，其土地承包经营权可以转让、入股、抵押或者以其他方式流转。

②非基于民事行为而取得承包经营权。《继承法》第3条规定的遗产范围中没有规定承包经营权，但以家庭承包方式取得的林地承包经营权，承包人死亡的，其继承人可以在承包期内继续承包。另外，以招标、拍卖、公开协商等方式设立的承包经营权，承包人死亡的，其继承人也可以在承包期内继续承包。

(3)承包人的权利和义务

①承包人的权利。通过家庭承包取得的土地承包经营权可以依法采取转包、出租、互换、转让或者其他方式流转。处分的方式及程序是:土地承包经营权采取转包、出租、互换、转让或者其他方式流转,当事人双方应当签订书面合同;采取转让方式流转的,应当经发包方同意;采取转包、出租、互换或者其他方式流转的,应当报发包方备案;土地承包经营权采取互换、转让方式流转,当事人要求登记的,应当向县级以上地方人民政府申请登记。未经登记,不得对抗善意第三人。

②承包人的义务。承包人应维持土地的农业用途,不得用于非农建设,保证依法保护和合理利用土地,不得给土地造成永久性损害。

(4)发包人的权利和义务

①发包人的权利。发包人要监督承包方依照承包合同约定的用途合理利用和保护土地;制止承包方损害承包地和农业资源的行为;在承包人严重违反承包合同或者其他法定情形下可以依法收回土地承包经营权。

②发包人的义务。发包人要维护承包方的土地承包经营权,不得非法变更、解除承包合同;尊重承包方的生产经营自主权,不得干涉承包方依法进行正常的生产经营活动。

2. 建设用地使用权

(1)概念和特征

建设用地使用权是因建筑物或者构筑物及其他附属设施而使用国家所有的土地的权利。特征有如下几点:①建设用地使用权是使用他人土地的权利。②建设用地使用权是存在于国家所有土地之上的物权。③建设用地使用权是以建筑物或者构筑物及其他附属设施为目的的权利。④建设用地使用权的权利人可以对土地进行占有、使用和收益,并且可以将该土地使用权进行转让、抵押等处分行为。

(2)建设用地使用权的取得

建设用地使用权的初次取得有如下两种方式:

①土地划拨。是土地使用人只需按照一定程序提出申请,经主管机关批准即可取得土地使用权,而不必向土地所有人交付租金及其他费用。依据我国《土地管理法》的规定,可以通过划拨方式取得的建设用地包括:国家机关用地和军事用地;城市基础设施用地和公益事业用地;国家重点扶持的能源、交通、水利等基础设施用地;法律、行政法规规定的其他用地。

②土地使用权出让。是国家以土地所有人身份将土地使用权在一定期限内让与土地使用者,并由土地使用者向国家支付土地使用权出让金的行为。土地使用权出让主要有三种方式,即协议、招标和拍卖。依据《物权法》第 137 条的规定,工业、商业、旅游、娱乐和商品住宅等经营性用地以及同一土地有两个以上意向用地者的,应当采取招标、拍卖等公开竞价的方式出让。《物权法》第 138 条规定:采取招标、拍卖、协议等

出让方式设立建设用地使用权的，当事人应当采取书面形式订立建设用地使用权出让合同。建设用地使用权从登记时设立。

建设用地使用权出让合同一般包括下列条款：a. 当事人的名称和住所；b. 土地界址、面积等；c. 建筑物、构筑物及其附属设施占用的空间；d. 土地用途；e. 使用期限；f. 出让金等费用及其支付方式；g. 解决争议的方法。

(3)建设用地使用权的期限

因以划拨方式取得土地使用权是用于国家机关或军事设施等领域，所以以划拨方式取得的建设用地使用权没有期限的限制。

以出让方式取得的建设用地使用权有最高期限的限制，其最高期限为：①居住用地 70 年；②商业、旅游、娱乐用地 40 年；③教育、科技、文化、卫生、体育用地 50 年；④综合或者其他用地 50 年；⑤工业用地 50 年。

(4)期限届满时的续期

①住宅建设用地使用权期间届满的，自动续期。

②非住宅建设用地使用权期间届满后的续期，依照法律规定办理。该土地上的房屋及其他不动产的归属，有约定的，按照约定；没有约定或者约定不明确的，依照法律、行政法规的规定办理。也就是说对于非住宅建设用地使用权的续期，地上建筑物的归属等物权法并没有予以规范，而是将其留给了其他法律加以解决。

(5)建设用地使用权人的权利

①建设用地使用权人占有和使用的权利。建设用地使用权人占有和使用建设用地；建设用地使用权人可以依照法律规定和出让合同约定的用途对建设用地进行以建造和保有建筑物、构筑物以及其他工作设施为目的而进行使用和收益。

②处分土地使用权的权利。建设用地使用权人转让建设用地使用权应当符合下列条件：必须投资达到 25%；签订书面转让合同；在剩余期限范围内转让；将地上建筑物、附着物一并转让。土地使用权从进行转让登记时发生转让效力；建设用地使用权人可以就建设用地进行抵押。

(6)建设用地使用权人的义务

建设用地使用权人必须按照出让合同规定的方式加以利用，未经有关主管机关许可不得改变土地用途，否则国家可以无偿收回土地使用权。建设用地使用权人 1 年内未开发的收取不高于土地出让金 20%的闲置金；连续两年闲置土地的无偿收回土地。建设用地使用权人在建设用地使用权消灭时恢复土地原状。

(7)关于空间使用权

建设用地使用权可以建立在地表、地上和地下。建立在土地上方或者地下一定空间的建设用地使用权即为建设用地空间使用权。一国有土地之上可以同时分别设立建设用地使用权、地上空间权和地下空间权。后设立的空间使用权不得妨害已经设立的建设用地使用权或者空间使用权。

【案例2-20】 2001年，某市粮食局以建粮油批发市场为由，通过当地政府，以每亩2.2万元的价格，从高老庄村征走耕地110亩。粮食局当年征地申请的计划是：建大型粮油批发市场，可每年批发、零售粮油2 500万吨，成交额可达2 000万元，实现利税100万元，使该市的经济得到繁荣。但是其后发生的事情却让高老庄村村民多年来一直气愤不平。粮油批发市场没有建起来，一百多亩耕地却落到粮食局的手里。随后，这些耕地被分割成若干份，每份约为420平方米，把土地使用权转移到个人和一些单位手里，每份3.5万元。得到土地使用权的人，便各自建起了民宅商店、酒店、公司等。粮食局自己所建的粮油批发交易大厅，仅有200平方米，而且从未开张。征用了一百多亩土地，只盖了这么小的交易厅，就连这个交易大厅也是出租，做了存放方便面的库房。高老庄村二千多名村民表示，如果被征走的土地真是国家需要，真正用来建粮油批发市场发展当地经济，他们能理解和支持。但是他们现在看到的这种情况，真是让他们很难理解。

这是一起典型的擅自改变建设用地性质和私自转让土地使用权的案例。当初粮食局是以建立粮油批发市场为由通过政府征用农民的土地，但是粮食局却没有按规划、按原来的计划规模建设批发市场，却将大部分土地转向了房地产开发，征来的耕地被改变了用途，其所作所为已与粮油批发交易毫无关系，实际上是改变了建设用地的性质。如果粮食局在征地之后，由于情况发生变化，需要改变建设项目，也应该按照法定程序，重新向计划行政主管部门和规划行政主管部门提出申请。

3. 宅基地使用权

(1)宅基地使用权的概念和特征

宅基地使用权指的是农村集体经济组织的成员依法享有的在农民集体所有的土地上建造个人住宅的权利。根据我国物权法的规定，宅基地使用权人依法对集体所有的土地享有占有和使用的权利，有权利用该土地建造住宅及其附属设施。宅基地使用权具有如下特征：

①宅基地使用权的主体只能是农村集体经济组织的成员。城镇居民不得购置宅基地，除非其依法将户口迁入该集体经济组织。

②宅基地使用权的用途仅限于村民建造个人住宅。个人住宅包括住房以及与村民居住生活有关的附属设施，如厨房、院墙等。

③根据土地管理法的规定，农村村民一户只能拥有一处宅基地，其面积不得超过省、自治区、直辖市规定的标准。农村村民建住宅，应符合乡(镇)土地利用总体规划，并尽量使用原有的宅基地和村内空闲地。农村村民住宅用地，经乡(镇)人民政府审核，由县级人民政府批准，但如果涉及占用农用地的，应依照土地管理法的有关规定办理审批手续。农村村民出卖、出租住房后，再申请宅基地的，不予批准。

(2)宅基地使用权的内容

宅基地使用权人有权占有宅基地，并在宅基地上建造个人住宅以及与居住生活相关的附属设施；宅基地使用权人有权获得因使用宅基地而产生的收益，如在宅基地空闲处种植果树等经济作物而产生的收益。同时，宅基地使用权人有权依法转让房屋所有权，则该房屋占用范围内的宅基地使用权一并转让。宅基地因自然灾害等原因灭失的，宅基地使用权消灭。对没有宅基地的村民，应当重新分配宅基地。宅基地使用权人出卖、出租住房后，再申请宅基地的，土地管理部门将不再批准。并且，宅基地使用权的受让人只限于本集体经济组织的成员。

【案例 2-21】 2002 年 7 月，北京市民刘某相中郊区农村宅院一处，于是同宅院主人李某商议购买此宅院。李某将正房五间、厢房三间以及整个院落以 4.5 万元的价格卖给了刘某，双方签订了买卖协议，并将集体土地建设用地使用证交给了她。买卖合同上，除了双方签字，本村村委也盖了公章。过了几年后北京房价飞速上涨，此村同类宅院一处价格已达 30 万，这时李某想要回已卖出的宅院。

本案中北京市民刘某是城镇居民，物权法规定，宅基地使用权的主体只能是农村集体经济组织的成员，城镇居民不得购置宅基地，除非其依法将户口迁入该集体经济组织。由此可知，刘某购买农房的合同应为无效。

4. 地役权

(1)地役权的概念和特征

地役权是以他人土地供自己土地便利而使用以提高自己不动产效益的权利。其特征在于：

第一，地役权是使用他人土地的权利。地役权的客体是土地，并以该土地属于他人所有或者使用为前提。地役权的成立，必须有两块相邻土地的存在。为便利而使用他人土地之地，称需役地；为该土地便利而供其使用的土地，称供役地。

第二，地役权是为自己土地的便利而设定的。地役权大体分以下几类：①以供役地供使用，如通行地役权。②以供役地供收益，如用水地役权。③禁止供役地为某种使用，如禁止在邻地建高楼，以免妨碍眺望。

第三，地役权从属于需役地，地役权作为从权利不得独立于需役地而单独转让或者抵押；需役地所有权或者使用权发生转移或抵押的，地役权随之转移、抵押。对此我国《物权法》第 164 条规定："地役权不得单独转让。土地承包经营权、建设用地使用权等转让的，地役权一并转让，但合同另有约定的除外。"第 165 条规定："地役权不得单独抵押。土地承包经营权、建设用地使用权等抵押的，在实现抵押权时，地役权一并转让。"

第四，地役权的不可分性主要体现在两个方面：地役权不因需役地的分割或者部分转让而受影响；也不因为供役地的分割或者部分转让而受影响。我国《物权法》第 166 条规定："需役地以及需役地上的土地承包经营权、建设用地使用权部分转让时，转让部分涉及地役权的，受让人同时享有地役权。"第 167 条规定："供役地以及供役地上的土地承包经营权、建设用地使用权部分转让时，转让部分涉及地役权的，地役权对受让人具有约束力。”

【案例 2-22】 甲地南部的住宅与乙地相邻，在乙地上设有不得建高层建筑的地役权，后来甲地南部分割给丙，北部给丁，那么该项地役权仅能为丙地存续而与丁无关。在供役地分割时，地役权仍就分割后的各地块存续。

(2)地役权的取得

①基于民事行为而取得地役权。大都是根据设定地役权的合同，即双方通过书面合同的方式设定地役权。设立地役权，当事人应当采取书面形式订立地役权合同。地役权自地役权合同生效时设立。当事人要求登记的，可以向登记机构申请地役权登记；未经登记，不得对抗善意第三人。另外，也有用遗嘱等单独行为而设定地役权的。

地役权的期限由当事人约定，但不得超过土地承包经营权、建设用地使用权等用益物权的剩余期限。土地上已设立土地承包经营权、建设用地使用权、宅基地使用权等权利的，未经用益物权人同意，土地所有权人不得设立地役权。

②地役权也可以基于让与而取得。但是由于地役权的从属性，地役权的让与应与需役地的让与一同行使，应有书面合同。

③基于民事行为以外的原因取得地役权。基于民事行为以外的原因取得地役权的，主要是继承。需役地权利人死亡时，需役地的权利既然由继承人继承，则其地役权亦当然由其继承人继承。但该通过继承取得的地役权，非经登记，不得处分。

(3)地役权的内容

①地役权人的权利

首先，地役权人在地役权的目的范围内使用供役地是地役权人的最主要的权利。要注意的是，地役权人在目的范围内对供役地的使用，不必是独占性的使用，除了可以与供役地人共同使用外，只要不是性质不相容，同一供役地上，还可设定数个地役权，视情形可以同时使用。其次，地役权人为行使其权利，在供役地内可以为必要的附属行为，如汲水地役权，可以在供役地上通行。

②地役权人的义务

我国物权法规定，地役权人应当按照合同约定的利用目的和方法利用供役地，尽可能减少对供役地权利人物权的限制。另外，地役权人因其行使地役权的行为对供役地造成变动、损害的，应当在事后恢复原状并补偿损害。地役权人对于为行使地役权而在供役地修建的设施，如电线、管道、道路，应当注意维修，以免供役地人因其设施损坏而受到损害。另外，地役权人对于上述设施，在不妨碍其地役权行使的限度内，应当允许供役地人使用这些设施。

【案例 2-23】 甲乙两块承包地相邻，其中甲的承包地土地靠近蓄水池，乙为方便灌溉同甲协商希望能从甲土地下埋设一输水管道，乙每年向甲支付一定使用费用，甲同意，为此双方达成书面协议。使用几年后，甲乙因琐事发生矛盾，甲私自截断管道，对乙灌溉果园造成较大损失。

该案中，甲乙之间协议是地役权的设定。乙是地役权人，甲是供役地人。甲乙因琐事发生矛盾，甲就私自截断管道，实际上是违约，应赔偿地役权人由此遭受的损失。

(4)地役权的消灭

地役权是一种不动产物权，则不动产物权的一般消灭原因，当然适用于地役权。以下叙述的是地役权消灭的相关规定：

①土地灭失。地役权不单单因为作为其标的物的土地(供役地)灭失时消灭，而且地役权也因需役地的灭失而消灭。

②目的事实不能。设定地役权的目的事实上不能实现。例如，汲水地役权因供役地水源枯竭而消灭。

③供役地权利人解除地役权关系。地役权人违反法律规定或者合同约定，滥用地役权，约定有偿利用供役地的，约定的付款期间届满后在合理期限内经两次催告未支付费用的，供役地权利人可以就此解除地役权。

④抛弃。地役权人如将其地役权抛弃，供役地则因之恢复其无负担的状态，地役权归于消灭。但如果是有偿的地役权，即使地役权人抛弃地役权后，仍应支付地役权全部期间的租金。

⑤存续期间的届满或者其他预定事由的发生。根据物权法的规定，已经登记的地役权变更、转让或者消灭的，应当及时办理变更登记或者注销登记。

2.2.9 担保物权

1. 担保物权概述

(1)担保物权的概念

担保物权是指权利人按照法律规定或者约定以物的交换价值用以担保其债权的实现的他物权。当债务人不履行债务或破产时，担保物权人得就担保物之价值优先于其他债权人而受清偿。

(2)担保物权的特征

由于担保物权是以确保债务的履行而设立，所有的担保物权均从属于其所担保的债权。担保物权所担保的债权为主权利，因此通常称之为主债权；主债权发生转移，担保物权也随之发生转移。

《物权法》第172条规定，设立担保物权，应当依照本法和其他法律的规定订立担保合同。担保合同是主债权债务合同的从合同。主债权债务合同无效，担保合同无效，但法律另有规定的除外。担保合同被确认无效后，债务人、担保人、债权人有过错的，应当根据其过错各自承担相应的民事责任。

担保物权的不可分性是指担保物权人于其全部债权受偿之前，得就担保物全部行使其权利，担保物的价值变化及债权的变化不影响担保物权的整体性。

担保物权均具有物上代位性，所谓物上代位性乃是指担保物权的标的物毁损灭失的，有其他替代物的担保物权并不消灭而是及于该替代物之上。例如，保险金、损害赔偿金等。

【案例2-24】 某单位欠30名职工一年的工资，职工多次到单位索要未果。后在劳动调解机构调解下达成协议：单位半年内支付所有被拖欠的工资，为保证完成，以单位的一辆奔驰轿车做抵押。半年后，单位仍未妥善解决。职工一气之下，将单位抵押给他们的轿车用绳索拉到街上，当街叫卖。

在本案中，单位拖欠职工工资，单位是债务人，职工是债权人。单位与职工约定，将单位拥有的奔驰车抵押给职工。此时，职工是抵押权人。但职工并没有获得该车的所有权。即使在单位到期不履行债务时，职工也不能获得奔驰车的所有权，仅享有就该车卖得价金优先受偿的权利。所以，单位到期不履行债务时，抵押权人不得自行将该车拉出去卖掉。虽然这些职工的处境很令人同情，但是他们强行私下行使抵押权却是违法行为。就本案，职工可以依法将该车拍卖、变卖；也可与抵押人协议以抵押物折价，取得该车所有权。

2. 抵押权

(1)抵押权的概念

抵押权指债务人或者第三人不转移财产的占有，将该财产作为债权的担保，债务人未履行债务时，债权人依照法律规定的程序就该财产优先受偿的权利。即抵押权人可排除无抵押权的债权人就抵押物优先受偿，次序在先的抵押权人比次序在后的抵押权人优先受偿。

(2)抵押权的设立

根据我国物权法的规定，设立抵押权，当事人应当采取书面形式订立抵押合同。

当事人在订立抵押合同时，不得在合同中约定在债务履行期满抵押权人未受清偿时，抵押物的所有权转移为债权人所有。抵押合同中有上述约定内容的无效，但该内容的无效不影响抵押合同其他部分的效力。

债务人有多个普通债权人的，在清偿债务时，债务人与其中一个债权人恶意串通，将其全部或者部分财产抵押给了该债权人，因此丧失了履行其他债务的能力，损害了其他债权人的合法权益，受损害的其他债权人可以请求法院撤销该抵押行为。

(3)抵押登记

根据物权法的规定，下述财产的抵押，应当办理抵押物的抵押权登记：建筑物和其他土地附着物；建设用地使用权；以招标、拍卖、公开协商等方式取得的荒山、荒沟、荒丘、荒滩等土地承包经营权；正在建造的建筑物。抵押权自登记时发生效力。未办理抵押物登记的，不得对抗第三人。

抵押物登记记载的内容与抵押合同约定的内容不一致的，以登记记载的内容为准。

乡镇、村企业的建设用地使用权不得单独抵押。以乡镇、村企业的厂房等建筑物抵押的，其占用范围内的建设用地使用权一并抵押。抵押权所担保的债权超出其抵押物的价值的，超出的部分不具有优先受偿的效力。

根据《物权法》第184条规定，下列财产不得抵押：①土地所有权；②耕地、宅基地、自留地、自留山等集体所有的土地使用权，但法律规定可以抵押的除外；③学校、幼儿园、医院等以公益为目的的事业单位和社会团体的教育设施、医疗卫生设施和其他社会公益设施；但学校、幼儿园、医院等以公益为目的的事业单位、社会团体，以其教育设施、医疗卫生设施和其他社会公益设施以外的财产为自身债务设定抵押的，该抵押应为有效；④所有权、使用权不明或者有争议的财产；⑤依法被查封、扣押、监管的财产；⑥法律、行政法规规定不得抵押的其他财产。

(4)抵押权的范围

抵押权所担保的范围包括主债权及利息、违约金、损害赔偿金、保管担保财产和实现抵押权的费用。抵押合同另有约定的，从其约定。抵押权的效力及于抵押物的全部。债权未受清偿的，抵押权人可以就抵押物的全部行使其抵押权。抵押物被分割或者部分转让的，抵押权人可以就分割或者转让后的抵押物行使抵押权。

(5)抵押权人的权利

抵押人在其财产设定抵押后，仍享有对抵押物的使用、收益和处分权。但是，有下列几点要注意：

①抵押人收取抵押物孳息的规定。虽然抵押人在一般情况下仍然收取抵押物的孳息，但债务履行期届满，债务人不履行债务致使抵押物被人民法院扣押的，自扣押之日起，抵押权人有权收取由抵押物分离的自然孳息以及抵押人就抵押物可以收取的法定孳息，但抵押权人未将扣押抵押物的事实通知应当清偿法定孳息的义务人的，抵押权的效力不及于该孳息。

②抵押人的处分权。抵押人的处分权分事实处分和法律上的处分。由于事实上的处分往往会改变抵押物的物质形态，会涉及抵押权人的利益，因此，除了对抵押物进行有益的保存、改良行为外，抵押人一般不得对抵押物进行事实上的处分。而法律上的处分由于抵押权具有优先的性质，这种处分一般不会影响抵押权人的利益，所以抵押人仍可行使其法律上的处分权。抵押人仍可就抵押物为他人设定抵押权。财产抵押后，该财产的价值大于所担保债权的余额部分，可以再次抵押，但不得超过其余额部分。

在抵押期间，抵押人经抵押权人同意转让抵押财产的，应当将转让所得的价款向抵押权人提前清偿债务或者提存。转让的价款超过债权数额的部分归抵押人所有，不足部分由债务人清偿。在抵押期间，抵押人未经抵押权人同意，不得转让抵押财产，但受让人代为清偿债务消灭抵押权的除外。

抵押物被依法继承或者赠与的，抵押权不受影响。抵押人仍可出租其抵押物。抵押人将已出租的财产抵押的，原租赁关系不受该抵押权的影响。即抵押权实现后，租赁合同在有效期内对抵押物的受让人继续有效。

抵押人将已抵押的财产出租的，该租赁关系不得对抗已登记的抵押权。即已登记的抵押权实现后，租赁合同对抵押物的受让人不具有约束力。抵押人将已抵押的财产出租时，如果抵押人未书面告知承租人该财产已抵押的，抵押人对出租抵押物给承租人造成的损失承担赔偿责任；如果抵押人已书面告知承租人该财产已经抵押的，抵押权实现造成的承租人的损失，由承租人自己承担。

【案例 2-25】 甲以房屋为抵押担保向某银行贷款 10 万元，贷款期限为一年，合同订立后在房屋管理部门办理了抵押登记。甲获得银行贷款后做生意，但是连续亏损，欠乙债务 12 万元，面对乙的不断催讨，甲提出愿意将已经抵押的房屋转让给乙抵债，转让价格为 20 万元，除抵消 12 万元债务外，乙另外补足差价 8 万元即可。乙欲接受甲提出的方案，但是不知道甲是否有权出卖抵押物，并担心自己购买已经抵押的房屋不能取得所有权。结合上述知识，针对乙的顾虑请给出你的建议。

(6)抵押权人的权利

①抵押物的保全。如果抵押人的行为足以使抵押财产价值减少的，抵押权人有权要求抵押人停止其行为。抵押财产价值减少的，抵押权人有权要求恢复抵押财产的价值，或者提供与减少的价值相应的担保。抵押人不恢复抵押财产的价值也不提供担保的，抵押权人有权要求债务人提前清偿债务。抵押人对抵押物价值的减少无过错的，抵押权人有权在抵押人因损害而得到的赔偿范围内要求提供担保。抵押物价值未减少的部分，仍作为债权的担保。

已经设定抵押的财产被采取查封、扣押等财产保全或者执行措施的，不影响抵押权的效力。

②抵押权的处分。抵押权人可以放弃抵押权或者抵押权的顺位。抵押权人与抵押人可以协议变更抵押权顺位以及被担保的债权数额等内容，但抵押权的变更，未经其他抵押权人书面同意，不得对其他抵押权人产生不利影响。债务人以自己的财产设定抵押，抵押权人放弃该抵押权、抵押权顺位或者变更抵押权的，其他担保人在抵押权人丧失优先受偿权益的范围内免除担保责任，但其他担保人承诺仍然提供担保的除外。

【案例 2-26】 甲、乙、丙对债务人王某的同一房屋分别享有 50 万元、30 万元、100 万元的抵押权，分别为第一顺位、第二顺位和第三顺位。甲、丙同王某协议将甲、丙享有的抵押权顺位互换。由于房屋市场价格的波动，抵押物(房屋)变现仅为 110 万元。

本案中，甲、丙之间关于互换抵押权顺位的协议是甲、丙同王某之间的协议，且未经乙的书面同意，协议对乙不产生法律约束力，也就是对乙的抵押权不能产生不利影响。

③优先受偿权。在债务人不履行债务时，抵押权人可以与抵押人协议以抵押物折

价或者以拍卖、变卖后的价款受偿;协议不成的,抵押权人可以向人民法院提起诉讼。

同一债权有两个以上抵押人的,债权人放弃债务人提供的抵押担保的,其他抵押人可以请求法院减轻或者免除其应当承担的担保责任。

抵押物折价或者拍卖、变卖后,其价款超过债权数额的部分归抵押人所有,不足部分由债务人清偿。

同一财产向两个以上债权人抵押的,拍卖、变卖抵押财产所得的价款依照下列先后顺序清偿:抵押权都已登记的,按照登记的先后顺序清偿;顺序相同的,按照债权比例清偿。抵押权已登记的先于未登记的受偿。抵押权均未登记的,按照债权比例清偿。

(7)抵押权的实现

①抵押权实现的前提条件。首先,抵押权的实现,必须抵押权有效存在。其次,只有在债务已届清偿期,债务人不履行债务时,抵押权人才可以实现其抵押权。

②抵押权实现的方法。抵押权的实现方法,有拍卖、折价、变卖等方法。

我国物权法规定,抵押权人应当在主债权诉讼时效期间行使抵押权;未行使的,人民法院不予保护。

(8)抵押权的终止

抵押权为担保主债权而存在,如果主债权因清偿、抵消、免除等原因消灭时,抵押权自然随之消灭;抵押权因抵押物灭失而消灭,但因抵押物灭失所得的赔偿金,应当作为抵押财产;抵押权人对于抵押物已经实行其抵押权,无论其债权是否得到全部清偿,抵押权都归于消灭。

(9)特殊抵押权

物权法中对最高额抵押和财团抵押都有规定,本文因篇幅有限不再论述。

3. 质权

(1)质权的概念和特征

质权是指债权人为了担保债权的实现,协议占有债务人或第三人移交动产或权利,并于债务人不履行债务时所享有的优先受偿的权利。

质权的标的物可以是动产或者财产权利。

(2)动产质权的设立条件

设立质权,当事人应当采取书面形式订立质权合同。交付是质权的成立要件,不交付标的物的质权不成立。出质人代质权人占有质物的,质押合同不生效;质权人将质物返还于出质人后,以其质权对抗第三人的,人民法院不予支持。交付的标的物与合同约定不一致的以交付的为准。

(3)动产质权的效力

①对所担保债权范围。有约定的依约定,没有约定的包括:主债权及利息、违约金、损害赔偿金、质物保管费用和实现质权的费用。

②对从物和孳息的效力。质权的效力及于从物，但是从物没有交付的对从物无效。除合同另有约定的除外，质权人有权收取质押财产的孳息，收取的孳息应当先充抵收取孳息的费用。

(4)质权人的权利

质权人占有质物，但质权人在质权存续期间，未经出质人同意，擅自使用、处分质押财产，给出质人造成损害的，应当承担赔偿责任。

因不能归责于质权人的事由可能使质押财产毁损或者价值明显减少，足以危害质权人权利的，质权人有权要求出质人提供相应的担保；出质人不提供的，质权人可以拍卖、变卖质押财产，并与出质人通过协议将拍卖、变卖所得的价款提前清偿债务或者提存。

质权人可以放弃质权。债务人以自己的财产出质，质权人放弃该质权的，其他担保人在质权人丧失优先受偿权益的范围内免除担保责任，但其他担保人承诺仍然提供担保的除外。

质权人在质权存续期间，为担保自己的债务，经出质人同意，以其所占有的质物为第三人设定质权的，应当在原质权所担保的债权范围之内，超过的部分不具有优先受偿的效力。转质权的效力优于原质权。

质权人在质权存续期间，未经出质人同意，为担保自己的债务，在其所占有的质物上为第三人设定质权的无效。质权人对因转质而发生的损害承担赔偿责任。

(5)质权人的义务

质权人负有妥善保管质押财产的义务；因保管不善致使质押财产毁损、灭失的，应当承担赔偿责任。质权人的行为可能使质押财产毁损、灭失的，出质人可以要求质权人将质押财产提存，或者要求提前清偿债务并返还质押财产。

债务人履行债务或者出质人提前清偿所担保的债权的，质权人应当返还质押财产。应出质人请求，质权人应在债务履行期届满后及时行使质权；质权人不行使的，出质人可以请求人民法院拍卖、变卖质押财产。出质人请求质权人及时行使质权，因质权人怠于行使权利造成损害的，由质权人承担赔偿责任。

(6)质权的实现

债务人不履行到期债务或者发生当事人约定的实现质权的情形，质权人可以与出质人协议以质押财产折价，也可以就拍卖、变卖质押财产所得的价款优先受偿。质押财产折价或者变卖的，应当参照市场价格。

质押财产折价或者拍卖、变卖后，其价款超过债权数额的部分归出质人所有，不足部分由债务人清偿。

(7)以权利出质特殊规定

债务人或者第三人可以以下列权利出质：①汇票、支票、本票；②债券、存款单；③仓单、提单；④可以转让的基金份额、股权；⑤可以转让的注册商标专用权、专利权、著作权等知识产权中的财产权；⑥应收账款；⑦法律、行政法规规定可以出质的其他财产权利。

以汇票、支票、本票、债券、存款单、仓单、提单出质的，当事人应当订立书面合同。质权自权利凭证交付质权人时设立；没有权利凭证的，质权自有关部门办理出质登记时设立。汇票、支票、本票、债券、存款单、仓单、提单的兑现日期或者提货日期先于主债权到期的，质权人可以兑现或者提货，并与出质人协议将兑现的价款或者提取的货物提前清偿债务或者提存。

以基金份额、股权出质的，当事人应当订立书面合同。以基金份额、证券登记结算机构登记的股权出质的，质权自证券登记结算机构办理出质登记时设立；以其他股权出质的，质权自工商行政管理部门办理出质登记时设立。基金份额、股权出质后，不得转让，但经出质人与质权人协商同意的除外。出质人转让基金份额、股权所得的价款，应当向质权人提前清偿债务或者提存。

以注册商标专用权、专利权、著作权等知识产权中的财产权出质的，当事人应当订立书面合同。质权自有关主管部门办理出质登记时设立。知识产权中的财产权出质后，出质人不得转让或者许可他人使用，但经出质人与质权人协商同意的除外。出质人转让或者许可他人使用出质的知识产权中的财产权所得的价款，应当向质权人提前清偿债务或者提存。

以应收账款出质的，当事人应当订立书面合同。质权自信贷征信机构办理出质登记时设立。应收账款出质后，不得转让，但经出质人与质权人协商同意的除外。出质人转让应收账款所得的价款，应当向质权人提前清偿债务或者提存。

【案例 2-27】 2007 年 12 月 1 日，张某向李某借款 2 万元，提出可用一套进口高档音响作为质押，保证次年 2 月 1 日一次还本付息。李某遂与其签订书面质押借款合同。合同签订当日，李某将 2 万元现金交付给张某，同时要求张某向其交付音响。张某称音响现不在其家中，而在郊县父母家，且交通不便，但保证 5 日后取来交与李某，李某对此表示同意。12 月 3 日张某又向刘某借款 1.5 万元，同样提出以该音响作为质押，双方又签订了一份书面合同，并于当日相互交付现金及质物。12 月 5 日李某欲向张某索要音响，却找不到其行踪。12 月中旬，李某尚未拿到音响，经多方打听，方知音响已交给刘某作质押，李某认为自己和张某设立质权在先，遂找到刘某要音响，刘某拒绝。借款合同期限届满，李某要求张某归还借款，张某表示现无钱归还，请求宽限 3 个月。李某遂以张某、刘某为被告诉至法院，要求就该音响变卖的价款优先受偿。

针对该案，张某向李某借款 2 万元，并协商以一套进口高档音响作为质押。虽签订书面质押借款合同，但张某一直没有交给李某作为质物的高档音响。物权法规定，交付质物是质权的成立要件，不交付标的物的质权不成立。出质人代质权人占有质物的，质押合同不生效。由此看出，张某与李某签订的质押不成立。李某的就该音响变卖的价款优先受偿的主张不能得到法律支持。

4. 留置权

(1)概念和特征

留置权是指债务人不履行到期债务,债权人可以留置已经合法占有的债务人的动产,并有权就该动产优先受偿的权利。合法占有的债务人的动产的债权人为留置权人,占有的动产为留置财产。

留置权是法定担保物权。因此优先于抵押权、质权等意定担保物权而实现。留置权是动产担保物权,以债权人占有动产为要件。

(2)留置权的成立要件

设立留置权应具备的要件:

①债权人已经合法占有债务人的动产。债权人要行使留置权,必须已经合法占有债务人的动产,如基于承揽、运输、保管合同的约定而取得动产的占有。

②债权人占有的动产,应当与债权属于同一法律关系,但企业之间留置的除外。除了企业之间留置的以外,留置财产必须与债权的发生处于同一法律关系中。比如,保管合同中寄存人不按期交付保管费,保管人可以留置保管物,此时留置权成立。

③债务人不履行到期债务。债权人对已经合法占有的动产,并不能当然成立留置权,留置权的成立还须以债权已届清偿期而债务人未全部履行为要件。

(3)留置权人的权利

在债务人不履行债务时,债权人就可以留置标的物,拒绝债务人交付标的物的请求。但要注意的是,留置物为不可分物的,留置权人可以就留置物的全部行使留置权;如留置物为可分物的,留置物的价值应当与债务的金额相当,即债权人只能留置与自己的债权额相当的部分,其余部分应当交付债务人。

留置权人有权收取留置财产的孳息,收取的孳息应当先充抵收取孳息的费用。

(4)留置权人的义务

留置权人负有妥善保管留置财产的义务;因保管不善致使留置财产毁损、灭失的,应当承担赔偿责任。

债务人可以请求留置权人在债务履行期届满后行使留置权;留置权人不行使的,债务人可以请求人民法院拍卖、变卖留置财产。

(5)留置权的实现和消灭

留置权人留置标的物后不得直接处分标的物,必须先经合理催告,只有债务人经合理催告后仍不履行债务时,留置权人才可处分标的物而优先受偿。《物权法》第236条规定,留置权人与债务人应当约定留置财产后的债务履行期间;没有约定或者约定不明确的,留置权人应当给债务人两个月以上履行债务的期间,但鲜活易腐等不易保管的动产除外。债务人逾期未履行的,留置权人可以与债务人协议以留置财产折价,也可以就拍卖、变卖留置财产所得的价款优先受偿。

留置财产折价或者拍卖、变卖后，其价款超过债权数额的部分归债务人所有，不足部分由债务人清偿。

留置权人对留置财产丧失占有或者留置权人接受债务人另行提供担保的，留置权消灭。

【案例 2-28】 张某向李某借车办事，李某碍于面子只好借出，并嘱咐要小心驾驶。由于张某驾驶技术欠佳而发生交通事故，后将车拖入汽车修理厂进行修理。事后张某就未曾露面，也未支付修理费。汽车修理厂联系到车主李某，索要修理费。但李某称：车子是张某驾驶出现事故，故与自己无关，自己只是来修理厂取回自己的车子，至于修理费，修理厂可以向张某讨要。修理厂坚持：不给修理费，车子取不走。

本案中，修理厂的主张实际上是行使了法定的留置权。留置权是法定担保物权，当然要优于债权，修理厂的主张合情合理。

本章小结

物权是指权利人直接或间接支配标的物，享有其利益，并排除他人之干涉的民事财产权，涉及财产所有权、用益物权、担保物权等一系列制度规范。物权法主要回答了三个问题：第一，物是谁的；第二，物权人对这个物享有什么样的权利和承担什么样的义务；第三，怎样保护物权，侵害物权的人要承担什么样的法律责任。

学习物权法，首先，要理解物权一些基本制度，如物权公示制度和物权法定制度。对于物权变动中必须登记的部分要掌握，同时要能理解关于动产物权变动的登记效力。其次，要掌握我国所有权类型及具体所有权所包含的客体，特别对我国物权法中新规定的建筑物区分所有权要能理解运用。第三，对我国用益物权中建设用地使用权、土地承包经营权和住宅建设用地使用权概念要能理解。对于三种用益物权取得方式要掌握，尤其是建设用地使用权取得方式和具体适用规定要仔细识记。最后，担保物权中的抵押权、质押权和留置权是物权法中知识点相对集中而又非常重要的部分。要掌握三种担保物权的成立条件和物权人应享有的各种权利和应承担的义务。

习　题

一、单项选择题

1. 甲购买乙的一辆二手车，但双方没有办理过户手续。甲付款购车后，驾驶该车到某汽车空调配件经销部丙处，购买汽车空调配件并安装。安装好并付清款项后，甲驾车离开。途中，因空调泵线圈短路引起电源线起火造成火灾，该车被全部烧毁。经有关部门认定丙作为汽车空调提供者对火灾负有间接责任。下列说法中正确的是(　　)。

A. 甲和乙之间的买卖合同未生效,因为双方没有办理车辆过户手续

B. 甲取得该车的所有权,因为动产所有权转让自交付时发生效力

C. 甲不能向丙请求损害赔偿,因为其不是该车的所有权人

D. 甲不可以向丙请求损害赔偿,因为该车转让没有登记,不得对抗第三人

2. 甲、乙、丙、丁共有一轮船,甲占该船70%份额。现甲欲将该船作抵押向某银行贷款500万元。已知各共有人事先对此未作约定,则下列说法中正确的是(　　)。

A. 甲将共有轮船抵押应经过乙、丙的同意

B. 甲将共有轮船抵押须乙或丙两者中的一个同意

C. 甲将共有轮船抵押无须经任何人同意

D. 甲将共有轮船抵押属于无权处分

3. 甲、乙、丙合伙开一家小餐厅,甲出资1万元加上自己的一间房屋,乙出资2万元,丙出资1万元。餐馆营业后1年,甲因要出国定居照顾自己唯一的亲人舅舅,未来得及处理合伙事宜就出国了。此后其从国外来信称:自己在合伙中的财产不要了,但没有指定财产归属。2年后,乙要求退伙,请求分割财产,主张甲的财产应该和丙平均分配;丙认为合伙未到期,财产不能分割;街道居委会认为,甲出资的房屋应归集体所有。下列说法中正确的是(　　)。

A. 甲出资的房屋不能分割

B. 甲出资的房屋可以由乙、丙均分

C. 甲出资的房屋由乙、丙按照其在合伙中应有部分的比例分割

D. 甲出资的房屋属抛弃物,应归集体所有

4. 甲公司欠乙公司货款500万元,乙公司要求提供担保,甲公司遂以其在A有限责任公司所占股份质押给乙公司,双方签订股权质押合同。同日,A公司其他股东同意甲公司以其股权质押给乙公司并作出董事会决议。为保险起见,乙公司为股权质押合同及相关质押资料办理了公证。下列说法中正确的是(　　)。

A. 该股权质权设立有效

B. 该股权质权的设立不生效力

C. 该股权质权自A公司其他股东同意并做出董事会决议之日起有效设立

D. 该股权质权自办理公证之日起有效设立

5. 甲将三间私房中的西屋两间作价5万元投入与丙合伙办的综合商店,又将东屋出租给乙居住。现甲因急事用钱,要将整个房屋转让。乙和丙均欲以同一价格购买。下列说法中正确的是(　　)。

A. 应将整个房屋卖给乙

B. 应将整个房屋卖给丙

C. 按照房屋的使用现状，分别卖给乙和丙

D. 可以任意选择乙或者丙作为购买者

6. 甲乙（均为某村村民）订立借款合同一份，作如下约定：甲借给乙 10 万元，乙交付甲一件黄金饰品作担保，3 年后乙归还本金，甲归还该饰品，如乙无力还款，则该饰品归甲所有。对此，下列说法中正确的是（　　）。

A. 甲乙之间关于“如乙无力还款，则该饰品归甲所有”的约定无效

B. 因甲乙之间关于“如乙无力还款，则该饰品归甲所有”的约定无效，故担保合同无效

C. 因甲乙之间的担保合同无效，故其借款合同无效

D. 担保合同的全部条款有效，故甲乙之间的借款合同有效

7. 甲公司向乙公司购买两台小汽车，双方签订合同后，甲公司向乙公司全额付款。因甲公司前往购车者不会开车，又未带驾驶员，故甲公司与乙公司约定，乙公司将小汽车钥匙交甲公司后，将甲公司已选定的两台车暂时保留在乙公司的车库里，待甲公司自提。但乙公司未将两台小汽车的有效单证等交付给甲公司。当晚，这两台车被盗。则下列说法中正确的是（　　）。

A. 甲和乙之间的买卖合同未生效，因为双方没有办理车辆过户手续

B. 甲和乙之间的买卖合同生效，但是两台车因为尚未交付给买方，故所有权仍未转移给甲

C. 甲和乙之间的买卖合同生效，但是两台车因为尚未办理车辆过户手续，故所有权仍未转移给甲

D. 两台车被盗的风险应由甲自己承担

8. 2007 年 1 月 1 日，甲青年为结婚到乙家具店定作家具，约定价款 6 000 元，10 天后交货付款。1 月 11 日，甲到家具店付款 6 000，家具店要给他送货，甲说因家中未装修完，不能将家具送去，需要暂放家具，后天再说。不料第二天乙家具店失火（雷电引起电线着火），甲要求家具店返还 6 000 元，但乙家具店认为这是意外事故与他们无关。下列说法中正确的是（　　）。

A. 甲于定作合同成立之日即 1 月 1 日起取得该家具的所有权

B. 由于家具还未实际交付给甲，故甲还未获得该家具的所有权

C. 甲已经取得该家具的所有权，但由于不实际控制该家具，故不承担家具灭失的风险

D. 甲无权要求乙返还 6 000 元家具价款

9. 某甲和某乙是邻居，某甲靠着某乙的墙建了一间棚子，后来某甲离家出走 3 年。某乙见棚子坏了，又邻自己的墙，于是修理了一下，在里面放东西。某甲回来后也没说什

么。后来某甲要盖房子，就提出要某乙将东西搬出去。则下列说法中正确的是(　　)。

A. 甲不能要求乙将棚子里的东西搬出去，因为已过诉讼时效

B. 甲可以要求乙将棚子里的东西搬出去，因为还没过诉讼时效

C. 甲任何时候都可以要求乙将棚子里的东西搬出去，这与诉讼时效无关

D. 乙对某甲棚子的使用构成有权占有，因为某甲明知却未明确表示反对

10. 农民甲一家 4 口承包了本村 6 亩家庭承包地，并取得土地承包经营权证。后甲的女儿乙结婚嫁到外村，由于其夫家所在村土地紧张，致其在夫家始终未取得家庭承包地。甲所在村村委会依据自定的村规民约，抽回了乙 1.5 亩承包地，并作为家庭承包地补给本村村民丁经营管理。甲多次要求村委返还却遭拒绝。下列说法错误的是(　　)。

A. 村委会侵害了甲的土地承包经营权

B. 女儿外嫁后收回承包地是村规民约，村委会并未侵权

C. 甲可以请求丁返还该承包地

D. 甲可以请求村委会赔偿其相应的损失

二、多项选择题

1. 甲从乙处偷来一台电视机，因故障送至丙处修理。丙不知该电视机为赃物，将该电视修好了。但甲迟迟不支付修理费。在丙保有该电视机期间，该电视机被丁偷走。下列表述正确的有(　　)。

A. 在丙占有该电视机期间，丙对该电视机不享有留置权

B. 在丙占有该电视机期间，丙对该电视机享有留置权

C. 丙对丁不享有占有返还请求权

D. 丙对丁享有占有返还请求权

2. 甲要出售自己拥有的一栋商品房。乙得知此消息后，与甲联系，双方谈妥了条件后以 100 万成交，并进行了过户登记。就在登记后第二天，丙也联系了甲，希望以 120 万的价格买下此楼。出于价格的诱惑，甲又将楼卖给了丙。则下列说法中正确的是(　　)。

A. 若丙是善意的，则由甲选择是将房屋卖给乙还是丙，因为债权具有平等性

B. 不管丙是善意还是恶意，丙都不能取得该房屋的所有权

C. 若丙是善意的，则丙不能取得该房屋的所有权的情况下，其可以追究甲的违约责任

D. 若丙是恶意的，则丙不能取得该房屋的所有权的情况下，也不能追究甲的违约责任

3. 关于地役权与相邻关系的区别，下列说法中正确的是(　　)。

A. 相邻关系不是一个独立的物权，地役权是独立的用益物权

B. 相邻关系的产生基于法律的规定，地役权是通过当事人缔结合同而产生

C. 相邻关系是所有人或使用人的财产权利的延伸，地役权的内容依当事人自由设定

D. 相邻关系的权利的取得是无偿的，而地役权合同是有偿的

4. 甲委托好友乙管理、出售其一幢房屋。后两人关系交恶，甲撤销了其对乙的委托，并办理了公证。乙为了报复，以甲委托人的身份将该幢房屋出租给了丙。在出租过程中，乙向丙出示了委托书复印件，并且以房屋管理人的身份带丙去看房。其后，丙搬入该房屋。下列说法中正确的是（　　）。

A. 乙将房屋出租给丙的行为构成无权处分

B. 乙丙之间的合同效力待定

C. 丙可以善意取得该房屋的承租权

D. 甲有权要求丙搬出该房屋

5. A 因出国，将其一公一母两只宠物狗委托 B 保管，并约定支付 B 一笔保管费。B 保管期间，母宠物狗生下两只小狗。A 回来后，要求 B 归还宠物狗以及两只小狗。B 只同意归还两只狗，不同意归还小狗。则下列说法中正确的是（　　）。

A. A 无权请求 B 返还小狗

B. A 可以基于物上请求权请求 B 返还小狗

C. A 可以基于侵权请求权请求 B 返还小狗

D. A 可以基于不当得利请求 B 返还小狗

6. 甲向乙借款，将自己所有的奥迪车出质于乙，乙又擅自将该车转质于丙，丙因违章驾驶该车造成该车灭失，为此引起纠纷。下列表述正确的有（　　）。

A. 乙无权将该车转质

B. 乙有权将该车转质

C. 对该车的损失应由乙承担

D. 对该车的损失应由乙丙负连带责任

7. 下列担保物权的设定，能生效的是（　　）。

A. 甲与乙签订以某房屋为抵押物的抵押合同，合同已生效，但尚未办理登记

B. 甲与乙签订以某机器设备为抵押物的抵押合同，合同已生效，但尚未办理登记

C. 甲与乙签订以某机器设备为质押物的质押合同，合同已生效，该设备已交付，但尚未办理登记

D. 甲与乙签订以甲公司享有的丙有限责任公司的股权为质押标的的质押合同，合同已生效，该项质押丙公司已经记载于股东名册上，但尚未向工商机构办理登记

8. 下列能成为集体组织财产所有权的客体的有(　　)。

A. 森林、山岭、草原、荒地、滩涂

B. 教育、文化、卫生、体育、交通设施

C. 道路、交通设施

D. 矿藏、水流

9. 天虹房地产开发公司于2001年7月1日以出让方式获得某市一块国有土地的使用权,使用年限为40年。经开发建成商品房后,2005年7月1日将该宗房屋一并转让给大洋公司,大洋公司将其作为职工住宅分配给职工居住,职工李某于2007年1月1日搬入新居。下列说法中正确的是此时(　　)。

A. 李某对该土地的使用年限为40年

B. 李某对该土地的使用年限为35年6个月

C. 该土地的使用年限到期后,李某需要继续使用的,应该在期间届满之前一年申请续期

D. 该土地的使用年限到期后,自动续期,李某无需申请

10. 甲的一只羊走失,被乙拾得赶回家中,饲养半月后被甲发现,但乙拒绝返还。下列说法中正确的是(　　)。

A. 甲有权请求乙返还走失的羊

B. 乙若返还该羊,有权要求甲给付其饲养羊实际支出的费用

C. 甲乙之间发生无因管理的法律关系

D. 甲若拒绝给付乙饲养羊实际支出的费用,乙可以留置该羊

三、简答题

1. 我国所有权的类型有哪几种?

2. 我国国家所有权的客体包含哪些?

3. 什么是建筑物区分所有权?

4. 抵押权、质权、留置权成立的条件各有哪些?

5. 物权保护物上请求权包含哪些?

四、案例题

1. 甲乙兄弟二人共有一幢房屋,在办理房产登记时,乙恰巧在外工作,甲故意将房屋仅登记在自己一个人的名下,并以50万元的市场价将房屋卖给邻村不知情的丙。现乙回到家中,欲寻求法律上的救济。

请问:

(1)如果甲尚未将房屋卖给丙时,乙该如何救济自己的权利?

(2)如果乙已将房屋卖给丙,并办理了产权过户登记,乙该如何救济自己的权利?

2. 位于南京水佐岗的星汉城市花园小区共有59个地下车位,开发商以至少8万

元的单价卖掉了37个，其余的被物业公司以每月250元的租金租了出去。为此，业主委员会曾代表广大业主，多次要求开发商将车库归还给业主，但开发商坚决反对。2003年6月，业主委员会无奈之下，将开发商告上法庭。在庭审中，业主委员会认为，小区地下车库是小区配套公用设施，应当无偿地交给业主使用，开发商没有所有权，根本无权出售，开发商则强调，自己在出售房屋时，根本没有把地下车库面积列为公摊面积分摊到业主头上，而车库是开发商投资近300万元建成的，当然拥有车库的"产权"，因此出售车库并没有错。

请问，小区车库到底属于谁？请分析。

3. 甲、乙两家是邻居，甲家在界墙附近种有一棵核桃树，该核桃树很大，有一半的冠枝越过界墙，伸入到乙家院中，乙家一向也很合作，帮助照顾核桃树和采摘。有一年，两家闹起了矛盾，于是乙家不再让甲家到自己家摘核桃，捡地上的核桃也不许。甲家于是找到村委会，经调解无效，最后闹上法庭。请问，该案应如何处理？

4. 甲公司向乙银行借款50万元，乙银行要求甲公司提供担保，甲公司以其现有的一套机器设备(价值30万元)作为担保，并和乙签订了一份抵押合同，办理了抵押登记。此后，丙公司为乙银行和甲公司的债务提供机器设备(价值30万元)抵押担保，当事人对该抵押担保进行登记但未对担保的范围做出约定。现甲因无力还款，乙银行遂要求甲公司和丙公司以其机器设备履行担保责任，当事人就担保范围发生争议诉至法院。请问，甲公司和丙公司担保的范围应该是多少？请给出理由。

5. 王某与甲公司于2004年2月签订合同，约定王某以40万元向甲公司购买1辆客车，合同签订之日起1个月内支付30万元，余款在2006年2月底前付清，并约定在王某付清全款之前该车所有权仍属甲公司。王某未经其妻同意，以自家住房(婚后购买，房产证登记所有人为王某)向乙银行抵押借款30万元，并办理了抵押登记。王某将30万元借款支付给甲公司后购回客车。王某请张某负责跟车经营，并商定张某按年终纯收入的5%提成，经营中发生的一切风险责任由王某承担。

2005年6月，该车营运途中和一货车相撞，车内乘客李某受重伤，经救治无效死亡。客车因严重受损被送往丁厂修理，需付费3万元。经有关部门认定，货车驾驶员唐某违章驾驶，应对该交通事故负全责。后王某以事故责任在货车方为由拒付修理费，丁厂则拒绝交车。2005年12月，因王某借款到期未还，乙银行申请法院对该客车采取财产保全措施，并请求对王某住房行使抵押权。

请回答：

(1)王某和张某之间是否成立合伙关系？为什么？

(2)乙银行能否对王某住房行使抵押权？为什么？

(3)丁厂拒绝交车是否合法？为什么？

(4)王某应否对李某的继承人承担支付赔偿金的责任？为什么？

第3章
个人独资企业与合伙企业法律制度

学习目标

个人独资企业的概念、设立条件、事务管理;合伙企业的分类,普通合伙企业的合伙企业财产的范围、事务执行、损益分配、对外代表权的效力、合伙企业的债务清偿以及入伙、退伙,特殊的普通合伙企业责任承担的法律规定,有限合伙企业的特殊规定,以及合伙人的性质转变。

生活个案

甲、乙、丙为普通合伙企业的合伙人。该合伙企业向丁借款15万元,甲、乙、丙之间约定,如果到期合伙企业无力偿还该借款,甲、乙、丙各自负责偿还5万元。借款到期时,该合伙企业没有财产向丁偿还。此时,丁可以分别向甲、乙、丙主张5万元债权;也可以有权直接向任何一个合伙人主张偿还15万元;也可以根据各合伙人的实际财产情况,要求甲偿还10万元,乙偿还3万元,丙偿还2万元。

3.1 个人独资企业法律制度

3.1.1 个人独资企业法概述

1. 个人独资企业的概念和特征

个人独资企业，是指依法在中国境内设立，由一个自然人投资，财产为投资人个人所有，投资人以其个人财产对企业债务承担无限责任的经营实体。

个人独资企业具有以下特征：(1)它是由一个自然人投资的企业。国家机关、国家授权投资的机构或者国家授权的部门、企业、事业单位都不能成为个人独资企业的投资人。(2)投资人对企业债务承担无限责任。当企业的资产不足以清偿到期债务时，投资人应以自己个人的全部财产用于清偿。(3)它是非法人企业。个人独资企业由一个自然人出资，投资人对企业的债务承担无限责任，企业的责任即是投资人个人的责任，企业的财产是投资人的财产。因此，个人独资企业不具有法人资格，也无独立承担民事责任的能力。但个人独资企业是独立的民事主体，可以自己的名义从事民事活动。(4)内部机构设置简单，经营管理方式灵活。个人独资企业的投资人既是企业的所有者，又可以是企业的经营者，因此，其内部机构的设置较为简单，决策程序较为灵活。

2. 个人独资企业法的概念

个人独资企业法是调整在国家协调经济运行过程中发生的关于个人独资企业的各种经济关系的法律规范的总称。为了规范个人独资企业的生产经营活动，保护个人独资企业的财产和其他合法权益，1999 年 8 月 20 日，第九届全国人民代表大会常务委员会第十一次会议通过了《中华人民共和国个人独资企业法》(以下简称《个人独资企业法》)，自 2000 年 1 月 1 日起施行。

3.1.2 个人独资企业的设立

1. 个人独资企业的设立条件

设立个人独资企业，应当具备下列条件：

(1)投资人为一个自然人，且只能是中国公民。

(2)有合法的企业名称。企业名称中不得使用“有限”、“有限责任”或者“公司”字样。

(3)有投资人申报的出资。设立个人独资企业，可以用货币出资，也可以用实物、土地使用权、知识产权或者其他财产权利出资。采用实物、土地使用权、知识产权或者其他财产权利出资的，应将其折算成货币数额。投资人可以用个人财产出资，也可以用家庭共有财产作为个人财产出资。以家庭共有财产作为个人财产出资的，投资人应当在设立登记申请书上予以注明。

(4)有固定的生产经营场所和必要的生产经营条件。生产经营场所包括企业的住所和生产经营相适应的处所。住所是企业的主要办事机构所在地，是企业的法定地址。

(5)有必要的从业人员。企业要有与其生产经营范围、规模相适应的从业人员。

2. 个人独资企业的设立程序

申请设立个人独资企业，应当由投资人或者其委托的代理人向个人独资企业所在地的登记机关提交设立申请书、投资人身份证明、生产经营场所使用证明等文件。登记机关应当在收到设立申请文件之日起15日内，对符合《个人独资企业法》规定条件的，予以登记，发给营业执照。个人独资企业营业执照签发日期为个人独资企业成立日期。

3.1.3 个人独资企业的投资人及事务管理

1. 个人独资企业的投资人

个人独资企业的投资人为具有中国国籍的自然人，但法律、行政法规禁止从事盈利性活动的人不得作为投资人申请设立个人独资企业。我国法律、行政法规规定，国家公务员、党政机关领导干部、警察、法官、检察官、商业银行工作人员不得作为个人独资企业的投资人。

个人独资企业的投资人对本企业的财产依法享有所有权，其有关权利可以依法进行转让或继承。个人独资企业投资人明确以其家庭共有财产作为个人出资时，应当依法以家庭共有财产对企业债务承担无限责任。

【案例3-1】 张三出资成立个人独资企业A，在设立登记时明确以家庭共有财产的20万元作为出资。后在经营过程中，欠下50万元债务，A企业无力偿还，债权人提出变卖张三的住宅，但是张三却坚持该房屋是家庭共有财产，与企业债务无关。张三的主张是错误的。因为投资人在申请企业设立登记时明确以家庭共有财产作为个人出资的，应当依法以家庭共有财产对企业债务承担无限责任。

2. 事务管理

个人独资企业投资人可以自行管理企业事务，也可以委托或者聘用其他具有民事行为能力的人负责企业的事务管理。投资人委托或者聘用他人管理个人独资企业事务，应当与受托人或者被聘用的人签订书面合同，明确委托的具体内容和授予的权利范围。受托人或者被聘用人员应当履行诚信、勤勉义务，按照与投资人签订的合同负责个人独资企业的事务管理。投资人委托或者聘用人员管理个人独资企业事务时违反双方订立的合同，给投资人造成损害的，承担民事赔偿责任。

投资人对受托人或者被聘用人员职权的限制不得对抗善意第三人。所谓第三人，是指除受托人或者被聘用的人员以外与企业发生经济业务关系的人。所谓善意第三人，是指在有关经济业务事项交往中，没有与受托人或者被聘用的人员串通，从事故意损害投资人利益的第三人。个人独资企业的投资人与受托人或者被聘用人员之间有关权利义务的限制只对受托人或者被聘用人员有效，对第三人并无约束力，受托人或者被聘用的人员超出投资人的限制与善意第三人的有关业务往来应当有效。

【案例 3-2】 某个人独资企业 A 由王某独自出资设立，从事服装批发业务。经营过程中，王某委托乙对企业进行经营管理，并签订了经营管理协议，在协议中规定，凡从事标的额为 12 万元以上的业务必须经过王某的批准。之后，乙在经营过程中与丙签订了标的额为 14 万元的合同，乙也没有跟丙讲清楚自己不具有签订 14 万元业务合同的事情。那么该合同对 A 企业发生效力。因为个人独资企业中投资人对受托人或者被聘用的人员职权的限制不得对抗善意第三人。

投资人委托或者聘用的管理个人独资企业事务的人员不得有下列行为：(1)利用职务上的便利，索取或者收受贿赂；(2)利用职务或者工作上的便利侵占企业财产；(3)挪用企业的资金归个人使用或者借贷给他人；(4)擅自将企业资金以个人名义或者以他人名义开立账户储存；(5)擅自以企业财产提供担保；(6)未经投资人同意，从事与本企业相竞争的业务；(7)未经投资人同意，同本企业订立合同或者进行交易；(8)未经投资人同意，擅自将企业商标或者其他知识产权转让给他人使用；(9)泄露本企业的商业秘密；(10)法律、行政法规禁止的其他行为。投资人委托或者聘用的人员违反上述规定，侵犯个人独资企业财产权益的，责令退还侵占的财产；给企业造成损害的，依法承担赔偿责任；有违法所得的，没收违法所得；构成犯罪的，依法追究刑事责任。

3.1.4 个人独资企业的解散和清算

1. 个人独资企业的解散

个人独资企业的解散是指个人独资企业终止活动，使其民事主体资格消灭的行为。个人独资企业有下列情形之一时，应当解散：(1)投资人决定解散；(2)投资人死亡或者被宣告死亡，无继承人或者继承人决定放弃继承；(3)被依法吊销营业执照；(4)法律、行政法规规定的其他情形。

2. 个人独资企业的清算

个人独资企业解散，应当进行清算。个人独资企业解散，由投资人自行清算或者由债权人申请人民法院指定清算人进行清算。投资人自行清算的，应当在清算前十五日内书面通知债权人，无法通知的，应当予以公告。债权人应当在接到通知之日起 30 日内，未接到通知的应当在公告之日起 60 日内，向投资人申报其债权。

个人独资企业解散后，原投资人对个人独资企业存续期间的债务仍应承担偿还责任，但债权人在5年内未向债务人提出偿债请求的，该责任消灭。

个人独资企业解散的，财产应当按照下列顺序清偿：(1)所欠职工工资和社会保险费用；(2)所欠税款；(3)其他债务。个人独资企业财产不足以清偿债务的，投资人应当以其个人的其他财产予以清偿。

【案例3-3】 2009年石某出资50万成立A个人独资企业，在经营半年后，决定解散企业。经过清算该企业有财产45万元，但是欠下职工工资12万元，拖欠税款7万元，经营过程中购买办公用品欠下B公司40万元。石某除该独资企业外，还有个人资产50万元。石某在独资企业清算过程中对上述债务应该先用个人独资企业45万元财产对外清偿债务，不够清偿的用自己的50万元资产对外清偿。清偿顺序如下：先清偿欠下职工工资12万元，然后再清偿税款7万元，最后清偿欠下B公司的40万元。

清算期间，个人独资企业不得开展与清算目的无关的经营活动。在按前条规定清偿债务前，投资人不得转移、隐匿财产。个人独资企业清算结束后，投资人或者人民法院指定的清算人应当编制清算报告，并于15日内到登记机关办理注销登记。

3.2 合伙企业法律制度

3.2.1 合伙企业概述

1. 合伙企业的概念和种类

合伙企业是指自然人、法人和其他组织依法在中国境内设立的普通合伙企业和有限合伙企业。

普通合伙企业是由普通合伙人组成，合伙人对合伙企业债务承担无限连带责任。有限合伙企业由普通合伙人和有限合伙人组成，普通合伙人对合伙企业债务承担无限连带责任，有限合伙人以其认缴的出资额为限对合伙企业债务承担责任。

2. 合伙企业法的概念

合伙企业法是调整合伙企业在设立、经营、变更、终止过程中形成的各种社会关系的法律规范的总称。为了保护合伙企业和合伙人的合法权益，规范合伙企业，第八届全国人民代表大会常务委员会第二十四次会议于1997年2月23日通过了《中华人民共和国合伙企业法》(以下简称为《合伙企业法》)。2006年8月27日第十届全国人民代表大会常务委员会第二十三次会议修订了《合伙企业法》，2006年8月27日第十届全国人民代表大会常务委员会第二十三次会议审议通过了《中华人民共和国合伙企业法(修订案)》，修订后的《合伙企业法》已于2007年6月1日起施行。

3.2.2 普通合伙企业

1. 普通合伙企业设立条件

(1)有两个以上合伙人。合伙人可以是法人和其他组织,也可以是自然人。合伙人为自然人的,应当具有完全民事行为能力。无民事行为能力和限制民事行为能力人不得成为普通合伙企业的合伙人。国有独资公司、国有企业、上市公司以及公益性的事业单位、社会团体不得成为合伙人。

(2)有书面合伙协议。合伙协议应当载明下列事项:①合伙企业的名称和主要经营场所的地点;②合伙目的和合伙经营范围;③合伙人的姓名或者名称、住所;④合伙人的出资方式、数额和缴付期限;⑤利润分配、亏损分担方式;⑥合伙事务的执行;⑦入伙与退伙;⑧争议解决办法;⑨合伙企业的解散与清算;⑩违约责任。修改和补充合伙协议的,应当经全体合伙人一致同意;但是,合伙协议另有约定的除外。

(3)有合伙人认缴或者实际缴付的出资。合伙人可以用货币、实物、知识产权、土地使用权或者其他财产权利出资,也可以用劳务出资。对于非货币的出资,需要评估,由全体合伙人协议确定,也可以委托法定评估机构评估。合伙人用劳务出资的,其评估办法由全体合伙人协商确定,并在合伙企业中载明。合伙人应当按照合伙协议约定的出资方式、数额和缴付期限,履行出资义务。以非货币财产出资的,依法需要办理财产权转移手续的,应当依法办理。

(4)有合伙企业的名称和生产经营场所。合伙企业名称中应当标明"普通合伙"字样,其中,特殊的普通合伙企业应当在其名称中标明"特殊普通合伙"字样。

(5)法律、行政法规规定的其他条件。

如果法律、行政法规对普通合伙企业的设立规定了其他条件的,应当符合该规定的条件。

对于合伙企业的设立程序,《合伙企业法》规定,申请设立合伙企业,应当向企业登记机关提交登记申请书、合伙协议书、合伙人身份证明等文件。合伙企业的经营范围有属于法律、行政法规规定在登记前须经批准项目的,该项经营项目应当依法经过批准,并在登记时提交批准文件。登记主管机关是各级工商行政管理机关。登记管理机关应在收到上述文件20日内做出是否予以登记的决定。对符合法律规定的予以登记,发给营业执照;否则,不予登记,并给予书面答复。合伙企业营业执照签发之日,为合伙企业的成立日期。合伙企业设立分支机构的,应当向分支机构所在地的企业登记机关申请登记,领取营业执照。

2. 普通合伙企业的财产

(1)普通合伙企业财产构成

合伙企业财产由三部分构成:一是合伙人的出资;二是以合伙企业的名义取得的

收益；三是依法取得的其他财产。合伙企业的财产归全体合伙人共有。在合伙企业进行清算前，合伙人不得要求分割合伙企业的财产，法律另有规定的除外。合伙人在合伙企业清算前私自转移或者处分合伙企业财产的，合伙企业不得以此对抗善意第三人。当然，如果第三人是恶意取得，即明知合伙人无权处分而与之进行交易，或者与合伙人通谋共同侵犯合伙企业权益，则合伙企业可以据此对抗第三人。

(2)合伙企业财产转让的规定

合伙人之间转让在合伙企业中的全部或者部分财产份额时，应当通知其他合伙人。除合伙协议另有规定外，合伙人向合伙人以外转让其在合伙企业中的全部或者部分财产份额时，须经其他合伙人一致同意。合伙人依法转让其财产份额的，在同等条件下，其他合伙人有优先购买权。

【案例 3-4】　张大、王二和石三于 2007 年 1 月成立了普通合伙企业，经营货物运输服务，效益一直很好。2008 年 5 月，张大的母亲突发疾病，需要住院治疗，张大想将自己在合伙企业中投资的 9 万元所形成的合伙份额转让，用来给母亲治病。张大的表兄谭四想受让其财产份额，张大表示乐意转让。于是在没有通知王二和石三的情况下，二人就完成了转让行为。在谭四要行使合伙企业中的权利时，王二和石三才得知张大已将自己的份额转让，二人不承认转让的效力，并表示他们愿意出同样的价格受让张大在合伙企业中的财产份额。但是张大认为，自己是本人财产份额的权利人，他想转让给谁由自己决定，王二和石三无权干涉。于是，王二和石三将张大告上法庭，请求认定张大的转让行为无效，并将张大的财产份额转让给他们。

法院应该判决张大与谭四的转让行为无效，张大应将其财产转让给王二和石三。因为张大向谭四的转让行为属于合伙人向合伙人以外的人转让。法律规定合伙人向合伙人以外转让其在合伙企业中的全部或者部分财产份额时，须经其他合伙人一致同意。合伙人依法转让其财产份额的，在同等条件下，其他合伙人有优先购买权。所以，法院应该支持王二和石三的诉讼请求。

(3)合伙企业财产出质的规定

合伙人以其在合伙企业中的财产份额出质的，须经其他合伙人一致同意；否则，该出质行为无效。由此给善意第三人造成损失的，由行为人依法承担赔偿责任。合伙人财产份额的出质，是指合伙人将其在合伙企业中的财产份额作为质押物来担保债权人债权实现的行为。

3. 普通合伙企业的事务执行

(1)合伙企业事务执行的方式

合伙人执行合伙企业事务有两种方式：全体合伙人共同执行和委托一个或者数个合伙人执行合伙事务。根据《合伙企业法》规定，合伙企业的下列事务必须经全体合伙人一致同意：①处分合伙企业的不动产；②改变合伙企业名称；③转让或者处分合伙企业的知识产权和其他财产权利；④向企业登记机关申请办理变更登记手续；⑤以合伙企业名义为他人提供担保；⑥聘任合伙人以外的人担任合伙企业的经营管理人员；⑦依照合伙协议约定的有关事项。

合伙人对《合伙企业法》规定或者合伙协议约定必须经全体合伙人一致同意才能执行的事务擅自处理的，给合伙企业或者其他合伙人造成损失的，依法承担赔偿责任。

(2)合伙人在合伙企业事务执行中的权利

合伙人在执行合伙企业事务时享有以下权利：

①各合伙人对执行合伙企业事务享有同等的权利；②不执行合伙事务的合伙人有权监督执行事务合伙人执行合伙事务的情况；③合伙人为了解合伙企业的经营状况和财务状况，有权查阅合伙企业会计账簿等财务资料；④合伙人分别执行合伙事务的，执行事务合伙人可以对其他合伙人执行的事务提出异议；⑤受委托执行合伙事务的合伙人不按照合伙协议或者全体合伙人的约定执行事务的，其他合伙人可以决定撤销该委托。

(3)合伙人在合伙企业事务执行中的义务

合伙人在执行合伙事务中的义务包括：

①合伙人不得自营或者同他人合作经营与本企业相竞争的业务；②除合伙协议另有约定或者经全体合伙人一致同意外，合伙人不得同本合伙企业进行交易；③合伙人不得从事损害本合伙企业利益的活动。

(4)合伙企业事务执行的决议方法

《合伙企业法》规定，合伙人对合伙企业有关事项做出决议，按照合伙协议约定的表决方法办理。合伙协议未约定或者约定不明确的，实行一人一票并经全体合伙人过半数通过的表决方式。

(5)普通合伙企业的利润分配和亏损分担

合伙企业的利润分配、亏损分担，按照合伙协议的约定办理；合伙协议未约定或者约定不明确的，由合伙人协商决定；协商不成的，由合伙人按照实缴出资比例分配、分担；无法确定出资比例的，由合伙人平均分配、分担。

4. 普通合伙企业与第三人关系

(1)合伙企业与善意第三人关系

《合伙企业法》规定，合伙企业对合伙人执行合伙事务以及对外代表合伙企业权利的限制，不得对抗善意第三人。所谓善意第三人，是指本着合法交易的目的，诚实地通过合伙企业的事务执行人，与合伙企业之间建立民事、经济、法律关系的法人、非法人团体或者自然人。如果第三人与合伙企业事务执行人恶意串通，损害合伙企业利益，则不属善意的情形。

(2)合伙企业的债务清偿与合伙人关系

合伙企业对其债务，应先以其全部财产进行清偿。合伙企业不能清偿到期债务的，合伙人承担无限连带责任。以合伙企业财产清偿合伙企业债务时，其不足的部分，由各合伙人按照合伙协议的约定分担亏损的比例,用其在合伙企业出资以外的财产承担清偿责任,如果合伙协议没有约定分担比例,则由各合伙人平均分担。

合伙人之间的分担比例对债权人没有约束力。债权人可根据自己的利益,请求全体合伙人中的一人或数人承担全部清偿责任,也可以按照自己约定的比例向各合伙人分别追索。如果合伙人实际支付的清偿数额超过了其依照既定比例所应承担的数额,该合伙人有权就超过的部分,向其他未支付或者未足额支付应承担数额的合伙人追偿。

(3)合伙人的债务清偿与合伙企业的关系

合伙人发生与合伙企业无关的债务,相关债权人不得以其债权抵消其对合伙企业的债务;也不得代位行使合伙人在合伙企业中的权利。合伙人的自有财产不足以清偿其与合伙企业无关的债务的,该合伙人可以以其从合伙企业中分取的收益用于清偿;债权人也可以依法请求人民法院强制执行该合伙人在合伙企业中的财产份额用于清偿。

5.入伙与退伙

(1)入伙

入伙是指在合伙企业存续期间,合伙人以外的第三人加入合伙企业并取得合伙人地位和资格的法律行为。新合伙人入伙,除合伙协议另有约定外,应当经全体合伙人一致同意,并依法订立书面入伙协议。入伙的新合伙人与原合伙人享有同等权利,承担同等责任。入伙协议另有约定的,从其约定。新合伙人对入伙前合伙企业的债务承担无限连带责任。

(2)退伙

退伙是合伙人退出合伙企业,从而丧失合伙人资格。根据退伙原因的不同,分为自愿退伙和法定退伙。

自愿退伙可分为协议退伙和通知退伙两种情况。《合伙企业法》规定发生了下列情形之一的,合伙人可以协议退伙:①合伙协议约定的退伙事由出现;②经全体合伙人一致同意;③发生合伙人难以继续参加合伙的事由;④其他合伙人严重违反合伙协议约定的义务。关于通知退伙,《合伙企业法》规定,合伙协议未约定合伙期限的,合伙人在不给合伙企业事务执行造成不利影响的情况下,可以退伙,但应当提前30日通知其他合伙人。

法定退伙分为当然退伙和除名两种情况。合伙人当然退伙的情形有:①作为合伙人的自然人死亡或者被依法宣告死亡;②个人丧失偿债能力;③作为合伙人的法人或者其他组织依法被吊销营业执照、责令关闭、撤销,或者被宣告破产;④法律规定或者合伙协议约定合伙人必须具有相关资格而丧失该资格;⑤合伙人在合伙企业中的全部财产份额被人民法院强制执行。另外合伙人有下列情形的,经其他合伙人一致同意,可以决议将其除名:①未履行出资义务;②因故意或者重大过失给合伙企业造成损失;

③执行合伙事务时有不正当行为;④发生合伙协议约定的事由。

退伙人对退伙前已发生的合伙企业债务,与其他合伙人共同承担连带责任。合伙人退伙时,合伙企业财产少于合伙企业债务的,退伙人应当按照合伙企业约定的比例分担合伙企业的亏损;如果在合伙协议中未约定分担比例的,退伙人与其他合伙人平均分担亏损。

【案例 3-5】 某普通合伙企业在经营期间吸收甲入伙。甲入伙前,合伙企业对乙负债 10 万元。甲入伙后,该合伙企业继续亏损,甲于是要求退伙,获得其他合伙人一致同意。在此期间,该合伙企业欠丙贷款 20 万元。甲退伙后,合伙企业又向丁借款 20 万元,后合伙企业解散。甲对合伙企业欠乙的债务承担无限连带责任,因为新入伙的普通合伙人对入伙前合伙企业的债务承担无限连带责任。甲对合伙企业欠丙的债务承担无限连带责任,因为退伙人对基于其退伙前已发生的合伙企业债务承担无限连带责任。甲对合伙企业欠丁的债务不承担责任,因为退伙人对退伙后的债务不承担责任。

6. 特殊的普通合伙企业

特殊的普通合伙企业,是指以专业知识和专门技能为客户提供有偿服务的专业服务机构。如律师事务所等。企业名称中应当标明"特殊普通合伙"字样。

《合伙企业法》规定:一个合伙人或者数个合伙人在执业活动中因故意或者重大过失造成合伙企业债务的,应当承担无限责任或者无限连带责任,其他合伙人以其在合伙企业中的财产份额为限承担责任。合伙人在执业活动中非因故意或者重大过失造成的合伙企业债务以及合伙企业的其他债务,由全体合伙人承担无限连带责任。合伙人执业活动中因故意或者重大过失造成的合伙企业债务,以合伙企业财产对外承担责任后,该合伙人应当按照合伙协议的约定对给合伙企业造成的损失承担赔偿责任。

【案例 3-6】 张小华、王志强、刘晶三人成立了一个合伙制的诊所。由于张小华的重大失误,导致孙庆祝的左耳永久失聪,他要求该诊所承担赔偿责任。如果诊所不能承担全部赔偿责任,张小华承担无限责任,王志强和刘晶以其在合伙企业中的财产份额为限承担责任。因为《合伙企业法》规定:一个合伙人或者数个合伙人在执业活动中因故意或者重大过失造成合伙企业债务的,应当承担无限责任或者无限连带责任,其他合伙人以其在合伙企业中的财产份额为限承担责任。

3.2.3 有限合伙企业

1. 有限合伙企业的设立条件

(1)合伙人符合法定人数

有限合伙企业由两个以上五十个以下合伙人设立;但是,法律另有规定的除外。有限合伙企业中至少应有一个普通合伙人。按照法律规定,自然人、法人和其他组织可以依照法律规定设立有限合伙企业，但国有独资公司、国有企业、上市公司以及公益性的事业单位、社会团体不得成为有限合伙企业的普通合伙人。

在有限合伙企业存续期间，有限合伙人的人数可能发生变化。除合伙人另有约定外，普通合伙人转变为有限合伙人或者有限合伙人转变为普通合伙人，应当经全体合伙人一致同意。此外，有限合伙企业仅剩有限合伙人的，应当解散；有限合伙企业仅剩普通合伙人的，应当转为普通合伙企业。

(2)有书面的合伙协议

合伙协议除载明一般普通合伙协议规定内容外，还应当载明下列事项：①普通合伙人和有限合伙人的姓名或者名称、住所；②执行事务合伙人应具备的条件和选择程序；③执行事务合伙人权限与违约处理办法；④执行事务合伙人的除名条件和更换程序；⑤有限合伙人入伙、退伙的条件、程序以及相关责任；⑥有限合伙人和普通合伙人相互转变程序。

(3)合伙人实际缴付的出资

有限合伙人可以以货币、实物、知识产权、土地使用权或者其他财产权利作价出资。有限合伙人不以劳务出资。有限合伙人应当按照合伙协议的约定按期足额缴纳出资；否则应当承担补缴义务，并对其他合伙人承担违约责任。有限合伙企业登记事项中应当载明有限合伙人的姓名或者名称及认缴的出资数额。

(4)有限合伙企业的名称和生产经营场所

在有限合伙企业的名称中应当标明“有限合伙”字样。

(5)法律、行政法规规定的其他条件

2. 有限合伙企业的财产

有限合伙人可以按照合伙协议的约定向合伙人以外的人转让其在有限合伙企业中的财产份额，但应当提前30日通知其他合伙人。

有限合伙人可以将其在有限合伙企业中的财产份额出质，但是，合伙协议另有约定的除外。

3. 有限合伙企业事务执行

(1)有限合伙企业事务执行方式

有限合伙企业由普通合伙人执行合伙事务。执行事务合伙人可以要求在合伙协议中确定执行事务的报酬及报酬提取方式。有限合伙人不执行合伙事务，不得对外代表有限合伙企业。

(2)合伙人在执行合伙企业事务中的权利与义务

有限合伙人在事务执行中享有下列权利：①参与决定普通合伙人入伙、退伙；②对企业的经营管理提出建议；③参与选择承办有限合伙企业审计业务的会计师事务所；④获取经审计的有限合伙企业财务会计报告；⑤对涉及自身利益的情况，查阅有限合伙企业财务会计账簿等财务资料；⑥在有限合伙企业中的利益受到侵害时，向有责任的合伙人主张权利或者提起诉讼；⑦执行事务合伙人怠于行使权利时，督促其行使权利或者为了本企业的利益以自己的名义提起诉讼；⑧依法为本企业提供担保。

此外，除合伙协议另有约定外，有限合伙人可以同本有限合伙企业进行交易；有限合伙人可以自营或者同他人合作经营与本有限合伙企业相竞争的业务。

(3)有限合伙企业的利润分配和亏损分担

除合伙协议另有约定以外，有限合伙企业不得将全部利润分配给部分合伙人。这与普通合伙企业关于利润分配和亏损分担的规定的区别在于更加尊重当事人的意愿。

4. 有限合伙企业与第三人的关系

(1)有限合伙企业与善意第三人的关系

第三人有理由相信有限合伙人为普通合伙人并与其交易的，该有限合伙人对该笔交易承担与普通合伙人同样的责任。有限合伙人未经授权以有限合伙企业名义与他人进行交易，给有限合伙企业或者其他合伙人造成损失的，该有限合伙人应当承担赔偿责任。

【案例 3-7】 甲、乙、丙、丁 4 人组成一个运输有限合伙企业，合伙协议规定甲、乙为普通合伙人，丙、丁为有限合伙人。某日，丁为合伙企业运送石材，路遇法院拍卖房屋，丁想替合伙企业竞买该房，于是以合伙企业名义将石材质押给徐某，借得 20 万买下该房子。徐某的债权如果得不到实现，他应当要求甲、乙、丁承担连带清偿责任。因为第三人有理由相信有限合伙人为普通合伙人并与其交易的，该有限合伙人对该笔交易承担与普通合伙人同样的责任。徐某是善意第三人，不知道丁是有限合伙人，对该笔交易丁和普通合伙人甲、乙一起承担连带清偿责任。

【案例 3-8】 甲、乙、丙经营有限合伙企业，约定由普通合伙人甲代表合伙企业执行合伙企业事务，后来有限合伙人乙擅自代表合伙企业与某企业签订了一份合同，如无其他违法情节，则合同有效。合伙企业应履行该合同，乙应承担由此给合伙企业造成的损失。因为有限合伙人未经授权以有限合伙企业名义与他人进行交易，给有限合伙企业或者其他合伙人造成损失的，该有限合伙人应当承担赔偿责任。

(2)有限合伙人的债务清偿与合伙企业的关系

有限合伙人的自有财产不足以清偿其与合伙企业无关的债务的，该合伙人可以以其从有限合伙企业中分取的收益用于清偿；债权人也可以依法请求人民法院强制执行该合伙人在有限合伙企业中的财产份额用于清偿。人民法院强制执行有限合伙人的财产份额时，应当通知全体合伙人。在同等条件下，其他合伙人有优先购买权。

5. 有限合伙人的入伙与退伙

(1)入伙

根据《合伙企业法》规定，新入伙的有限合伙人对入伙前有限合伙企业的债务，以其认缴的出资额为限承担责任。

(2)退伙

有限合伙企业有下列情形之一的,当然退伙。①作为合伙人的自然人死亡或者被依法宣告死亡;②作为合伙人的法人或者其他组织依法被吊销营业执照、责令关闭、撤销,或者被宣告破产;③法律规定或者合伙协议约定合伙人必须具有相关资格而丧失该资格;④合伙人在合伙企业中的全部财产份额被人民法院强制执行。

作为有限合伙人的自然人在有限合伙企业存续期间丧失民事行为能力的,其他合伙人不得因此要求其退伙。作为有限合伙人的自然人死亡、被依法宣告死亡或者作为有限合伙人的法人及其他组织终止时,其继承人或者权利承受人可以依法取得该有限合伙人在有限合伙企业中的资格。有限合伙人退伙后,对基于退伙前的原因发生的有限合伙企业的债务,以其退伙时从有限合伙企业中取回的财产承担责任。

6. 合伙人性质转变的特殊规定

除合伙协议另有约定外,普通合伙人转变为有限合伙人,或者有限合伙人转变为普通合伙人,应当经全体合伙人一致同意。有限合伙人转变为普通合伙人的,对其作为有限合伙人期间有限合伙企业发生的债务承担无限连带责任。普通合伙人转变为有限合伙人的,对其作为普通合伙人期间合伙企业发生的债务承担无限连带责任。

3.2.4　合伙企业解散和清算

1. 合伙企业解散

合伙企业解散,是指各合伙人解除合伙协议,合伙企业终止活动。合伙企业有下列情形之一的,应当解散:①合伙期限届满,合伙人决定不再经营;②合伙协议约定的解散事由出现;③全体合伙人决定解散;④合伙人已不具备法定人数满三十天;⑤合伙协议约定的合伙目的已经实现或者无法实现;⑥依法被吊销营业执照、责令关闭或者被撤销;⑦法律、行政法规规定的其他原因。

2. 合伙企业清算

(1)确定清算人

合伙企业解散,应当由清算人进行清算。清算人由全体合伙人担任;经全体合伙人过半数同意,可以自合伙企业解散事由出现后 15 日内指定一个或者数个合伙人,或者委托第三人,担任清算人。自合伙企业解散事由出现之日起 15 日内未确定清算人的,合伙人或者其他利害关系人可以申请人民法院指定清算人。

(2)清算人职责

清算人在清算期间执行下列事务:①清理合伙企业财产,分别编制资产负债表和财产清单;②处理与清算有关的合伙企业未了结事务;③清缴所欠税款;④清理债权、债务；⑤处理合伙企业清偿债务后的剩余财产；⑥代表合伙企业参加诉讼或者仲裁活动。

(3)通知和公告债权人

清算人自被确定之日起十日内将合伙企业解散事项通知债权人，并于60日内在报纸上公告。债权人应当自接到通知书之日起30日内，未接到通知书的自公告之日起45日内，向清算人申报债权。债权人申报债权，应当说明债权的有关事项，并提供证明材料。清算人应当对债权进行登记。清算期间，合伙企业存续，但不得开展与清算无关的经营活动。

(4)财产清偿顺序

合伙企业财产在支付清算费用后，按下列顺序清偿：①职工工资、社会保险费用、法定补偿金；②缴纳所欠税款；③清偿债务。合伙企业财产按上述顺序清偿后的剩余财产，按照合伙协议的约定办理；合伙协议未约定或者约定不明确的，由合伙人协商决定；协商不成的，由合伙人按照实缴出资比例分配、分担；无法确定出资比例的，由合伙人平均分配、分担。

(5)注销登记

清算结束，清算人应当编制清算报告，经全体合伙人签名、盖章后，在十五日内向企业登记机关报送清算报告，申请办理合伙企业注销登记。

合伙企业不能清偿到期债务的，债权人可以依法向人民法院提出破产清算申请，也可以要求普通合伙人清偿。

合伙企业依法被宣告破产的，普通合伙人对合伙企业债务仍应承担无限连带责任。

本章小结

个人独资企业的设立应符合法律规定和程序。个人独资企业的投资人为具有中国国籍的自然人。个人独资企业投资人可以自行管理企业事务，也可以委托或者聘用其他具有民事行为能力的人负责企业的事务管理。个人独资企业出现法律规定的情形时，应当解散。清算时，财产应当按照法定程序清偿。

合伙企业分为普通合伙企业和有限合伙企业。本章介绍了普通合伙企业的设立、合伙企业的财产、合伙事务的执行、合伙企业与第三人的关系、入伙与退伙、特殊普通合伙企业的有关规定、有限合伙企业的特殊规定、合伙企业的解散和清算等法律规定。

习　题

一、单项选择题

1. 个人独资企业投资人甲聘用乙管理企业事务，同时对乙的职权予以限制，凡是乙对外签订标的额超过1万元的合同，必须经甲同意。某日，乙未经甲同意与善意第三人丙签订了一份标的额为 2 万元的买卖合同。根据个人独资企业法律制度的规定，下列关于该合同效力的表述中，正确的是(　　)。

A. 该合同为有效合同，但如果给甲造成损害，由乙承担民事赔偿责任

B. 该合同为无效合同，但如果给甲造成损害，由乙承担民事赔偿责任

C. 该合同为可撤销合同，甲可请求人民法院予以撤销

D. 该合同为效力待定合同，经甲追认后有效

2. 甲以个人财产出资设立个人独资企业。该企业因经营不善被解散，其财产不足以清偿所负债务。对于尚未清偿的债务，下列表述中，符合个人独资企业法律制度规定的是(　　)。

A. 甲不再清偿

B. 甲应以个人的其他财产予以清偿，仍不足清偿的，则不再清偿

C. 甲应以家庭共有财产予以清偿，仍不足清偿的，则不再清偿

D. 甲应以个人的其他财产予以清偿，但债权人在该企业解散后 5 年内未提出偿债请求的，则不再清偿

3. 根据合伙企业法律制度的规定，关于合伙企业的利润分配，如合伙协议未作约定且合伙人协商不成，下列表述中，正确的是(　　)。

A. 应当由全体合伙人平均分配

B. 应当由全体合伙人按实缴出资比例分配

C. 应当由全体合伙人按合伙协议约定的出资比例分配

D. 应当按合伙人的贡献决定如何分配

4. 甲、乙、丙、丁拟共同投资设立一个有限合伙企业，甲、乙为普通合伙人，丙、丁为有限合伙人。各合伙人经协商后草拟了一份合伙协议。该合伙协议的下列约定中，符合《合伙企业法》规定的是(　　)。

A. 甲以房屋作价 15 万元出资，乙以专利技术作价 12 万元出资，丙以劳务作价 10 万元出资，丁以现金 20 万元出资

B. 经 3 个以上合伙人同意，甲、乙可以向合伙人以外的第三人转让其在合伙企业中的全部或者部分财产份额

C. 合伙事务由甲、丁共同执行，乙、丙不参与合伙事务的执行

D. 甲、乙以自己的财产份额出质的，须经其他合伙人过半数同意

5. 注册会计师甲、乙、丙共同出资设立一个特殊的普通合伙制的会计师事务所。甲、乙在某次审计业务中，因故意出具不实审计报告被人民法院判决由会计师事务所赔偿当事人 80 万元。根据合伙企业法律制度的规定，下列有关该赔偿责任承担的表述中，正确的是(　　)。

A. 甲、乙、丙均承担无限连带责任

B. 以该会计师事务所的全部财产为限承担责任

C. 甲、乙、丙均以其在会计师事务所中的财产份额为限承担责任

D. 甲、乙应当承担无限连带责任，丙以其在会计师事务所中的财产份额为限承担责任

6. 根据个人独资企业法律制度规定，下列各项中，不能成为个人独资企业投资人出资的是（　　）。

A. 劳务　　B. 土地使用权　　C. 专利权　　D. 家庭共有的房屋

7. 某普通合伙企业决定解散，经清算人确认：企业欠职工工资和社会保险费用 2 万元，欠国家税款 1 万元，另外发生清算费用 5 000 元。下列几种清偿顺序中，符合合伙企业法律制度规定的是（　　）。

A. 先支付职工工资和社会保险费用，再缴纳税款，然后支付清算费用

B. 先缴纳税款，再支付职工工资和社会保险费用，然后支付清算费用

C. 先支付清算费用，再缴纳税款，然后支付职工工资和社会保险费用

D. 先支付清算费用，再支付职工工资和社会保险费用，然后缴纳税款

二、多项选择题

1. 下列有关个人独资企业设立条件的表述中，符合个人独资企业法律制度规定的有（　　）。

A. 投资人为一个自然人，且为中国公民

B. 有合法的企业名称

C. 有企业章程

D. 有投资人申报的出资

2. 甲、乙、丙为普通合伙企业的合伙人。该合伙企业向丁借款 15 万元，甲、乙、丙之间约定，如果到期合伙企业无力偿还该借款，甲、乙、丙各自负责偿还 5 万元。借款到期时，该合伙企业没有财产向丁清偿。根据合伙企业法律制度的规定，下列关于该债务清偿的表述中，正确的有（　　）。

A. 丁有权直接向甲要求偿还 15 万元

B. 只有在甲、乙确实无力清偿的情况下，丁才有权要求丙偿还 15 万元

C. 乙仅负有向丁偿还 5 万元的义务

D. 丁可以根据各合伙人的实际财产情况，要求甲偿还 10 万元，乙偿还 3 万元，丙偿还 2 万元

3. 某有限合伙企业在经营期间吸收甲为有限合伙人。关于甲入伙前有限合伙企业的债务，下列表述中，不符合《合伙企业法》规定的是（　　）。

A. 甲不承担责任

B. 甲承担无限连带责任

C. 甲以其认缴的出资额为限承担责任

D. 甲以其实缴的出资额为限承担责任

4. 甲向乙借款4万元作为出资与他人合伙设立了一家食品厂(普通合伙企业)。借款到期后，乙要求甲偿还借款，甲个人财产不足以清偿。根据合伙企业法律制度的规定，下列有关偿还借款的方式中，正确的有(　　)。

A. 甲用从食品厂分取的收益偿还借款

B. 甲自行将自己在食品厂的财产份额转让给乙，以抵偿借款

C. 甲自行将自己在食品厂的财产份额出质取得贷款，用于偿还借款

D. 乙请求人民法院强制执行甲在食品厂的财产份额用于清偿借款

5. 根据《合伙企业法》的规定，在普通合伙企业中，下列各项中，不能成为普通合伙人的是(　　)。

A. 国有独资公司　B. 国有企业　C. 上市公司　D. 公益性的事业单位

三、简答题

1. 设立个人独资企业应具备哪些条件？

2.《个人独资企业法》对清算是如何规定的？

3. 普通合伙企业的合伙人对企业债务是如何承担的？

4. 特殊的普通合伙企业合伙人如何承担企业债务？

5. 设立有限合伙企业应当具备哪些条件？

6. 应如何理解普通合伙企业合伙人与第三人的关系？

四、案例题

1. 某个人独资企业头几年由投资人甲自行经营，盈利1 000万元。后投资人委托乙管理企业。由于乙不会管理与经营，企业连年亏损，现欠债1 500万元。企业很难再维持下去，故而准备解散和清算。问：

(1)甲能否决定解散企业？

(2)该个人独资企业解散应由谁清算？

(3)企业解散后的1 500万元债务应有甲承担还是乙承担？为什么？

(4)企业解散的财产应按什么顺序清偿？

(5)如果该个人独资企业财产不足以清偿债务，怎么办？

2. 王某与甲、乙、丙三人合伙成立了一个汽车修理部，为普通合伙企业，由王某、甲、乙各出资1万元，丙提供技术入伙，4人平均分配盈余。4人办理了有关手续，租赁了房屋，并订立了书面协议。1年后，由于经营状况不好，甲抽回了1万元资金。汽车修理部继续经营了半年后决定结算，此时已经亏损3万元。根据案情，请回答：

(1)该合伙关系是否成立？

(2)丙可否作为合伙人？为什么？

(3)甲对合伙期间的亏损债务是否应承担清偿债务？为什么？

(4)如果合伙剩余财产共计25 000元全部用于清偿债务后，对于剩余的5 000元债务合伙人是否可以不予清偿？为什么？

第4章
公司法律制度

学习目标

公司法的基本理论。有限责任公司的设立、组织机构、相关人员任职资格。一人有限责任公司和国有独资公司的特别规定，有限责任公司的股权转让。股份有限公司的设立、组织机构、上市公司组织机构的特别规定以及上市公司的独立董事制度和股东诉讼等。股票转让的限制。公司合并、分立、解散与清算。

生活个案

王某是一个经营服装百货的个体户，两年前，他欠了一家服装厂20多万元货款，无力偿还，债主向法院起诉。法院判决王某败诉，并将王某商店里的财产和他的轿车以及部分生活用品变卖后用来偿还债务。两年来，王某做了充分的市场调研，东山再起，商店的效益与日俱增。但某公司从他这里批发了一批服饰，欠王某30万元货款迟迟不还，王某几次讨债未果，遂向法院提起诉讼，法院判决王某胜诉。但是该公司因经营不善，严重亏损，无力偿还债务，故判决迟迟未得到执行。王某要求法院将该公司法定代表人的私房变卖后抵偿，法院不予支持。王某想不通，为什么他欠下的债要用家产来抵偿，别人欠债就不必用家产来抵偿？法院告诉王某，因为债务人是公司，而当时王某是个体户。

4.1 公司法的基本理论

4.1.1 公司的概念及特征

公司是一种企业组织形态，是依照法定的条件与程序设立的、以营利为目的的商事组织。公司的特征如下：①公司具有法人人格。公司是企业法人，有独立的法人财产，享有法人财产权，并以自己的财产对公司债务承担责任。②公司以营利为目的。设立公司的目的及公司的运作，都是为了谋求经济利益。公司的营利性是公司区别于非营利性法人组织的重要特征。③公司是社团组织。公司通常要求两个或者两个以上的股东出资设立。我国公司法在总体上坚持了社团性特征，一人有限责任公司和国有独资公司是社团性的例外，没有根本否定社团性的属性。④公司依照公司法设立。这里所说的公司，必须依照公司法规定的条件和程序设立，依据其他法律设立的公司或企业，都不是公司法上所说的公司。

4.1.2 公司的种类

我国立法上有两种公司分类方法：

(1)按股东对公司所负责任的不同，公司分为有限责任公司、股份有限公司。

有限责任公司指股东以其认缴的出资额为限对公司承担责任，公司以其全部资产对公司债务承担责任的公司。股份有限公司是指由一定人数股东组成，公司的全部资本分为等额股份，股东以其认购的股份为限对公司承担责任，公司以其全部资产对公司债务承担责任的公司。

(2)按公司之间的关系不同，公司分为总公司与分公司、母公司与子公司。

总公司又称本公司，是在一公司体系中处于管理地位，具有独立法人资格的公司。分公司则是指在一公司体系中处于隶属(被管理)地位的公司。分公司是总公司不可分割的组成部分，并且不具有独立的法人资格，其民事责任由总公司承担。

母公司是指通过持有其他公司的股份而能实际控制其他公司经营活动的公司。子公司是指其一定比例的股份被其他公司持有，经营活动受其他公司控制的公司。子公司具有独立的法人资格，独立承担民事责任。

【案例 4-1】 某纸箱有限责任公司下设广州分公司。2008 年 6 月，广州分公司经理刘某持分公司营业执照和合同文本与某百货公司签订了一份买卖合同，约定由广州分公司提供特质纸箱 1 000 个，每个 80 元，总金额 8 万元，并同时规定了商品质量、履行期限、违约金等主要条款。合同订立后，该百货公司即按约定付给广州分公司定金1万元。一个星期后，广州分公司按合同约定的期限交货。但经百货公司检验，纸箱质量明显不符合合同约定，于是百货公司当即提出质量异议，并要求双倍返还定金和支付违约金。而广州分公司却坚持要百货公司按合同如期付款。于是，百货公司向法院提起诉讼。广州分公司参加诉讼，并要求某纸箱有限公司（总公司）参加诉讼。但总公司认为广州分公司常年在广州经营，平时的经济效益都留在分公司，只上缴约定的承包金额，故纸箱有限公司不应承担民事责任。在本案中，纸箱有限公司广州分公司，因其不具有独立的法人资格，其与百货公司签订的买卖合同而形成的债务应由总公司承担，因此，纸箱有限公司应对百货公司承担民事责任。

4.1.3 公司法概述

公司法是调整公司在设立、变更、解散以及从事生产经营活动中发生的社会关系的法律规范的总称。公司法有广义和狭义之分。狭义的公司法是指我国1993年12月29日颁布并于2005年10月28日第三次修订、2006年1月1日实施的《中华人民共和国公司法》（以下简称《公司法》）。广义的公司法是指除《公司法》之外，还包括其他法律、法规中有关公司的法律规范。

4.2 有限责任公司

4.2.1 有限责任公司的概念与特征

有限责任公司指股东以其认缴的出资额为限对公司债务承担责任，公司以其全部资产对公司债务承担责任的公司。

有限责任公司有如下特征：①股东人数的限制性。我国《公司法》规定有限责任公司股东人数为50人以下。②股东责任的有限性。有限责任公司股东以其出资额为限对公司负责。③有限责任公司资本不必分为等额股份。有限责任公司不能对外发行股票，证明股东出资额的权利证书是不分财产份额的出资证明书。

4.2.2 有限责任公司的设立

1. 设立有限责任公司的条件

（1）股东符合法定人数，即不超过50人。

(2)股东出资达到法定资本最低限额。

有限责任公司注册资本的最低限额为人民币3万元。法律、行政法规对有限责任公司注册资本的最低限额有较高规定的,从其规定。有限责任公司的注册资本为在公司登记机关登记的全体股东认缴的出资额。公司全体股东的首次出资额不得低于注册资本的20%,也不得低于法定的注册资本最低限额,其余部分由股东自公司成立之日起两年内缴足;其中,投资公司可以在5年内缴足。

股东可以用货币出资,也可以用实物、知识产权、土地使用权等可以用货币估价并可以依法转让的非货币财产作价出资;但是,法律、行政法规规定不得作为出资的财产除外。对作为出资的非货币财产应当评估作价,核实财产,不得高估或者低估作价。法律、行政法规对评估作价有规定的,从其规定。全体股东的货币出资金额不得低于有限责任公司注册资本的30%。

【案例4-2】 甲、乙、丙共同设立一个有限责任公司。甲以现金出资12 000元,乙以自己拥有的一台机器设备出资,经评估作价10 000元,丙打算用拥有的专利权出资。根据《公司法》规定,丙最多出资18 000元。因为全体股东的货币出资金额不得低于有限责任公司注册资本的30%。$(12\,000+10\,000+X)\times 30\%=12\,000$,$X=18\,000$元。

(3)股东共同制定公司章程。

有限责任公司章程应当载明下列事项:公司名称和住所;公司经营范围;公司注册资本;股东的姓名或者名称;股东的出资方式、出资额和出资时间;公司的机构及其产生办法、职权、议事规则;公司法定代表人;股东会会议认为需要规定的其他事项。股东应当在公司章程上签名、盖章。

(4)有公司名称,建立符合要求的组织机构。

公司名称中必须标明"有限责任公司"或者"有限责任"字样,必须符合有关法律、行政法规的规定。公司必须建立符合公司法要求的组织机构。

(5)有公司住所。

公司的住所是公司经济活动的中心,公司以其主要办事机构所在地为其住所。

2. 设立登记

股东的首次出资经依法设立的验资机构验资后,由全体股东指定的代表或者共同委托的代理人向公司登记机关报送公司登记申请书、公司章程、验资证明等文件,申请设立登记。申请登记的公司经公司登记机关登记,领取"企业法人营业执照",才能取得企业法人资格。没有经过公司登记机关登记的,不得以公司名义从事经营活动。登记事项发生变更的,应当办理变更登记。未经登记或者变更的,不得对抗第三人。

4.2.3 有限责任公司股东的权利义务

1.有限责任公司股东的权利

股东是有限责任公司的出资人。有限责任公司的股东具有以下权利：

(1)知情权

规定股东的知情权是为了更好地保护股东利益。《公司法》规定：股东有权查阅、复制公司章程、股东会会议记录、董事会会议决议、监事会会议决议和财务会计报告。此外，股东还可以要求查阅公司会计账簿。股东要求查阅公司会计账簿的，应当向公司提出书面请求，说明目的。公司有合理根据认为股东查阅会计账簿有不正当目的，可能损害公司合法利益的，可以拒绝提供查阅，并应当自股东提出书面请求之日起15日内书面答复股东并说明理由。公司拒绝提供查阅的，股东可以请求人民法院要求公司提供查阅。

(2)分红和优先认股权

股东按照实缴的出资比例分取红利；公司新增资本时，股东有权优先按照实缴的出资比例认缴出资。但是，全体股东约定不按照出资比例分取红利或者不按照出资比例优先认缴出资的除外。

(3)诉讼请求权

董事、高级管理人员执行公司职务时违反法律、行政法规或者公司章程的规定，给公司造成损失的，有限责任公司的股东、股份有限公司连续180日以上单独或者合计持有公司1%以上股份的股东，可以书面请求监事会或者不设监事会的有限责任公司的监事向人民法院提起诉讼；监事有上述情形的，前述股东可以书面请求董事会或者不设董事会的有限责任公司的执行董事向人民法院提起诉讼。

监事会、不设监事会的有限责任公司的监事，或者董事会、执行董事收到上述规定的股东书面请求后拒绝提起诉讼，或者自收到请求之日起30日内未提起诉讼，或者情况紧急、不立即提起诉讼将会使公司利益受到难以弥补的损害的，前款规定的股东有权为了公司的利益以自己的名义直接向人民法院提起诉讼。

他人侵犯公司合法权益，给公司造成损失的，有限责任公司的股东、股份有限公司连续180日以上单独或者合计持有公司1%以上股份的股东可以依照前两款的规定向人民法院提起诉讼。

董事、高级管理人员违反法律、行政法规或者公司章程的规定，损害股东利益的，股东可以向人民法院提起诉讼。

(4)特殊情况下的退股权

有限责任公司的股东不得要求公司退还其股份，但是有下列情形之一的，对股东会该项决议投反对票的股东可以请求公司按照合理的价格收购其股权：公司连续5年不向股东分配利润，而公司该 5 年连续盈利，并且符合本法规定的分配利润条件的；公司合并、分立、转让主要财产的；公司章程规定的营业期限届满或者章程规定的其他解散事由出现，股东会会议通过决议修改章程使公司存续的。

自股东会会议决议通过之日起 60 日内，股东与公司不能达成股权收购协议的，股东可以自股东会会议决议通过之日起 90 日内向人民法院提起诉讼。

2. 有限责任公司股东的义务

有限责任公司的股东要承担以下义务：

(1)足额缴纳出资

股东应当按期足额缴纳公司章程中规定的各自所认缴的出资额。股东不按规定缴纳出资的，除应当向公司足额缴纳外，还应当向已按期足额缴纳出资的股东承担违约责任。

(2)补交出资差额

有限责任公司成立后，发现作为设立公司出资的非货币财产的实际价额显著低于公司章程所定价额的，应当由交付该出资的股东补足其差额；公司设立时的其他股东承担连带责任。

(3)不得抽逃出资

公司成立后，股东不得抽逃出资。

(4)依法行使股东权利

公司股东应当遵守法律、行政法规和公司章程，依法行使股东权利。

4.2.4　有限责任公司的组织机构

1. 股东会

(1)股东会的性质和职权

有限责任公司股东会由全体股东组成。股东会的职权依《公司法》规定，股东会行使下列职权：决定公司的经营方针和投资计划；选举和更换非由职工代表担任的董事、监事，决定有关董事、监事的报酬事项；审议批准董事会的报告；审议批准监事会或者监事的报告；审议批准公司的年度财务预算方案、决算方案；审议批准公司的利润分配方案和弥补亏损方案；对公司增加或者减少注册资本作出决议；对发行公司债券作出决议；对公司合并、分立、解散、清算或者变更公司形式作出决议；修改公司章程；公司章程规定的其他职权。

(2)股东会会议

有限责任公司股东会会议分为定期会议和临时会议。定期会议应当依照公司章程的规定按时召开。代表 1/10 以上表决权的股东、1/3 以上的董事、监事会或者不设监事会的公司的监事提议召开临时会议的，应当召开临时会议。

有限责任公司首次股东会会议由出资最多的股东召集和主持。之后的股东会，设立董事会的，股东会会议由董事会召集，由董事长主持；董事长不能履行职务或者不履行职务的，由副董事长主持；副董事长不能履行职务或者不履行职务的，由半数以上董事共同推举1名董事主持；有限责任公司不设董事会的，股东会会议由执行董事召集和主持；董事会或者执行董事不能履行或者不履行召集股东会会议职责的，由监事会或者不设监事会的公司的监事召集和主持；监事会或者监事不召集和主持的，代表1/10以上表决权的股东可以自行召集和主持。

(3)股东会议事规则

股东会决议由股东按照出资比例行使表决权；但是，公司章程另有规定的除外。股东会会议作出的修改公司章程、增加或者减少注册资本的决议，以及公司合并、分立、解散或者变更公司形式的决议，必须经代表2/3以上表决权的股东通过。除此之外，股东会的议事方式和表决程序由公司章程规定。

2.董事会、执行董事和经理

(1)董事会的性质和组成

董事会是公司股东会的执行机构，其成员由3～13人组成。两个以上的国有企业或者两个以上的其他国有投资主体投资设立的有限责任公司，其董事会成员中应当有公司职工代表；其他有限责任公司董事会成员中可以有公司职工代表。董事会中的职工代表由公司职工通过职工代表大会、职工大会或者其他形式民主选举产生。董事会设董事长1人，可以设副董事长。董事长、副董事长的产生办法由公司章程规定。股东人数较少或者规模较小的有限责任公司可以不设董事会，设1名执行董事，执行董事可以兼任公司经理。

(2)董事会的职权

董事会对股东会负责，行使下列职权：召集股东会会议，并向股东会报告工作；执行股东会的决议；决定公司的经营计划和投资方案；制订公司的年度财务预算方案、决算方案；制订公司的利润分配方案和弥补亏损方案；制订公司增加或者减少注册资本以及发行公司债券的方案；制订公司合并、分立、解散或者变更公司形式的方案；决定公司内部管理机构的设置；决定聘任或者解聘公司经理及其报酬事项，并根据经理的提名决定聘任或者解聘公司副经理、财务负责人及其报酬事项；制定公司的基本管理制度；公司章程规定的其他职权。

(3)董事的任期

董事任期由公司章程规定，但每届任期不得超过3年。董事任期届满，连选可以连任。董事任期届满未及时改选，或者董事在任期内辞职导致董事会成员低于法定人数的，在改选出的董事就任前，原董事仍应当依照法律、行政法规和公司章程的规定，履行董事职务。

(4)董事会会议

董事会会议由董事长召集和主持;董事长不能履行职务或者不履行职务的,由副董事长召集和主持;副董事长不能履行职务或者不履行职务的,由半数以上董事共同推举 1 名董事召集和主持。董事会的议事方式和表决程序,除《公司法》有规定的外,由公司章程规定。

(5)执行董事和经理

股东人数较少或者规模较小的有限责任公司,可以设 1 名执行董事,不设董事会。执行董事可以兼任公司经理。执行董事的职权由公司章程规定。

有限责任公司可以设经理,经理负责公司日常经营管理工作,由董事会决定聘任或者解聘。经理对董事会负责,行使下列职权:主持公司的生产经营管理工作,组织实施董事会决议;组织实施公司年度经营计划和投资方案;拟订公司内部管理机构设置方案;拟订公司的基本管理制度;制定公司的具体规章;提请聘任或者解聘公司副经理、财务负责人;决定聘任或者解聘除应由董事会决定聘任或者解聘以外的负责管理人员;董事会授予的其他职权。公司章程对经理职权另有规定的,从其规定。经理列席董事会会议。

3. 监事会或监事

(1)监事会组成

监事会是公司内部的监督机构,其成员不得少于 3 人。监事会应当包括股东代表和适当比例的公司职工代表,其中职工代表的比例不得低于 1/3,具体比例由公司章程规定。监事会中的职工代表由公司职工通过职工代表大会、职工大会或者其他形式民主选举产生。

监事会设主席 1 人,由全体监事过半数选举产生。监事会主席召集和主持监事会会议。监事会主席不能履行职务或者不履行职务的,由半数以上监事共同推举 1 名监事召集和主持监事会会议。董事、高级管理人员不得兼任监事。股东人数较少或者规模较小的有限责任公司,可以不设监事会,设 1～2 名监事。

(2)监事会或者监事的职权

监事会、不设监事会的公司的监事行使下列职权:检查公司财务;对董事、高级管理人员执行公司职务的行为进行监督,对违反法律、行政法规、公司章程或者股东会决议的董事、高级管理人员提出罢免的建议;当董事、高级管理人员的行为损害公司的利益时,要求董事、高级管理人员予以纠正;提议召开临时股东会会议,在董事会不履行本法规定的召集和主持股东会会议职责时召集和主持股东会会议;向股东会会议提出提案;董事、高级管理人员执行公司职务时违反法律、行政法规或者公司章程规定,给公司造成损失应当承担赔偿责任的,监事会或不设监事会的监事有权对董事、高级管理人员提起诉讼;公司章程规定的其他职权。

监事可以列席董事会会议,并对董事会决议事项提出质询或者建议。监事会、不设监事会的公司的监事发现公司经营情况异常，可以进行调查；必要时，可以聘请会计师事务所等机构协助其工作，费用由公司承担。

(3)监事的任期

监事的任期每届为3年。监事任期届满，连选可以连任。监事任期届满未及时改选，或者监事在任期内辞职导致监事会成员低于法定人数的，在改选出的监事就任前，原监事仍应当依照法律、行政法规和公司章程的规定，履行监事职务。

(4)监事会会议

监事会每年度至少召开一次会议，监事可以提议召开临时监事会会议。监事会的议事方式和表决程序，除公司法有规定的外，由公司章程规定。监事会决议应当经半数以上监事通过。监事会应当将所议事项的决定作成会议记录，出席会议的监事应当在会议记录上签名。

4.2.5 董事、监事、高级管理人员任职资格的限制和义务

1. 董事、监事、高级管理人员任职资格的限制

公司的董事、监事、高级管理人员有下列情况之一的，不得担任公司的董事、监事、高级管理人员：(1)无民事行为能力或者限制民事行为能力；(2)因贪污、贿赂、侵占财产、挪用财产或者破坏社会主义市场经济秩序，被判处刑罚，执行期满未逾5年，或者因犯罪被剥夺政治权利，执行期满未逾5年；(3)担任破产清算的公司、企业的董事或者厂长、经理，对该公司、企业的破产负有个人责任的，自该公司、企业破产清算完结之日起未逾3年；(4)担任因违法被吊销营业执照、被责令关闭的公司、企业的法定代表人，并负有个人责任的，自该公司、企业被吊销营业执照之日起未逾3年；(5)个人所负债务数额较大到期未清偿。董事、监事、高级管理人员如果在任职期间出现上述情形的，公司应当解除其职务。

【案例4-3】 王某，因担任企业负责人重大工程事故罪于2001年6月被判处3年有期徒刑，2004年刑满释放，那么王某是否可以做公司的董事？

因贪污、贿赂、侵占财产、挪用财产或者破坏社会主义市场经济秩序罪被判处刑罚，执行期满未逾5年，不可以做董事，但王某的“重大工程事故罪”不属此列，所以可以担任公司的董事。

2. 董事、监事、高级管理人员的义务

董事、监事、高级管理人员应当遵守法律、行政法规和公司章程，对公司负有忠实义务和勤勉义务。董事、监事、高级管理人员不得利用职权收受贿赂或者其他非法收入，不得侵占公司财产。

董事、监事、高级管理人员不得有下列行为：(1)挪用公司资金；(2)将公司资金以其个人名义或者以其他个人名义开立账户存储；(3)违反公司章程的规定，未经股东

会、股东大会或者董事会同意，将公司资金借贷给他人或者以公司财产为他人提供担保；(4)违反公司章程的规定或者未经股东会、股东大会同意，与本公司订立合同或者进行交易；(5)未经股东会或者股东大会同意，利用职务便利为自己或者他人谋取属于公司的商业机会，自营或者为他人经营与所任职公司同类的业务；(6)接受他人与公司交易的佣金归为己有；(7)擅自披露公司秘密；(8)违反对公司忠实义务的其他行为。

董事、监事、高级管理人员违反上述义务的，所得的收入应当归公司所有。董事、监事、高级管理人员执行公司职务时违反法律、行政法规或者公司章程的规定，给公司造成损失的，应当承担赔偿责任。

股东会或者股东大会要求董事、监事、高级管理人员列席会议的，董事、监事、高级管理人员应当列席并接受股东的质询。董事、高级管理人员应当如实向监事会或者不设监事会的有限责任公司的监事提供有关情况和资料，不得妨碍监事会或者监事行使职权。

4.2.6　有限责任公司的股权继承和转让

1. 有限责任公司股权的内部转让

有限公司的股东之间可以相互转让其全部或者部分股权。

2. 有限责任公司股权的对外转让

股东向股东以外的人转让股权，应当经其他股东过半数同意。股东应就其股权转让事项书面通知其他股东征求同意，其他股东自接到书面通知之日起满 30 日未答复的，视为同意转让。其他股东半数以上不同意转让的，不同意的股东应当购买该转让的股权；不购买的，视为同意转让。

经股东同意转让的股权，在同等条件下，其他股东有优先购买权。两个以上股东主张行使优先购买权的，协商确定各自的购买比例；协商不成的，按照转让时各自的出资比例行使优先购买权。

公司章程对股权转让另有规定的，从其规定。

3. 法院强制执行中的股权转让

法院依强制执行程序转让股东的股权时，应当通知公司及全体股东，其他股东在同等条件下有优先购买权。其他股东自人民法院通知之日起满 20 日不行使优先购买权的，视为放弃优先购买权。

4. 股权继承

自然人股东死亡后，其合法继承人可以继承股东资格；但是，公司章程另有规定的除外。

4.2.7 一人有限责任公司的特别规定

一人有限责任公司，是指只有一个自然人股东或者一个法人股东的有限责任公司。一人有限责任公司与个人独资企业最大的区别就在于一人有限责任公司股东以出资额为限承担有限责任，大大降低了投资人的投资风险。并且由于唯一的出资人对公司经营享有高度的自主权，从而减少了公司治理过程中由于公司内部机构过于复杂所造成的高成本、低效率。但是也正由于股东高度的自主权，使公司的经营缺乏必要的监督机制，在降低投资人投资风险的同时，扩大了一人有限责任公司的交易风险。因此，《公司法》对一人有限责任公司作了特别的限制性规定，建立了严密的风险防范制度，具体有以下几个方面：

(1)出资要求。一人有限责任公司的注册资本最低限额为人民币 10 万元。股东应当一次足额缴纳公司章程规定的出资额。

(2)出资人。一个自然人只能投资设立一个一人有限责任公司。该一人有限责任公司不能投资设立新的一人有限责任公司。

(3)公示制度。一人有限责任公司应当在公司登记中注明自然人独资或者法人独资，并在公司营业执照中载明。

(4)章程制定。一人有限责任公司章程由股东制定。

(5)组织机构。一人有限责任公司不设股东会。

(6)财务会计制度。一人有限责任公司应当在每一会计年度终了时编制财务会计报告，并经会计师事务所审计。

(7)责任承担。一人有限责任公司的股东不能证明公司财产独立于股东自己的财产的，应当对公司债务承担连带责任。

4.2.8 国有独资公司的特别规定

国有独资公司，是指国家单独出资、由国务院或者地方人民政府授权本级人民政府国有资产监督管理机构履行出资人职责的有限责任公司。为保障国有资产的保值增值，法律对国有独资公司的组织机构做了一些特别规定。

1. 权力机构

国有独资公司只有一个股东，无需设立股东会，由国有资产监督管理机构行使股东会职权。国有资产监督管理机构可以授权公司董事会行使股东会的部分职权，如决定公司的重大事项，但公司的合并、分立、解散、增加或者减少注册资本和发行公司债券等事项，必须由国有资产监督管理机构决定；其中，重要的国有独资公司合并、分立、解散、申请破产的，应当由国有资产监督管理机构审核后，报本级人民政府批准。

2. 董事会

国有独资公司设董事会，董事会除行使《公司法》规定的有限责任公司董事会的所有职权外，还可以制定国有独资公司章程报国有资产监督管理机构批准。

董事会成员由国有资产监督管理机构委派。但是，董事会成员中的职工代表由公司职工代表大会选举产生。董事会设董事长一人，可以设副董事长。董事长、副董事长由国有资产监督管理机构从董事会成员中指定。董事每届任期不得超过 3 年。董事会成员中应当有公司职工代表。

国有独资公司设经理，由董事会聘任或者解聘。经国有资产监督管理机构同意，董事会成员可以兼任经理。

国有独资公司的董事长、副董事长、董事、高级管理人员，未经国有资产监督管理机构同意，不得在其他有限责任公司、股份有限公司或者其他经济组织兼职。

3. 监事会

国有独资公司监事会成员不得少于 5 人，其中职工代表的比例不得低于 1/3，具体比例由公司章程规定。

监事会成员由国有资产监督管理机构委派。但是，监事会成员中的职工代表由公司职工代表大会选举产生。监事会主席由国有资产监督管理机构从监事会成员中指定。

4.3　股份有限公司

4.3.1　股份有限公司的概念与特征

股份有限公司是指由一定人数股东组成，公司的全部资本分为等额股份，股东以其认购的股份为限对公司债务承担责任，公司以其全部资产对公司债务承担责任的公司。与有限责任公司相比，股份有限公司具有如下特征：①公司性质的资合性。股份有限公司是典型的资合公司。②股东人数的开放性。股份有限公司的股东人数有法定最低限额，但无最高限额。③公司股份的等额性。股份有限公司的资本总额被划分为金额相等的股份。④股份转让的任意性。如无法律特别规定，股东持有的股票可以自由转让，而不受其他股东的限制。⑤组织机构相对复杂。股份有限公司的组织机构完备，不能进行简化设置，而且对于上市的公司又要求特别设置。

4.3.2　股份有限公司的设立

《公司法》规定了较有限责任公司更为严格的设立条件和复杂的设立程序。

1. 设立方式

股份有限公司设立有两种方式:发起设立和募集设立。发起设立是指公司发行的股份由发起人全部认购而设立公司的方式。募集设立是指由发起人认购公司应发行股份的一部分,其余股份向社会公开募集或者向特定对象募集而设立公司。

2. 设立条件

设立股份有限公司,应当具备下列条件:

(1)发起人应符合法定人数。设立股份有限公司,应当有2人以上200人以下为发起人,其中须有半数以上的发起人在中国境内有住所。

(2)发起人认购和募集的股本达到法定资本最低限额。股份有限公司注册资本的最低限额为人民币500万元,法律、行政法规对股份有限公司注册资本的最低限额有较高规定的,从其规定。股份有限公司采取发起设立方式设立的,注册资本为在公司登记机关登记的全体发起人认购的股本总额。公司全体发起人的首次出资额不得低于注册资本的20%,其余部分由发起人自公司成立之日起两年内缴足。其中,投资公司可以在5年内缴足。发起设立的股份有限公司在缴足注册资本前,不得向他人募集股份。股份有限公司采取募集方式设立的,注册资本为在公司登记机关登记的实收股本总额。以募集设立方式设立股份有限公司的,发起人认购的股份不少于公司股份总数的35%,但是,法律、行政法规另有规定的,从其规定。

(3)股份发行、筹办事项符合法律规定。

(4)发起人制定公司章程,采用募集方式设立的股份有限公司,其公司章程须经创立大会通过。股份有限公司章程应当载明下列事项:公司名称和住所;公司经营范围;公司设立方式;公司股份总数、每股金额和注册资本;发起人的姓名或者名称、认购的股份数、出资方式和出资时间;董事会的组成、职权和议事规则;公司法定代表人;监事会的组成、职权和议事规则;公司利润分配办法;公司的解散事由与清算办法;公司的通知和公告办法;股东大会会议认为需要规定的其他事项。

(5)有公司名称,建立符合股份有限公司要求的组织机构。公司名称中应当标明"股份有限公司"或者"股份公司"的字样,必须符合有关法律、行政法规的规定。公司须建立符合公司法规定的组织机构。

(6)有公司住所。公司以主要办事机构所在地为住所。

3. 设立登记

发起人首次缴纳出资后,应当选举董事会和监事会,由董事向公司登记机关报送公司章程、由依法设立的验资机构出具的验资证明以及法律、行政法规规定的其他文件,申请设立登记。

4.3.3 股份有限公司的组织机构

1.股东大会

(1)股东大会的性质和职权

股份有限公司股东大会由全体股东组成。股东大会是公司的权力机构,对公司重要事项享有最终决定权。股份有限公司股东大会职权适用有限责任公司股东会职权的规定。

(2)股东大会会议和议事规则

股东大会分为定期会议和临时会议。定期股东大会应当每年召开一次。有下列情形之一的,应当在两个月内召开临时股东大会:董事人数不足本法规定人数或者公司章程所定人数的2/3时;公司未弥补的亏损达实收股本总额1/3时;单独或者合计持有公司10%以上股份的股东请求时;董事会认为必要时;监事会提议召开时;公司章程规定的其他情形。

股东大会会议由董事会召集,董事长主持;董事长不能履行职务或者不履行职务的,由副董事长主持;副董事长不能履行职务或者不履行职务的,由半数以上董事共同推举1名董事主持。董事会不能履行或者不履行召集股东大会会议职责的,监事会应当及时召集和主持;监事会不召集和主持的,连续90日以上,单独或者合计持有公司10%以上股份的股东可以自行召集和主持。

股东出席股东大会会议,所持每一股份有一表决权。但是,公司持有的本公司股份没有表决权。股东大会作出决议,必须经出席会议的股东所持表决权过半数通过。但是,股东大会作出修改公司章程、增加或者减少注册资本的决议,以及公司合并、分立、解散或者变更公司形式的决议,必须经出席会议的股东所持表决权的2/3以上通过。公司法和公司章程规定公司转让、受让重大资产或者对外提供担保等事项必须经股东大会作出决议的,董事会应当及时召集股东大会会议,由股东大会就上述事项进行表决。

股东大会选举董事、监事,可以依照公司章程的规定或者股东大会的决议,实行累积投票制。累积投票制,是指股东大会选举董事或者监事时,每一股份拥有与应选董事或者监事人数相同的表决权,股东拥有的表决权可以集中使用。股东大会应当对所议事项的决定作成会议记录,主持人、出席会议的董事应当在会议记录上签名。会议记录应当与出席股东的签名册及代理出席的委托书一并保存。

2.董事会、经理

(1)董事会的组成

股份有限公司设董事会,其成员为5～19人。董事会成员中可以有公司职工代表。董事会中的职工代表由公司职工通过职工代表大会、职工大会或者其他形式民主选举产生。董事的任期与董事会的职权适用有限责任公司的规定。董事会设董事长1人，可以设副董事长。董事长和副董事长由董事会以全体董事的过半数选举产生。

董事长召集和主持董事会会议，检查董事会决议的实施情况。副董事长协助董事长工作，董事长不能履行职务或者不履行职务的，由副董事长履行职务；副董事长不能履行职务或者不履行职务的，由半数以上董事共同推举1名董事履行职务。

(2)董事会会议

董事会每年度至少召开两次会议，每次会议应当于会议召开10日前通知全体董事和监事。代表1/10以上表决权的股东、1/3以上董事或者监事会，可以提议召开董事会临时会议。董事长应当自接到提议后10日内，召集和主持董事会会议。董事会召开临时会议，可以另定召集董事会的通知方式和通知时限。董事会会议应有过半数的董事出席方可举行。

(3)董事会会议决议

董事会作出决议，必须经全体董事的过半数通过。董事会决议的表决，实行一人一票。董事会会议，应由董事本人出席；董事因故不能出席，可以书面委托其他董事代为出席，委托书中应载明其授权范围。董事会应当对会议所议事项的决定作成会议记录，出席会议的董事应当在会议记录上签名。董事应当对董事会的决议承担责任。董事会的决议违反法律、行政法规或者公司章程、股东大会决议，致使公司遭受严重损失的，参与决议的董事对公司负赔偿责任，但经证明在表决时曾表明异议并记载于会议记录的，该董事可以免除责任。

【案例4-4】 甲股份有限公司董事会由11名董事组成，1995年5月10日，公司董事长张某召集并主持召开董事会会议，出席会议的共有8名董事，另有3名董事因事请假，董事会会议讨论的下列事项，经表决有6名董事同意而获得通过：鉴于公司董事会成员工作任务加重，决定给每位董事会成员涨工资30%；鉴于监事会成员中的职工代表李某生病，决定由本公司职工王某参加监事会。

对于本次董事会，首先，甲公司董事会召开符合法律规定，表决程序也符合法律规定。因为董事会应由过半数的董事出席方可举行，做出决议必须经过出席会议的董事过半数同意。有11名董事组成董事会，8名董事出席，6名董事通过决议符合法律规定。其次，董事会的两项决议不符合法律规定。第一项决议属于股东会职权，第二项决议，董事会和股东会都没有此项权力。

(4)经理

经理是对股份有限公司日常经营管理负有全责的高级管理人员，由董事会决定聘任或者解聘，对董事会负责。经理职权适用有限责任公司的规定。公司董事会可以决定由董事会成员兼任经理。

3. 监事会

(1)监事会的组成

股份有限公司设监事会,其成员不得少于 3 人。监事会应当包括股东代表和适当比例的公司职工代表,其中职工代表的比例不得低于 1/3,具体比例由公司章程规定。监事会中的职工代表由公司职工通过职工代表大会、职工大会或者其他形式民主选举产生。董事、高级管理人员不得兼任监事。监事的任期每届为 3 年,监事任期届满,连选可以连任。

监事会设主席 1 人,可以设副主席。监事会主席和副主席由全体监事过半数选举产生。监事会主席召集和主持监事会会议;监事会主席不能履行职务或者不履行职务的,由监事会副主席召集和主持监事会会议;监事会副主席不能履行职务或者不履行职务的,由半数以上监事共同推举 1 名监事召集和主持监事会会议。

(2)监事会会议及议事规则

监事会至少每 6 个月召开一次会议。监事可以提议召开临时监事会会议。监事会的议事方式和表决程序,除公司法有规定的外,由公司章程规定。监事会决议应当经半数以上监事通过。监事会应当对所议事项的决定作成会议记录,出席会议的监事应当在会议记录上签名。

监事会行使职权所必需的费用由公司承担。关于有限责任公司监事会职权的规定,适用于股份有限公司监事会。

4. 上市公司组织机构的特别规定

上市公司是指其股票在证券交易所上市交易的股份有限公司。上市公司具有最广泛的公众性,因此,公司法对其组织机构规定了一般股份公司所不具备的要求。

(1)重大事项表决

上市公司一般规模较大,一些需要决议的事项关系重大,被设置为特别决议事项,必须等到绝大多数股东同意才能通过。根据《公司法》的规定,上市公司在一年内购买、出售重大资产或者担保金额超过公司资产总额 30%的,应当由股东大会作出决议,并经出席会议的股东所持表决权的 2/3 以上通过。

(2)独立董事

独立董事是与受聘的上市公司及其主要股东不存在可能妨碍其进行独立客观判断的一切关系的特定董事。设立独立董事,对于改善公司治理、提高监控职能、维护公众投资者的利益具有积极的作用,有利于实现公司价值与股东利益的最大化。上市公司设立独立董事,具体办法由国务院规定。

(3)董事会秘书

董事会职权广泛,上市公司董事会工作更为繁重,有必要设置秘书来协助工作。上市公司董事会秘书,负责公司股东大会和董事会会议的筹备、文件保管以及公司股东资料的管理,办理信息披露事务等事宜。

(4)董事对关联交易的表决

上市公司董事与董事会会议决议事项所涉及的企业有关联关系的,不得对该项决议行使表决权,也不得代理其他董事行使表决权。该董事会会议由过半数的无关联关系董事出席即可举行,董事会会议所作决议须经无关联关系董事过半数通过。出席董事会的无关联关系董事人数不足3人的,应将该事项提交上市公司股东大会审议。这里所称的关联关系,是指公司控股股东、实际控制人、董事、监事、高级管理人员与其直接或者间接控制的企业之间的关系,以及可能导致公司利益转移的其他关系。但是,国家控股的企业之间不因同受国家控股而具有关联关系。

4.3.4 股份有限公司股份发行和转让

1.股份发行

股份是指均分公司全部资本的最小单位。股份有限公司的资本划分为股份,每一股的金额相等。公司的股份采取股票的形式。股票是公司签发的证明股东所持股份的凭证。

股份发行是指股份有限公司为筹集资金或其他目的而向投资者出售或分配自己股份的行为。它分为设立发行和新股发行。

股份的发行实行公平、公正的原则以及同股同权、同股同利的原则。同种类的每一股份应当具有同等权利。同次发行的同种类股票,每股的发行条件和价格应当相同;任何单位或者个人所认购的股份,每股应当支付相同价额。

股票发行价格可以按票面金额,也可以超过票面金额,但不得低于票面金额。股票采用纸面形式或者国务院证券监督管理机构规定的其他形式。

公司发行的股票,可以为记名股票,也可以为无记名股票。公司向发起人、法人发行的股票,应当为记名股票,并应当记载该发起人、法人的名称或者姓名,不得另立户名或者以代表人姓名记名。公司发行记名股票的,应当置备股东名册,并作记载。公司发行无记名股票的,公司应当记载其股票数量、编号及发行日期。国务院可以对公司发行本法规定以外的其他种类的股份另行作出规定。

2.股份转让

股份转让是指股份有限公司的股东将持有股份依合法的方式转让给他人,使他人取得股份而成为股东的行为。股份转让是通过股票转让实现的。股东转让其股份,应当在依法设立的证券交易场所进行或者按照国务院规定的其他方式进行。

记名股票由股东以背书方式或者法律、行政法规规定的其他方式转让;转让后由公司将受让人的姓名或者名称及住所记载于股东名册。股东大会召开前20日内或者公司决定分配股利的基准日前5日内,不得进行股东名册的变更登记。但是,法律对上市公司股东名册变更登记另有规定的,从其规定。记名股票被盗、遗失或者灭失,股东可以依照公示催告程序，请求人民法院宣告该股票失效。人民法院宣告该股票失效后，股东可以向公司申请补发股票。

无记名股票由股东将该股票交付给受让人后即发生转让的效力。持有无记名股票的人就是股东，依法享有并行使股东权，不必办理任何过户手续。

发起人持有本公司的股份，自公司成立之日起1年内不得转让。公司公开发行新股前已发行的股份，自公司股票在证券交易所上市交易之日起1年内不得转让。

公司董事、监事、高级管理人员应当向公司申报所持有的本公司的股份变动情况，在任职期间每年转让的股份不得超过其所持有本公司股份总额的25%；所持本公司股份自公司股票上市交易之日起1年内不得转让。上述人员离职后半年内，不得转让其所持有的本公司股份。公司章程可以对公司董事、监事、高级管理人员转让其所持有的本公司股份做出其他限制性规定。

4.4 公司债券及财务会计

4.4.1 公司债券

1.公司债券的概念和特征

公司债券，是指公司依照法定条件和程序发行，约定在一定期限还本付息的有价证券。公司债券与股票不同，二者的区别主要体现在以下几个方面：(1)性质不同。公司债券表示的是债权，是债权凭证；股票表示的是股权，是股权凭证。(2)收益稳定性不同。债券在购买之前，利率已定，到期就可以获得固定利息，而不管发行债券的公司经营获利与否；股票的股息收入随股份公司盈利情况的变动而变动。(3)风险性不同。公司债券持有人相对于股票而言，承担的风险要小。(4)经济利益关系不同。债券持有者无权过问公司的经营管理；而股票持有者则有权直接或间接地参与公司的经营管理。

2.公司债券的发行条件

公开发行公司债券，应当符合下列条件：(1)股份有限公司的净资产不低于人民币3 000万元，有限责任公司的净资产不低于人民币6 000万元；(2)累计债券余额不超过公司净资产的40%；(3)最近3年平均可分配利润足以支付公司债券1年的利息；(4)筹集的资金投向符合国家产业政策；(5)债券的利率不超过国务院限定的利率水平；(6)国务院规定的其他条件。

公开发行公司债券筹集的资金，必须用于核准的用途，不得用于弥补亏损和非生产性支出。

3. 公司债券的转让

公司债券可以转让,转让价格由转让人与受让人约定。公司债券在证券交易所上市交易的,按照证券交易所的交易规则转让。记名公司债券,由债券持有人以背书方式或者法律、行政法规规定的其他方式转让;转让后由公司将受让人的姓名或者名称及住所记载于公司债券存根簿。无记名公司债券的转让,由债券持有人将该债券交付给受让人后即发生转让的效力。

4. 可转换债券

可转换债券是指上市公司发行的、可依一定条件转换为股票的债券。可转换债券一经转换成股票,债权人资格即丧失,而取得公司股东的资格,公司债券所代表的公司负债也相应地转换为公司股本。

上市公司经股东大会决议可以发行可转换为股票的公司债券,并在公司债券募集办法中规定具体的转换办法。上市公司发行可转换为股票的公司债券,应当符合公开发行股票的条件,并报国务院证券监督管理机构核准。

发行可转换为股票的公司债券,应当在债券上标明可转换公司债券字样,并在公司债券存根簿上载明可转换公司债券的数额。公司应当按照其转换办法向债券持有人换发股票,但债券持有人对转换股票或者不转换股票有选择权。

4.4.2 公司财务会计

1. 对公司的财务会计要求

公司应当依照法律、行政法规和国务院财政部门的规定建立本公司的财务会计制度。公司应当在每一会计年度终了时编制财务会计报告,并依法经会计师事务所审计。有限责任公司应当依照公司章程规定的期限将财务会计报告送交各股东。股份有限公司的财务会计报告应当在召开股东大会年会的 20 日前置备于本公司,供股东查阅;公开发行股票的股份有限公司必须公告其财务会计报告。公司除法定的会计账册外,不得另立会计账册。对公司资产,不得以任何个人名义开立账册存储。

2. 公司利润分配

公司的利润是公司在一定时期内从事生产经营活动的财务成果,包括营业利润、投资和营业外收支净额。公司的年度利润,应当按照下列法定顺序分配:(1)弥补以前年度的亏损;(2)缴纳所得税;(3)弥补未能在税前弥补的亏损;(4)提取法定公积金和法定公益金;公司应提取税后利润的 10%列入公司的法定公积金,公司法定公积金累计额为公司注册资本的 50%以上的,可不再提取。(5)提取任意公积金;(6)向股东分配利润。

公司违反法定顺序,在缴纳所得税、提取公积金之前将公司利润分配给股东,股东必须将违反规定分配的利润退还公司。

3. 公积金

公积金是公司根据法律或者公司章程规定提留备用,不作为股利分配的部分所得或收益。公积金分为法定公积金、任意公积金和资本公积金。股份有限公司以超过股票票面金额的发行价格发行股票所得的溢价款以及国务院财政部门规定列入资本公积金的其他收入,应当列为公司资本公积金。公司公积金用于弥补亏损、扩大公司生产经营或者转为增加公司资本。但是,公积金不得用于弥补公司的亏损。法定公积金转为资本时,所留存的该项公积金不得少于转增前公司注册资本的25%。

4.4.3 公司与中介机构的关系

公司聘用、解聘承办公司审计业务的会计师事务所,依照公司章程的规定,由股东会、股东大会或者董事会决定。公司股东会、股东大会或者董事会就解聘会计师事务所进行表决时,应当允许会计师事务所陈述意见。公司应当向聘用的会计师事务所提供真实、完整的会计凭证、会计账簿、财务会计报告及其他会计资料,不得拒绝、隐匿、谎报。承担资产评估、验资或者验证的机构因其出具的评估结果、验资或者验证证明不实,给公司债权人造成损失的,除能够证明自己没有过错的外,在其评估或者证明不实的金额范围内承担赔偿责任。

4.5 公司的合并、分立、解散和清算

4.5.1 公司的合并

公司的合并是指两个以上的公司依照法定程序变更为一个公司的法律行为。公司合并可以采取两种形式:一是吸收合并,是指一个公司吸收其他公司后存续,被吸收的公司解散;二是新设合并,是指两个以上公司合并设立一个新的公司,合并各方解散。

公司合并时,合并各方的债权、债务,应当由合并后存续的公司或者新设的公司承继。

4.5.2 公司的分立

公司的分立是指一个公司通过法定程序变更为两个以上公司的法律行为。公司分立有两种形式:一是派生分立,它是指公司以其部分资产分设一个或数个新的公司。二是新设分立,它是指公司全部资产分别划归两个或两个以上的新公司,原公司解散。

公司分立前的债务由分立后的公司承担连带责任。但是,公司在分立前与债权人就债务清偿达成的书面协议另有约定的除外。

4.5.3 公司的解散和清算

1.公司的解散

公司解散是指已成立的公司因发生法律或公司章程规定的事由,依法使公司法人资格消灭的法律行为。公司因下列原因解散:(1)公司章程规定的营业期限届满或者公司章程规定的其他解散事由出现;(2)股东会或者股东大会决议解散;(3)因公司合并或者分立需要解散;(4)依法被吊销营业执照、责令关闭或者被撤销;(5)人民法院依照《公司法》的规定予以解散。

公司经营管理发生严重困难,继续存续会使股东利益受到重大损失,通过其他途径不能解决的,持有公司全部股东表决权 10%以上的股东,可以请求人民法院解散公司。

2.公司的清算

公司清算,是指公司解散后,了结其债权债务,并分配剩余财产,使公司法人资格最终归于消灭的法律行为。

(1)清算组的组成

公司应当在特定的解散事由出现之日起 15 日内成立清算组,开始清算。有限责任公司的清算组由股东组成,股份有限公司的清算组由董事或者股东大会确定的人员组成。逾期不成立清算组进行清算的,债权人可以申请人民法院指定有关人员组成清算组进行清算。人民法院应当受理该申请,并及时组织清算组进行清算。

(2)清算组职权

清算组在清算期间行使下列职权:清理公司财产,分别编制资产负债表和财产清单;通知、公告债权人;处理与清算有关的公司未了结的业务;清缴所欠税款以及清算过程中产生的税款;清理债权、债务;处理公司清偿债务后的剩余财产;代表公司参与民事诉讼活动。清算组成员应当忠于职守,依法履行清算义务。清算组成员不得利用职权收受贿赂或者获取其他非法收入,不得侵占公司财产。清算组成员因故意或者重大过失给公司或者债权人造成损失的,应当承担赔偿责任。

(3)清算程序

清算组应当自成立之日起 10 日内通知债权人,并于 60 日内在报纸上公告。债权人应当自接到通知书之日起 30 日内,未接到通知书的自公告之日起 45 日内,向清算组申报其债权。债权人申报债权,应当说明债权的有关事项,并提供证明材料。清算组应当对债权进行登记。在申报债权期间,清算组不得对债权人进行清偿。

清算期间,公司存续,但不得开展与清算无关的经营活动。清算组在清理公司财产、编制资产负债表和财产清单后，应当制订清算方案，并报股东会、股东大会或者人民法院确认。

清算组在清理公司财产、编制资产负债表和财产清单后，发现公司财产不足以清偿债务的，应当依法向人民法院申请宣告破产。公司经人民法院裁定宣告破产后，清算组应当将清算事务移交给人民法院。公司财产能够清偿债务的，清算组应先拨付清算费用，然后按照下列顺序清偿：①职工的工资、社会保险费用和法定补偿金；②所欠税款；③公司债务。

清偿公司债务后的剩余财产，清算组应将剩余财产分配给股东。有限责任公司按照股东的出资比例分配，股份有限公司按照股东持有的股份比例分配。

公司清算结束后，清算组应当制作清算报告，报股东会、股东大会或者人民法院确认，并报送公司登记机关，申请注销公司登记，公告公司终止。

本章小结

公司是依法设立的，以营利为目的的，由股东投资形成的企业法人。我国公司法规定了有限责任公司和股份有限公司。有限责任公司是指股东以其认缴的出资额为限对公司承担责任，公司以其全部财产对公司债务承担责任的公司。本章介绍了有限责任公司的设立条件、设立程序、股东知情权和分红权、组织机构、有限责任公司股权转让、一人有限责任公司和国有独资公司的特别规定等内容。股份有限公司是指将公司全部资本分为等额股份，股东以其认缴的股份为限对公司承担责任，公司以其全部财产对公司的债务承担责任的公司。本章介绍了股份有限公司的设立、组织机构、股票的发行和转让等问题。本章还阐述了董事、监事、高级管理人员的义务和任职资格、公司债券的有关问题、公司的财务会计制度以及公司的合并、分立、解散等问题。

习 题

一、单项选择题

1. 股份有限公司发行股票，发起人认购的股份数不少于公司拟发行股本总额的(　　)。

A. 25%　　B. 30%　　C. 35%　　D. 40%

2. 燎原石油有限公司由甲、乙股东投资设立，远大石油有限公司由丙、丁投资设立。之后不久，燎原石油公司被远大石油公司合并，股东为甲乙丙丁。合并前，燎原石油有限公司尚有 500 万元债务未偿还。合并完成后，该债务的偿还者为(　　)。

A. 甲和乙

B. 由两家公司协议规定

C. 合并后的远大石油公司

D. 合并后的远大石油公司的甲乙丙丁

3. 根据《公司法》规定，下列有关公司组织机构的表述中，正确的是(　　)。

A. 股东人数较少或者规模较小的有限责任公司可以不设监事会，也可以不设监事

B. 一人有限责任公司不设股东会

C. 国有独资公司的董事长由董事会以全体董事的过半数选举产生

D. 股份有限公司的董事会成员应当有公司职工代表

4. 有限责任公司和股份有限公司的说法正确的是(　　)。

A. 有限责任公司董事会成员为5～19人，股份有限公司董事会成员为3～13人

B. 有限责任公司的董事可兼任经理，而股份有限公司的董事不可兼任经理

C. 股份有限公司的董事长和副董事长由董事会以全体董事的2/3以上选举产生

D. 有限责任公司和股份有限公司的监事会都是由股东代表和适当比例的公司职工代表组成

5. 2008年8月，甲、乙、丙共同出资设立了A有限责任公司。2000年5月丙和丁达成协议，将其在A公司的出资全部转让给丁，甲、乙均不同意，下列解决方案中不符合《公司法》规定的是(　　)。

A. 由甲或乙购买丙的出资

B. 由甲和乙共同购买丙的出资

C. 如果甲、乙都不愿意购买，丙无权转让出资给丁

D. 如果甲、乙都不愿意购买，丙有权转让出资给丁

6. 甲想成立一家一人有限责任公司，那么，根据《公司法》规定，其最低注册资本限额为人民币(　　)。

A. 3万元　　B. 10万元　　C. 30万元　　D. 50万元

7. 有限责任公司成立后，应当向股东签发(　　)。

A. 股票　　B. 公司章程　　C. 营业执照　　D. 出资证明书

8. 股东大会对公司合并、分立或解散做出决议，必须经出席会议的股东所持(　　)通过。

A. 股份总数的三分之二以上　　B. 认购股份的三分之二以上

C. 表决权的三分之二以上　　D. 净资产的三分之二以上

二、多项选择题

1. 下列关于分公司法律地位的论述中，正确的有(　　)。

A. 分公司具有独立的法人资格

B. 分公司独立承担民事责任

C. 分公司可以依法独立从事生产经营活动

D. 分公司从事经营活动的民事责任由其总公司承担

2. 甲公司是一家以募集方式设立的股份有限公司，其注册资本为人民币6 000万

元。董事会有7名成员。最大股东李某持有公司12%的股份。根据《公司法》的规定，下列各项中，属于甲公司应当在两个月内召开临时股东大会的情形有(　　)。

A. 董事人数减至4人　　B. 监事陈某提议召开

C. 最大股东李某请求召开　　D. 公司未弥补亏损达人民币1600万元

3. 某股份有限公司股东大会在审议董事会人选时，有下列4人的任职资格受到股东质疑。其中(　　)不属于《公司法》规定不得担任懂事的情形。

A. 张某，5年前因对一起重大工程事故负有责任，被判处有期徒刑1年

B. 李某，两年前被任命为一家长期经营不善、负债累累的国有企业的厂长，上任仅三个月，该企业被宣告破产

C. 陈某，曾独资开办一家工厂，1年前该厂因无力清偿大额债务而倒闭，债权人至今仍在追讨

D. 刘某，66岁，曾任市政府副秘书长，现退休在家

4. 有限责任公司须代表2/3以上表决权的股东通过的事项有(　　)。

A. 增加或者减少注册资本

B. 分立、合并、解散

C. 变更公司形式

D. 修改公司章程

5.《公司法》规定，股份有限公司发生的下列事项中，可以收购本公司股份的是(　　)。

A. 减少本公司注册资本

B. 与持有本公司的股份的其他公司合并

C. 将股份奖励给本公司职工

D. 股东对股东大会做出的公司合并、分立持有异议，要求公司收购其股份的

三、简答题

1. 设立有限责任公司和股份有限公司各自应具备什么条件？

2.《公司法》对一人有限责任公司有哪些特别的规定？

3. 公司在哪些情况下可以解散？

4. 有限责任公司股权转让有哪些规定？

5.《公司法》对董事、监事、经理的任职资格和义务是如何规定的？

四、案例题

1. 甲、乙、丙、丁共同出资设立太平有限责任公司，拟订的公司章程部分内容为：公司除每年召开一次会议外，还可以召开临时会议，临时会议须经代表1/2以上表决权的股东或1/2以上董事提议召开。在申请设立登记时，公司登记机关指出了公司章程中存在的问题，经全体股东协商后予以纠正。

2007年3月，太平公司依法设立，注册资本为3 600万元，其中甲以工业产权作价

出资800万元，乙以现金出资1 200万元，丙、丁各以现金出资800万元。公司成立后，由甲召集和主持了股东会首次会议，设立了董事会。

2007年5月，太平公司董事会发现，甲作为出资的工业产权实际价额仅为600万元，为了使公司注册资本达到3 600万元，公司董事会提出解决方案，即由甲补足其差额200万元，如果甲不能补足差额，则由其他股东按照出资比例分担该差额。

2007年6月，太平公司董事会制订了一个增资方案，方案提出将公司注册资本增到5 000万元，增资方案提交股东表决后，甲、乙、丙同意，丁不同意。股东会通过了增资决议，并授权董事会执行。

2008年1月，太平公司在北京依法设立了北京分公司。北京分公司在经营过程中，因违反合同被诉至法院，原告以太平公司是北京分公司的总公司为由，要求太平公司承担违约责任。

根据以上情况，回答下列问题：

(1)太平公司在设立前拟订的公司章程中有关召开临时股东大会的规定是否符合《公司法》的规定？为什么？

(2)太平公司首次股东会由甲召集和主持是否符合《公司法》的规定？为什么？

(3)太平公司制订的关于甲出资不足的解决方案是否符合《公司法》的规定？为什么？

(4)太平公司股东会做出的增资决议是否符合《公司法》的规定？为什么？

(5)太平公司是否应为北京分公司承担责任？并说明理由。

2. 甲、乙、丙拟共同出资设立一家有限责任公司，并共同制订了公司章程的草案。该公司章程草案有关要点如下：公司注册资本总额为600万元。各方出资数额、出资方式以及缴付出资的时间分别为：甲出资180万元，其中：货币出资70万元、计算机软件作价出资110万元，首次货币出资20万元，其余货币出资和计算机软件出资自公司成立之日起1年内缴足。乙出资150万元，其中：机器设备作价出资100万元、土地使用权出资50万元，自公司成立之日起6个月内一次缴足。丙以货币出资270万元，首次出资90万元，其余出资自公司成立之日起第二年缴付100万元，第3年缴付剩余的80万元。

根据上述内容，回答下列问题：

(1)公司成立前出资人的首次出资总额是否符合《公司法》的有关规定？并说明理由。

(2)公司出资人的货币出资总额是否符合《公司法》的有关规定？并说明理由。

(3)甲以计算机软件和乙以土地使用权作为出资的方式符合《公司法》的有关规定吗？并分别说明理由。

(4)甲、乙、丙分期缴纳出资的时间符合《公司法》的有关规定吗？并分别说明理由。

第5章
外商投资企业法律制度

学习目标

三种外商投资企业的概念和特征；三种外商投资企业的出资以及组织机构的法律规定；三种外商投资企业的特殊法律规定。

生活个案

中国某公司拟与外国某公司共同投资设立中外合资经营企业，双方约定，企业投资总额为1 200万美元，注册资本为520万美元，其中，中方出资360万美元，外方出资160万美元，各方出资自企业营业执照签发之日起6个月一次缴清。中外双方这一约定，是否符合中外合资经营企业法律制度的规定？

5.1 中外合资经营企业法

外商投资企业，是指依照中国的法律规定，经中国政府批准，在中国境内设立的，由中国投资者和外国投资者共同投资或者仅由外国投资者投资的企业。

我国目前外商投资企业的种类主要有：中外合资经营企业、中外合作经营企业、外资企业和中外合资股份有限公司等。

外商投资企业享有的权利主要包括：生产经营计划权、资金筹措使用权、物资采购权、产品销售权、外汇收入使用权、劳动用工管理权、机构设置和人员编制权等。外商投资企业承担的义务主要包括：遵守中国的法律、行政法规，不得损害中国的社会公共利益；履行依法签订的协议、合同、章程；依照中国税法的规定缴纳税款；接受中国政府有关部门的管理和监督等。

5.1.1 中外合资经营企业概述

中外合资经营企业（简称中外合资经营企业）也称股权式中外合资经营企业。它是指我国的公司、企业或其他经济组织和外国公司、企业、其他经济组织或个人，依照我国的法律和行政法规，按照平等互利的原则设在中国境内的中外合资经营企业。

《中外合资经营企业法》是调整中外合资经营企业在设立、变更、终止及经营、管理过程中发生的经济关系的法律规范的总称。

5.1.2 中外合资经营企业的设立条件

依照《中外合资经营企业法》等法律的规定，申请设立的中外合资企业应注重经济效益，符合下列一项和数项的要求：①采用先进技术设备和科学管理方法，能增加产品品种，提高产品质量和产量，节约能源和材料；②有利于企业技术改造，投资少、见效快、收益大；③能扩大产品出口，增加外汇收入；④能培训技术人员和经营管理人员。

申请设立中外合资经营企业有下列情况之一的，不予批准：①有损中国主权的；②违反中国法律的；③不符合中国国民经济发展要求的；④造成环境污染的；⑤签订的协议、合同、章程显失公平，损害合营一方权益的。

5.1.3 中外合资经营企业的注册资本和投资总额

1. 中外合资经营企业的注册资本

中外合资经营企业的注册资本是指为设立中外合资经营企业在登记管理机构注

册的资本总额，应为合营各方认缴的出资额之和。中外合资经营企业的注册资本中，外国合营者的出资比例一般不得低于25%。此外，中外合资经营企业的注册资本应符合《公司法》规定的有限责任公司的注册资本最低限额。

中外合资经营企业在合营期限内，不得减少其注册资本。但因投资总额和生产经营规模等发生变化，确需减少注册资本的，须经审批机关批准。中外合资经营企业增加注册资本应当经合营各方协商一致，并由董事会会议通过，报原审批机关核准。中外合资经营企业增加、减少注册资本，应当修改中外合资经营企业章程，并办理变更注册资本登记手续。

2. 中外合资经营企业的投资总额

中外合资经营企业的投资总额，为按照中外合资经营企业的合同、章程规定的生产规模需要投入的基本建设资金和生产流动资金的总和。由注册资本与借款构成。

中外合资经营企业的注册资本和投资总额之间应当保持一个适当、合理的比例：(1)中外合资经营企业的投资总额在300万美元(含300万美元)以下的，其注册资本至少应占投资总额的7/10；(2)中外合资经营企业的投资总额在300万美元以上至1 000万美元(含1 000万美元)的，其注册资本至少应占投资总额的1/2，其中投资总额在420万美元以下的，注册资本不得低于210万美元；(3)中外合资经营企业的投资总额在1 000万美元以上至3 000万美元(含3 000万美元)的，其注册资本至少应占投资总额的2/5，其中投资总额在1 250万美元以下的，注册资本不得低于500万美元；(4)中外合资经营企业的投资总额在3 000万美元以上的，其注册资本至少应占投资总额的1/3，其中投资总额在3 600万美元以下的，注册资本不得低于1 200万美元。

3. 注册资本中出资额的转让

中外合资经营企业出资额的转让，是指在中外合资经营企业中合营一方将其全部或部分出资额转让给中外合资经营企业另一方或第三方。

合营一方向第三方转让其全部或者部分出资时，须经合营他方同意，并报审批机关批准，向登记管理机构办理变更登记手续。合营一方转让其全部或者部分出资时，合营他方有优先购买权。

5.1.4　中外合资经营企业合营各方的出资方式、出资期限

1. 中外合资经营企业合营各方的出资方式

中外合资经营企业合营各方可以用货币出资，也可以用建筑物、厂房、机器设备或者其他物料、工业产权、专有技术、场地使用权等作价出资。

外国合营者以货币出资时，只能以外币缴付出资，不能以人民币缴付出资。

作为外国合营者出资的机器设备或者其他物料，应当是中外合资经营企业生产所必需的且出资的机器设备或者其他物料的作价，不得高于同类机器设备或者其他物料

当时的国际市场价格。

作为外国合营者出资的工业产权或专有技术，必须符合下列条件之一：(1)能显著改进现有产品的性能、质量，提高生产效率的。(2)能显著节约原材料、燃料、动力的。

中国合营者可以用为中外合资经营企业经营期间提供的场地使用权作为出资，其作价金额应当与取得同类场地使用权所应缴纳的使用费相同。

合营各方按照合营合同的规定向中外合资经营企业认缴的出资，必须是合营者自己所有的现金、自己所有并且未设立任何担保物权的建筑物、厂房、机器设备或者其他物料、工业产权、专有技术等。

中外合资经营企业任何一方不得用以中外合资经营企业名义取得的贷款、租赁的设备或者其他财产以及合营者以外的他人财产作为自己的出资，也不得以中外合资经营企业的财产和权益或者合营他方的财产和权益为其出资担保。

2. 中外合资经营企业合营各方的出资期限

合营各方应当在合营合同中订明出资期限，并且应当按照合营合同规定的期限缴清各自的出资。合营合同规定一次缴清出资的，合营各方应当自营业执照签发之日起6个月内缴清；合营合同规定分期缴付出资的，合营各方的第一期出资，不得低于各自认缴出资额的15%，并且应当在营业执照签发之日起3个月内缴清。

通过收购国内企业资产或股权设立中外合资经营企业的外国投资者，应自中外合资经营企业营业执照颁发之日起3个月内支付全部购买金。对特殊情况需要延长支付者，经审批机关批准后，应自营业执照颁发之日起6个月内支付购买总金额的60%以上，在1年内付清全部购买金，并按实际缴付的出资额的比例分配收益。控股投资者在付清全部购买金之前，不能取得企业决策权，不得将其在企业中的权益、资产以合并报表的方式纳入该投资者的财务报表。

中外合资经营企业合同经审批后，如确因特殊情况需要超过合同规定的缴资期限延期缴资的，应报原审批机关批准和登记机关备案，并办理相关手续。中外合资经营企业的投资者均须按合同规定的比例和期限同步缴付认缴的出资额。因特殊情况不能同步缴付的，应报原审批机关批准，并按实际缴付的出资额比例分配收益。对中外合资经营企业中控股的投资者，在其实际缴付的出资额未达到其认缴的全部出资额之前，不能取得企业决策权，不得将其在企业中的权益、资产以合并报表的方式纳入该投资者的财务报表。

【案例 5-1】 某中外合资企业合同约定：企业注册资本为1 000万美元，投资总额为4 000万美元，其外国合营者的出资为100万美元。合营双方的出资在公司领取营业执照后7个月内一次缴清，中外合资经营企业的利润按合同约定的比例进行分配。这一合同中存在以下问题：

(1)合营合同约定的投资总额与注册资本的比例不符合法律规定。我国法律规定，中外合资经营企业的投资总额在3 000万美元以上的，其注册资本至少应占投资总额的 1/3。而该合同中注册资本只占投资总额的 1/4。

(2)外国合营者的出资额低于法定限额。我国法律规定,外国合营者的投资比例一般不得低于注册资本的 25%,本合同中外方投资额只占注册资本的 10%。

(3)关于缴清出资的约定不合法,我国法律规定,中外合资经营企业一次缴清出资的,合营各方应在营业执照签发之日起 6 个月内缴清。而本合同是 7 个月。

(4)合同中规定的利润分配方式不合法。中外中外合资经营企业是股权式中外合资经营企业,按出资比例分享利润而合同中关于按合同约定比例分配利润的规定不合法。

5.1.5　中外合资经营企业的组织形式和组织机构

中外合资经营企业的组织形式为有限责任公司。合营各方应以自己认缴的出资额为限对中外合资经营企业的债务承担责任,中外合资经营企业以全部资产对自身经营活动的后果承担责任。中外合资经营企业作为一种特殊的有限责任公司,虽然与一般的有限责任公司有所区别,但是《公司法》的一般性原则对中外合资经营企业也是适用的。中外合资经营企业的组织机构有其特点,具体安排如下。

1. 董事会

中外合资经营企业的董事会是中外合资经营企业的最高权力机构,决定中外合资经营企业的一切重大问题。董事会由董事长、副董事长及董事组成。董事会成员不得少于 3 人。中外合营者的一方担任董事长的,由他方担任副董事长。董事长是中外合资经营企业的法定代表人。董事由合营各方按照分配的名额委派和撤换。董事任期 4 年,任期届满可以连任。

董事会的职权包括:审议企业发展规划、生产经营活动方案、收支预算、利润分配、劳动工资计划、停业,以及总经理、副总经理、总工程师、总会计师、审计师的任命或聘请及其职权和待遇等。

下列事项由出席董事会会议的董事一致通过,方可作出决议:(1)中外合资经营企业章程的修改;(2)中外合资经营企业的中止、解散;(3)中外合资经营企业注册资本的增加、减少;(4)中外合资经营企业的合并、分立。

2. 中外合资经营企业经营管理机构

中外合资经营企业设经营管理机构,负责企业的日常经营管理工作。经营管理机构设总经理 1 人,副总经理若干人,正副总经理由合营各方分别担任。副总经理协助总经理工作。总经理、副总经理由中外合资经营企业董事会聘请,可以由中国公民担任,也可以由外国公民担任。经董事会聘请,董事长、副董事长、董事可以兼任中外合资经营企业的总经理、副总经理或者其他高级管理职务。总经理处理重要问题时应当同副总经理协商。

总经理执行董事会会议的各项决议，组织领导中外合资经营企业的日常经营管理工作。在董事会授权范围内，总经理对外代表中外合资经营企业，对内任免下属人员，行使董事会授予的其他职权。

总经理或副总经理不得兼任其他经济组织的总经理或者副总经理，不得参与其他经济组织对本企业的商业竞争。总经理、副总经理及其他高级管理人员有营私舞弊或者严重失职行为的，经董事会决议可以随时解聘。

5.1.6 中外合资经营企业的合营期限、解散和清算

1. 中外合资经营企业的合营期限

中外合资经营企业如属于国家法律、法规规定需要约定合营期限的行业，合营各方应当在合营合同中约定中外合资经营企业的合营期限。其他行业的合营各方可以在合营合同中约定合营期限，也可以不约定合营期限。

约定合营期限的中外合资经营企业，合营各方同意延长合营期限的，应当在距合营期限届满6个月前向审批机关提出申请。审批机关应当在收到申请之日起1个月内决定批准或者不批准。经批准，中外合资经营企业可以延长合营期限。

2. 中外合资经营企业的解散

中外合资经营企业出现解散事由时，应当依法予以解散。法律规定的具体的解散事由如下：①合营期限届满；②企业发生严重亏损，无力继续经营；③合营一方不履行中外合资经营企业协议、合同、章程规定的义务，致使企业无法继续经营；④因自然灾害、战争等不可抗力遭受严重损失，无法继续经营；⑤中外合资经营企业未达到其经营目的，同时又无发展前途；⑥中外合资经营企业合同、章程所规定的其他解散原因已经出现。

3. 中外合资经营企业的清算

中外合资经营企业宣告解散时，应当进行清算。中外合资经营企业的清算由清算委员会负责。

清算委员会的成员应当在中外合资经营企业的董事中选任。董事不能担任或者不适合担任清算委员会成员时，中外合资经营企业可以聘请中国的注册会计师、律师担任。清算委员会行使法律规定的各项职权。

中外合资经营企业以其全部资产对其债务承担责任。中外合资经营企业清偿债务后的剩余财产按照合营各方的出资比例进行分配，但中外合资经营企业协议、合同、章程另有规定的除外。中外合资经营企业解散时，其资产净额或者剩余财产减除企业未分配利润、各项基金和清算费用后的余额，超过实缴资本的部分为清算所得，应当依法缴纳所得税。

中外合资经营企业的清算工作结束后，由清算委员会向登记管理机关办理注销登

记手续，注销营业执照。

5.2 中外合作经营企业法

5.2.1 中外合作经营企业概述

中外合作经营企业（简称合作企业）亦称契约式企业。它是中国的公司、企业和其他经济组织同外国公司、企业和其他经济组织或者个人，按照平等互利的原则，依照中国的法律和行政法规，以合同预定合作条件，经国家有关机关批准，在中国境内设立的经济组织。

《中外合作经营企业法》是调整中外合作经营企业在设立、变更、终止及经营、管理过程中发生的经济关系的法律规范的总称。

5.2.2 中外合作经营企业的设立条件

设立中外合作经营企业（以下简称合作企业），应当符合国家的发展政策和产业政策，遵守国家关于指导外商投资方向的规定。国家鼓励举办的合作企业是产品出口的生产型合作企业和技术先进的生产型合作企业。

5.2.3 中外合作经营企业的注册资本与投资、合作条件

1. 合作企业的注册资本

合作企业的注册资本是指为设立合作企业在工商行政管理机关登记的、合作各方认缴的出资额之和。合作企业的注册资本在合作期限内不得减少，但因投资总额和生产经营规模等变化，确需减少的，须经审查批准机关批准。

合作企业的投资总额为按照合作企业合同、章程规定的生产经营规模需要投入的资金总和。合作企业的注册资本与投资总额的比例，参照中外合资经营企业注册资本与投资总额比例的有关规定执行。

2. 合作企业的投资、合作条件

（1）合作各方的出资方式

合作各方向合作企业投资或者提供合作条件的方式可以是货币，也可以是实物或者工业产权、专有技术、土地使用权等财产权利。合作各方应当以其自有的财产或者财产权利作为投资或者提供合作条件，并对该投资或者提供的合作条件不得设置抵押或者其他形式的担保。

(2)合作各方的出资比例

在依法取得中国法人资格的合作企业中,外国合作者的投资比例一般不低于合作企业注册资本的25%。在不具有法人资格的合作企业中,对合作各方向合作企业投资或者提供合作条件的具体要求,由国务院对外经济贸易主管部门确定。

(3)合作各方的出资期限

合作各方应当依照有关法律、行政法规的规定,在合作企业合同中约定合作各方向合作企业投资或者提供合作条件的期限。未按照合作企业合同约定缴纳投资或者提供合作条件的一方,应当向已缴纳投资或者提供合作条件的他方承担违约责任。

(4)合作各方的出资转让

合作各方之间相互转让或者合作一方向合作他方以外的他人转让属于其在合作企业合同中全部或者部分权利的,须经合作他方书面同意,并报审查批准机关批准。

5.2.4 合作企业的组织形式和组织机构

1. 合作企业的组织形式

具有法人资格的合作企业,其组织形式为有限责任公司;不具有法人资格的合作企业,合作各方的关系是一种合伙关系。

2. 合作企业的组织机构

具备法人资格的合作企业,一般设立董事会;不具备法人资格的合作企业,一般设立联合管理委员会。董事会或者联合管理委员会是合作企业的权力机构,按照合作企业章程的规定,决定合作企业的重大问题。

董事会或者联合管理委员会的成员不得少于3人,其名额的分配由中外合作者参照各自的投资或者提供的合作条件协商确定。董事会或者联合管理委员会成员由合作各方自行委派或者撤换。中外合作者一方担任董事长、主任的,副董事长、副主任由他方担任。董事长或者主任是合作企业的法定代表人。董事或者委员每届任期不得超过3年,任期届满可以连任。

下列事项由出席董事会会议或者联合管理委员会会议的董事或者委员一致通过,方可做出决议:(1)合作企业章程的修改;(2)合作企业注册资本的增加或者减少;(3)合作企业的资产抵押;(4)合作企业的解散;(5)合作企业合并、分立和变更组织形式;(6)合作各方约定由董事会会议或者联合管理委员会会议一致通过方可作出决议的其他事项。

合作企业设总经理1人,负责合作企业日常经营管理工作,对董事会或者联合管理委员会负责。

合作企业成立后,经合作各方一致同意,可以委托合作一方进行经营管理,另一方不参加管理;也可以委托合作各方以外的第三人经营管理。

5.2.5 合作企业的经营管理

1. 合作企业的收益分配

合作企业的中外合作者可以在合作企业合同中约定采用分配利润、分配产品或者其他方式分配收益。合作企业各方约定采用分配产品或者其他方式分配收益的，应当按照中国税法的有关规定，计算应纳税额。

2. 合作企业外国合作者先行回收投资

中外合作者在合作企业合同中约定合作期限届满时，合作企业的全部固定资产无偿归中国合作者所有的，外国合作者在合作期限内可以申请先行回收其投资。

外国合作者在合作期限内先行回收投资，应符合下列条件：(1)中外合作者在合作企业合同中约定合作期满时，合作企业的全部固定资产无偿归中国合作者所有。(2)对于税前回收投资的，必须向财政税务机关提出申请，并由财政税务机关依法审查批准。(3)中外合作者应当依照有关法律的规定和合作企业合同的约定，对合作企业的债务承担责任。(4)外国合作者提出先行回收投资的申请，应当具体说明先行回收投资的总额、期限和方式，经财政税务机关审查同意后，报审查批准机关审批。(5)外国合作者应当在合作企业的亏损弥补之后，才能先行回收投资。

5.2.6 合作企业的合作期限、解散和清算

1. 合作企业的合作期限

合作企业的合作期限由中外合作者协商，在合作企业合同中订明。

合作期限届满，合作各方协商同意要求延长合作期限的，应当在距合作期限届满的180日前向审查批准机关提出申请。审查批准机关应当自接到申请之日起30日内，决定批准或者不批准。经批准，合作企业可以延长合作期限。

合作企业合同约定外国合作者先行回收投资的，并且投资已经回收完毕的，合作企业期限届满不再延长。但外国合作者增加投资的，经合作各方协商同意，可以依照有关法律规定向审查批准机关申请延长合作期限。

2. 合作企业的解散

合作企业出现解散事由时，应当依法予以解散。合作企业解散的原因主要有如下几项：(1)合作期限届满；(2)合作企业发生严重亏损，或者因不可抗力遭受严重损失，无力继续经营；(3)中外合作者一方或者数方不履行企业合同、章程规定的义务致使合作企业无法继续经营；(4)合作企业合同、章程中规定的其他解散原因已经出现；(5)合作企业违反法律、行政法规，被依法责令关闭。

3. 合作企业的清算

合作企业期满或者提前终止时，应当依照法定程序对资产和债权、债务进行清算。中外合作者应当依照合作企业合同的约定确定合作企业财产的归属。

5.3 外资企业法

5.3.1 外资企业概述

外资企业又称外商独资企业，是指依照我国法律规定，在我国境内设立的全部资本由外商投资者投资举办的企业。外资企业不包括外国企业或者其他经济组织在我国境内设立的分支机构。

《外资企业法》是调整外资企业在设立、变更、终止及经营、管理过程中发生的经济关系的法律规范的总称。

5.3.2 外资企业的设立条件

设立外资企业，必须有利于中国国民经济的发展，能够取得显著的经济效益。

申请设立外资企业，有下列情况之一的，不予批准：(1)有损中国主权或者社会公共利益的；(2)危及中国国家安全的；(3)违反中国法律、法规的；(4)不符合中国国民经济发展要求的；(5)可能造成环境污染的。

5.3.3 外资企业的注册资本与外国投资者的出资

1. 外资企业的注册资本

外资企业的注册资本为外国投资者认缴的全部出资额。外资企业的注册资本与投资总额的比例参照中外合资经营企业的有关规定执行。

外资企业在经营期限内不得减少其注册资本，但因投资总额和生产经营规模等发生变化，确需减少注册资本的，须经审批机关批准。外资企业注册资本的增加、转让，须经审批机关批准，并向工商行政管理机关办理变更登记手续。外资企业将其财产或者权益对外抵押、转让，须经审批机关批准，并向工商行政管理机关备案。

2. 外国投资者的出资

(1)外国投资者的出资方式。外国投资者可以用可自由兑换的外币出资，也可以用机器设备、工业产权、专有技术等作价出资。经审批机关批准，外国投资者也可以用其从中国境内兴办的其他外商投资企业获得的人民币利润出资。

外国投资者以机器设备作价出资的，该机器设备必须符合下列要求：外资企业生产所必需的；作价不得高于同类机器设备当时的国际市场正常价格。

外国投资者以工业产权、专有技术作价出资时，该工业产权、专有技术必须符合下列要求：外国投资者自己所有的，该工业产权、专有技术的作价应当与国际上通常的作价原则相一致，其作价金额不得超过外资企业注册资本的20%。

(2)外国投资者的出资期限。外国投资者缴付出资的期限应当在设立外资企业申请书和外资企业章程中载明。外国投资者可以分期缴付出资，但最后一期出资应当在营业执照签发之日起3年内缴清。其中第一期出资不得少于外国投资者认缴的出资额的15%，并应当在外资企业营业执照签发之日起90日内缴清。

外国投资者未依法缴付各期出资的，外资企业批准证书自动失效。

5.3.4 外资企业的组织形式、组织机构

1.外资企业的组织形式

外资企业的组织形式为有限责任公司，经批准也可以为其他责任形式。外资企业为有限责任公司的，外国投资者对企业的责任以其认缴的出资额为限承担责任；为其他责任形式的，投资者对企业应负的责任适用我国有关法律、法规的规定。

2.外资企业的组织机构

外资企业的组织机构可以由外国投资者自行设置。

外资企业应根据其组织形式设立董事会并推选出董事长。董事长是企业的法定代表人。

5.3.5 外资企业的经营期限、终止和清算

1.外资企业的经营期限

外资企业的经营期限，由外国投资者在设立外资企业的申请书中拟订，经审批机关批准。

外资企业经营期限届满需要延长经营期限的，应当在距经营期届满180日前向审批机关报送延长经营期限的申请书，审批机关应当在收到申请书之日起30日内决定批准或者不批准。经批准，外资企业可以延长经营期限。

2.外资企业的终止

外资企业出现解散事由时，应当依法予以终止。终止的具体事由如下：(1)经营期间届满；(2)经营不善，严重亏损，外国投资者决定解散；(3)因自然灾害、战争等不可抗力而遭受严重损失，无法继续经营；(4)破产；(5)违反中国法律、法规，危害社会公共利益依法撤销；(6)外资企业章程规定的其他解散事由已经出现。

3. 外资企业的清算

外资企业宣告终止时，应当进行清算。外资企业的清算应由外资企业提出清算程序、原则和清算委员会人选，报审批机关审核后进行清算。清算委员会应由外资企业的法定代表人、债权人代表及有关主管机关的代表组成，并聘请中国的注册会计师、律师等参加。外资企业在清算结束前，外国投资者不得将该企业的资金汇出或携出中国，不得自行处理企业的财产。在清算结束后，外资企业破产净额和剩余财产超过注册资本的部分视同利润，应依照中国税法规定缴纳所得税，并应向工商行政管理机关办理注销登记手续。

本章小结

本章主要介绍了中外合资企业法、中外合作经营企业法、外资企业法的主要内容。中外合资经营企业法律制度包括合资经营企业设立、注册资本与投资总额、合营各方的出资方式和出资期限、出资额的转让、组织形式和组织机构以及合营期限、解散和清算等内容。中外合作经营企业法律制度包括中外合作经营企业的设立、注册资本、投资与合作条件、组织形式和组织机构、经营管理以及合作企业的合作期限、解散和清算等内容。外资企业法律制度包括外资企业的设立、注册资本、外国投资者的出资、组织形式和组织机构以及经营期限、终止和清算等内容。

习　题

一、单项选择题

1. 某外国投资者协议购买境内公司股东的股权，将境内公司变更为外商投资企业，该外商投资企业的注册资本为700万美元。根据外国投资者并购境内企业的有关规定，该外商投资企业的投资总额的上限是(　　)。

A. 1 000万美元　B. 1 400万美元　C. 1 750万美元　D. 2 100万美元

2. 某外商投资企业由外国投资者并购境内企业设立，注册资本600万美元，其中外国投资者以现金出资120万美元。下列有关该外国投资者出资期限的表述中，符合外国投资者并购境内企业有关规定的是(　　)。

A. 外国投资者应自外商投资企业营业执照颁发之日起3个月内缴清出资

B. 外国投资者应自外商投资企业营业执照颁发之日起6个月内缴清出资

C. 外国投资者应自外商投资企业营业执照颁发之日起9个月内缴清出资

D. 外国投资者应自外商投资企业营业执照颁发之日起1年内缴清出资

3. 某中外合资经营企业的投资总额为1 200万美元，根据中外合资经营企业法律制度的规定，该中外合资经营企业的注册资本不得低于(　　)万美元。

A. 500　　B. 480　　C. 450　　D. 400

4. 国内企业甲与外国投资者乙共同投资举办中外合资经营企业丙，其中甲出资

60%，乙出资40%。投资总额为400万美元。根据中外合资经营企业法律制度的规定，下列有关甲乙出资额的表述中，正确的是（　　）。

A. 甲至少应出资240万美元，乙至少应出资160万美元

B. 甲至少应出资126万美元，乙至少应出资84万美元

C. 甲至少应出资120万美元，乙至少应出资80万美元

D. 甲至少应出资168万美元，乙至少应出资112万美元

二、多项选择题

1 外国甲公司收购境内乙公司部分资产，并以该资产作为出资与境内丙公司于2000年3月1日成立了一家中外合资经营企业。甲公司收购乙公司部分资产的价款为120万美元。甲公司向乙公司支付价款的下列方式中，不符合外商投资企业法律制度规定的有（　　）。

A. 甲公司于2000年5月30日向乙公司一次支付120万美元

B. 甲公司于2000年5月30日向乙公司支付60万美元，2001年2月28日支付60万美元

C. 甲公司于2001年2月28日向乙公司一次支付120万美元

D. 甲公司于2000年8月30日向乙公司支付80万美元，2001年8月30日支付40万美元

2. 根据外商投资企业法律制度的规定，下列各项中，属于合营企业董事会职权的有（　　）。

A. 决定是否同意合营一方将其部分出资额转让给第三者

B. 决定是否解聘合营企业总经理

C. 决定合营企业发展规划

D. 决定合营企业的分立方案

3 根据外商投资企业法律制度的规定，中外合作经营企业发生的下列事项中，应由董事会（或者联合管理委员会）出席会议的董事（或者委员）一致通过的有（　　）。

A. 企业章程的修改　　B. 资产抵押

C. 注册资本的增减　　D. 企业的合并

4. 根据外商投资企业法律制度的规定，下列关于中外合资经营企业（下称合营企业）与中外合作经营企业（下称合作企业）区别的正确表述有（　　）。

A. 合营企业外方投资比例不得低于注册资本的25%，而合作企业外方投资比例没有限制

B. 合营企业按照出资比例分配收益，而合作企业按照合同约定分配收益

C. 合营企业必须是依法取得法人资格的企业，而合作企业可以不具备法人资格

D. 合营企业在经营期间外方不得先行回收投资，而合作企业在经营期间外方在一定条件下可以先行回收投资

三、简答题

1. 中外合资经营企业和中外合作经营企业有哪些区别？

2. 外国法律对合营企业注册资本是如何规定的？

3. 中外合作经营企业收益分配有什么特殊性？

四、案例题

1. 某纺织机械公司系一家大型国有企业，其生产的A型机床是国内驰名产品，为打开国际市场，2008年7月与加拿大MP公司洽谈，准备与之建立一个中外合作经营企业。在合作合同中，双方达成了如下主要意向：

(1)中外合作企业设立董事会，中方担任董事长，外方担任副董事长。董事会每届任期四年，董事会和董事均不得连任。(2)合作企业投资的注册资本为50万美元，中方投资40万美元，外方投资10万美元，自营业执照核发之日起一年半内，应将资本全部缴齐。(3)合作企业的合作期限为12年，合作期满时，合作企业的全部固定资产无偿归中国合作者所有，外国合作者依法可以在合作期限内先行回收投资。

请问上述双方的约定是否合法？为什么？

第 6 章
企业破产制度

学习目标

破产申请及受理；破产管理人的职权；破产财产的范围；破产费用和共益债务；债权申报；债权人会议的组成；重整和和解；破产宣告程序和破产清算活动。

生活个案

某国有企业被人民法院依法宣告破产。5 月 5 日，管理人查明：该企业在宣告破产时经营管理的全部财产价值为 250 万元，其中已作为银行贷款等值担保物的财产价值为 60 万元。债权人甲的破产债权为 56 万元，其他债权人的破产债权合计为 110 万元。由于管理人决定解除该企业与乙所签订的一份合同，给乙造成了 84 万元的经济损失。该企业欠发职工工资 55 万元，欠交税金 35 万元。5 月 10 日，管理人查明：在人民法院受理该财产破产案件前 3 个月内，该企业无偿转让作价为 80 万元的财产，于是向人民法院申请予以撤销，追回财产。5 月 25 日，该财产已全部追回。该企业破产费用共计 30 万元，计算甲能获得清偿的数额。

6.1 破产和破产法概述

6.1.1 破产的概念

破产是指企业法人不能清偿到期债务，并且资产不足以清偿全部债务或者明显缺乏偿债能力的情况下，由法院主持强制执行其全部财产，公平清偿全体债权人的法律制度。破产是一种法律规定的债务清偿的特殊手段，其目的在于通过破产程序使全体债权人获得公平受偿、保护债权人的合法权益。

破产有如下特征：①破产是一种以债务人主体消亡为后果的特殊偿债手段。②破产是债务人对所有债权人最为公平的偿债手段。③破产是在债务人对债权人已到期的债务不能清偿时适用的偿债手段。④破产是在法院主持下依司法程序进行的偿债手段。

6.1.2 破产法

破产法是规定在债务人不能清偿到期债务或负债超过资产时，由法院宣告其破产，并主持对其全部财产强制进行清偿分配，公平清偿全体债权人，或由债务人与债权人会议达成和解协议、进行企业重整，避免企业破产的法律规范的总称。当前我国法院处理一般破产案件的主要规范是2006年8月27日公布的《企业破产法》。除此之外，还存在一些关于破产的特别规定。如《商业银行法》第71条的规定和1994年到1997年国务院及其所属部门陆续发布的一些城市国有企业破产的规定，在破产法之外建立了一套特殊的规范。

6.2 破产申请的提出和受理

6.2.1 破产界限

破产界限是指法院据以宣告债务人破产的法律标准，也称破产原因。《企业破产法》规定：企业法人不能清偿到期债务，并且资产不足以清偿全部债务或者明显缺乏清偿能力的，依照本法规定清理债务。根据该规定，破产界限有两个可供选择的原因：一是企业法人不能清偿到期债务，并且资产不足以清偿全部债务；二是企业法人不能清偿到期债务，并且明显缺乏偿债能力。可见，破产的实质标准是不能清偿到期债务。

对不能清偿的理解是：①债务人丧失清偿能力，不能以破产、信用或能力等任何方法清偿债务；②债务人不能清偿的是已到期、债权人提出偿还要求的债务；③债务人对全部或者主要债务长期连续不能清偿。

6.2.2 破产申请

1.破产申请主体

破产申请的主体包括：债权人、债务人和依法负有清算责任的人。《企业破产法》规定了债务人有重整、和解或者破产清算申请权，目的在于让债务人主动通过破产程序解决纠纷，甚至摆脱困境；规定了债权人有重整或者破产清算的申请权，目的在于保护债权人利益。同时法律规定：在企业法人已解散但未清算或者未清算完毕且资产不足以清偿债务的情况下，负有清算责任的人有向人民法院申请破产清算的义务。

2.破产案件的管辖

破产申请应向对破产案件有管辖权的人民法院提出。破产案件由债务人住所地人民法院管辖。债务人住所地是指债务人的主要办事机构所在地，债务人主要办事机构不明确的，由其注册地人民法院管辖。基层人民法院一般管辖县、县级市或者区的工商行政管理机关核准登记的企业的破产案件；中级人民法院一般管辖地区、设区的市（含本市）以上工商行政管理机关核准登记的企业破产案件；纳入国家计划调整的企业破产案件，由中级以上人民法院管辖。另外，案件的移送管辖和指定管辖等情况，可依照民事诉讼法的有关规定办理。

3.破产申请的形式

破产申请应当以书面形式作出。向人民法院提出破产申请，应当提交破产申请书和有关证据。破产申请书应当载明下列事项：①申请人、被申请人的基本情况；②申请目的；③申请的事实和理由；④人民法院认为应当载明的其他事项。债务人提出申请的，还应当向人民法院提交财产状况说明、债务清册、债权清册、有关财务会计报告、职工安置预案以及职工工资的支付和社会保险费用的缴纳情况等。

6.2.3 破产受理

1.对破产申请的审查和裁定

债权人提出破产申请的，人民法院应当自收到申请之日起5日内通知债务人。债务人对申请有异议的，应当自收到人民法院的通知之日起7日内向人民法院提出。人民法院应当自异议期满之日起10日内裁定是否受理。债务人或者清算企业提出破产申请的，人民法院应当自收到破产申请之日起15日内裁定是否受理。有特殊情况需要延长裁定受理期限的，经上一级人民法院批准，可以延长15日。

人民法院受理破产申请的，应当自裁定做出之日起5日内送达申请人。债权人提出申请的，人民法院应当自裁定做出之日起5日内送达债务人。债务人应当自裁定送达之日起15日内，向人民法院提交财产状况说明、债务清册、债权清册、有关财务会计报告以及职工工资的支付和社会保险费用的缴纳情况。人民法院裁定不受理破产申请的，应当自裁定作出之日起5日内送达申请人并说明理由。申请人对裁定不服的，可以自裁定送达之日起10日内向上一级人民法院提起上诉。

人民法院受理破产申请后至破产宣告前，经审查发现债务人没有达到破产法所规定的破产界限的，可以裁定驳回申请。申请人对裁定不服的，可以自裁定送达之日起10日内向上一级人民法院提起上诉。

2. 人民法院进行通知和公告

人民法院裁定受理破产申请的，应当同时指定管理人。人民法院应当自裁定受理破产申请之日起25日内通知已知债权人，并予以公告。通知和公告应当载明下列事项：(1)申请人、被申请人的名称或者姓名；(2)人民法院受理破产申请的时间；(3)申报债权的期限、地点和注意事项；(4)管理人的名称或者姓名及其处理事务的地址；(5)债务人的债务人或者财产持有人应当向管理人清偿债务或者交付财产；(6)第一次债权人会议召开的时间和地点；(7)人民法院认为应当通知和公告的其他事项。

3. 破产案件受理的效力

(1)人民法院受理破产申请后，债务人对个别债权人的债务清偿无效。

(2)人民法院受理破产申请后，债务人的债务人或者财产持有人应当向管理人清偿债务或者交付财产。否则，使债权人受到损失的，不免除其清偿债务或者交付财产的义务。

(3)人民法院受理破产申请后，管理人对破产申请受理前成立而债务人和对方当事人均未履行完毕的合同有权决定解除或者继续履行，并通知对方当事人。管理人自破产申请受理之日起两个月内未通知对方当事人，或者自收到对方当事人催告之日起30日内未答复的，视为解除合同。

(4)人民法院受理破产申请后，有关债务人财产的保全措施应当解除，执行程序应当中止。

(5)人民法院受理破产申请后，已经开始而尚未终结的有关债务人的民事诉讼或者仲裁应当中止；在管理人接管债务人的财产后，该诉讼或者仲裁继续进行。

(6)人民法院受理破产申请后，有关债务人的民事诉讼，只能向受理破产申请的人民法院提起。

6.3　破产管理人和债务人财产

6.3.1　破产管理人

1. 破产管理人的设立

破产管理人，是人民法院依法受理破产申请的同时指定的全面接管破产企业并负责破产财产的保管、清算、估价、处理和分配，总管破产管理事务的人。人民法院应当在裁定受理破产申请的同时，指定破产管理人。债权人会议认为管理人不能依法履行职务或者其他不能胜任的情形的，可以申请人民法院予以更换。管理人辞去职务应当经人民法院许可。管理人的报酬由人民法院确定。债权人会议对管理人的报酬有异议的，有权向人民法院提出，由人民法院决定是否需要对管理人的报酬进行调整。管理人应具有破产管理、清算的专业知识，并能够独立承担法律责任。

我国《企业破产法》规定：管理人可以由有关部门、机构的人员组成的清算组或者依法设立的律师事务所、会计师事务所、破产清算事务所等社会中介机构担任。有下列情形之一的，不得担任管理人：因故意犯罪受过刑事处罚；曾被吊销相关专业执业证书；与本案有利害关系；人民法院认为不宜担任管理人的其他情形。个人担任管理人的，应当参加执业责任保险。

2. 破产管理人的职责

管理人应当勤勉尽责，忠实执行职务。管理人履行下列职责：①接管债务人的财产、印章和账簿、文书等资料；②调查债务人财产状况，制作财产状况报告；③决定债务人的内部管理事务；④决定债务人的日常开支和其他必要开支；⑤在第一次债权人会议召开之前，决定继续或者停止债务人的营业；⑥管理和处分债务人的财产；⑦代表债务人参加诉讼、仲裁或者其他法律程序；⑧提议召开债权人会议；⑨人民法院认为管理人应当履行的其他职责。

管理人未尽忠实义务的，人民法院可以依法处以罚款；给债权人造成损害的，依法承担赔偿责任。

6.3.2　债务人财产

1. 债务人财产的概念和范围

债务人财产是指破产申请受理时属于债务人的全部财产，以及破产申请受理后至破产程序终结前债务人取得的财产。债务人财产在破产宣告后成为破产财产。

以人民法院受理破产申请为标准，债务人财产划分为两个部分：(1)破产申请时属于债务人的全部财产。具体包括动产、不动产、财产权利。其中动产主要有债务人的货币、机器设备、办公用品、原材料、尚未出售的产品或商品、交通工具;不动产主要有房屋、构筑物及林木等;财产权利主要是指土地使用权、债权、知识产权、票据权利、股权、物权等。(2)破产申请受理后至破产程序终结前债务人取得的财产,包括动产、不动产、财产权利。人民法院受理破产申请后,债务人的财产即由管理人接管,管理人可以决定是否继续营业、接受第三人的交付和给付等。在破产申请受理后到破产程序终结前,债务人财产仍然处于变化状态,如果在这期间因继续经营或者因第三方交付财产而取得财产,仍应属于债务人财产。

2. 撤销权

撤销权是指债务人实施的减少其财产的行为危及债权人债权时,管理人可以请求人民法院撤销该行为的权利。撤销权制度的目的是恢复债务人财产,最大限度地确保债权人债权的实现。

《企业破产法》规定了可以撤销的行为。人民法院受理破产申请前 1 年内,涉及债务人财产的下列行为,管理人有权请求人民法院予以撤销:(1)无偿转让财产的;(2)以明显不合理的价格进行交易的;(3)对没有财产担保的债务提供财产担保的;(4)对未到期的债务提前清偿的;(5)放弃债权的。此外,《企业破产法》规定,人民法院受理破产申请前 6 个月内,债务人有不能清偿到期债务,并且资产不足以清偿全部债务或者明显缺乏清偿能力,仍对个别债权人进行清偿的,管理人有权请求人民法院予以撤销。但是,个别清偿使债务人财产受益的除外。可见,债务人进行个别清偿,损害其他多数债权人的利益,因此,为了公平清偿债权债务,保护所有债权人利益,对于个别清偿行为应予以撤销。

撤销权必须由管理人行使。在人民法院受理破产申请后,管理人即全面接管破产企业并负责破产财产的保管、清理、估价、处理和分配,总管破产事务。因此应由管理人向人民法院请求撤销债务人的不当行为,其他任何人不能行使这一权利。可撤销行为必须发生在人民法院受理破产申请前 1 年内,超过 1 年的,债务人有上述行为,也不属于可撤销行为。经管理人的请求被人民法院撤销的行为即归于消灭。据此取得的财产,管理人有权予以追回。对于已领受债务人财产的行为,应负有返还财产的义务,原物不存在的,应折价赔偿。

【案例 6-1】 甲公司因经营管理不善,不能清偿到期债务,某年 10 月 20 日被其债权人乙公司申请破产,人民法院于同年 10 月 28 日裁定受理该破产申请,在破产程序进行中,乙公司向管理人提供,甲公司在上一年度 8 月放弃拥有的对其控股公司丙的 20 万元债权,那么管理人不能请求人民法院撤销甲公司放弃 20 万元债权的行为。因为法律规定,可撤销行为必须发生在人民法院受理破产申请前 1 年内。但是甲公司放弃债权的行为发生在法院受理破产申请前 1 年之外,因此法院不能撤销该行为,20 万元债权无法追回。

3. 债务人的无效行为

无效行为是指行为人的行为因不具备法律规定的有效条件而没有法律效力。无效行为自始无效,即行为从实施时起就没有法律效力。因无效行为取得的财产,应当通过返还财产、赔偿损失等方式使行为人的财产恢复到行为之前的状态。《破产法》规定,涉及债务人财产的下列行为无效:(1)为逃避债务而隐匿、转移财产的。隐匿财产主要是指债务人为了逃避债务,故意将债务人的财产隐匿起来,不让管理人发现,从而使管理人无法获知财产的所在而无法进行实际接管,更无法进行清理清算。转移财产主要指债务人为了逃避债务,故意将债务人的财产移往别处,或者将资金取出移到其他账户,脱离管理人的控制,从而使管理人无法获知财产的所在而无法进行实际接管。(2)虚构债务或者承认不真实的债务的。虚构债务是指债务人故意制造虚假的合同、借据等债务凭证,增加债务人的债务,导致债务人财产的减少,损害债权人的合法权益。承认不真实的债务,是指债务人故意对不正确、不真实的债务予以确认,隐瞒债务人的财产情况。上述行为严重伤害了债权人的利益,所以被认定为无效行为。

4. 抵消权

抵消权是指当事人双方互负债务,又互享债权,各自以自己的债权充抵对方所负债务,使自己的债务与对方的债务在等额内消灭的制度。抵消权制度有利于保护破产债权人的利益,因为债权人的债权按破产程序清偿通常只能得到部分偿还,而债权人对破产企业所负的债务却完全偿还,抵消权可使破产债权人在抵消的破产债权额内得到全额偿还。《企业破产法》规定:债权人在破产申请受理前对债务人负有债务的,可以向管理人主张抵消。但是,有下列情形之一的,不得抵消:(1)债务人的债务人在破产申请受理后取得他人对债务人的债权的;(2)债权人已知债务人有不能清偿到期债务或者破产申请的事实,对债务人负担债务的;但是,债权人因为法律规定或者有破产申请1年前所发生的原因而负担债务的除外;(3)债务人的债务人已知债务人有不能清偿到期债务或者破产申请的事实,对债务人取得债权的;但是,债务人的债务人因为法律规定或者有破产申请一年前所发生的原因而取得债权的除外。

【案例6-2】 甲公司和乙公司在某年7月1日签订房屋租赁合同,约定甲公司将五间临街房出租给乙公司用作商业经营,租期五年,自当年7月5日开始计算租期,每年租金10万元,每年支付一次。当年10月甲、乙双方又签订买卖合同,由乙公司向甲公司提供货物,甲公司应付货款20万元。次年7月13日其他债权人申请甲公司破产,人民法院裁定受理破产申请,指定管理人对甲公司的债权债务以及财产进行清理结算。乙公司向管理人申报债权时提出以其所欠甲公司某年的租金10万元的债务,与甲公司欠其20万元的债务相抵,租赁合同解除,剩余的10万元的货款作为债权予以申报。乙公司的要求符合《企业破产法》的规定。根据《企业破产法》的规定,债权人与债务人互负债务又互享债权,且债权人对债务人所负的债务产生于破产申请之前,并且又不属于不得抵消的情形,债权人可以向管理人主张抵消权,即以其对债务人的债务抵消其对债务人的债权。本案中,债权人乙公司对破产企业甲公司的10万元的租金债务产生在甲公司被申请破产之前,即次年7月13日之前,因此乙公司的抵消要求符合《企业破产法》的规定。

5. 其他由管理人依法处理的债务人财产

《企业破产法》除规定因涉及债务人财产的行为被撤销或者无效而取得的债务人的财产,管理人有权追回外,还对其他由管理人依法处理的债务人财产的情形做出了规定,具体内容如下:

(1)人民法院受理破产申请后,债务人的出资人尚未完全履行出资义务的,管理人应当要求该出资人缴纳所认缴的出资,而不受出资期限的限制。

(2)债务人的董事、监事和高级管理人员利用职权从企业获取的非正常收入和侵占的企业财产,管理人应当追回。

(3)人民法院受理破产申请后,管理人可以通过清偿债务或者提供为债权人接受的担保,取回质物、留置物。上述规定的债务清偿或者替代担保,在质物或者留置物的价值低于被担保的债权额时,以该质物或者留置物当时的市场价值为限。

(4)人民法院受理破产申请后,债务人占有的不属于债务人的财产,该财产的权利人可以通过管理人取回。但是,《企业破产法》另有规定的除外。

(5)人民法院受理破产申请时,出卖人已将买卖标的物向作为买受人的债务人发运,债务人尚未收到且未付清全部价款的,出卖人可以取回在运途中的标的物。但是,管理人可以支付全部价款,请求出卖人交付标的物。

6.4 债权申报与债权人会议

6.4.1 债权申报

1. 债权申报的期限

债权申报期限是指法律所规定的或者经人民法院允许债权人向人民法院申报债权的期间。如果债权人没有在申报期内申报债权,就视同放弃参加破产程序的权利,即不能成为破产债权人,不享有破产债权人在破产过程中享有的表决权、破产财产分配权等权利,最终也就是放弃了债权。

人民法院受理破产申请后,应当确定债权人申报债权的期限。债权申报期限自人民法院发布受理破产申请公告之日起计算,最短不得少于30日,最长不得超过3个月。债权人应当在人民法院确定的债权申报期限内向管理人申报债权。

2. 债权申报的要求

根据《企业破产法》的规定,债权人申请债权时,应当按照下列要求进行:

(1)未到期的债权,在破产申请受理时视为到期。附利息的债权自破产申请受理时起停止计息。

(2)附条件、附期限的债权和诉讼、仲裁未决的债权,债权人可以申报。

(3)债权人应当在人民法院确定的债权申报期限内向管理人申报债权。债务人所欠职工的工资和医疗、伤残补助、抚恤费用,所欠的应当划人职工个人账户的基本养老保险、基本医疗保险、基本医疗保险费用,以及法律、行政法规规定应当支付给职工的补偿金,不必申报,由管理人调查后列出清单并予以公示。职工对清单记载有异议的,可以要求管理人更正;管理人不予更正的,职工可以向人民法院提起诉讼。

(4)债权人申报债权时,应当书面说明债权的数额和有无财产担保,并提交有关证据。申报的债权是连带债权的,应当说明。有财产担保的债权是指对债务人的特定财产享有抵押权、质权、留置权等担保物权的债权。有财产担保的债权对特定的财产享有优先受偿权。连带债权是指债权人人数为两人以上的多数债权人中的任何一人都有权要求债务人履行全部债务,债务人也可以向多数债权人中的任何一人履行全部债务的债权。

在人民法院确定的债权申报期限内,债权人未申报债权的,可以在破产财产最后分配前补充申报。但是,此前已进行的分配,不再对其补充分配。为审查和确认补充申报债权的费用,由补充申报人承担。债权人未依法申报债权的,不得行使权利。

【案例 6-3】 某建筑公司自创办以来,连年亏损,至破产申请时亏损高达 300 万元。法院依法受理了建筑公司的申请后,发布公告通知债权人申报债权,要求债权人在 3 个月内申报,并提交相应书面材料。公告期满后,共申报债权 240 万元。另外某电梯公司有债权 30 万元,人民法院去函通知其申报债权,因该单位地址搬迁,其他单位代收后未及时转送,超过了申报期限。电梯公司未能在法定期间申报债权,能否再次申报?可以在破产财产最后分配前补充申报。但是,此前已进行的分配,不再对其补充分配。为审查和确认补充申报债权的费用,由电梯公司承担。

管理人收到债权申报材料后,应当登记造册,对申报的债权进行审查,并编制债权表。债权表和债权申报材料由管理人保存,供利害关系人查阅,并应当提交第一次债权人会议核查。

债务人、债权人对债权表记载的债权无异议的,由人民法院裁定确认。债务人、债权人对债权表记载的债权有异议的,可以向受理破产申请的人民法院提起诉讼。

6.4.2　债权人会议

1. 债权人会议组成

债权人会议,就是由破产法规定的,在破产程序中代表债权人共同意志的全体破产债权人的意思表示机关。债权人会议是债权人行使破产参与权的场所,在债权人内部可以协调、平衡债权人之间的利益关系，在债权人会议之外可以通过参与和监督破产程序，维护全体债权人的利益。

债权人会议由以下几部分已经申报债权的债权人组成：(1)全体无财产担保债权人。他们参加债权人会议，并享有表决权。(2)有财产担保债权人。他们在债务人破产后，可就债务人的特定财产受偿，未放弃优先受偿权利的，可以参加债权人会议，但对于通过和解协议和通过破产财产的分配方案没有表决权。(3)债权尚未确定的债权人，除人民法院能够为其行使表决权而临时确定债权数额的外，不得行使表决权。

债权人会议应当有债务人的职工和工会的代表参加，对有关事项发表意见。债权人会议设有主席，债权人会议主席由人民法院在有表决权的债权人中指定。债权人可以委托代理人出席债权人会议，行使表决权。代理人出席债权人会议，应当向人民法院或者债权人会议主席提交债权人的授权委托书。

债权人会议设主席 1 人，由人民法院从有表决权的债权人中指定，债权人会议主席主持债权人会议。

2. 债权人会议的召集

第一次债权人会议由人民法院召集，在债权申报期限届满之日起 15 日内召开，由人民法院主持。具体内容包括：宣布债权人会议职权和有关事项；宣布债权人的资格审查结果；指定并宣布债权人会议主席；由管理人通报债务人的生产经营、财产、债务人的基本情况等。第一次债权人会议以后的债权人会议，在人民法院认为必要时，或者管理人、债权人委员会、占债权总额 1/4 以上的债权人向债权人会议主席提议召开。

召开债权人会议，管理人应当提前 15 日将会议的时间、地点、内容和目的等事项通知已知的债权人。

3. 债权人会议的职权

债权人会议作为维护债权人利益的组织享有法定职权。债权人会议可行使下列职权：(1)核查债权；(2)申请人民法院更换管理人，审查管理人的费用和报酬；(3)监督管理人；(4)选任和更换债权人委员会成员；(5)决定继续或者停止债务人的营业；(6)通过重整计划；(7)通过和解协议；(8)通过债务人财产的管理方案；(9)通过破产财产的变价方案；(10)通过破产财产的分配方案等。

4. 债权人会议的决议方式

在破产程序中，债权人会议表决的事项，实行债权人人数和所代表的债权数额双重多数通过的原则。《企业破产法》规定，债权人会议的决议，由出席会议的有表决权的债权人过半数通过，并且其所代表的债权额占无财产担保债权总额的 1/2 以上。但是，通过和解协议草案的决议，由出席会议的有表决权的债权人过半数通过，并且其所代表的债权额占无财产担保债权总额的 2/3 以上。通过重整计划草案的决议，按债权类型分组进行表决，由出席会议同一表决组的债权人过半数同意，并且其所代表的债权额占该组债权总额的 2/3 以上的，为该组通过。各表决组均通过的，重整计划通过。

债权人会议的决议对全体债权人均有约束力。债权人会议通过的重整计划、和解协议和破产财产分配方案，须报请人民法院裁定批准或认可后，方可执行。

5. 债权人委员会

由于债权人会议是非常设机构，在闭会期间无法行使其权利，无法保护全体债权人的利益。因此债权人会议可以根据实际情况决定设立债权人委员会。债权人委员会由债权人会议选任的债权人代表和 1 名债务人的职工代表或者工会代表组成。债权人委员会成员不得少于 9 人，其成员必须经过人民法院书面认可。债权人委员会行使下列职权：(1)监督债务人财产的管理和处分；(2)监督破产财产分配；(3)提议召开债权人会议；(4)债权人会议委托的其他职权。

债权人委员会执行职务时，有权要求管理人、债务人的有关人员对其职权范围内的事务做出说明或者提供有关文件。管理人、债务人的有关人员违反本法规定拒绝接受监督的，债权人委员会有权就监督事项请求人民法院做出决定；人民法院应当在 5 日内做出决定。

管理人实施下列行为，应当及时报告债权人委员会：(1)涉及土地、房屋等不动产权益的转让；(2)探矿权、采矿权、知识产权等财产权的转让；(3)全部库存或者营业的转让；(4)借款；(5)设定财产担保；(6)债权和有价证券的转让；(7)履行债务人和对方当事人均未履行完毕的合同；(8)放弃权利；(9)担保物取回；(10)对债权人利益有重大影响的其他财产处分行为。未设立债权人委员会的，管理人实施上述规定的行为应当及时报告人民法院。

6.5 重整与和解

6.5.1 重整

1. 重整的概念

重整，是指当企业法人不能清偿到期债务时，不立即进行破产清算，而是在人民法院的主持下，由债务人与债权人达成协议，制定债务人重整计划，债务人继续营业，并在一定期限内全部或部分清偿债务的制度。重整是防止企业破产的重要制度。

2. 重整申请和重整期限

(1)重整申请人

债务人尚未进入破产程序时，债务人或者债权人可以直接向人民法院申请对债务人进行重整。债权人申请对债务人进行破产清算的，在人民法院受理破产申请后、宣告债务人破产前，债务人或者出资额占债务人注册资本 1/10 以上的出资人，可以向人民法院申请重整。

人民法院经审查认为重整申请符合规定的，应当裁定债务人重整，并予以公告。

(2)重整期间

自人民法院裁定债务人重整之日起至重整程序终止，为重整期间。在重整期间，经债务人申请，人民法院批准，债务人可以在管理人的监督下自行管理财产和营业事务。在重整期间，对债务人的特定财产享有的担保权暂停行使。但是，担保物有损坏或者价值明显减少的可能，足以危害担保权人权利的，担保权人可以向人民法院请求恢复行使担保权。债务人或者管理人为继续营业而借款的，可以为该借款设定担保。在重整期间，债务人的出资人不得请求投资收益分配。债务人的董事、监事、高级管理人员不得向第三人转让其持有的债务人的股权。但是，经人民法院同意的除外。

在重整期间，有下列情形之一的，经管理人或者利害关系人请求，人民法院应当裁定终止重整程序，并宣告债务人破产：债务人的经营状况和财产状况继续恶化，缺乏挽救的可能性；债务人有欺诈、恶意减少债务人财产或者其他显著不利于债权人的行为；由于债务人的行为致使管理人无法执行职务。

3. 重整计划的制定和批准

(1)重整计划草案的制定

债务人自行管理财产和营业事务的，由债务人制定重整计划草案；管理人负责管理财产和营业事务的，由管理人制定重整计划草案。债务人或者管理人应当自人民法院裁定债务人重整之日起 6 个月内，同时向人民法院和债权人会议提交重整计划草案。债务人或者管理人未按期提出重整计划草案的，人民法院应当裁定终止重整程序，并宣告债务人破产。重整计划草案应当包括下列内容：债务人的经营方案；债权分类；债权调整方案；债权受偿方案；重整计划的执行期限；重整计划执行的监督期限；有利于债务人重整的其他方案。

(2)重整计划草案的批准

人民法院应当自收到重整计划草案之日起 30 日内召开债权人会议，对重整计划草案进行表决。重整计划草案的债权人会议，依照下列债权分类，分组对重整计划草案进行表决：对债务人的特定财产享有担保权的债权；债务人所欠职工的工资和医疗、伤残补助、抚恤费用，所欠的应当划入职工个人账户的基本养老保险、基本医疗保险费用，以及法律、行政法规规定应当支付给职工的补偿金；债务人所欠税款；普通债权。

出席会议的同一表决组的债权人过半数同意重整计划草案，并且其所代表的债权额占该组债权总额的 2/3 以上的，即为该组通过重整计划草案。各表决组均通过重整计划草案时，重整计划即为通过。自重整计划通过之日起 10 日内，债务人或者管理人应当向人民法院提出批准重整计划的申请。人民法院经审查认为符合规定的，应当自收到申请之日起 30 日内裁定批准，终止重整程序，并予以公告。

部分表决组未通过重整计划草案的，债务人或者管理人可以同未通过重整计划草案的表决组协商。该表决组可以在协商后再表决一次。未通过重整计划草案的表决组拒绝再次表决或者再次表决仍未通过重整计划草案，但重整计划草案符合法律规定的条件的，债务人或者管理人可以申请人民法院批准重整计划草案。人民法院经审查认为重整计划草案符合规定的，应当自收到申请之日起 30 日内裁定批准，终止重整程序，并予以公告。

重整计划草案未获得通过且未依照法律的规定获得批准，或者已通过的重整计划未获得批准的，人民法院应当裁定终止重整程序，并宣告债务人破产。

【案例 6-4】 甲公司是被人民法院裁定进入破产程序的债务人，基于甲公司的出资人提出重整申请，债权人会议对管理人提出的重整计划进行表决，按债权人的债权类型将债权人分成三个组，其中第一表决组出席会议的债权人 2/3 同意，同意的债权人所代表的债权额占第一表决组债权总额的 1/2；第二表决组出席会议的债权人 2/3 同意，同意的债权人所代表的债权额占第二表决组债权总额的 2/3；第三表决组出席的债权人 1/2 同意，同意的债权人所代表的债权额占第三表决组债权总额的 2/3。债权人会议不应通过该重整计划。根据《企业破产法》规定，通过重整计划草案的决议，按债权类型分组进行表决，由出席会议同一表决组的债权人过半数同意，并且其所代表的债权额占该组债权总额的 2/3 以上的，为该组通过。各表决组均通过时，重整计划即为通过。甲公司重整计划在表决时，第一组的表决虽然在表决人数上同意的债权人达到出席会议的债权人的 2/3，已过半数，但是同意的债权人所代表的债权额只达到 1/2，未达到债权总额的 2/3，因此第一组的表决未通过；第二组的表决在表决人数上同意的债权人达到出席会议的债权人 2/3，已过半数，而且同意的债权人所代表的债权额也已经达到债权总额的 2/3，因此第二组表决已通过；第三组表决时同意的债权人因仅达到 1/2，即半数，而没有超过半数，因此表决未通过。因重整计划需各表决组均通过，所以甲公司的重整计划不应通过。

4. 重整计划的执行

重整计划由债务人负责执行。人民法院裁定批准重整计划后，已接管财产和营业事务的管理人应当向债务人移交财产和营业事务。债务人执行重整计划必须接受管理人的监督。在监督期内，债务人应当向管理人报告重整计划执行情况和债务人财务状况；监督期届满时，管理人应当向人民法院提交监督报告。自监督报告提交之日起，管理人的监督职责终止。管理人向人民法院提交的监督报告，重整计划的利害关系人有权查阅。

5. 重整计划的终结

按照重整计划完成全部重整工作后，债务人应召开股东大会，宣布重整结束，企业恢复正常。同时，按照重整计划减免的债务，自重整计划执行完毕起，债务人不再承担清偿责任。

债务人不能执行重整计划或者不执行重整计划的，管理人或者利害关系人有权请求人民法院依法裁定终止重整计划的执行。人民法院审查后，认定债务人不能执行或者不执行重整协议的，裁定终止重整计划的执行，并宣告债务人破产。

6.5.2 和解

1. 和解的概念

和解，是指具备破产原因的债务人，为了避免破产清算，而与债权人会议达成协商解决债务的协议的制度。和解并非法院作出破产宣告的必经程序，能否和解完全依债务双方当事人意思而定。

2. 和解的提出

债务人可以依照《企业破产法》的规定，直接向人民法院申请和解；也可以在人民法院受理破产申请后、宣告债务人破产前，向人民法院申请和解。债权人没有和解申请权。债务人申请和解，应当提出和解协议草案。人民法院经审查认为和解申请符合规定的，应当裁定和解，予以公告，并召集债权人会议讨论和解协议草案。

3. 和解协议的通过及裁定

和解协议是债务人和债权人会议就和解事项所签订的合同。和解协议草案经债权人会议讨论通过，须经人民法院认可并作出裁定后方可生效。债权人会议通过和解协议的决议，由出席会议的有表决权的债权人过半数同意，并且其所代表的债权额占无财产担保债权总额的2/3以上。债权人会议通过和解协议的，由人民法院裁定认可，终止和解程序，并予以公告。和解协议生效后，破产管理人应当向债务人移交财产和营业事务，并向人民法院提交执行职务的报告。

【案例6-5】 某厂，因经营不善，产品不适销，亏损严重，至2008年4月，亏损额达2 000万元。经上级主管部门同意，该厂向市中级人民法院申请破产。经法院裁定，宣告该企业进入破产程序。此后于2008年6月，该厂向债权人会议提交和解协议草案。债权人会议有表决权的债权人有8人，以6票通过，所代表的债权额占无财产担保额的50%。当债权人会议将该协议草案提交法院后，被法院驳回。理由是尽管债权人会议有表决权的债权人已过半数通过了和解协议草案，但其所代表的债权总额未达到无财产担保债权总额的2/3，因此，法院驳回了和解协议草案。

因债务人的欺诈或者其他违法行为而成立的和解协议，人民法院应当裁定无效，并宣告债务人破产。

和解协议草案经债权人会议表决未获得通过，或者已经债权人会议通过的和解协议未获得人民法院认可的，人民法院应当裁定终止和解程序，并宣告债务人破产。

4. 和解协议的效力

和解协议的法律效力体现在如下几个方面：①经人民法院裁定认可的和解协议，对债务人和全体和解债权人均有约束力。和解债权人未依照规定申报债权的，在和解协议执行期间不得行使权利；在和解协议执行完毕后，可以按照和解协议规定的清偿条件行使权利。②和解债权人对债务人的保证人和其他连带债务人所享有的权利，不受和解协议的影响。③债务人应当按照和解协议规定的条件清偿债务。④和解协议无强制执行效力，如债务人不履行协议，债权人不能请求人民法院强制执行，只能请求人民法院终止和解协议的执行，宣告其破产。

5. 和解协议的终结

和解协议执行过程中，可能因债务人的行为导致和解协议无法继续执行，为保障债权人的合法权益，《企业破产法》对和解协议的终结做出了具体的规定。

因债务人的欺诈或者其他违法行为而成立的和解协议，人民法院应当裁定无效，并宣告债务人破产。

债务人不能执行或者不执行和解协议的，人民法院经和解债权人请求，应当裁定终止和解协议的执行，并宣告债务人破产。

债务人不能执行或者不执行和解协议的行为有：①拒不执行或者延迟执行和解协议；②财务状况继续恶化，足以影响执行和解协议；③给个别债权人和解协议以外的特殊利益；④转移财产，隐匿或私分财产；⑤非正常压价出售财产，放弃自己的债权；⑥对原来没有财产担保的债务提供财产担保，对未到期的债务提前清偿等行为。

按照和解协议减免的债务，自和解协议执行完毕时起，债务人不再承担清偿责任。

人民法院受理破产申请后，债务人与全体债权人就债权债务的处理自行达成协议的，可以请求人民法院裁定认可，并终结破产程序。

6.6 破产清算

6.6.1 破产宣告

破产宣告是人民法院依据当事人的申请或法定职权裁定宣告债务人破产以清偿债务的活动。根据《企业破产法》的规定，有下列情形之一的，人民法院应当以书面裁定宣告债务人企业破产：①企业不能清偿到期债务，又不具备法律规定的不予宣告破产条件的；②企业被人民法院依法裁定终止重整程序的；③人民法院依法裁定终止和解协议执行的。

人民法院依法宣告债务人破产的，应当自裁定做出之日起 5 日内送达债务人和管理人，自裁定做出之日起 10 日内通知已知债权人，并予以公告。债务人被宣告破产后，债务人称为破产人，债务人财产称为破产财产，人民法院受理破产申请时对债务人享有的债权称为破产债权。

在破产程序进行中，因为某些法定事由的发生而使破产原因消灭，此时人民法院不应再宣告债务人破产，而应当裁定终结破产程序。《企业破产法》规定，破产宣告前，有下列情形之一的，人民法院应当裁定终结破产程序，并予以公告：①第三人为债务人提供足额担保或者为债务人清偿全部到期债务的。这是来自外部的原因导致破产原因的消灭。②债务人已清偿全部到期债务的。这是来自破产企业内部的原因导致破产程序没有进行下去的必要。

6.6.2 破产费用与共益债务

1. 破产费用

破产费用是指在破产程序进行中，为债权人的共同利益而发生的费用，包括破产案件的诉讼费用；管理、变价和分配债务人财产的费用；管理人执行职务的费用、报酬和聘用工作人员的费用。

2. 共益债务

共益债务是在破产程序进行中，为债权人的共同利益而形成的债务。具体包括：因管理人或者债务人请求对方当事人履行双方均未履行完毕的合同所产生的债务；债务人财产受无因管理所产生的债务；因债务人不当得利所产生的债务；为债务人继续营业而应支付的劳动报酬和社会保险费用以及由此产生的其他债务；管理人或者相关人员执行职务致人损害所产生的债务；债务人财产致人损害所产生的债务。

3. 破产费用和共益债务的清偿

破产费用和共益债务由债务人财产随时清偿。债务人财产不足以清偿所有破产费用和共益债务的，先行清偿破产费用。债务人财产不足以清偿所有破产费用或者共益债务的，按照比例清偿。债务人财产不足以清偿破产费用的，管理人应当提请人民法院终结破产程序。人民法院应当自收到请求之日起 15 日内裁定终结破产程序，并予以公告。

6.6.3 破产财产变价和分配

1. 破产财产的变价

管理人应当及时拟订破产财产变价方案，提交债权人会议讨论。管理人应当按照债权人会议通过的或者人民法院依照《企业破产法》的规定裁定的破产财产变价方案，适时变价出售破产财产。变价出售破产财产应当通过拍卖进行。但是，债权人会议另有决议的除外。破产企业可以全部或者部分变价出售。企业变价出售时，可以将其中的无形资产和其他财产单独变价出售。按照国家规定不能拍卖或者限制转让的财产，应当按照国家规定的方式处理。

2. 破产财产的清偿顺序

破产财产在优先清偿破产费用和共益债务后，依照下列顺序清偿：①破产人所欠职工的工资和医疗、伤残补助、抚恤费用，所欠的应当划入职工个人账户的基本养老保险、基本医疗保险费用，以及法律、行政法规规定应当支付给职工的补偿金；②破产人欠缴的除第①项规定以外的社会保险费用和破产人所欠税款；③普通破产债权。破产财产不足以清偿同一顺序的清偿要求的，按照比例分配。同时，对于破产企业的董事、监事和高级管理人员的工资按照该企业职工的平均工资计算。破产财产的分配应当以货币分配方式进行。但是，债权人会议另有决议的除外。

【案例6-6】 某市一国有公司被法院宣告破产，清算组查明，该公司在宣告破产时经营的财产价值150万元，未到期的净债权价值50万元，已作担保的财产价值20万元，在法院受理该公司破产案件的半年内，公司隐匿、无偿转让、放弃债权共60万元，后被清算组追回。清算组花去清算费用10万元，公司欠税款10万元，欠职工工资60万元。公司破产公告后，债权人乙登记债权100万元，债权人丙登记债权75万元，由于清算组决定终止该公司所签合同，为此给债权人丁造成25万元损失。

本案中，公司的破产财产共计280万元(150万元+50万元+60万元+20万元)，其中20万元已作担保，因此由担保权人优先受偿，破产财产的其他260万元按顺序清偿清算费用10万元，工资60万元，税款10万元后，剩余180万元由公司的普通破产债权按比例清偿，而公司的普通破产债权为200万元(100万元+75万元+25万元)，因此乙、丙、丁分别获得90万元、67.5万元、22.5万元。

6.6.4　破产程序的终结

破产程序的终结分正常终结和非正常终结两种。正常的终结是因破产财产分配完毕，破产目的已经实现而终结破产程序；非正常终结是指没有经过破产财产的分配就终结破产程序。破产企业无财产可供分配以及破产财产不足以支付破产费用、共益债务而终止破产程序属非正常终结。

管理人在最后分配完结后，应当及时向人民法院提交破产财产分配报告，并提请人民法院裁定终结破产程序。人民法院应当自收到管理人终结破产程序的请求之日起15日内做出是否终结破产程序的裁定。裁定终结的，应当予以公告。管理人应当自破产程序终结之日起10日内，持人民法院终结破产程序的裁定，向破产人的原登记机关办理注销登记。

自破产程序终结之日起两年内，发现有应当追回或其他可供分配的财产，债权人可以请求人民法院按照破产财产分配方案进行追加分配，但财产数量不足以支付分配费用的，不再进行追加分配，由人民法院将其上交国库。

破产人的保证人和其他连带债务人，在破产程序终结后，对债权人依照破产清算程序未受清偿的债权，依法继续承担清偿责任。

本章小结

本章分为五节。第一节较为全面地阐述了个人独资企业的概念、特征、设立、变更、解散以及企业事务管理等问题;第二节介绍合伙企业法,合伙企业分为两种类型,即普通合伙和有限合伙。本节详细阐述了两种合伙企业的概念、设立、财产、与第三人关系、入伙与退伙以及清算等有关法律规定;第三节较全面地阐述了公司法的有关规定。介绍了有限责任公司以及股份有限公司的设立和组织机构、股份的发行与转让、债券的发行与转让等问题;第四节阐述了外商投资企业法,主要介绍了规范中外合资企业、中外合作经营企业、外商独资经营企业的法律规定;第五节详细阐述了我国破产法的规定。重点介绍了破产的基本程序、破产界限、债权人的基本权利保障、重整与和解、破产财产分配等内容。

习　题

一、单项选择题

1 根据企业破产法律制度的规定,下列表述中,正确的是(　　)。

A. 国有企业破产属政策性破产,不适用《企业破产法》

B. 金融机构实施破产的,由国务院根据《商业银行法》等法律另行制订破产实施办法,不适用《企业破产法》

C. 民办学校的破产清算可以参照适用《企业破产法》规定的程序

D. 依照《企业破产法》规定的破产程序,对债务人在中华人民共和国领域外的财产不发生效力

2. 根据企业破产法律制度的规定,在人民法院受理破产申请1年前,债务人所为的下列行为中,无效或者可以撤销的是(　　)。

A. 债务人对没有财产担保的债务提供财产担保

B. 债务人对未到期的债务提前清偿

C. 债务人承认不真实的债务

D. 债务人对个别债权人进行清偿

3. 人民法院受理债务人甲公司破产申请时,乙公司依照其与甲公司之间的买卖合同已向买受人甲公司发运了该合同项下的货物,但甲公司尚未支付价款。乙公司得知甲公司破产申请被受理后,立即通过传真向甲公司的管理人要求取回在运途中的货物。管理人收到乙公司传真后不久,即收到了乙公司发运的货物。根据企业破产法律制度的规定,下列表述中,正确的是(　　)。

A. 乙公司有权取回该批货物

B. 乙公司无权取回该批货物,但可以就买卖合同价款向管理人申报债权

C. 管理人已取得该批货物的所有权,但乙公司有权要求管理人立即支付全部

价款

D.管理人已取得该批货物的所有权,但乙公司有权要求管理人就价款支付提供担保

4.人民法院受理甲企业的破产申请后,管理人决定解除甲企业与乙公司签订的尚未履行完毕的合同。该合同约定,甲企业不履行合同时,应向乙公司按合同金额的30%支付违约金。下列对该项违约金的处理方式中,正确的是(　　)。

A.作为破产费用从破产财产中优先拨付

B.作为普通破产债权清偿

C.作为有财产担保的债权优先清偿

D.不予清偿

5.某破产企业有10位债权人,债权总额为1 200万元,其中债权人甲、乙的债权额为300万元,有破产企业的房产作抵押,债权人甲、乙未放弃优先受偿权。债权人会议拟讨论通过破产财产的分配方案,10位债权人出席了债权人会议,债权人甲、乙未参加表决。根据企业破产法律制度的规定,下列情形中,不能通过破产财产分配方案的是(　　)。

A.有6位债权人同意,其代表的债权额为600万元

B.有6位债权人同意,其代表的债权额为800万元

C.有5位债权人同意,其代表的债权额为450万元

D.有4位债权人同意,其代表的债权额为600万元

6.根据企业破产法律制度的规定,下列关于商业银行破产分配顺序的表述中,正确的是(　　)。

A.破产财产优先支付个人储蓄存款本息

B.破产财产在支付清算费用后,优先支付个人储蓄存款本息

C.破产财产在支付清算费用、所欠职工工资和劳动保险费用后,优先支付个人储蓄存款本息

D.破产财产在支付清算费用、所欠职工工资和劳动保险费用、所欠税款后,优先支付个人储蓄存款本息

二、多项选择题

1根据企业破产法律制度的规定,下列财产中,属于债务人财产的有(　　)。

A.破产申请受理时属于债务人的房屋

B.破产宣告后破产人得到的银行存款利息

C.破产申请受理时债务人用于抵押担保的财产

D.破产申请受理后至破产程序终结前债务人取得的财产

2.下列关于破产费用与共益债务清偿的表述中,符合《企业破产法》规定的有(　　)。

A. 破产费用和共益债务由债务人财产随时清偿

B. 债务人财产不足以清偿所有破产费用和共益债务的，先行清偿共益债务

C. 债务人财产不足以清偿所有共益债务的，按照比例清偿

D. 债务人财产不足以清偿所有破产费用的，在按照比例清偿后，管理人应当提请人民法院终结破产程序

3. 根据企业破产法律制度的规定，下列选项中，可以作为破产债权申报的有（　　）。

A. 破产宣告时尚未到期的债权

B. 破产宣告时附停止条件的债权

C. 破产案件受理前成立的有财产担保的债权

D. 管理人决定解除破产企业未履行的合同，除实际损失之外，依合同约定应支付给对方当事人的违约金

4. 根据企业破产法律制度的规定，债权人会议表决的下列事项中，对债务人的特定财产享有担保权且未放弃优先受偿权利的债权人享有表决权的有（　　）。

A. 通过重整计划

B. 通过和解协议

C. 通过破产财产的分配方案

D. 通过破产财产的变价方案

三、简答题

1. 如何理解《企业破产法》关于破产界限的规定？

2.《企业破产法》对破产财产的分配顺序是怎样规定的？

3. 债权人委员会有哪些职权？

4. 对哪些行为破产管理人可以行使撤销权？

5. 哪些财产属于破产财产？

四、案例题

宏达贸易公司因经营管理不善，不能清偿到期债务，且资不抵债，因此向所在地人民法院提出破产申请。经核查，该公司资产情况如下：属于企业的实物、现金等有 100 万元；另一座办公楼价值 240 万元，已经作为向 A 银行 200 万元贷款的抵押；该公司作为联营企业一方投入其他企业 60 万元；美华公司欠该公司货款 80 万元。该公司负债情况如下：为维持公司日常开支，向职工借款 40 万元；欠 A 银行贷款 200 万元及利息 50 万元；欠税款 100 万元；欠胜利公司货款 500 万元；欠职工工资 30 万元。请回答下列问题：

（1）宏达贸易公司能自己提出破产申请吗？

（2）上述财产中，哪些属于破产财产？

（3）根据《破产法》规定，应如何进行清偿？

第7章
劳动与社会保障法律制度

学习目标

劳动法的概念、调整对象以及我国劳动法的适用范围。劳动法律关系的构成，劳动法律关系中劳动者的权利和义务。劳动合同的概念和种类，劳动合同与集体合同的关系以及劳动合同的效力，解除劳动合同的条件、程序和解除劳动合同的经济补偿。劳动合同的内容。工资法律制度，劳动争议的范围，劳动争议的处理机构、处理方式和处理程序。社会保险、职工福利和救济。

生活个案

以下是用人单位与某劳动者签订的劳动合同，请依据劳动法的规定，说明该合同的错误之处。

劳　动　合　同

甲方：××××企业

乙方：××　女　23岁

一、甲乙双方经过协商，暂定一年试用期。试用期满，经过甲方的考核，对乙方予以转正，并录用为职工，确定正式合同期，实行劳动合同制。

二、乙方到甲方工作，实行内部承包，需交500元承包抵押金，劳动合同终止时予以退还。

三、职工工资采用计件制形式，每月结算一次，平时支付工资的80%，余额在年终结清。

四、甲方保证乙方每月25天工作，在25天内因甲方原因使乙方停工的，甲方每天补助人民币5元。

五、甲方应按照国家规定，向乙方提供必要的劳动保护用品；乙方应遵守有关的规章制度，安全生产。如果乙方因违反操作规程而负伤，甲方将按非因工负伤的有关规定，给予补偿和处理。

六、乙方在试用期和合同期内应当遵守有关的劳动纪律，服从甲方的管理和指挥，违反劳动纪律的，按《企业职工奖惩条例》和本企业的规章制度处理。在试用期内，乙方不得结婚，违者将不得享受有关的婚假和生育假期。违反本条规定的，甲方有权解除劳动合同，年终工资将不予结算，乙方的承包抵押金将不予退还。

七、乙方提前离职，应交纳在岗期间的培训费，按工资的10%计算。

八、除第七条的规定，任何一方，无论以哪一种理由要求解除劳动合同，都必须提前15日向对方提出，并取得对方的同意。

九、本合同自签字之日起生效，双方都必须严格执行。

甲方：××××企业（盖章） 法定代表人：××（签字）

乙方：××（签字）

签字日期：2008年3月9日

7.1 劳动法概述

7.1.1 劳动法的概念和调整对象

1. 劳动法的概念

劳动法是调整劳动关系以及与劳动关系密切联系的其他社会关系的法律规范的总和。劳动法是以劳动者权益保护为宗旨，融实体法与程序法为一体的独立的法律部门。

狭义的劳动法专指《中华人民共和国劳动法》(以下简称《劳动法》)，广义的劳动法除了《劳动法》外，还包括宪法、法律、行政法规、地方性法规中有关劳动问题的规定和劳动法律、法规。

2. 劳动法的调整对象

劳动法调整的对象主要是劳动关系，但并非所有的劳动关系均由劳动法调整。所谓劳动关系，是人们在劳动中结成的相互关系，它是指在社会劳动过程中，劳动者和用人单位所发生的一种社会关系。其特征是：①劳动关系的当事人具有限定性，即劳动关系的一方必须是劳动者，另一方则是用人单位；②劳动关系是在劳动过程中发生的社会关系，与劳动有着直接的联系；③劳动关系是具有从属性的社会关系，劳动者是用人单位的职工，用人单位是劳动者的管理者和劳动力的支配者。

另外，劳动法还调整与劳动关系密切联系的其他社会关系，具体包括：①劳动行政主管部门与用人单位之间的劳动力招收、录用方面发生的关系；②劳动者和用人单位之间在劳动力市场相互选择而发生的关系；③劳动者与用人单位、社会保险机构之间发生的关系；④工会代表劳动者并为维护劳动者合法权益与用人单位之间发生的关系；⑤劳动争议处理机构在处理劳动争议时与用人单位、劳动者之间发生的关系；⑥劳动行政主管部门在监督劳动法实施过程中与用人单位之间发生的关系。

7.1.2 我国劳动法的适用范围

《劳动法》第2条规定：在中华人民共和国境内的企业、个体经济组织(以下统称用人单位)和与之形成劳动关系的劳动者，适用本法。国家机关、事业组织、社会团体和与之建立劳动合同关系的劳动者，依照本法执行。《劳动合同法》对此作了修改，在第2条规定：中华人民共和国境内的企业、个体经济组织、民办非企业单位等组织(以下统称用人单位)与劳动者建立劳动关系，订立、履行、变更、解除和终止劳动关系，适用本法。国家机关、事业单位、社会团体和与其建立劳动关系的劳动者，订立、履行、变更、解除和终止劳动合同，依照本法执行。根据上述规定劳动法的适用范围如下：

（1）在我国境内的企业、个体经济组织、民办非企业单位等组织的劳动关系都归劳动法调整。在我国，不论企业、个体经济组织、民办非企业单位等组织与劳动者之间是否订立劳动合同，只要他们之间形成劳动关系，劳动者事实上已成为企业或个体经济组织的成员，并为其提供有偿劳动，就适用劳动法。

（2）国家机关、事业组织、社会团体中，除公务员和参照公务员法管理的工作人员以外的劳动关系归劳动法调整。在这里所说的劳动者既包括工勤人员，也包括公务员和参照公务员法管理的工作人员以外的管理人员和专业人员。

（3）国家机关、事业组织、社会团体的非合同劳动关系，即公务员以及比照公务员制度的劳动者的劳动关系，以及农村劳动者（乡镇企业职工和进城务工、经商的农民除外）、现役军人和家庭保姆、在我国境内享有外交特权和豁免权的外国人等不适用我国劳动法。

【案例 7-1】 小张从乡下进城打工。经人介绍，在一户人家从事家庭保姆工作。原先雇主答应给的报酬待遇以及其他方面的条件都很好，小张欣然答应。但是在雇主家干了 3 个月后，小张发现雇主并未提供其原来答应的报酬条件和待遇。因此，小张决定不干了，同时向雇主要求支付相应报酬。雇主不仅没有给小张报酬反而说她笨手笨脚。小张觉得自己作为劳动者的合法权益受到了侵害，希望通过《劳动法》来维权。但是小张和雇主之间的纠纷是不受《劳动法》调整的。2006 年最高人民法院《关于审理劳动争议案件适用法律若干问题的解释（二）》第 7 条规定，家庭或者个人与家政服务人员之间的纠纷不属于劳动争议，应当按照雇佣关系处理。小张应当向法院提起民事诉讼来维护自己的合法权益。

7.1.3 劳动法律关系

劳动法律关系是劳动者与用人单位依据劳动法律规范，在实现劳动过程中形成的权利义务关系。它是受国家劳动法律规范、调整和保护的劳动关系，是国家干预劳动关系的结果。劳动法律关系是由劳动法律关系主体、劳动法律关系客体和劳动法律关系内容组成。

1. 劳动法律关系主体

劳动法律关系主体，是指在实现社会劳动过程中依照劳动法律规范享有权利并承担义务的当事人。劳动法律关系主体，一方是劳动者，是指具有劳动能力的我国公民、外国人和无国籍人。另一方是用人单位，是指依法使用和管理劳动者并付给其劳动报酬的单位，包括企业、事业、机关、团体等单位以及个体经营单位。用人单位具有用人权利能力和用人行为能力。

劳动者是具有劳动能力，以从事劳动获取合法劳动报酬的自然人。自然人要成为劳动者，必须具备主体资格，即必须具有劳动权利能力和劳动行为能力。所谓劳动权利能力是指自然人能够依法享有劳动权利和承担劳动义务的资格或能力；所谓劳动行为能力是指自然人能够以自己的行为依法行使劳动权利和履行劳动义务的能力。

依据我国劳动法的规定，凡年满 16 周岁、有劳动能力的公民是具有劳动权利能力和劳动行为能力的人。即劳动者的法定最低就业年龄为 16 周岁，除法律另有规定外，任何单位不得与未满 16 周岁的未成年人发生劳动法律关系。对有可能危害未成年人健康、安全或道德的职业或工作，最低就业年龄不应低于 18 周岁，用人单位不得招用已满 16 周岁不满 18 周岁的公民从事过重、有毒、有害的劳动或者危险作业。

2. 劳动法律关系内容

劳动法律关系内容，是指劳动法律关系双方依法享有的权利和承担的义务。劳动法律关系主体双方的权利和义务具有对应性：一方的权利是另一方的义务，一方的义务是另一方的权利。

劳动者所享有的权利包括：

(1)平等就业和选择职业的权利。平等就业和选择职业是劳动者生存的前提条件。所谓平等就业，是指劳动者在就业方面一律平等，不因民族、种族、性别、宗教信仰不同而受歧视。所谓选择职业权，是指劳动者在就业时，有权根据自己的意愿、兴趣选择用人单位，不受外在力量的强迫。

(2)取得劳动报酬权。取得劳动报酬是劳动者的基本劳动权利之一。劳动报酬是指劳动者付出劳动后从用人单位取得的包括工资、奖金、津贴等在内的合法收入。

(3)休息休假的权利。休息休假是劳动者依法享有的在法定时间之余进行充分休息的一项权利。

(4)获得劳动安全卫生保护的权利。劳动安全卫生权是劳动者在劳动过程中依法要求用人单位提供安全卫生的劳动条件，保护其生命安全和身体健康的一项基本的劳动权利。

(5)接受职业技能培训的权利。职业技能培训是为了增强和提高劳动者从事各种职业所需要的技术业务知识和实际操作技能而进行专门教育的训练活动，这是劳动者受教育的一个重要方面。赋予劳动者这一权利，有利于提高劳动者的文化素质和职业技能水平。

(6)享受社会保险和福利的权利。社会保险是国家在劳动者丧失劳动能力或劳动机会时，为保障其基本生活而依法强制实行的一项物质帮助制度。福利是国家和社会为方便劳动者工作和生活、适应其物质文化需要而举办的各项事业。劳动者享受这项权利是法律赋予公民物质帮助权利的一个方面。

(7)提请劳动争议处理的权利。劳动争议的发生和处理，直接关系到劳动者的工作和生活，与劳动者的切身利益息息相关。赋予劳动者这项权利，明确劳动者在劳动争议处理中的主动地位，有利于劳动争议的尽快解决和保护劳动者的合法利益，有利于培养和增强劳动者的法律意识。

(8)法律、法规规定的其他权利。法律、法规规定的其他权利包括:依法享有参加和组织工会的权利;参与民主管理的权利;参加社会义务劳动的权利;提出合理化建议的权利;从事科学研究、技术革新、发明创造的权利;依法解除劳动合同的权利;对用人单位管理人员违章指挥、强令冒险作业有拒绝执行的权利;对危害生命安全和身体健康的行为有批评、举报和控告的权利;对违反劳动法的行为进行监督的权利等。劳动者依法享有的权利,也就是劳动法律关系主体另一方用人单位对劳动者应尽的义务。

根据法律规定,劳动者应承担的义务有:

(1)完成劳动任务。完成劳动任务是劳动者所应担负的首要义务,劳动者只有完成了劳动任务,才能获得相应的劳动报酬,使整个劳动过程得以延续,生产得到发展,才能实现建立劳动关系的目的。

(2)提高职业技能。规定劳动者负有提高职业技能的义务,是要求劳动者自觉地在学习和实践中不断接受新的业务知识,提高业务能力和操作技能。

(3)执行劳动安全卫生规程。劳动安全卫生规程是国家为了保护劳动者在劳动过程中的生命安全和身体健康而制定的一系列法律、法规和规章等,认真执行这些规程,能够避免或减少工伤事故和职业病的发生,保证安全生产。劳动者是劳动过程的直接参与者,只有认真执行劳动安全卫生规程,才能切实保护自身的生命安全和身体健康。

(4)遵守劳动纪律和职业道德。劳动纪律是人们在共同劳动过程中必须遵守的规章制度,是组织社会劳动的基础,是保障劳动正常有序进行的必要条件。职业道德是劳动者在劳动实践中形成的共同行为准则,是劳动者进行劳动时的必然要求,也是社会主义精神文明的基础要求。劳动者所应承担的义务,也就是用人单位依法享有的权利。

3. 劳动法律关系客体

劳动法律关系客体,是指劳动法律关系主体双方的权利义务共同指向的对象。主体双方的权利义务必须共同指向同一对象,才能形成劳动法律关系。在我国,劳动法律关系客体只能是劳动者的劳动行为。

7.2 劳动合同

7.2.1 劳动合同概述

1. 劳动合同的概念和特征

劳动合同又称劳动契约或劳动协议,是指劳动者与用人单位之间确立劳动关系,明确双方权利和义务的协议。劳动合同除具有合同的一般特征外,还具有本身独有的法律特征:①劳动合同是建立劳动关系的一种法律形式,以合同形式确立了劳动者与用人单位的权利和义务;②劳动合同的主体具有特定性,一方是劳动者,另一方是用人单位;③劳动合同的内容具有劳动权利和义务的统一性和对应性;④劳动合同的当事人之间存在着职业上的从属关系,劳动者要接受用人单位的管理;⑤劳动合同的订立、变更、终止和解除,按照劳动法律、法规的规定进行。

劳动者同用人单位订立劳动合同,对于保障劳动者的合法权益,合理使用劳动力,增强企业活力,发挥劳动者的积极性和创造性,提高劳动生产率,促进社会主义现代化建设,具有重要的作用。

2. 劳动合同与劳务合同的区别

劳动合同与劳务合同不同。主要表现在:①合同双方当事人关系不同。劳务合同中双方当事人可以是自然人,也可以是法人,没有身份、组织、经济上的从属性;劳动合同双方当事人主体特定,一方是劳动者,另一方是用人单位,劳动者从属于用人单位。②劳动支配权和劳动风险责任承担不同。劳务合同中劳动支配权在提供劳务者,劳动风险责任亦由提供劳务者自行承担;劳动合同中劳动支配权在用人单位,劳动风险由社会、用人单位、劳动者三方承担。③报酬性质和支付方式不同。劳务报酬根据劳务市场价格确定,由双方当事人约定,国家无强制性规定,支付方式一般为一次性支付或分批支付;劳动报酬根据劳动的数量和质量确定,由双方当事人约定,但须遵守国家最低工资等强制性规定。④法律调整不同。劳务合同关系由民法调整,劳动合同关系由劳动法调整。

【案例 7-2】 1995 年 2 月罗某到某医院打扫卫生,双方签订了卫生保洁合同,协议期限约定为 1 年,协议中要求罗某每日早晚各打扫卫生 1 次,每月由医院支付罗某报酬 300 元,以后卫生保洁合同一年一签。罗某与医院均按保洁合同履行了相应义务。在协议履行期间,罗某从未参加过医院组织的任何活动。2002 年 2 月,医院通知罗某不再为医院打扫卫生。罗某即向当地劳动争议仲裁委员会申请仲裁,要求医院支付解除劳动合同的经济补偿金。劳动争议仲裁委员会以不属于受理范围而驳回了罗某的申请。罗某不服,又于 2002 年 12 月初以某医院为被告诉至法院,要求被告支付经济补偿金。法院最终判决驳回原告罗某的诉讼请求。罗某与医院签订的卫生保洁协议书仅规定罗某为医院提供一定的劳务活动,其性质为劳务合同,医院从未将被告录用为职工,也未组织管理过被告,因此双方之间是劳务关系,而不是劳动关系,应按民法有关规定处理。原告要求解除劳动合同的经济补救赔偿金于法无据。

7.2.2　劳动合同的种类

我国《劳动法》规定,按照合同期限不同,劳动合同可分为以下三种。

1. 有固定期限的劳动合同

有固定期限的劳动合同是双方当事人明确约定合同有效的起始日期和终止日期的劳动合同。期限届满，劳动合同终止。有固定期限劳动合同适用范围广，应变能力强，即能保证劳动关系相对稳定，又能促使劳动力合理流动。双方当事人可以根据生产、工作的需要确定劳动合同的期限。

2. 无固定期限的劳动合同

无固定期限的劳动合同是双方当事人只约定合同的起始日期，不约定合同的终止日期的劳动合同。订立无固定期限的劳动合同，除法律、法规有规定外，双方当事人应当约定变更、解除、终止合同的条件。只要不出现可以解除、终止劳动合同的条件，劳动者就可以长期在一个单位工作。这种工作适用于工作保密性强、技术复杂、生产需要长期保持稳定的工作岗位。无固定期限劳动合同对于稳定职工队伍、促进企业发展有重要的意义。

用人单位与劳动者协商一致，可以订立无固定期限劳动合同。根据我国《劳动合同法》规定，有下列情形之一，劳动者提出或者同意续订、订立劳动合同的，除劳动者提出订立固定期限劳动合同外，应当订立无固定期限劳动合同：

(1)劳动者在该用人单位连续工作满 10 年的。连续工作满 10 年，应当自用人单位开始用工之日起计算。无论是定期劳动合同年限还是以完成一定工作为期限的劳动合同年限，也无论是有书面劳动合同的工作年限还是无书面劳动合同的工作年限，都连续计算。此外，劳动合同期满，因规定医疗期、孕期、产期、哺乳期未满等情况而延续劳动合同期限，应当计入连续工作年限。

(2)用人单位初次实行劳动合同制度或者国有企业改制重新订立劳动合同时，劳动者在该用人单位连续工作满 10 年且距法定退休年龄不足 10 年的。

(3)连续订立二次固定期限劳动合同，且劳动者没有《劳动合同法》第 39 条①和第 40 条第 1 项和第 2 项②规定的情形，续订劳动合同的。

---

① 《劳动合同法》第 39 条：劳动者有下列情况之一的，用人单位可以解除劳动合同：

1. 在试用期间被证明不符合录用条件的；

2. 严重违反用人单位的规章制度的；

3. 严重失职，营私舞弊，给用人单位造成重大损害的；

4. 劳动者同时与其他用人单位建立劳动关系，对完成本单位的工作任务造成严重影响，或者经用人单位提出，拒不改正的；

5. 以欺诈、威胁的手段或者乘人之危，使对方在违背真实意思情况下订立或者变更劳动合同致使劳动合同无效的；

6. 被依法追究刑事责任的。

② 《劳动合同法》第 40 条第 1 项和第 2 项：

1. 劳动者患病或者非因工负伤，在规定的医疗期满后不能从事原工作，也不能从事由用人单位另行安排的工作的；

2. 劳动者不能胜任工作，经过培训或者调整工作岗位，仍不能胜任工作的。

除此以外,《劳动合同法》还规定,用人单位自用工之日起满1年不与劳动者订立书面劳动合同的,视为用人单位与劳动者已订立无固定期限劳动合同。

3. 以完成一定工作为期限的劳动合同

以完成一定工作为期限的劳动合同是指双方当事人将完成某项工作或工程为合同终止日期的劳动合同。当完成某项工程或者工作后,劳动合同自行终止。以完成一定工作为期限的劳动合同一般适用于建筑业、临时性、季节性的工作或由于其工作性质可以采取此种合同期限的工作岗位。

【案例7-3】《劳动合同法》颁布后,长沙首例无固定期限劳动合同案件[①]

刘某于1993年9月到湖南省畜牧兽医研究所下属的草业中心工作,至2007年12月15日止已届满14年。双方除2003年2月14日签订了一份书面劳动合同外,其他时间均未签订劳动合同。该份合同约定,刘某的工作期限为一年(即从2003年1月1日至12月31日),并规定了其工作职责、工作要求和劳动报酬;明确刘某为临时工身份,单位为其购买一份意外保险,其养老保险和医疗保险由刘某自己解决;还规定畜牧研究所在生产经营状况发生严重困难需压缩生产规模、停产时间达一个月以及机构改革确需裁员时,在提前10日以书面形式通知刘某后可解除合同。在合同履行期间,2003年3月至5月,根据畜牧所草业中心负责人李某与加华公司签订的协议,刘某作为畜牧所草业中心委派的技术人员到加华公司工作,工资由加华公司发放。

同年6月,刘某在完成加华公司的工作后回到畜牧所继续工作。2007年11月14日,畜牧所草业中心负责人李某向刘某送达一份"根据单位改革调整需要,你在我部门工作至2007年12月15日止,劳动报酬按期计发"的书面通知,刘某不服,申请劳动仲裁。湖南省劳动争议仲裁委员会作出裁决,对刘某的各项请求不予支持。刘某不服裁决,诉至芙蓉区法院。请求判令撤销畜牧所对刘某解除劳动合同的通知,恢复其劳动关系;要求畜牧所补缴所欠刘某170个月的社会保险款项;要求畜牧所与刘某签订无固定期限劳动合同。

芙蓉区法院认为,刘某自1993年9月进入畜牧所下属机构草业中心,至2007年12月15日止已连续工作14年,构成了事实上的劳动关系。畜牧所2003年与刘某签订的书面劳动合同,在该合同期限届满以后,又没有签订新的劳动合同,而刘某的事实劳动关系依然存在,应视为该合同继续有效。因畜牧所向法院提交其生产经营发生巨大变化和机构改革确需裁减人员及与刘某多次协商未成的相关证据不充分,其解除与刘某劳动合同的法定条件和约定条件均不成立,故刘某提出要撤销畜牧所解除与刘某劳动合同的通知,恢复其劳动关系的诉讼请求,法院予以支持。刘某提出要畜牧所为其补缴所欠170个月的社会保险款项的诉讼请求,不属于人民法院的受案范围,其应向社会保险部门申请处理。刘某委派工作期间,劳动合同关系没有中断,符合订立无

---

① 该案例载自 http://www.cshr.com.cn/csrczk/view.asp?zk_id=61&zk_qs=25

固定期限劳动合同的条件，且劳动者一方提出了订立无固定期限劳动合同要求，应当订立无固定期限的劳动合同。遂判令畜牧所一方撤销其解除与刘某劳动合同的通知，恢复与刘某的劳动关系，并与刘某签订无固定期限劳动合同。

7.2.3 劳动合同的订立原则

劳动合同的订立，是指劳动者和用人单位经过相互选择和平等协商，就劳动合同条款达成协议，从而确立劳动关系和明确相互权利义务的法律行为。《劳动合同法》第3条规定，订立劳动合同，应当遵循合法、公平、平等、自愿、协商一致、诚实信用的原则。

1. 合法原则

劳动合同必须依法订立，不得违反法律、行政法规的规定。合法原则的具体要求如下：首先，主体合法。主体合法即劳动合同的当事人必须具备合法资格。其次，内容合法。劳动合同的内容是对劳动合同双方当事人劳动权利和义务的具体约定，必须符合国家法律、行政法规的规定。第三，程序合法。劳动合同订立的程序必须是平等自愿、协商一致的过程。此外，形式也要合法。劳动合同应当采用书面形式。书面形式有主件、附件之分。劳动合同书是主件。附件一般是指作为劳动合同书补充内容的书面文件，如岗位协议书、专项劳动协议、用人单位依法制定的劳动规章制度等。主件与附件一同对双方当事人的权利和义务作出明确约定，并具有同等的法律效力。用人单位根据劳动法的规定，通过民主程序制定的规章制度，不违反国家法律、行政法规及政策规定，并已向劳动者公示的，可以作为人民法院审理劳动争议案件的依据。

2. 平等自愿、协商一致的原则

平等是指在订立劳动合同过程中，双方当事人的法律地位平等，不存在命令与服从的关系；自愿是指劳动合同的订立及合同内容的达成，完全出于当事人自己的意志，是其真实意思的表示，任何一方不得将自己的意志强加于对方，也不允许第三者非法干预；协商一致是指经过双方当事人充分协商，达成一致意见，签订劳动合同。

3. 诚实信用原则

诚实信用原则是民法的一项基本原则，同时也是贯穿于劳动合同法的基本原则。对用人单位而言，应当诚实信用地尽到保护照顾劳动者的义务；对劳动者而言，应当诚实信用地订立、履行劳动义务，对用人单位尽忠诚义务。

7.2.4 劳动合同的内容

劳动合同条款是劳动合同内容的文字表述，将劳动关系当事人双方的权利和义务固定并具体化。因此，劳动合同的条款应当完备而明确。劳动合同条款一般分为必备条款和可备条款。

1. 必备条款

必备条款是法律规定的生效劳动合同必须具备的条款。根据《劳动合同法》的规定，劳动合同应当具备以下条款：

(1)用人单位的名称、住所和法定代表人或者主要负责人。劳动合同中应当写明用人单位的名称、住所和法定代表人或者主要负责人。这些条款主要是为了确定劳动合同的主体当事人。

(2)劳动者的姓名、住址和居民身份证或者其他有效身份证件号码。本项规定的目的跟前项规定的目的是一样的。另外，一旦发生劳动争议并且付诸仲裁和诉讼时方便起诉和送达。

(3)劳动合同期限。如前文所述，劳动合同的期限包括固定期限的劳动合同、无固定期限的劳动合同和以完成一定工作为期限的劳动合同。

(4)工作内容和工作地点。工作内容是劳动法律关系的客体，是指劳动者具体从事什么种类、什么内容的劳动，是劳动者应履行的主要义务，这是劳动合同的核心必备条款之一。工作地点是劳动合同履行其劳动义务的地点。不同的工作地点通常意味着劳动者工作的环境，涉及劳动者重大利益，因此应当在劳动合同中明确。

(5)工作时间和休息休假。工作时间是职工根据法律的规定，在用人单位中用于完成本职工作的时间。我国法律对工作时间规定了限制，用人单位安排劳动者工作不能突破此限制。休息时间是指劳动者在用人单位任职期间，不必从事生产和工作而自行支配的时间。

(6)劳动报酬。劳动报酬是指用人单位根据国家有关规定和劳动合同的约定，以货币形式直接支付给劳动者的报酬，即我们通常所说的工资。工资一般包括计时工资、计件工资、奖金、津贴和补助、延长工作时间的工资报酬以及特殊情况下支付的工资等。劳动者与用人单位签订劳动合同的时候，应当约定工资的具体数额、工资都包括哪些内容、工资发放时间、工资发放的形式、病假时期工资待遇等内容。工资条款规定的越详细越有利于保护劳动者自己的权利。

(7)社会保险。我国劳动法等相关法律把社会保险分为养老保险、疾病保险、失业保险、工伤保险和生育保险几种。关于社会保险的具体内容在该章最后一节中详细介绍。

(8)劳动保护、劳动条件和职业危害防护。此项规定有利于保护劳动者的健康权和其他相关权益。

(9)法律、法规规定应当纳入劳动合同的其他事项。

2. 可备条款

可备条款是法律规定的生效合同可以具备的条款。当事人可以协商约定可备条款，缺少可备条款不影响劳动合同的成立。根据我国劳动法的规定，可备条款包括：

(1)试用期条款。劳动合同可以约定试用期,但不得约定违反法律规定的内容。试用期内劳动者的工资等待遇可以与正式职工有所差异,但用人单位不得在劳动法律、法规规定的最低劳动条件和劳动标准之下使用被试用者。

对试用期,我国《劳动合同法》作了限制性规定:劳动合同期限3个月以上不满1年的,试用期不得超过1个月;劳动合同期限1年以上不满3年的,试用期不得超过两个月;3年以上固定期限和无固定期限的劳动合同,试用期不得超过6个月。同一用人单位与同一劳动者只能约定一次试用期。以完成一定工作任务为期限的劳动合同或者劳动合同期限不满3个月的,不得约定试用期。试用期包含在劳动合同期限内。劳动合同仅约定试用期的,试用期不成立,该期限为劳动合同期限。

劳动者在试用期的工资不得低于本单位相同岗位最低档工资或者劳动合同约定工资的80%,并不得低于用人单位所在地的最低工资标准。

【案例7-4】 张某被某公司录用,双方约定前3个月为试用期,如果在试用期张某符合录用条件,等试用期满后再订立正式劳动合同,于是双方单独订立了一份试用期劳动合同。两个月后,该公司以张某在试用期内证明不符合录用条件为由,解除了劳动合同。张某不服,要求用人单位对其进行经济补偿,双方因此发生争议。张某提请劳动争议仲裁委员会仲裁。劳动争议仲裁委员会认为,该公司单独与张某订立试用期劳动合同的行为,违反了法律的规定。根据劳动法的规定,劳动合同仅约定试用期或者劳动合同期限与试用期相同的,试用期不成立,该期限为劳动合同期限。因此,张某与公司签订的所谓的"3个月的试用合同"是没有试用期的、正式的劳动合同,用人单位单方解除劳动合同应当对张某进行经济补偿。

(2)保守商业秘密和专有技术秘密条款。双方当事人可以在劳动合同中约定在劳动关系存续期间劳动者负有保守用人单位商业秘密和专有技术秘密的义务,一般还可以约定在终止劳动关系后的一定期限内劳动者继续承担保守原用人单位商业秘密和专有技术秘密的义务。

(3)禁止同业竞争条款。即双方当事人可以在劳动合同中约定掌握用人单位商业秘密的劳动者在终止或解除劳动合同后一定期限内(一般不超过3年),不能到与原用人单位生产同类产品或经营同类业务且有竞争关系的其他单位任职,也不得自己生产、经营同类产品或业务。做这种约定的同时,用人单位应给予劳动者一定的经济补偿。

其他可备条款还有第二职业条款、违约金和赔偿金条款、补充保险、福利条款等。

除以上必备条款和可备条款外,我国劳动法还规定了禁止双方当事人约定的条款,即用人单位在与劳动者订立劳动合同时,不得以任何形式向劳动者收取定金、保证金(物)或抵押金(物)。对违反规定的,由公安部门和劳动保障行政部门责令用人单位立即退还给劳动者本人。

7.2.5 劳动合同的效力

1.劳动合同的成立与生效

劳动合同的成立与劳动合同的生效是既有联系又有区别的两个法律概念。当事人双方就劳动合同内容协商一致,劳动合同就成立。但是劳动合同的成立并不意味着劳动合同一定生效。所谓劳动合同生效,是指劳动合同具有法律效力的起始时间。劳动合同依法成立,即具有法律效力,对当事人双方都有约束力。一般情况下,双方当事人意思表示一致,签订劳动合同之日,劳动合同就产生法律效力。但双方当事人约定须公证方可生效的劳动合同,其生效的时间始于公证之日。

2.劳动合同的无效

无效劳动合同,是指当事人违反法律规定,订立的不具有法律效力的劳动合同。它虽然是当事人双方协商订立的,但违反法律规定,因此国家不予承认,法律不予保护。

劳动合同无效的情形包括:①订立劳动合同的主体不合法,即合同双方当事人不具备法律规定的主体资格。②订立劳动合同的程序或形式不合法。③违反法律、行政法规的劳动合同。④用人单位免除自己的法定责任、排除劳动者权利的劳动合同。⑤采取欺诈、威胁等手段订立的劳动合同。值得注意的是,劳动法里面的欺诈、胁迫不是可以撤销的行为,而是完全无效的行为。无效劳动合同,从订立时起就没有法律约束力。确认劳动合同部分无效的,如果不影响其余部分的效力,其余部分仍然有效。

【案例7-5】 张某与某演艺公司签订了两年期的劳动合同,合同中除约定通常待遇、工作要求等条款外,还明确规定:合同期间内不得结婚,否则公司有权解除劳动合同。一年后,张某与男朋友结了婚,演艺公司以张某违背劳动合同的约定为由与她解除劳动合同。张某不服,提起劳动争议仲裁。劳动争议仲裁委员会认为,该公司的做法明显违反了国家法律的强制性规定。因为婚姻自由是宪法赋予公民的一项基本人身权利。用人单位在劳动合同中约定“在合同期间内不得结婚”的内容违反法律的强制性规定,该条款无效。

劳动合同的无效由劳动仲裁委员会或者人民法院确认。劳动合同无效以后会产生以下法律后果:①撤销劳动合同。这种情况适用于被确认为全部无效的劳动合同。被确认为全部无效的劳动合同,尚未履行的不得履行,正在履行的停止履行。对已经履行部分,应按事实劳动关系对待,劳动者付出劳动的,应得到相应的报酬和有关待遇。用人单位对劳动者付出的劳动,一般可参照本单位同期、同工种、同岗位的工资标准支付劳动报酬。②修正劳动合同。这种情况适用于被确认为部分无效的劳动合同及程序不合法而无效的劳动合同。③赔偿损失。由于用人单位的原因订立的无效劳动合同,对劳动者造成损害的,有过错的一方应当承担赔偿责任;不具备合法经营资格的用人单位的违法犯罪行为，给劳动者造成损害的，应当承担赔偿责任。

7.2.6 劳动合同的解除

1.解除劳动合同的条件和程序

劳动合同的解除是指劳动合同当事人在劳动合同期限届满之前，依法提前终止劳动合同关系的法律行为。劳动合同的解除可分为双方协商解除、用人单位单方解除以及劳动者单方解除。

对于双方协商解除劳动合同，根据《劳动合同法》第36条的规定，用人单位与劳动者协商一致，可以解除劳动合同。

对于用人单位单方解除劳动合同，分为即时辞退、预告辞退和裁员三种情况。

根据《劳动合同法》第39条的规定，劳动者有下列情形之一的，用人单位可以解除劳动合同(又称为即时辞退)：

(1)在试用期间被证明不符合录用条件的；

(2)严重违反用人单位的规章制度的；

(3)严重失职，营私舞弊，给用人单位造成重大损害的；

(4)劳动者同时与其他用人单位建立劳动关系，对完成本单位的工作任务造成严重影响，或者经用人单位提出，拒不改正的；

(5)以欺诈、威胁的手段或者乘人之危，使对方在违背真实意思情况下订立或者变更劳动合同致使劳动合同无效的；

(6)被依法追究刑事责任的。

根据《劳动合同法》第40条的规定，有下列情形之一的，用人单位提前30日以书面形式通知劳动者本人或者额外支付劳动者一个月工资后，可以解除劳动合同(又称为预告辞退)：

(1)劳动者患病或者非因工负伤，在规定的医疗期满后不能从事原工作，也不能从事由用人单位另行安排的工作的；

(2)劳动者不能胜任工作，经过培训或者调整工作岗位，仍不能胜任工作的；

(3)劳动合同订立时所依据的客观情况发生重大变化，致使劳动合同无法履行，经用人单位与劳动者协商，未能就变更劳动合同内容达成协议的。

根据《劳动合同法》第41条的规定，有下列情形之一，需要裁减人员20人以上或者裁减不足20人但占企业职工总数10%以上的，用人单位提前30日向工会或者全体职工说明情况，听取工会或者职工的意见后，裁减人员方案经向劳动行政部门报告，可以裁减人员(又称为裁员)：

(1)依照企业破产法规定进行重整的；

(2)生产经营发生严重困难的；

(3)企业转产、重大技术革新或者经营方式调整,经变更劳动合同后,仍需裁减人员的;

(4)其他因劳动合同订立时所依据的客观经济情况发生重大变化,致使劳动合同无法履行的。

裁减人员时,应当优先留用下列人员:与本单位订立较长期限的固定期限劳动合同的;与本单位订立无固定期限劳动合同的;家庭无其他就业人员,有需要扶养的老人或者未成年人的。用人单位依照上述规定裁减人员,在6个月内重新招用人员的,应当通知被裁减的人员,并在同等条件下优先招用被裁减的人员。

【案例7-6】 南方某股份公司为了提高公司的生产效益,增强企业职工的上进心,建设独特企业生产文化,2008年10月该公司决定推行"末位淘汰制",授权部门经理在年底时对下属员工进行一次全面的考核、打分、排名次;然后,再按部门考核后排好的名次排序,辞退名次排在末位的两名员工。1个月后,根据"末位淘汰制"的规定,各部门经理对自己下属的每一名员工都进行了考核,根据考核成绩,公司通过解除劳动合同的方式辞退了一批考核名次排在末位的员工。被辞退的职工不服,联合向劳动部门上访,并向劳动争议仲裁机构提起了仲裁申请。

根据《劳动合同法》第40条的规定,劳动者不能胜任工作,经过培训或者调整工作岗位,仍不能胜任工作的,用人单位在提前30日以书面形式通知劳动者本人或者额外支付劳动者1个月工资后,可以解除劳动合同。该公司没有对排在末位的员工进行培训或调整工作岗位,就解除劳动合同,是违法的。

对于劳动者单方解除劳动合同,分为即时辞职、预告辞职两种情况。对于预告辞职,《劳动合同法》第37条的规定,劳动者提前30日以书面形式通知用人单位,可以解除劳动合同。劳动者在试用期内提前3日通知用人单位,可以解除劳动合同。

至于即时辞职,根据《劳动合同法》第38条的规定,用人单位有下列情形之一的,劳动者可以解除劳动合同,并可取得经济补偿:

(1)未按照劳动合同约定提供劳动保护或者劳动条件的;

(2)未及时足额支付劳动报酬的;

(3)未依法为劳动者缴纳社会保险费的;

(4)用人单位的规章制度违反法律、法规的规定,损害劳动者权益的;

(5)以欺诈、威胁的手段或者乘人之危,使对方在违背真实意思情况下订立或者变更劳动合同致使劳动合同无效的;

(6)法律、行政法规规定劳动者可以解除劳动合同的其他情形。

此外,《劳动合同法》对劳动者即时解除劳动合同做了如下规定:用人单位以暴力、威胁或者非法限制人身自由的手段强迫劳动者劳动的,或者用人单位违章指挥、强令冒险作业危及劳动者人身安全的,劳动者可以立即解除劳动合同,不需事先告知用人单位。

【案例 7-7】 张某在某物业管理公司找到一份工作，工作一个月后物业管理公司迟迟不发工资，张某向公司负责人询问，对方说公司资金周转不灵，需要等几天。但是张某一直等了两个月也没有发，张某就向公司提出辞职并提交了书面辞呈，要求公司将自己的工资结清。但公司认为张某擅自离职，要求张某赔偿给单位造成的损失。张某不服，向劳动争议仲裁委员会提请了仲裁。劳动争议仲裁委员会认为，该公司没有按照法律规定支付劳动者报酬，张某有权解除劳动合同，并有权要求单位支付工资和经济补偿金。

2. 解除劳动合同的经济补偿

解除劳动合同的经济补偿，是指因解除劳动合同而由用人单位给予劳动者的一次性经济补偿。经济补偿的目的在于从经济方面制约用人单位的解除行为，并对失去工作的劳动者给予经济上的补偿。

根据《劳动合同法》第 46 条的规定，有下列情形之一的，用人单位应当向劳动者支付经济补偿：

(1)劳动者依照本法第 38 条规定解除劳动合同的；

(2)用人单位依照本法第 36 条规定向劳动者提出解除劳动合同并与劳动者协商一致解除劳动合同的；

(3)用人单位依照本法第 40 条规定解除劳动合同的；

(4)用人单位依照本法第 41 条第 1 项规定解除劳动合同的；

(5)除用人单位维持或者提高劳动合同约定条件续订劳动合同，劳动者不同意续订的情形外，依照本法第 44 条[①]第 1 项规定终止固定期限劳动合同的；

(6)依照本法第 44 条第 4 项、第 5 项规定终止劳动合同的；

(7)法律、行政法规规定的其他情形。

对于经济补偿的计算方式，《劳动合同法》第 47 条规定：经济补偿按劳动者在本单位工作的年限，每满 1 年支付 1 个月工资的标准向劳动者支付。6 个月以上不满 1 年的，按 1 年计算；不满 6 个月的，向劳动者支付半个月工资的经济补偿。劳动者月工资高于用人单位所在直辖市、设区的市级人民政府公布的本地区上年度职工月平均工资 3 倍的，向其支付经济补偿的标准按职工月平均工资 3 倍的数额支付，向其支付经济补偿的年限最高不超过 12 年。所谓月工资是指劳动者在劳动合同解除或者终止前 12 个月的平均工资。

---

① 《劳动合同法》第 44 条：有下列情形之一的，劳动合同终止：

1. 劳动合同期满的；
2. 劳动者开始依法享受基本养老保险待遇的；
3. 劳动者死亡的，或者被人民法院宣告死亡或者宣告失踪的；
4. 用人单位被依法宣告破产的；
5. 用人单位被吊销营业执照、责令关闭、撤销或者用人单位决定提前解散的。

7.2.7　违反劳动合同的赔偿责任

违反劳动合同的赔偿责任，是指当事人由于自己的过错造成劳动合同的不履行或不适当履行，由此所应承担的相应的赔偿责任。

(1)用人单位应承担的赔偿责任。用人单位违反《劳动合同法》规定解除或者终止劳动合同的，应当依照本法第47条规定的经济补偿标准的两倍向劳动者支付赔偿金。

(2)劳动者应承担的赔偿责任。根据《劳动合同法》第90条的规定，劳动者违反本法规定解除劳动合同，或者违反劳动合同中约定的保密义务或者竞业限制，给用人单位造成损失的，应当承担赔偿责任。

(3)连带赔偿责任。用人单位招用未解除劳动合同的劳动者，给原用人单位造成经济损失的，除该劳动者承担直接赔偿责任外，该用人单位应当承担连带赔偿责任。其连带赔偿的份额应不低于对原用人单位造成经济损失总额的70%。用人单位应向原用人单位赔偿下列损失：对生产、经营和工作造成的直接经济损失及因获取商业秘密给用人单位造成的经济损失。

7.3　集体合同

集体合同，是指用人单位与本单位职工根据法律、法规、规章的规定，就劳动报酬、工作时间、休息休假、劳动安全卫生、保险福利等事项，通过集体协商签订的书面协议。在我国，集体合同主要是由代表劳动者的工会或职工代表与企业或事业单位签订。

7.3.1　集体合同的特征

在我国，集体合同具有以下特征：(1)集体合同的主体一方是劳动者的团体组织——企事业工会或职工代表，另一方是企业或者实行企业化管理的事业单位。(2)集体合同以集体劳动关系中全体劳动者的最低劳动条件、劳动标准和全体职工的权利义务为主要内容，目的是协调用人单位内部劳动关系，确定劳动者的共同利益。(3)集体合同是要式合同，我国劳动法规定集体合同必须报送劳动保障行政部门登记、审查、备案，方能产生法律效力。

7.3.2　集体合同的订立

集体合同按如下程序订立：(1)讨论集体合同草案或专项集体合同草案。经双方代表协商一致的集体合同草案或专项集体合同草案，应提交职工代表大会或全体职工讨论。(2)通过草案。全体职工代表半数以上或者全体职工半数以上同意,集体合同草案或专项集体合同草案方获通过。(3)集体协商双方首席代表签字。集体合同或专项集体合同签订后,应当自双方首席代表签字之日起 10 日内,由用人单位一方将文本一式三份报送劳动行政部门审查。劳动行政部门自收到文本之日起 15 日内未提出异议的,集体合同或专项集体合同即行生效。

7.3.3 集体合同的效力

集体合同的效力高于劳动合同。生效的集体合同对企事业单位及其工会和全体职工具有约束力。集体合同一经生效,不管职工赞成还是反对,均受合同的约束。集体合同生效后,劳动者与用人单位订立劳动合同时,劳动合同规定的劳动者的个人劳动条件和劳动报酬等标准不得低于集体合同或专项集体合同的规定,否则劳动合同无效。由此可见,集体合同的效力高于劳动合同的效力。

【案例 7-8】 天天乐商场的集体合同中有这样一条规定:在周末与节假日的商场经营活动中,员工需要延长一个小时工作时间,商场向员工支付加班费。职工程勤以自己没有签署集体合同,星期天要上进修班为理由,拒绝公司的安排。

程勤的主张是错误的。集体合同一旦签订,对全体职工具有约束力。程勤错误地认为集体合同不是自己签订的,就对自己无效,这是不正确的。根据我国法律规定,依法签订的集体合同对于用人单位和劳动者都具有约束力,任何一方当事人违反集体合同规定的,都要承担相应的法律责任。

7.4 劳动基准法

劳动基准法,就是在劳动法中规定和确认一系列劳动标准,要求用人单位必须遵守。要求用人单位向劳动者提供的劳动条件只能等于或优于劳动基准,以保证劳动者权益的实现。劳动基准法主要是由规定劳动标准的各项法律制度构成,包括工时标准、最低工资标准、劳动保护标准等。

7.4.1 工作时间和休息休假

1. 工作时间的概念和种类

工作时间又称劳动时间,是指法律规定的劳动者在一昼夜和一周内从事劳动的时间。工作时间包括每日工作的小时数、每周工作的天数和小时数。

工作时间的种类包括标准工作时间、缩短工作时间、延长工作时间、不定时工作时间和综合计算工作时间。

(1)标准工作时间

标准工作时间又称标准工时，是指法律规定的在一般情况下都普遍适用的，按照正常作息办法安排的工作日和工作周的工时制度。我国的标准工时为：劳动者每日工作8小时，每周工作40小时，在一周(7日)内工作5天。实行计件工作的劳动者，用人单位应当根据每日工作8小时、每周工作40小时的工时制度，合理确定其劳动定额和计件报酬标准。

(2)缩短工作时间

缩短工作时间是指法律规定的在特殊情况下劳动者的工作时间长度少于标准工作时间的工时制度，即每日工作少于8小时。缩短工作时间适用于：①从事矿山井下、高山、有毒有害、特别繁重或过度紧张等作业的劳动者；②从事夜班工作的劳动者；③哺乳期内的女职工。

(3)延长工作时间

延长工作时间是指超过标准工作日的工作时间，即每日工作时间超过8小时，每周工作时间超过40小时。延长工作时间必须符合法律、法规的规定。

(4)不定时工作时间和综合计算工作时间

不定时工作时间又称不定时工作制，是指无固定工作时数限制的工时制度，适用于工作性质和职责范围不受固定工作时间限制的劳动者，如企业中的高级管理人员、外勤人员、推销人员、部分值班人员、从事交通运输的工作人员以及其他因生产特点、工作特殊需要或职责范围的关系，适合实行不定时工作制的职工等。

综合计算工作时间又称综合计算工时工作制，是指以一定时间为周期，集中安排并综合计算工作时间和休息时间的工时制度，即分别以周、月、季、年为周期综合计算工作时间，但其平均日工作时间和平均周工作时间应与法定标准工作时间基本相同。

对符合下列条件之一的职工，可以实行综合计算工时工作制：交通、铁路、邮电、水运、航空、渔业等行业中因工作性质特殊，需连续作业的职工；地质及资源勘探、建筑、制盐、制糖、旅游等受季节和自然条件限制的行业的部分职工；其他适合实行综合计算工时工作制的职工。实行不定时工作制和综合计算工时工作制的企业，应根据劳动法的有关规定履行审批手续，在保障职工身体健康并充分听取职工意见的基础上，采用集中工作、集中休息、轮流调休、弹性工作时间等适当方式，确保职工的休息休假权利和生产工作任务的完成。

2. 休息休假的概念和种类

休息休假是指劳动者为行使休息权在国家规定的法定工作时间以外，不从事生产或工作而自行支配的时间。

休息时间的种类包括：(1)工作日内的间歇时间。它是指在工作日内给予劳动者休息的时间，一般为1至2小时，最短不得少于半小时。(2)工作日间的休息时间。它是指两个临近工作日之间的休息时间，一般不少于16小时。(3)公休假日，又称周休息日，是劳动者在1周(7日)内享有的休息日，公休假日一般为每周2日，一般安排在周六和周日休息。不能实行国家标准工时制度的企业和事业组织，可根据实际情况灵活安排周休息日，应当保证劳动者每周至少休息1日。

休假的种类包括：(1)法定节假日。它是指法律规定用于开展纪念、庆祝活动的休息时间。根据《国务院关于修改〈全国年节及纪念日放假办法〉的决定》，我国新出台的法定节假日共11日，包括：元旦1天、清明1天、劳动节1天、端午节1天、中秋节1天、国庆节3天、春节3天。(2)探亲假。它是指劳动者享有保留工资、工作岗位而同分居两地的父母或配偶团聚的假期。探亲假适用于在国家机关、人民团体、全民所有制企业、事业单位工作满1年的固定职工。(3)年休假。它是指职工工作满一定年限，每年可享有的带薪连续休息的时间。《劳动法》第45条规定，国家实行带薪年休假制度。劳动者连续工作1年以上的，享有带薪年休假。具体办法由国务院规定。

3. 加班加点的法律规定

加班是指劳动者在法定节假日或公休假日从事生产或工作。加点是指劳动者在标准工作日以外延长工作的时间。加班加点又统称为延长工作时间。为保证劳动者休息权的实现，劳动法规定任何单位和个人不得擅自延长职工工作时间。

《劳动法》第41条规定，用人单位由于生产经营需要，经与工会和劳动者协商后可以延长工作时间，一般每日不得超过1小时；因特殊原因需要延长工作时间的，在保障劳动者身体健康的条件下每日不得超过3小时，但是每月不得超过36小时。

劳动法规定在下述特殊情况下，延长工作时间不受《劳动法》第41条的限制：发生自然灾害、事故或者因其他原因，威胁到劳动者生命健康和财产安全，或使人民的安全健康和国家资产遭到严重威胁，需要紧急处理的；生产设备、交通运输线路、公共设施发生故障，影响生产和公共利益，必须及时抢修的；在法定节假日和公休假日内工作不能间断，必须连续生产、运输或营业的；必须利用法定节假日或公休假日的停产期间进行设备检修、保养的；为了完成国防紧急生产任务，或者完成上级在国家计划外安排的其他紧急生产任务，以及商业、供销企业在旺季完成收购、运输、加工农副产品紧急任务的；法律、行政法规规定的其他情形。

《劳动法》对加班加点的工资标准的规定有：安排劳动者延长工作时间的，支付不低于工资的150％的工资报酬；休息日安排劳动者工作又不能安排补休的，支付不低于工资的200％的工资报酬；法定休假日安排劳动者工作的，支付不低于工资的300％的工资报酬。

7.4.2 工资

1. 工资的概念和特征

工资是指用人单位依据国家有关规定和集体合同、劳动合同约定的标准，根据劳动者提供劳动的数量和质量，以货币形式支付给劳动者的劳动报酬。工资具有以下特征：(1)工资是职工基于劳动关系所获得的劳动报酬。(2)工资是用人单位对职工履行劳动义务的物质补偿。(3)工资额的确定必须以劳动法规、劳动政策、集体合同和劳动合同的规定为依据。(4)工资必须以法定方式支付。一般用法定货币支付，并且应当持续、定期支付。

2. 工资形式

我国的工资形式主要有：

(1)计时工资。计时工资是按单位时间工资标准和劳动者实际工作时间计付劳动报酬的工资形式。我国常见的有小时工资、日工资和月工资。

(2)计件工资。计件工资是按照劳动者生产合格产品的数量或作业量以及预先规定的计件单价支付劳动报酬的一种工资形式。计件工资是计时工资的转化形式。

(3)奖金。奖金是给予劳动者的超额劳动报酬和增收节支的物质奖励。它包括：月奖、季度奖和年度奖；经常性奖金和一次性奖金；综合奖和单项奖等。

(4)津贴。津贴是对劳动者在特殊条件下的额外劳动消耗或额外费用支出给予物质补偿的一种工资形式。津贴主要有：岗位津贴、保健性津贴、技术性津贴等。

(5)补贴。补贴是为了保障劳动者的生活水平不受特殊因素的影响而支付给劳动者的工资形式。它与劳动者的劳动没有直接联系，其发放主要根据国家有关政策规定，如物价补贴、边远地区生活补贴等。

(6)特殊情况下的工资。特殊情况下的工资是对非正常工作情况下的劳动者依法支付工资的一种工资形式。特殊情况下的工资主要有：加班加点工资，事假、病假、婚假、探亲假等工资以及履行国家和社会义务期间的工资等。

3. 工资支付保障

工资支付保障是为保障劳动者劳动报酬权的实现，防止用人单位滥用工资分配权而制定的有关工资支付的一系列规则，主要包括以下内容：

(1)工资应以法定货币支付，不得以实物及有价证券代替货币支付。

(2)工资应在用人单位与劳动者约定的日期支付。工资一般按月支付，至少每月支付一次。实行周、日、小时工资制的，可按周、日、小时支付。

(3)劳动者依法享受年休假、探亲假、婚假、丧假期间，以及依法参加社会活动期间，用人单位应按劳动合同规定的标准支付工资。

(4)工资应支付给劳动者本人，也可由劳动者家属或委托他人代领，用人单位可委托银行代发工资。

(5)工资应依法足额支付，除法定或约定允许扣除工资的情况外，严禁非法克扣或无故拖欠劳动者工资。

(6)对代扣工资的限制。用人单位不得非法克扣劳动者工资，有下列情况之一的，用人单位可以代扣劳动者工资：用人单位代扣代缴的个人所得税；用人单位代扣代缴的应由劳动者个人负担的社会保险费用；用人单位依审判机关判决、裁定扣除劳动者工资；依照人民法院判决、裁定，用人单位可以从应负法律责任的劳动者工资中扣除其应负担的抚养费、赡养费和损害赔偿等款项；法律、法规规定可以从劳动者工资中扣除的其他费用。

(7)对扣除工资金额的限制。因劳动者本人原因给用人单位造成经济损失的，用人单位可以按照劳动合同的约定要求劳动者赔偿其经济损失。经济损失的赔偿，可以从劳动者本人的工资中扣除，但每月扣除金额不得超过劳动者月工资的20%；若扣除后的余额低于当地月最低工资标准的，则应按最低工资标准支付。此外，用人单位对劳动者的违纪罚款，一般不得超过本人月工资标准的20%。

(8)用人单位依法破产时，劳动者有权获得其工资，在破产清偿顺序中用人单位应按企业破产法规定的清偿顺序，首先支付本单位劳动者的工资。

4. 最低工资保障

我国最低工资保障制度是国家通过立法，强制规定用人单位支付给劳动者的工资不得低于国家规定的最低工资标准，以保障劳动者能够满足其自身及其家庭成员基本生活需要的法律制度。最低工资是指劳动者在法定工作时间内提供了正常劳动的前提下，其所在用人单位应支付的最低劳动报酬。最低工资的支付以劳动者在法定工作时间内提供了正常劳动为条件。劳动者因探亲、结婚、直系亲属死亡按照规定休假期间，以及依法参加国家和社会活动期间，视为提供了正常劳动，用人单位支付给劳动者的工资不得低于其适用的最低工资标准。劳动者与用人单位形成或建立劳动关系后，试用、熟练、见习期间，在法定工作时间内提供了正常劳动，其所在的用人单位应当支付不得低于最低工资标准的工资。

最低工资不包括下列各项：(1)加班加点的工资；(2)中班、夜班、高温、低温、井下、有毒有害等特殊工作环境条件下的津贴；(3)国家法律、法规和政策规定的劳动者保险、福利待遇；(4)用人单位通过贴补伙食、住房等支付给劳动者的非货币性收入。

《劳动法》明确规定：用人单位支付给劳动者的工资不得低于当地最低工资标准。最低工资应以法定货币支付。用人单位支付给劳动者的工资低于最低工资标准的，由当地人民政府劳动保障行政部门责令其限期改正，逾期未改正的，由劳动保障行政部门对用人单位和责任者给予经济处罚，并视其欠付工资时间的长短向劳动者支付赔偿金。

【案例7-9】 2001年9月，某造纸厂从农村招收了一批工人(共35人)，并签订了为期两年的劳动合同。合同约定月工资250元。2002年1月，工人们得知该地区最低工资标准为280元，要求企业增加工资。企业认为，工人每月的工资加上加班工资和伙食补贴超过了450元，已经超过了当地最低工资标准。于是，造纸厂拒绝了工人们的要求。工人们为此向当地劳动争议仲裁委员会提出申诉。

本案中，企业支付的工资不符合国家的规定。因为工人的月工资低于当地的最低工资标准。与最低工资标准比较时，工人的加班工资、伙食补贴不应计算在内。本案应由当地人民政府劳动保障行政部门责令其限期改正，逾期未改正的，由劳动保障行政部门对用人单位和责任者给予经济处罚，并视其欠付工资时间的长短向劳动者支付赔偿金。

7.4.3　女职工和未成年工的特殊保护

1. 女职工的特殊劳动保护

女职工特殊劳动保护是指根据女职工生理特点和抚育子女的需要，对其在劳动过程中的安全健康所采取的有别于男子的特殊保护。包括禁止或限制女职工从事某些作业、女职工"四期"保护等特殊保护。

(1)禁止女职工从事的工作。劳动法律规定禁止安排女职工从事矿山井下作业、国家规定的第四级体力劳动强度的劳动和其他禁忌从事的劳动。

(2)女职工"四期"保护。第一，月经期保护。不得安排女职工在经期从事高处、高温、低温、冷水作业和国家规定的第三级体力劳动强度的劳动。第二，怀孕期保护。不得安排女职工在怀孕期间从事国家规定的第三级体力劳动强度的劳动；对怀孕 7 个月以上的女职工，不得安排其延长工作时间和夜班劳动。第三，生育期保护。女职工生育享受不少于 90 天的产假，难产的增加 15 天。第四，哺乳期保护。不得安排女职工在哺乳未满 1 周岁的婴儿期间从事国家规定的第三级体力劳动强度的劳动和哺乳期禁忌从事的其他劳动，不得安排其延长工作时间和夜班劳动。

2. 未成年工的特殊劳动保护

未成年工是指年满 16 周岁未满 18 周岁的劳动者。未成年工特殊保护是指国家为维护未成年工的合法权益，保护其健康成长而专门做出的保护他们在劳动方面特殊权益的法律规定。对未成年工特殊劳动保护的措施主要有：(1)上岗前培训未成年工上岗。用人单位应对其进行有关的职业安全卫生教育、培训。(2)禁止安排未成年工从事有害健康的工作。用人单位不得安排未成年工从事矿山井下、有毒有害、国家规定的第四级体力劳动强度和其他禁忌从事的劳动。(3)对未成年工定期进行健康检查。

7.5　劳动争议

劳动争议又称劳动纠纷，是指劳动关系双方当事人因执行劳动法律、法规或履行劳动合同、集体合同发生的纠纷。劳动争议发生在劳动者与用人单位之间，不要求已经订立劳动合同，只要存在事实劳动关系即可。

7.5.1 劳动争议的范围

依据《中华人民共和国企业劳动争议处理条例》规定，我国现阶段受理的范围是境内企业与职工之间发生的下列争议：(1)因企业开除、除名、辞退职工和职工辞职、自动离职发生的争议；(2)因执行国家有关工作时间和休息休假、工资、保险、福利、培训、劳动保护的规定发生的争议；(3)因履行劳动合同和集体合同发生的争议；(4)法律、法规规定的其他劳动争议。

7.5.2 劳动争议的处理机构

劳动争议的处理机构有：劳动争议调解委员会、劳动争议仲裁委员会和人民法院。

(1)劳动争议调解委员会

劳动争议调解委员会是用人单位内部设立的，调解本单位发生的劳动争议的群众性组织。它由职工代表、用人单位代表和工会代表组成，用人单位代表的人数不得超过调解委员会总人数的1/3，调解委员会的主任由工会代表担任。

(2)劳动争议仲裁委员会

劳动争议仲裁委员会是国家授权、依法独立地对劳动争议案件进行专门仲裁的机构。劳动争议仲裁委员会由劳动行政部门代表、同级工会代表、用人单位方面的代表组成，上述三方代表人数相等，仲裁委员会的总人数为单数，其主任由劳动行政部门代表担任。

(3)人民法院

我国尚未设立劳动法院或劳动法庭，由各级人民法院的民事审判庭审理劳动争议案件。

7.5.3 劳动争议的处理程序

《劳动法》第77条规定，用人单位与劳动者发生劳动争议，当事人可以依法申请调解、仲裁、提起诉讼，也可以协商解决。据此，我国处理劳动争议有四种方式：协商、调解、仲裁和诉讼。

(1)协商。劳动争议发生后，当事人应当协商解决，协商一致后，双方可达成和解协议，但和解协议无必须履行的法律效力，而是由双方当事人自觉履行。协商不是处理劳动争议的必经程序，当事人不愿协商或协商不成的，可以申请调解或仲裁。

(2)调解。劳动争议发生后，当事人双方愿意调解的，可以书面或口头形式向调解委员会申请调解。调解委员会接到调解申请后，依据合法、自愿的原则调解，并应在

30 日内结束，到期未结束的，视为调解不成。经调解达成协议的，制作调解书。调解书无必须履行的法律效力，靠双方当事人自觉履行。调解不是处理劳动争议的必经程序，当事人不愿调解或调解不成，可直接向仲裁委员会申请仲裁。

(3)仲裁。仲裁是诉讼的前置程序，未经仲裁的劳动争议不得向人民法院提起诉讼。

自劳动争议发生之日起 60 日内，当事人可以书面形式向劳动争议仲裁委员会提出仲裁申请。劳动仲裁的申请不以事先在合同中有仲裁条款，或是争议发生后达成仲裁的书面协议为条件。

仲裁应贯彻先调解的原则，经调解达成协议的，应制作调解书。仲裁调解书具有法律效力，自送达之日起具有法律约束力，当事人必须自觉履行，一方当事人不履行的，另一方当事人可向人民法院申请强制执行。

劳动争议仲裁委员会受理案件后，经调解不成的，应当在 60 日内做出裁决。

(4)诉讼。诉讼当事人对仲裁裁决不服的，可自收到仲裁裁决之日起 15 日内向人民法院起诉。逾期不起诉的，仲裁裁决发生法律效力。劳动仲裁并不排斥诉讼，这与一般民事纠纷审理不同。

7.6　社会保险法律制度

根据宪法、劳动法的规定和劳动保险制度改革的方向，我国社会保险的含义是指劳动者因年老、伤病、残疾、生育、死亡造成劳动能力丧失或者失去工作岗位等客观情况导致经济困难，而从国家和社会获得补偿和物质帮助的保障制度。社会保险的具体项目包括养老保险、医疗保险、生育保险、工伤保险和失业保险等。

7.6.1　我国社会保险制度

1. 养老保险法律制度

(1)养老保险的概念和形式

养老保险是指劳动者在因年老或者病残而丧失劳动能力的情况下，退出劳动领域，定期领取生活费用的一种社会保险制度。我国职工养老保险有三种形式：①退休。即职工因年老或者病残而完全丧失劳动能力，退出生产和工作岗位养老休息时获得一定物质帮助的制度；②离休。即建国前参加革命工作的老干部到达一定年龄后退职休养的制度；③退职。即职工不符合退休条件但完全丧失劳动能力而退出职务和工作岗位进行休养的制度。

(2)养老保险待遇的享受条件

①退休条件。我国规定的退休年龄包括：一般退休年龄、提前退休年龄和延迟退

休年龄三种。享受退休待遇，除达到退休年龄外，一般还应同时达到一定的工龄。在我国，职工退休一般须工龄满10年；国家公务员提前退休一般须连续工龄满20年。除年龄和工龄条件外，有的情况下还须具备其他特殊条件。如提前和延迟退休，都应经有关部门或机构批准；从事有害身体健康工作的职工和因工伤（职业病）致残的职工提前退休，须是经依法证明完全丧失劳动能力者。

②离休条件。我国现行法律中规定的离休条件包括年龄条件和身份条件两种。离休年龄与国家公务员退休年龄相同，即男60岁，女55岁；身份条件是指离休者必须是建国前参加革命工作的老干部。

③退职条件。按照我国现行法律规定，退职须具备两项条件：一是经依法证明完全丧失劳动能力；二是不具备某项退休条件的，如未达到规定的退休年龄或连续工龄等。

④权利丧失条件。这是立法特别规定的应当使被保险人丧失享受养老保险待遇的条件。例如，被保险人在服刑期间，或者在尚未达到养老保险待遇享受条件前移居境外，就规定为此种条件。

(3)养老保险待遇的内容和给付

养老保险待遇的内容因劳动者退出劳动领域的原因分为退休、离休和退职而有所不同。

退休待遇一般包括：①退休金；②与在职职工相同的医疗待遇和死亡待遇；③按规定享受的其他待遇，如易地安家补助费、易地安置车旅费、住房补贴、冬季取暖补贴等。

离休待遇，遵循“基本政治待遇不变，生活待遇从优”的原则，其水平高于退休待遇。离休待遇主要包括：①基本政治待遇与在职时相同；②原工资照发，并享受规定标准的生活补助费和补贴；③享受公费医疗和司局级以上干部的保健医疗；④按规定标准发给安置补助费和护理费；⑤其他各项生活待遇，都与所在地区同级在职干部相同。

退职待遇，其水平低于退休待遇。主要包括：①按月发给相当于本职工退休之前基本工资一定比例的退职生活费，其数额不得低于国家规定的最低标准；②医疗待遇、死亡待遇与在职职工相同。

养老保险待遇的给付有用人单位给付和保险人给付两种方式。其规则如下：①养老金由社会保险经办机构从养老保险统筹基金和个人账户存储额中开支，一般按月发放，直到死亡；但对于连续工龄（或缴费工龄）较短者，宜在退休时一次性发放。被保险人死亡时，其个人账户中的余额可由其供养家属或者其他法定继承人依法继承。②医疗保险待遇所需费用的支付，按医疗保险有关规定执行。按照医疗保险制度改革的目标模式，应当按规定比例从医疗保险统筹基金和个人账户中支付，其余部分由个人负担，但个人负担部分应低于未退休者。③其他养老保险待遇一般由用人单位给付。

2. 医疗保险法律制度

(1)医疗保险的概念

医疗保险是指保障劳动者及其供养亲属非因工伤病后在医疗上获得物质帮助的一种社会保险制度。主要包括以下内容：①医疗保险以职业病以外的普遍疾病和工伤以外的负伤为保险事故；②医疗保险除了以劳动者为被保险人以外，还包括与劳动者有供养义务的亲属；③医疗保险以提供医疗服务为基本内容。

(2)基本医疗保险的覆盖范围

根据《国务院关于建立城镇职工基本医疗保险制度决定》的规定，城镇职工基本医疗保险制度的覆盖范围为：城镇所有用人单位，包括企业(国有企业、集体企业、外商投资企业、私营企业等)、机关、事业单位、社会团体、民办非企业单位及其职工。乡镇企业及其职工、城镇个体经济组织业主及其从业人员是否参加基本医疗保险，由各省、自治区、直辖市人民政府决定。

(3)基本医疗保险基金的构成

基本医疗保险基金主要来源于用人单位和职工共同缴纳的基本医疗保险费，由统筹基金和个人账户构成。用人单位缴费率控制在职工工资总额的 6%左右，职工缴费率一般为本人工资收入的 2%。退休人员参加基本医疗保险，个人不缴纳基本医疗保险费。职工个人的缴费，全部计入个人账户。用人单位的缴费，一部分用于建立统筹基金，一部分划入个人账户，划入个人账户的部分一般为缴费的 30%左右，具体比例由统筹地区根据个人账户的支付范围和职工年龄等因素确定。

(4)医疗保险待遇的内容和给付

职工享受医疗保险待遇，除完全丧失劳动能力外，只限于规定的医疗期内。医疗期的长度根据职工本人连续工龄和本单位工龄分档次确定，最短不少于 3 个月，最长一般不超过 24 个月；难以治愈的疾病，经医疗机构提出，本人申请，劳动行政部门批准后，可适当延长医疗期，但延长期限最多为 6 个月。

医疗保险待遇主要表现为医疗服务，其中包括药品、诊疗住院等项目。提供基本医疗服务的定点医疗机构和定点药店，由医疗保险经办机构根据中西医并举，基层、专科和综合医疗机构兼顾，方便职工就医的原则具体确定，并与其签订合同，允许被保险人选择若干定点医疗机构就医、购药，也允许被保险人持处方在若干定点药店购药。基本医疗保险的药品目录、诊疗项目、医疗服务设施标准及相应管理办法都由劳动和社会保障部会同卫生部、财政部等有关部门制定，只有各个领域规定的基本医疗服务，其医疗费用才可以从医疗保险基金中支付。

职工患病或非因工负伤，停止工作满 1 个月以上的，停发工资，由用人单位按其工龄长短给付相当于本人工资一定比例的疾病津贴。

3. 工伤保险法律制度

(1)工伤保险的概念和特征

工伤保险是指职工因工致伤、致死或病死，依法获得经济赔偿和物质帮助的一种社会保险制度。它通过对工伤职工及其亲属提供医疗救治、生活保障、经济补偿，以减轻工伤职工所遭受的经济损害，并减轻用人单位的负担。其特征有：①它是基于对工伤职工的赔偿责任而设立的一种社会保险，其他社会保险则是基于对职工生活困难的帮助和补偿责任而设立的。②它是由用人单位承担全部责任的一种社会保险，职工不负缴纳保险费的义务。③其赔偿责任实行无过错责任原则，而不同于一般民事赔偿责任。④其被保险人范围包括全体职工，不论何种用工形式的职工，也不论是正式职工还是临时工、学徒工或试用期职工，都平等享受工伤保险待遇。⑤其目的不仅在于对受伤害者的事后救济，而且还注重对职业伤害的预防。因此，在许多国家，特别重视把强制雇主加入工伤保险同强制雇主改善劳动安全、卫生条件相结合。

(2)工伤保险事故的界定

工伤保险中的保险事故属于广义的工伤，包括狭义工伤和职业病。

工伤，即因工负伤。其中的"工"，就其本质而言，是指职工在劳动过程中执行职务(业务)的行为，既可能实施于工伤地点和工伤时间内，也可能实施于其他地点或时间；其中的"伤"，是指职工在劳动过程中所受到的各种急性伤害(即伤亡)，包括负伤、致残、死亡。根据国务院 2003 年公布《工伤保险条例》的规定，职工有下列情形之一的，应当认定为工伤：①在工作时间和工作场所内，因工作原因受到事故伤害的；②工作时间前后在工作场所内，从事与工作有关的预备性或者收尾性工作受到事故伤害的；③在工作时间和工作场所内，因履行工作职责受到暴力等意外伤害的；④患职业病的；⑤因工外出期间，由于工作原因受到伤害或者发生事故下落不明的；⑥在上下班途中，受到机动车事故伤害的；⑦法律、行政法规规定应当认定为工伤的其他情形。

职工有下列情形之一的，视同工伤：①在工作时间和工作岗位，突发疾病死亡或者 48 小时之内经抢救无效死亡的；②在抢险救灾等维护国家利益、公共利益活动中受到伤害的；③职工原在军队服役，因战、因公负伤致残，已取得革命伤残军人证，到用人单位后旧伤复发的。属于第①种和第②种情形的，按有关规定享受工伤保险待遇；属于第③项情形的，按照有关规定享受除一次性伤残补助金以外的工伤保险待遇。

职工有下列情形之一的，不得认定为工伤或视同工伤：①因犯罪或者违反治安管理伤亡的；②醉酒导致伤亡的；③自残或者自杀的。

职业病是指企业、事业单位和个体组织的劳动者在职业活动中，因接触粉尘、放射性物质和其他有毒、有害物质等因素而引起的疾病。依据国家卫生部颁布的《职业病范围和职业病患者处理办法的规定》中所规定的职业病名单，我国职业病共九类 99

种。随着经济的发展和科技进步，职业病的范围逐步扩大。

职工发生工伤，经治疗伤情相对稳定后存在残疾、影响劳动能力的，应当进行劳动能力鉴定。劳动能力鉴定是指劳动功能障碍程度和生活自理障碍程度的等级鉴定。劳动功能障碍分为十个伤残等级，最重的为一级，最轻的为十级。生活自理障碍分为三个等级：生活完全不能自理、生活大部分不能自理和生活部分不能自理。劳动能力鉴定由用人单位、工伤职工或者其直系亲属向设区的市级劳动能力鉴定委员会提出申请，并提供工伤认定决定和职工工伤医疗的有关资料。

(3)工伤保险待遇

①工伤医疗待遇

根据《工伤保险条例》的规定，职工因工作遭受事故伤害或者患职业病进行治疗，享受工伤医疗待遇。其主要内容包括医疗待遇、福利待遇、护理待遇三种。

②工伤致残待遇

职工因工致残享受的待遇主要包括一次性支付的伤残补助金、按月支付的伤残津贴、一次性工伤医疗补助金和伤残就业补助金等，按照被鉴定的伤残等级的不同，享受的待遇有所不同。

③因工死亡待遇

职工因工死亡，其直系亲属享受从工伤保险基金领取丧葬补助金、供养亲属抚恤金和一次性工亡补助金的待遇。

4.失业保险法律制度

(1)失业保险的概述

失业保险，是指劳动者在失业期间，由国家和社会给予一定物质帮助，以保障其基本生活并促进其再就业的社会保险制度。失业保险具有以下三个特征：①失业保险的保险事故仅限于职工的非自愿失业，而不包括职工的自愿失业和未曾就业者的失业。②失业保险中的物质帮助，不仅指失业保险金，还包括组织生产自救、专业训练等其他物质帮助形式。③失业保险具有双重功能，既保障失业者的基本生活，又促进失业者实现再就业，从而减少失业。

(2)失业保险待遇的享受条件

失业人员完全具备下列条件才可享受失业保险待遇：①按照规定参加失业保险，所在单位和本人按照规定履行缴费义务满一年的；②非因本人意愿中断就业的；③已办理失业登记，并有求职要求的。

失业人员在领取失业保险金期间有下列情形之一的，停止领取失业保险金，并同时停止享受其他失业保险待遇：①重新就业；②应征服兵役；③移居境外；④享受基本养老保险待遇；⑤被判刑收监执行或者被劳动教养；⑥无正当理由，拒不接受当地人民政府指定的部门或者机构介绍的工作;⑦由法律、行政法规规定的其他情形。

(3)失业保险待遇的期限条件

失业人员只能在法定期间内享受失业保险待遇,该期限因失业前用人单位和劳动者本人累计缴纳失业保险费的时间不同而有所区别。失业人员失业前所在单位和本人按照规定累计缴费时间满1年不足5年的,领取失业保险金的期限最长为12个月;累计缴费时间满5年不足10年的,领取失业保险金的期限最长为24个月。重新就业后,再次失业的,缴费时间重新计算。再次失业领取失业保险金的期限可以与前次失业应领取而尚未领取的失业保险金的期限合并计算,但是最长不得超过24个月。

(4)失业保险待遇的内容和给付

失业保险待遇的内容由多个项目组成。我国现行立法所规定的失业保险待遇的主要内容有:失业保险金、医疗补助金、丧葬补助金和抚恤金以及接受职业培训、职业介绍的补贴等。我国失业保险待遇的给付分为货币给付和非货币给付。非货币给付,一般是由某种就业服务机构或职业培训机构向失业者提供特定的非货币的失业保险待遇(如培训),其费用由失业保险经办机构从失业保险基金中开支。

5. 生育保险法律制度

(1)生育保险的概念

生育保险是通过国家立法,在女职工因生育子女而暂时中断劳动时由国家和社会及时给予生活保障和物质帮助的一项社会保险制度。其含义包括以下内容:①生育保险仅以女职工为被保险人;②生育保险的保险事故包括怀孕、分娩和流产等;③生育保险待遇包括生育医疗待遇和生育产假待遇。

(2)生育保险待遇的享受条件

我国现行立法所规定的女职工享受生育保险待遇的条件有:①女职工生育必须符合国家计划生育法规、政策的规定,领取生育津贴和报销生育医疗费前必须由当地计划生育部门签发相应的证明;②女职工所在企业必须按照规定向社会保险经办机构缴纳生育保险费。

(3)生育保险待遇的内容和给付

生育保险待遇的主要项目有:产假、生育津贴、生育医疗待遇。关于生育津贴和生育医疗费,女职工所在用人单位凡参加生育保险基金统筹的,由社会保险经办机构从生育保险基金中支付;凡未参加生育保险基金统筹的,则由用人单位支付。

7.6.2 职工福利和救济

社会福利和救济,是面对全体公民的不同层次的福利保障制度,这里仅阐述在职工中施行的福利和救济。

1.职工福利、救济的概念

职工福利是指用工单位和国家通过举办集体福利设施、设立各种补贴、提供服务等形式，为职工改善和提高生活质量等提供的物质帮助。

困难救济或生活救济是指针对低于平均生活水平的经济特别困难者给予救助，以保障其最低生活需要。

职工福利和救济是职工权益保障体系中的重要组成部分，它与工资、社会保险各从不同角度，并在不同程度上共同为满足职工物质文化生活需要，进而推动社会生产，各自发挥独特的保障功能。职工福利和救济侧重于体现和保障社会公平，以求社会稳定。

2、职工福利、救济制度的内容构成

我国职工福利制度大致上包括生活福利设施、文化娱乐设施和福利补贴三个部分。

(1)生活福利设施

生活福利设施主要是为解决职工物质生活方面普遍存在的需要或困难而设立的服务性设施，一般包括：职工食堂、托儿所、幼儿园以及浴室、理发室、小卖部、疗养院之类，通过这类设施的提供减轻职工的负担和其经济支出，满足其生活的一般需要，促使其集中时间和精力从事生产和工作。

(2)文化娱乐设施

文化娱乐设施主要为满足职工精神生活、发展职业能力的普通需要。这类设备设施一般包括：文化宫、俱乐部、图书馆、职工培训机构、体育场馆以及图书资料、文化器材之类，以促使职工以及整个职工队伍素质的提高。

(3)福利补贴

福利补贴是针对某种影响职工生活的特别因素所采取的调剂和补充措施，一般直接以货币支付。我国的福利补贴大致包括：降温、取暖、上下班交通费、书报费等。

本章小结

劳动法是调整我国劳动关系以及与劳动关系有密切联系的其他关系的法律规范总和。劳动法的调整对象是劳动关系和与劳动关系有密切联系的其他关系。劳动法律关系是由主体、内容和客体三要素组成。劳动法律关系主体是指劳动者和用人单位；劳动法律关系客体是劳动者的劳动行为；劳动法律关系的内容是劳动法律关系的核心和实质。劳动合同是产生劳动法律关系的法律事实。劳动合同的订立、变更、解除和终止应当遵循一定的程序和原则。当事人违反劳动合同，应当承担相应的责任。

集体合同对用人单位和该单位全体职工都具有约束力。劳动者与用人单位订立的劳动合同中的条件和报酬等标准不得低于集体合同的规定。工作时间和休息休假的法律制度是对公民休息权的具体化。对加班加点的限制性规定是保障公民休息权的重要内容。最低工资制度是为保障劳动者及其家属成员的基本生活需要而建立的。特殊情况下的工资主要是指劳动者在工作时间内履行国家和社会义务、法定节假日、加班、停工情况下的工资支付。工资保障制度是保障劳动者的合法收入，严禁用人单位任意扣罚工资的法律制度。对女职工的特殊保护主要是对“四期”的保护；对未成年工的特殊保护主要包括未成年工最低就业年龄的保护和劳动过程中的特殊保护等。我国处理劳动争议一般采用和解、调解、仲裁、审判等多种形式，历经调解、仲裁和诉讼几道程序。

职工社会保险是社会保障体系的重要组成部分。我国现行的职工保险制度包括养老保险、医疗保险、工伤保险、生育保险和失业保险等内容。此外，国家还建立了职工福利和困难救助制度。

习　题

一、单项选择题

1. 2011 年 3 月 1 日，甲公司与韩某签订劳动合同，约定合同期限 1 年，试用期 1 个月，每月 15 日发放工资。韩某 3 月 10 日上岗工作。甲公司与韩某建立劳动关系的起始时间是(　　)。

A. 2011 年 3 月 1 日　　B. 2011 年 3 月 10 日

C. 2011 年 3 月 15 日　　D. 2011 年 4 月 10 日

2. 根据劳动合同法律制度的规定，下列情形中，用人单位与劳动者可以不签订书面劳动合同的是(　　)。

A. 试用期用工　　B. 非全日制用工

C. 固定期限用工　　D. 无固定期限用工

3. 方某工作已满 15 年，2009 年上半年在甲公司已休带薪年休假(以下简称年休假)5 天；下半年调到乙公司工作，提出补休年休假的申请。乙公司对方某补休年休假申请符合法律规定的答复是(　　)。

A. 不可以补休年休假　　B. 可补休 5 天年休假

C. 可补休 10 天年休假　　D. 可补休 15 天年休假

4. 张某在甲公司工作 3 年，在乙公司工作 10 年，在丙公司工作 2 年，张某目前在丙公司工作。根据劳动合同法律制度的规定，张某可以享受带薪年休假(　　)天。

A. 5　　B. 10　　C. 15　　D. 20

5.工人李某在加工一批零件时因疏忽致使所加工产品全部报废，给工厂造成经济损失6 000元。工厂要求李某赔偿经济损失，从其每月工资中扣除，已知李某每月工资收入1 100元，当地月最低工资标准900元。根据劳动合同法律制度的规定，该工厂可从李某每月工资中扣除的最高限额是(　　)元。

A. 500　　B. 220　　C. 200　　D. 110

6.根据劳动合同法律制度的规定，下列各项中，劳动者不需要事先告知即可解除劳动合同的是(　　)。

A.用人单位未按照劳动合同约定提供劳动保护或者劳动条件

B.用人单位违章指挥、强令冒险作业危及劳动者人身安全

C.用人单位未及时足额支付劳动报酬

D.用人单位未依法为劳动者缴纳社会保险费

7.孙某与甲公司签订了为期3年的劳动合同，月工资1 200元(当地最低月工资标准为800元)。期满终止合同时，甲公司未向孙某提出以不低于原工资标准续订劳动合同的意向。甲公司应向孙某支付的经济补偿金额为(　　)元。

A. 800　　B. 1 200　　C. 2 400　　D. 3 600

8.张某与甲公司于2008年1月1日签订了1年期的劳动合同，2008年7月1日，甲公司未按照合同约定向张某支付工资，2009年1月1日，劳动合同终止。根据劳动合同法律制度的规定，张某应当在(　　)之前申请劳动仲裁。

A. 2009年7月1日　　B. 2010年1月1日

C. 2010年7月1日　　D. 2011年1月1日

二、多项选择题

1.下列各项中，属于劳动合同订立原则的有(　　)。

A.公平原则　　B.平等自愿原则

C.协商一致原则　　D.诚实信用原则

2.张某于2010年1月1日起开始在甲公司工作，直到2010年4月1日，甲公司的劳动人事部门才书面通知张某订立书面劳动合同。根据劳动合同法律制度的规定，下列表述中，正确的有(　　)。

A.即使张某与甲公司于4月1日签订了书面劳动合同，甲公司仍需向张某每月支付2倍的工资，计算期间为1月1日～3月31日

B.即使张某与甲公司于4月1日签订了书面劳动合同，甲公司仍需向张某每月支付2倍的工资，计算期间为2月1日～3月31日

C.如果张某不与甲公司订立书面劳动合同，甲公司应当书面通知张某终止劳动关系，并支付经济补偿

D.如果张某不与甲公司订立书面劳动合同，甲公司应当书面通知张某终止劳动关系，且无需支付经济补偿

3.张某于2010年1月1日起开始在甲公司工作，直到2011年2月1日，甲公司一直未与张某订立书面劳动合同。根据劳动合同法律制度的规定，下列表述中，正确的有（　）。

A.自2010年1月1日至2010年12月31日，甲公司应当向张某每月支付2倍工资

B.自2010年2月1日至2010年12月31日，甲公司应当向张某每月支付2倍工资

C.视为甲公司自2010年1月1日起已经与张某订立了无固定期限劳动合同

D.视为甲公司自2011年1月1日起已经与张某订立了无固定期限劳动合同

4.张某2010年8月进入甲公司工作，公司按月支付工资。至年底公司尚未与张某签订劳动合同。关于公司与张某之间劳动关系的下列表述中，正确的有（　）。

A.公司与张某之间可视为不存在劳动关系

B.公司与张某之间可视为已订立无固定期限劳动合同

C.公司应与张某补订书面劳动合同，并支付工资补偿

D.张某可与公司终止劳动关系，公司应支付经济补偿

5.根据劳动合同法律制度的规定，下列各项中，除劳动者提出订立固定期限劳动合同外，用人单位与劳动者应当订立无固定期限劳动合同的情形有（　）。

A.劳动者在该用人单位连续工作满10年的

B.连续订立两次固定期限劳动合同，继续续订的

C.国有企业改制重新订立劳动合同，劳动者在该用人单位连续工作满5年且距法定退休年龄不足15年的

D.用人单位初次实行劳动合同制度，劳动者在该用人单位连续工作满10年且距法定退休年龄不足10年的

6.根据劳动合同法律制度的规定，除劳动者提出订立固定期限劳动合同的以外，下列各项中，应当订立无固定期限劳动合同的有（　）。

A.自1997年1月1日起，张某在甲公司已经连续工作14年，张某提出与甲公司订立劳动合同

B.乙国有企业改制重新订立劳动合同时，孙某在该企业已经连续工作11年，孙某距法定退休年龄还有8年

C.自2008年1月1日起，王某与丙公司已经连续订立两次固定期限劳动合同，但王某非因工负伤，在规定的医疗期满后不能从事原工作，也不能从事由丙公司另行安排的其他工作，王某提出与丙公司续订劳动合同

D.自2008年1月1日起，赵某与丁公司已经连续订立两次固定期限劳动合同，

但赵某不能胜任工作，经过丁公司培训后，仍不能胜任工作，赵某提出与丁公司续订劳动合同

三、简答题

1. 劳动者可以随时通知用人单位解除劳动合同的情形有哪些？

2. 什么是劳动合同？它有哪些必备条款？

3. 女职工“四期”保护的具体内容是什么？

4. 劳动合同无效或者部分无效的情形有哪些？

5.《劳动法》关于加班加点工资支付标准的法律规定是什么？

6. 我国医疗保险待遇的支付方式是什么？

四、案例题

张某去甲公司应聘，声称自己是法学硕士毕业，取得了司法考试资格证书，并将自己的证书复印件交给了招聘人员，该公司急需法律顾问，准备以高薪委任张某，并请其担任法律主管，双方签订了劳动合同。

(1)假设张某在试用期内经常发生错误，给公司造成了很大损失，后经了解，张某的司法考试证书是伪造的，实际上是高中毕业。请问下列说法正确的是(　　)。

A. 企业无权单方解除合同

B. 张某给企业造成了较大损失，企业有权随时解除合同

C. 该合同无效

D. 该合同属于可撤销的合同

(2)在(　　)情形下，公司可以解除与张某的劳动合同？

A. 试用期内被证明不符合录用条件，但张某怀孕的

B. 张某因违反交通规则而被行政处罚的

C. 张某在产期内，但其不能胜任工作，调整工作岗位仍然不能胜任

D. 张某严重违反单位的劳动纪律的

(3)张某作为甲公司的高级管理人员，掌握了公司大量的商业秘密，张某的劳动合同尚未到期，乙公司高薪聘请张某，张某就到乙公司上班，给甲公司造成了重大损失，下列说法正确的是(　　)。

A. 张某应当向甲公司承担赔偿责任

B. 乙公司承担连带责任

C. 乙公司承担全部赔偿责任之后，可以向张某追偿赔偿额的50%

D. 张某将甲公司的技术秘密泄露给乙公司，甲公司有权直接起诉乙公司和张某

(4)假设张某已经怀孕8个月，请问下列说法正确的是(　　)。

A. 单位应当对张某定期进行健康检查

B. 单位不得对张某延长工作时间

C. 单位不得要求张某进行夜班劳动

D. 张某生育应享受不少于90天的产假

(5)假设张某与有关单位发生争议，张某想利用法律手段保护自己的权利，请问下列说法正确的是(　　)。

A. 张某与地方劳动保障行政部门的工伤认定机关因工伤认定结论而发生的争议，不属于劳动争议

B. 张某与单位就工资支付问题发生争议，张某可以直接向人民法院提起诉讼

C. 张某与单位发生的劳动争议，必须先经劳动争议调解委员会调解

D. 张某与单位发生的劳动争议，必须先经仲裁，对裁决不服的，可以向法院提起诉讼

生活个案答案

1. 试用期应计算在合同期内。试用期最长不得超过6个月。

2. 企业不能收取抵押金，本合同中名义上是承包抵押金，实际上是在劳动合同解除时扣除，用于调整劳动关系。职工实行计件工资制，不承担经营风险，不应规定抵押金。

3. 工资应当按月支付，每月工资的20%年终支付，实际上是无故拖欠工资。

4. 实行计件工时制，应按标准工时制确定工作时间，按40小时工作日，每月的工作时间应为21.5天；按44小时工作日，每月的工作时间应为23.5天。超出部分应计算为延长工时。非劳动者原因造成停工、停产，在一个工资支付周期内(本案中应为月)应按正常工资折算支付；超出一个月也应按待工办法处理，每天5元低于待工标准。

5. 工伤实行无过错责任原则，乙方违反操作规程，仍应享受工伤待遇。用人单位不得解除劳动合同。

6. 乙方已符合我国《婚姻法》规定的结婚年龄，用人单位不得限制其结婚。国家规定的婚假、生育假用人单位不得违反。“年终工资不予结算”实际上是克扣劳动者的工资。

7. 在岗是工作，不应承担培训费。

8. 用人单位和劳动者都有权依法单方行使劳动合同解除权。劳动者按照《中华人民共和国劳动法》第32条解除劳动合同可不必提前通知对方。依法提前通知的期限是30天，而不是15天。

9. 劳动合同的条款有残缺，劳动合同中对合同期限和工作内容未作约定。

第8章
合同法

学习目标

合同的概念和基本特征;合同订立的基本步骤以及订立合同;合同效力的基本理论以及判断和处理合同争议;合同履行过程中的各种权利以及其适用的条件和法律后果;违约责任的概念以及违约救济方法。

生活个案

2002年5月,金星模具厂(甲方)与北方化肥厂锅炉车间(乙方)签订设备安装合同。合同规定,乙方为甲方2号锅炉安装新阀门。安装后第5天,2号锅炉在运行中因为安装质量问题致使新阀门排气不畅,造成锅炉内压过高而发生爆炸。事故造成经济损失8万元。为此,甲方以乙方为被告起诉,要求被告赔偿经济损失8万元,并支付1万元违约金。

8.1 合同与合同法概述

合同大量地发生和存在于我们的生活中，如人们到商店购物的买卖合同；委托裁缝做衣服并支付报酬的加工合同；购票上车，由运输部门送到一定地点的旅客运送合同，等等。不论人们是否意识到这些合同的订立和履行，但确实受到了合同的保护和约束。至于在生产经营中，企业、其他组织、个体户、农民之间各种经济协作、技术协作以及与境外的经贸往来，无一不是合同关系。那么，什么是合同呢？

8.1.1 合同概述

1. 合同的概念和特征

合同，是当事人之间确立一定权利义务关系的协议。广义的合同，泛指一切能发生某种权利义务的协议；本章所称的合同是狭义的，即平等主体的自然人、法人和其他组织之间设立、变更、终止民事权利义务关系的协议。

合同又称契约，在我国日常生活中，二者可通用。历史上，合同是验证契约的一种标记，在汉代纸张出现以后，契约改为纸上书写，一式两份，两契分别由协议双方收执，为便于在争议时检验"合券为证"，便在两契的合并处写一个"同"字，各方所持契约各有半个同字，两契相合，则"同"字齐合，合同由此而出。我国现代立法中，都使用合同的概念。

合同具备以下特征：

(1)合同是一种民事法律行为

民事法律行为是能够引起当事人所希望的民事法律关系产生、变更、消灭的合法行为。合同能够引起当事人预期的法律后果，比如，买方支付了价款后取得了商品，卖方交付了商品后取得价款，双方都是有意识地进行买卖，而这种买卖行为给双方带来了他们追求的法律后果，改变了商品和货币的所有者，这就是合同，是民事法律行为。合同的这一特征明显区别于一般社交中的约定行为。例如，同学约定一同去图书馆看书，邻居约定一同搭车去某个地方等等。另外，需要注意的是，有法律后果但是没有预先约定的也不是合同。例如，甲不慎把乙的眼镜摔碎，给乙进行损害赔偿的行为。

(2)合同是两个以上的意思表示一致的法律行为

由于民事法律行为是人们有意识、有预期的行为，那么人的意识就是法律行为的前提。法律对人的意志采表示主义，将自己的内心意愿表示于外部，并为他人所了解，这就是意思表示。有了意思表示，就有可能产生人们预期的法律后果。凡是一方当事人的意思表示，法律行为就能够成立的，就是单方法律行为，比如立遗嘱；法律行为成立需要多方当事人的意思表示的，就是双方或者多方法律行为。合同至少需要双方当事人，所以是后一种法律行为。当事人的意思表示内容相同，即意思表示一致，合同才会成立。

(3)合同当事人的法律地位平等

合同当事人要想达成协商一致的协议，就必须进行充分地、自愿地协商，自由地表达自己的意志，要做到这一点，法律就应当赋予当事人平等的地位。合同中没有领导与被领导、命令与服从的关系。

2. 合同的种类

由合同法调整的合同关系，数量众多、情况复杂，按照不同的标准，可以将合同分成不同的种类。

(1)双务合同与单务合同

根据合同当事人之间是否存在对待给付义务，可以将合同分为双务合同和单务合同。双务合同是当事人之间存在对待给付义务的合同，也就是说，一方当事人享有的权利就是对方当事人要负担的义务，反之亦然。即双方当事人之间存在着互为对价(Valuable Consideration[①])的关系，但是这种对价是否等值，则无关紧要。合同法中大多数合同都是双务合同，比如买卖合同、租赁合同、借款合同等。双务合同是商品交换中最为典型的表现形式。

单务合同是当事人之间并不相互负有对待给付义务的合同。也就是说当事人的权利义务并不是相互对应的。但这不等于合同当事人只享有权利没有义务，或者只负担义务没有权利。

【案例 8-1】 父亲跟儿子说，今年期末考第一名，就给你一台数码相机。父亲作为赠与方，有赠与财产的义务；虽然这个赠与附有条件，儿子要考第一名才能拿到礼物，但是儿子的第一名并不能送给父亲，不成为对待给付的关系。

(2)诺成合同与实践合同

根据合同的成立是否以交付标的物为标准，分成诺成合同和实践合同。诺成合同是当事人意思表示一致就可以成立的合同，例如买卖、租赁、承揽等合同。实践合同是除当事人意思表示一致外还需要交付标的物才能成立的合同，如赠与、借款、保管、货物运输等合同。比如去超市之前要把一些物品寄存起来，顾客只有把物品交给工作人员，这时保管合同才成立。

【案例 8-2】 原告骑摩托车到红太阳酒店和朋友聚会，当驶入酒店停车场时，由于已经停满了车辆，酒店保安指挥原告将车停到酒店入口处的国庆北路人行道上停放，原告锁车后即进入酒店。当晚 10 时许，原告发现车已经丢失，即报告酒店并报案。次日，原告向酒店索赔。

---

① 据陈忠诚教授在其著作《法律英语辩证词典》(法律出版社，2000，第 129 页)中考证，对价在原则上必须有金钱价值，故英文为 Valuable Consideration。

分析:保管合同属于实践性合同,因此判断保管合同是否成立的标准,就是寄存人是否将保管物交付保管人。在本案中,由于酒店的停车场已经没有停车位,原告在酒店保安的指挥下,将车停到酒店入口处的国庆北路人行道上停放。根据案情,该停放点并不属于酒店的保管场所。但是根据《合同法》第 369 条,当事人可以约定保管场所或者方法。因此应当认定保管物已经交付,保管合同成立,酒店应当承担赔偿责任。

(3)要式合同与不要式合同

以法律规定或者当事人的约定是否要求合同成立需要特定的形式为标准,分为要式合同和不要式合同。要式合同是法律规定或者当事人约定应当或者必须采取一定形式的合同。《合同法》里"法律、行政法规规定采用书面形式的,应当采用书面形式",这就是法定形式。比如支票等票据的格式是人民银行规定的,这个格式不能改变,否则就无法支取现金。"当事人约定采用书面形式的,应当采用书面形式",这就是约定形式。所谓的不要式合同就是法律对形式未作要求而由当事人任意选择的合同。

【案例 8-3】 甲公司租给乙公司一个车间,双方口头约定租期为 1 年。至租期半年时,甲方对乙方生厌,又觉得租金太低,就要赶乙方走,乙方不从。甲方起诉,要求法院认可合同的解除。

分析:《合同法》第 215 条规定:"租赁期限 6 个月以上的,应当采用书面形式。当事人未采用书面形式的,视为不定期租赁。"租赁期为 6 个月以上的合同为要式合同,当事人应当采用书面形式。本案当事人没有采用书面形式,就不能发生乙方追求的效果。不定期租赁,就意味着任何一方都可以随时解除合同。甲方可以通知乙方解除合同,但要给对方必要的准备时间。准备期届满之时,即为租赁合同效力丧失之时,乙方应当搬出。乙方的损失,甲方不赔偿,因为甲方有任意解除权。

(4)主合同与从合同

根据合同的主从关系或依附关系,合同可以分为主合同和从合同。主合同是能够独立存在,不以其他合同存在为前提的合同。从合同依附于主合同的存在而存在,也称附属合同。主合同与从合同不能各自独立存在,因为两个合同胶合在一起,才有主从之分。例如,在商业银行贷款担保关系中,抵押合同就是以借款合同的存在为前提的。主合同的效力决定了从合同的效力。①

(5)确定合同与射幸合同

根据合同的法律效果在订立合同时是否确定,分为确定合同和射幸合同。确定合同是指合同的法律效果于订立合同时已经确定的合同。射幸合同是合同的法律效果于订立合同时尚未确定的合同。比如保险合同、赌博合同、彩票购买合同、抽奖式有奖销售合同等。法律对于射幸合同往往严加管理或者予以禁止,例如保险合同由《保险法》专门调整,彩票发行与销售须经严格审批,抽奖式有奖销售最高奖金额度不超过

---

① 《中华人民共和国担保法》第 5 条。

5 000元[①]，而赌博合同因其内容违反法律、行政法规的强制性规定而无效。

(6)有偿合同与无偿合同

根据当事人取得权利有无对价，可以将合同分为有偿合同和无偿合同。有偿合同是交易关系，是双方财产的交换，是对价的交换。无偿合同不存在对价，不是财产的交换，是一方付出财产或者付出劳务(付出劳务可以视为付出财产利益)。赠与合同是典型的无偿合同，保管合同和两个自然人之间的借款合同原则上是无偿合同，但可以约定为有偿合同。

【案例 8-4】 大学生小赵国庆节放假回家，将自己价值 7 999 元的笔记本电脑交给同宿舍的小苏保管。翌日，小苏将电脑锁在自己柜子里到校外游玩。等下午六点左右回到宿舍时，发现宿舍被撬开，电脑已经被盗。

分析：小苏对于笔记本电脑的丢失，无重大过失，更无故意，因此小苏不承担责任。[②] 无偿合同是一种善良的、助人为乐的行为，在当前社会应该受到提倡和发扬光大。无偿合同轻过失免责的规定，是法律与道德的联结点。无偿合同条款发生争议时作有利于保管人的解释，也是出于同一理由。

8.1.2 合同法概述

1. 合同法的概念

合同法是调整平等民事主体之间合同关系的法律规范的总称。合同法调整平等主体在自愿交易活动中的权利、义务，对合同成立、效力、履行、违约责任和违约救济、缔约过失责任等活动作出规定。

合同法适用于平等主体的自然人、法人、其他组织之间设立、变更、终止民事权利义务的民事合同，但并非所有的民事合同都属于合同法的调整范畴。比如，具有人身属性的婚姻、收养、监护等合同，应当由各自相应的法律规范调整。

2. 合同法的原则

(1)平等原则。合同当事人的法律地位平等，任何一方不得把自己的意志强加给另一方。

(2)自愿原则。当事人依法享有自愿订立合同的权利，任何单位和个人不得非法干预。

(3)公平原则。当事人应当遵循公平原则确定各方的权利义务。

(4)诚实信用原则。当事人行使权利、履行义务应当诚实守信。

(5)公序良俗和合法性原则。当事人订立、履行合同，应当遵守法律、行政法规，尊

---

① 《中华人民共和国反不正当竞争法》第 13 条第 3 项。

② 《中华人民共和国合同法》第 189 条、第 374 条、第 406 条。

重社会公德，不得扰乱社会经济秩序，不得损害社会公共利益。

8.2 合同的订立

8.2.1 要约和承诺

合同的订立程序是当事人之间对合同内容进行相互协商，取得一致意见的过程。合同的成立要经过要约、承诺两个阶段，这是合同成立的基本规则。

1. 要约

要约是希望和他人订立合同的意思表示。提出要约的一方是要约人，其相对方是受要约人。要约可以用书面的形式做出，也可以用口头或者行为做出。

(1)要约的生效要件

一项有效的要约必须符合下列规定：

①要约的内容具体确定。要约的内容必须明确，否则受要约人就不能了解对方的意思表示，难以承诺。一般情况下，内容具体确定的要约应当包括合同成立的必要条款。比如，一个买卖合同，应该包括标的物、价格、数量等内容。

【案例 8-5】 某购物网站给小张发来一条短消息：某公司生产的某款保温杯已经到货，每个定价 30 元，1 个月内款到发货，免邮费。

分析：该短消息属于要约。本消息有标的物——某款保温杯、价格——每个 30 元，虽然缺少数量，但是这个可以凭借小张的汇款来确定。因此这个短消息的内容具体明确，可以表明发信人的订立合同的想法。

②一旦受要约人同意要约的内容，要约人要受自己意思表示的约束。要约的目的就是订立合同，那么要约一经发出，在合理期限内经受要约人承诺，合同即告成立。要约人不得反悔。

例如上例中，小张若在 1 个月内给该网站汇去人民币 90 元整，网站就有义务给小张邮寄 3 个保温杯。否则，小张可以追究其责任。

要约和要约邀请不同。《合同法》第 15 条："要约邀请是希望他人向自己发出要约的意思表示。" 要约邀请的目的不是订立合同，而是为了邀请对方向自己发出要约。"寄送的价目表、拍卖公告、招标公告、招股说明书、商业广告等为要约邀请。商业广告的内容符合要约规定的，视为要约。"例如悬赏广告，是广告人以广告的方式声明，对于完成特定行为的人，将给予一定的报酬。这类广告视为要约。

【案例 8-6】 甲公司 7 月 1 日通过报纸发布广告，称其有某型号的计算机出售，每台售价 8 000 元，随到随购，数量不限，广告有效期到 7 月 30 日。乙公司委托王某携带金额 16 万元的支票于 7 月 28 日到甲公司购买计算机，但甲公司声称广告所述计算机已全部售罄。乙公司为此受到一定的经济损失,则乙公司起诉甲公司赔偿。

分析:此案双方发生纠纷的原因是甲公司没有理解要约和要约邀请的区别。甲公司发布的商业广告,内容具体确定,对标的物、数量、价格均有描述,而且规定了要约的期限。乙公司在甲公司规定的期限内去购买刊登广告的商品,是同意甲公司要约的行为。甲公司作为要约人,要受到要约的约束,负有与乙公司签订合同的义务。

(2)要约的生效

要约到达受要约人时生效。这里的到达是要约要送到受要约人所能控制的地方。比如,采用邮寄方式的,送达到受要约人的信箱;采用数据电文的,进入受要约人的系统等。

(3)要约的撤回和撤销

要约可以撤回。撤回要约的通知应当在要约到达受要约人之前或者与要约同时到达受要约人。

要约可以撤销。撤销要约的通知应当在受要约人发出承诺之前到达受要约人。要约在其被受要约人接受之前,原则上可以撤销,但有下列情况之一的,要约不得撤销:①要约人确定了承诺期限或者以其他形式明确要约不可撤销;②受要约人有理由认为要约是不可撤销的,并已经为履行合同做了准备工作。

(4)要约的失效

要约的失效是要约失去法律效力,不再对要约人产生法律约束力。合同法规定有下列情形之一的,即为要约失效:

①拒绝要约的通知到达要约人;

②要约人依法撤销要约;

③承诺期限届满,受要约人未做出承诺;

④受要约人对要约做出实质性改变。

2. 承诺

承诺是受要约人同意要约的意思表示。承诺应当以通知的方式做出,但根据交易习惯或者要约表明可以用行为做出的除外。可见,承诺必须是明示的行为或者声明,缄默或不作为本身并不构成承诺。承诺也是一种法律行为,表现为:要约一经承诺,合同即告成立。

(1)承诺的有效要件

①承诺必须是由受要约人做出。受要约人包括其本人及其代理人。

②承诺必须是由受要约人在承诺期限内做出。如果要约规定了承诺期限,承诺要在规定期限内做出;如果没有规定期限,那么承诺要在合理期限内做出。逾期的承诺是一个新的要约。

③承诺的内容应当与要约的内容一致。受要约人如果对要约的内容做出实质性变更的,是一项新的要约。合同的标的、数量、质量、价款或者报酬、履行期限、履行地

点和方式、违约责任及解决争议的办法的变更是实质性变更。

【案例 8-7】 甲公司给乙公司发送传真一份:"我公司有一批 M 型打印机 10 台,9 成新,每台售价 1 500 元,如欲购买,请汇款至我公司指定的银行账户,款到后立即发货。"乙公司回复为:"接受你方要约,已经汇款 15 000 元到你方银行账户,在货物验收前货款由银行代为保管。"

分析:乙公司的回电并不构成承诺。因为它改变了合同付款的时间。虽然汇至甲公司指定的账户,但是甲公司不能使用。

(2)承诺的生效

承诺于表示同意的通知到达要约人的时候生效。

(3)承诺的撤回

撤回承诺是承诺人阻止承诺发生效力的一种意思表示。承诺必须在其生效以前才能撤回,承诺一旦生效,合同即告成立,承诺人就不得撤回其承诺。承诺在发出去以后,到达要约人前,尚不发生法律效力的这段时间,受要约人可撤回其承诺,前提是撤回承诺的通知在承诺通知到达要约人之前或者与承诺通知同时到达要约人。

承诺不需要通知的,根据交易的习惯或者要约的要求做出承诺的行为时,承诺即生效力,此种承诺不能撤回。

8.2.2 合同的形式

合同的形式是合同当事人订立合同的方式,有口头形式、书面形式和其他形式。

1. 口头形式

口头形式的合同是当事人双方就合同内容取得一致意见达成的口头协议。当面的谈判、协商或者电话都是以口头形式订立合同。这种形式快捷方便,但是其内容都是通过记忆保存,容易失真,举证困难。

2. 书面形式

书面形式是以文字来表示当事人所订立合同的形式。合同书、信件和数据电文等任何记载当事人要约承诺的文件,都是合同书面形式的具体体现。《合同法》第 10 条规定:"法律、行政法规规定采用书面形式的,应当采用书面形式;当事人约定采用书面形式的,应当采用书面形式"。

3. 其他形式

其他的合同形式主要是默示。默示就是不直接以语言和文字进行意思表示的形式。默示包括推定和沉默两种。推定形式是当事人不用语言及文字,而是通过某种有目的的行为表达自己意思的一种形式,即从当事人的积极行为中,可以判断其意思表示。比如,存车人将车停放在看车厂,看车人发给存车牌。从这两个动作就可以推定当事人保管车辆的意思表示。沉默形式是当事人既不用口头形式、书面形式,也不实施任何行为，而是以消极的不作为的方式进行的意思表示。比如，继承人对于其是否继承遗产不做任何表示，只是保持沉默。沉默只有在法律有规定或者当事人有约定的时候才可以运用。

8.2.3　合同的主要条款

《合同法》第12条规定"合同的内容由当事人约定，一般包括以下条款：(1)当事人的名称或者姓名和住所；(2)标的；(3)数量；(4)质量；(5)价款或者报酬；(6)履行期限、地点和方式；(7)违约责任；(8)解决争议的方法。当事人可以参照各类合同的示范文本订立合同。"

由于当事人缺乏经验而交易又具有多样性，所以我国法律提倡当事人采用合同范本订立合同。这里的"示范文本"不是某单位自己制定的合同书，而是由一定部门主持，在公平、公正的基础上，按照一定程序形成的。值得指出的是，示范文本也只是一个参考，没有任何约束力。

8.2.4　缔约过失责任

1. 缔约过失责任的概念和构成要件

(1)缔约过失责任的概念

缔约过失责任是合同当事人在订立合同过程中，因违反法律规定和诚实信用原则致使合同未能成立，并给对方造成损失，所应当承担的损害赔偿责任。

(2)缔约过失责任的构成要件

①缔约过失责任是当事人在合同订立过程中产生的责任

缔约过失责任不是违约责任，因为违约责任必须以合同有效成立且当事人违反合同约定为前提，而缔约过失责任是以合同不成立为前提。

②缔约过失责任是法定责任，以诚实信用原则为基础

缔约过失责任的产生和承担不以合同当事人事先有约定为必要，只要缔约当事人违反诚实义务，侵害了对方当事人的权益并且给对方当事人造成损失，即应该承担缔约过失责任。

③缔约过失责任是赔偿责任

只有缔约责任人的行为侵害了对方当事人的利益，并给对方造成损失的时候，才向对方当事人承担赔偿责任。

2. 缔约过失责任的适用

《合同法》第42条规定，当事人在订立合同过程中有下列情形之一，给对方造成损失的，应当承担损害赔偿责任：

(1)假借订立合同进行恶意磋商

所谓假借也是一种故意。比如张某要出兑自己的饭庄,李某前来订立合同,李某并没有成立合同的真实意思,他找张某协商只不过是为了套取张某的关于进货来源、烹饪方法等商业秘密。

(2)故意隐瞒与订立合同有关的重要事实或者提供虚假情况

在合同订立过程中,当事人有如实告知的义务。当事人故意隐瞒自身履行能力或者故意隐瞒出卖标的物的缺陷等,从而给对方造成损失。例如与订立合同有关的规定(某种合同须经批准、某种货物出口须有许可证)。

(3)有其他违背诚实信用原则的行为

订立合同过程中的其他违背诚实信用原则的行为复杂多样,主要有:①要约人违反有效要约;②缔约时意思表示不真实;③违反初步协议;④违反附随义务。

【案例 8-8】 2005 年 5 月,甲公司向乙排灌站发出信函一封,内容为:"我公司现有两台光明牌发电机,备有全部出场证明和国家有关部门颁发的合格证,现因资金紧张,拟议每台 15 万元的价格出售,如果贵站想购买,请于 6 日内携款来我公司办理。运费自理。"排灌站在收信的第 3 日致电甲公司,甲公司称发电机没有售出,只要对方在约定的时间携款 30 万元到甲公司,该发电机即卖给排灌站。可等到排灌站于第 5 日雇车来到甲公司时,被告知发电机已经于 1 日前被他人买走。

分析:从甲公司给排灌站的信函可知,甲公司表明了出售的意图、货物的数量、价格和订立合同的时间,可见信函具有要约的性质,甲公司应该受自己意思表示的约束。现在甲公司违反了诚实信用的原则,在要约有效期内一物二卖,主观上有过错,客观上造成了排灌站因为信赖其要约而支出的雇车费而造成的经济损失。据此,甲公司应付缔约过失责任。

8.3 合同的效力

8.3.1 合同效力概述

合同效力是依法成立的合同对当事人具有的法律约束力。合同成立意味着双方当事人就合同的主要条款达成一致,反映了当事人的意志,体现了自愿订立合同的原则。而合同的效力则体现了国家对合同关系的评价,反映了国家对合同的干预。

1. 合同的生效要件

合同的生效要件是指已经成立的合同产生法律效力应该具备的条件。

(1)当事人具备相应的缔约能力

我国《合同法》第 9 条规定:"当事人订立合同,应当具有相应的民事权利能力和民事行为能力。”缔约能力是当事人订立合同的能力。自然人依照其民事行为能力[①]享有相应的缔约能力。民事行为能力则取决于各自的智力发育状况和精神健康状态。

自然人的民事行为能力有三种:①完全民事行为能力者。这类人能够依据自己的意志进行民事活动,享有权利和承担义务。年满十八周岁且智力和精神状态正常的成年人,具有完全民事行为能力,可以独立进行民事活动,是完全民事行为能力人。十六周岁以上不满十八周岁的公民,以自己的劳动收入为主要生活来源的,视为完全民事行为能力人。②限制民事行为能力者。十周岁以上的未成年人以及不能完全辨认自己行为的精神病人是限制民事行为能力人,可以进行与他的精神健康状况相适应的民事活动;其他民事活动由他的法定代理人代理,或者征得他的法定代理人的同意。③无行为能力者。不满十周岁的未成年人和不能辨认自己行为的精神病人是无民事行为能力人。从理论上讲,这类人不能独立实施任何民事行为,由他的法定代理人代理民事活动。

法人具有订立合同的一般民事行为能力,这个能力在法人成立的同时产生。但是法人如果想成为某个特定合同的合格主体,还必须具有同订立的合同相适应的民事行为能力。这个能力取决于两个因素:①在核准的经营范围内;②已经取得相应的民事权利。比如,房地产开发公司有权经营房地产,他在房地产经营范围内可以订立合同,但他还必须依法取得土地使用权;如果销售现房,还必须依法取得权属证书。此外,经营特殊行业的法人必须取得特许权,如金融许可证、药品销售许可证、建筑施工资质证、烟草专卖证等。

(2)意思表示真实

意思表示真实是指行为人在意志自由的前提下做出的内心的意思与外部的表示行为相一致的状态。与此相对应,意思表示不真实,即意思表示瑕疵,有两种情况:第一,内心意思与外在表示不一致;第二,意志不自由。

(3)不违反法律和社会公共利益

这里的法律作扩大解释,既包括全国人大及其常务委员会通过的法律,又包括国务院颁布的行政法规。社会公共利益通常是社会上不特定的多数人的利益,凡是我国社会的政治基础、公共秩序、道德标准和公序良俗、风俗习惯等,均可列入公共利益之中。强调合同的生效要件包括不得违反法律和社会公共利益,一方面可以弥补社会发展带来的现行合同法的漏洞,另一方面可以醇化社会道德伦理和转化社会风气。

2.合同效力的表现

合同的法律效力主要体现为两方面,即对合同当事人的效力和对合同第三人的效力。

(1)合同对当事人的效力

---

① 民事行为能力是民事主体通过自己的行为取得民事权利、承担民事义务及责任的能力。

当事人依法订立的合同应该受到法律的保护。任何一方在享有合同权利的同时都应适当履行合同的义务。《合同法》第60条规定："当事人应当按照约定全面履行自己的义务。"第107条规定："当事人一方不履行合同义务或者履行合同义务不符合约定的，应当承担继续履行、采取补救措施或者赔偿损失等违约责任。"具体地说，合同对当事人各方的拘束力包括：①当事人全面履行合同的义务；②违约方依法承担违约责任；③当事人任何一方不得擅自变更、解除合同，不得擅自转让合同权利义务；④当事人享有请求给付的权利、各种抗辩权、代位权、撤销权等；⑤法律行政法规规定的各种附随义务同样成为合同效力的内容。

(2)合同对第三人的效力

合同的当事人不能向合同以外的第三人请求履行合同义务或者请求第三人承担赔偿责任。但是合同的第三人往往会成为合同利益的享有者，比如合同当事人约定债务人向第三人履行合同等，这样就涉及第三人与合同效力的问题，这部分内容我们以后再作出适当介绍。

8.3.2 合同的无效

1.合同无效的概念和特征

合同无效，是指合同虽然已经成立，但因为其在内容上违反了法律、行政法规的强制性规定或者在内容上损害了社会公共利益，不能补救，而自始、确定的不发生法律效力的合同。例如当事人订立的买卖毒品的合同。合同部分无效，不影响其他部分的效力，其他部分仍然有效。无效合同具备以下特征：

(1)无效合同具备违法性

所谓违法性，是指违反了法律和行政法规的强制性规定以及社会公共利益。违法性是合同无效的根本性特征。表现在：①合同的内容违反了法律、行政法规的强制性规定；②其内容损害了社会公共利益。

(2)对无效合同实行国家干预

由于无效的合同具备违法性，所以对此类合同应实行国家干预，这种干预表现在：①法院和仲裁机构不待当事人请求合同无效，便可以主动审查合同是否具有无效的因素，如发现合同属于无效合同，就可以主动确认合同无效；②有关国家行政机关可以对一部分无效合同予以查处，追究无效合同当事人的行政责任。对无效合同的确认和取缔的权力属于国家审判机关。仲裁机构虽然不是国家机关，不享有国家权力，但依据《仲裁法》第19条规定，仲裁机构有权确认合同的效力包括有权确认无效合同。

(3)无效合同具有不得履行性

当事人在订立了无效合同后，不得依据合同实际履行，也不承担不履行合同的违约责任。即使当事人在订立合同的时候不知道合同的内容违法(如合同的标的物是法律禁止流转的物),当事人也不得履行无效合同。

(4)无效合同自始无效

对于无效合同,因为其从本质上看违反了法律,因此国家不承认此类合同的法律效力。合同一旦确认无效,就将产生溯及力,使合同从订立之时起就不具有法律约束力,以后亦不能转化为有效合同。[①] 对已经履行的,应当通过返还财产、赔偿损失等方式使当事人财产恢复到合同订立之前的状态。当事人也不能基于无效合同请求对方履行或者要求对方承担违约责任。

2. 无效合同的种类

(1)一方以欺诈、胁迫的手段订立的损害国家利益的合同

欺诈,是指行为人故意隐瞒真实情况或者故意告知虚假信息,诱使对方当事人做出错误的意思表示的行为。胁迫是指行为人向对方表示施加危害,使其产生恐惧,并且给予恐惧心理而为一定意思表示的行为。国家利益是国家在主权、国家安全、宏观经济等方面的利益,可以理解为刑法、行政法这些公法保护的利益。不能把国有企业的利益和国家利益混为一谈,因为国有企业是独立的法人,可以独立承担责任。

【案例8-9】 1995年,某地一商店以欺诈手段隐瞒真实情况卖给农民假化肥,使之庄稼歉收。农民起诉,请求确认合同无效,返还价款,赔偿损失。

分析:该商店违反了《产品质量法》第39条[②]的禁止性规定,也触犯了刑法,违反了《刑法》第147条[③]规定的销售伪劣化肥罪。这个合同既侵犯了农民的利益也损害了公法保护的国家利益,应当确认无效,并支持农民的诉讼要求。

(2)恶意串通,损害国家、集体或者第三人利益的合同

合同当事人在明知或者应当知道某种行为会损害国家、集体或第三人利益的情况下,故意与对方当事人合谋实施违法行为。

这类合同的主要特点是:第一,当事人存在恶意。所谓恶意是当事人明知道合同的订立会对国家、集体或者第三人造成损害,而故意为之。第二,当事人具有共同的目的,互相配合实施了该行为。第三,该合同发生或已经发生损害了国家、集体或者第三人的法律后果。

【案例8-10】 陈某经某房屋中介公司的介绍,对某市区新城11号商品房产生了

---

① 《民法通则》第58条:“无效的民事行为,从行为开始起就没有法律约束力。”

② 《中华人民共和国产品质量法》第39条:“销售者销售产品,不得掺杂、掺假,不得以假充真、以次充好,不得以不合格产品冒充合格产品。”

③ 《中华人民共和国刑法》第147条:“生产假农药、假兽药、假化肥,销售明知是假的或者失去使用效能的农药、兽药、化肥、种子,或者生产者、销售者以不合格的农药、兽药、化肥、种子冒充合格的农药、兽药、化肥、种子,使生产遭受较大损失的,处三年以下有期徒刑或者拘役,并处或者单处销售金额百分之五十以上二倍以下罚金;使生产遭受重大损失的,处三年以上七年以下有期徒刑,并处销售金额百分之五十以上二倍以下罚金;使生产遭受特别重大损失的,处七年以上有期徒刑或者无期徒刑,并处销售金额百分之五十以上二倍以下罚金或者没收财产。”

购买意向，并分别与中介公司和该房屋所有者刘某签订了委托协议书和房屋买卖交接书。合同约定，房屋的成交价格为每平方米 4 800 元，陈某支付给中介公司中介费 12 450元。由于刘某只有该房屋的商品房认购书，还未办理产权登记，所以合同还约定由刘某负责到开发商处办理更名手续，并由陈某支付给刘某购房差价 12 700 元。后来，陈某在开发商售楼处发现该房屋也在以每平方米 4 800 元的价格对外出售，顿时感到自己多花了冤枉钱，于是以中介公司与刘某合伙欺骗为由向工商部门申诉，要求中介公司返还中介费、刘某返还差价款。经调查，刘某实际上是炒房者，为了逃避缴税，其先在开发商处以交定金的方式获取房屋认购书，然后通过中介公司找到买主加价转卖，再到开发商处更名。房屋中介公司为了赚取中介费，提供了合同文本，代理了双方的交易。

分析：在本案中，中介公司主观上知道刘某逃避纳税，倒卖商品房，却仍然以赚取中介费为目的提供合同，促成房屋交易，具有明显的主观故意性。[①] 客观上，刘某轻而易举地赚取了 12 700 元好处费，房屋中介公司也因此获得了 12 450 元的中介费。而购房者要以高于开发商的销售价格购买商品房，国家税收也因此流失。据此，工商部门认定中介公司和刘某构成利用合同恶意串通、损害国家利益的行为。

(3)以合法形式掩盖非法目的的合同

又称作隐匿行为，是指当事人实施的行为在形式上是合法的，但是在内容上和目的上是非法的。当事人故意表现出来的形式或故意实施的行为不是其要达成的目的，也不是真实意思，而是希望通过这种表面上看起来合法的形式和行为掩盖和达到其非法目的。例如，通过订立赠与合同，逃避债务给付；订立联营合同，目的在于非法拆借资金等。

(4)损害社会公共利益的合同

法律、行政法规无明确规定，但合同又明显地损害了社会公共利益时，可以适用"损害社会公共利益"条款确认合同无效。有人认为，医院药方工作人员因吃回扣同卖方订立的购买伪劣药品的合同是损害社会公共利益的合同，但这应当适用《反不正当竞争法》、《药品管理法》等法律确认为违反法律的强制性规定并予以取缔，无需适用本条规定。适用本条的，应属于法律、行政法规无明确规定的。

【案例 8-11】 甲乙赌博，乙输给甲 3 000 元但无钱支付，双方订立了赌债还款合同。

分析：赌债合同是否有效，法律没有明确规定。由于赌博是损害社会道德风尚的违法行为，对赌债不应支持，应确认合同无效。

---

① 《辽宁省城镇房地产交易管理条例》第九条第一项规定，禁止有下列情形之一的房地产进行交易：……未依法登记领取权属证书的。该条例第五十条规定，从事房地产交易，交易当事人必须依法纳税。显然，刘某规避税费的行为，违反了国家的法规规定，损害了国家利益。

(5)违反法律、行政法规的强制性规定

强制性规定指义务性规定及禁止性规定。义务性规定是应当履行、不得违反的，如《消费者权益保护法》规定的经营者应承担的 10 项义务。禁止性规定指民事主体不得做出的行为，如《反垄断法》禁止大型国有企业滥用优势地位损害消费者利益。

3. 合同中无效的免责条款

免责条款，是当事人在合同中确立的排除或者限制其未来责任的条款。《合同法》第 53 条规定："合同中的下列免责条款无效：(1) 造成对方人身伤害的；(2)因故意或者重大过失造成对方财产损失的。"

【案例 8-12】 原告是被告的一个房客。一天晚上，原告顺着通往她租的房间的楼梯往下走时，由于那里没有电灯，导致她从楼梯摔下，受了伤。原告向法院起诉，要求被告承担赔偿责任。但是被告辩称，原告签署的租赁合同中包括一个免责条款："出租人不对承租人及其家人、客人、雇员或者进入该房间或该建筑物的任何其他人受到的任何伤害承担责任。"

分析：人身安全权是不可转让、不可放弃的权利，也是法律重点保护的权利。因此不能允许当事人以免责条款的方式事先约定免除这种责任(这种责任通常表现为违约责任与侵权责任竞合)。对于财产权，不允许当事人预先约定免除一方故意或因重大过失而给对方造成的损失，否则会给一方当事人提供滥用权利的机会。这个免责条款很显然是无效的。

8.3.3　合同的可撤销、可变更

1. 可变更、可撤销合同的概念和特征

可变更、可撤销合同，是指因意思表示不真实，当事人一方有权请求人民法院或者仲裁机构予以变更或者撤销的合同。

可变更、可撤销合同的特征是：

(1)合同的效力已经产生

这一特征是与无效合同的重大区别。因为可变更、可撤销合同只是意思表示不真实的合同，一般只是涉及当事人的利益关系。因此，法律并不是直接否认其效力，而是赋予当事人撤销权或者变更权。在当事人撤销或者变更合同之前，合同是有效的，只有在被撤销后，才自始无效。这既体现了法律对公平交易的要求，又反映了意思自治原则。

(2)是因为意思表示不真实产生的

因为欺诈、胁迫、乘人之危、重大误解以及显示公平而成立的合同是可变更、可撤销合同。我国《合同法》把因欺诈、胁迫签订的合同一分为二，将其中具有"损害国家利益"特点的作为无效合同的对象。

(3)变更或者撤销只能由撤销权人行使

可变更、可撤销合同主要涉及当事人意思表示不真实的问题,而当事人意思表示是否真实,只有当事人自己最清楚,也只有其自愿承受该行为的后果,才能确认合同的效力。因此,只有当事人才能够行使变更权或者撤销权,其他人不得主张合同无效,法院也是采取不告不理的态度。这是此类合同与无效合同的又一区别。

2.可变更、可撤销合同的种类

(1)因重大误解订立的合同

重大误解,是指当事人因对合同的内容产生错误认识而订立合同,致使该合同内容与自己的意思相悖,并造成较大损失的情形。重大误解的特点是:第一,误解发生在当事人订立合同时。第二,误解应当是重大的。也就是说误解是对事实的不正确的假设。这才属于"重大"①。甲乙双方订立运输合同,乙方为甲方运送西瓜,甲方误以为乙方用加长卡车运输,而乙方是想用普通卡车运输。这就属于无关紧要的误解,不影响合同的效力。第三,误解使误解方遭受了重大的损失。第四,误解与欺诈有区别。被欺诈方对事实也有误解,但这同欺诈方的欺诈行为有因果关系,是对方的欺诈造成的误解。而误解是误解方因为自己的疏忽造成的,相对方至多是为误解方提供了条件,在有些情况下,相对方也有误解,合同是因为双方的误解签订的。误解方的相对方是善意的。

【案例 8-13】 某商场新进一种 CD 机,价格定为 2 598 元。柜台组长在制作价签时,误将 2 598 元写为 598 元。赵某在浏览该柜台时发现该 CD 机物美价廉,于是用信用卡支付 1 196 元购买了两台 CD 机。一周后,商店盘点时,发现少了 4 000 元,经查是柜台组长标错价签所致。由于赵某用信用卡结算,所以商店查出是赵某少付了 CD 机货款,找到赵某,提出或补交 4 000 元或退回 CD 机,由商店退还赵某 1 196 元。赵某认为彼此的买卖关系已经成立并交易完毕,商店不能反悔,拒绝商店的要求。商店无奈只得向人民法院起诉,要求赵某返还 4 000 元或 CD 机。

分析:这是当事人因对标的物价格的认识错误而实施的商品买卖行为。这一错误不是出卖人故意造成的,而是因疏忽标错价签造成,这一误解对出卖人造成较大的经济损失。所以,根据本案的情况,符合重大误解的构成要件,应依法认定为属于重大误解的民事行为。法院可根据《合同法》裁决赵某将 CD 机返还给商店,由柜台组长对由此造成赵某的损失承担责任。

(2)在订立时显失公平的合同

显失公平,一方当事人在紧迫或者缺乏经验的情况下订立的明显对自己有重大不

---

① 《关于贯彻执行〈中华人民共和国民法通则〉若干问题的意见》第 71 条规定:"行为人因为行为的性质、对方当事人的标的物品质、质量、规格和数量等错误认识,使行为的后果与自己的意思相悖,并造成较大损失的,可以认定为重大误解。"

利的合同的行为。显失公平的构成要件有:第一,这类合同往往都是有偿合同;第二,一方获得的利益超过了法律允许的限度;第三,受害的一方在订立合同时缺乏经验或情况紧迫;第四,显失公平是在订立合同时存在的。

显失公平可以表现在合同的各个方面,如买卖合同中标的物的价格过高或者过低,租赁合同中的租赁费过高或者过低,居间合同中居间费过高过低,建设工程合同工期过短等等。

【案例8-14】 甲许可乙公司实施其某项专利,专利使用费经反复谈判压至3万元,期限2年,乙在这2年内由于该专利获税后利润1 000万元。

分析:经调查,甲对经商毫不了解,乙在订立合同前经调研得知该专利的市场前景乐观,市场需求大,因此乙压低专利使用费的行为是显示公平的。

(3)乘人之危的合同

乘人之危订立合同,是指一方当事人故意利用他人的为难处境或者紧迫需要,迫使他方接受某种明显不公平的条件并作出违背其真实意思的意思表示,从而订立了对危难境地之人极其不利的合同。构成乘人之危的条件有:第一,一方当事人陷于危难处境,如处于自然灾害的严重危困之中或濒临破产的境地,迫切需要救助。"危难"除了指经济上窘迫或具有某种迫切需要以外,也包括个人及其家人生命危险、健康恶化等危难。第二,行为人利用了对方当事人的危难困境,趁火打劫,提出苛刻条件,对方出于无奈而违背真实意愿与之订立合同。第三,乘人之危行为人主观状态为故意。行为人不了解对方危难处境而与之订立合同,不能认定为乘人之危订立的合同。比如,李某家中有病人,急需用钱,主动提出以低价将房屋卖给王某,由于是李某提出的要约,该合同不能以乘人之危为由予以变更或者撤销。第四,乘人之危订立合同,一般是为了取得过分的利益。这种利益称之为"不正当利益"。这种不正当利益是在严重损害对方利益基础上产生的,所以这一条件也可表述为被乘危难人蒙受重大损失。虽然获取过分利益为乘人之危行为人订立合同的目的,但认定乘人之危的合同时,并不以已经获取过分利益为条件。

3. 可变更、可撤销合同请求权的行使和消灭

《合同法》第54条:"受损害方有权请求人民法院或者仲裁机构变更或者撤销合同。当事人请求变更的,人民法院或者仲裁机构不得撤销。"

撤销权不能永久存续。有下列情形之一的,撤销权消灭:

(1)撤销权没有在1年内行使

具有撤销权的当事人自知道或者应当知道撤销事由之日起1年内没有行使撤销权,则撤销权消灭。比如,因欺诈订立的合同,在知道或者应当知道自己被欺诈的情况后,应当在1年之内向法院或仲裁机关提出变更或撤销的请求,超过了1年的期限,则撤销权就丧失了。再如,对乘人之危订立的合同,在合同成立之日起1年内就应当向法院或仲裁机关提出变更或撤销合同,因为被乘人之危的人在订立合同时就知道了撤销事由。有人认为,《合同法》规定撤销权应当在1年内行使,没有规定变更权在1年内行使。这里强调一句:撤销权包括变更权,变更权也要在1年内行使。

(2)明示或者默示放弃撤销权

具有撤销权的当事人知道撤销事由后明确表示或者以自己的行为表示放弃撤销权。如被欺诈的一方当事人在知道被欺诈的真相后,仍然表示要履行合同,这是明示放弃撤销权;再如被欺诈的一方是卖方,在知道欺诈的真相后,又收取对方货款、给对方发货,这是默示放弃撤销权。

8.3.4 合同无效或者被撤销的法律后果

合同被确认无效或者被撤销后,在当事人之间仍然产生相应的法律后果,主要包括以下四种:

1. 返还财产

返还财产是使当事人的财产关系恢复到合同签订以前的状态。不论接受财产的一方是否具有过错,都负有返还财产的义务。如果不能返还或者没有必要返还的,应当折价补偿。折价补偿,不能使当事人从无效合同中获得利益,否则就违背了无效合同制度的初衷。为实现这一目标,可以同时适用追缴或罚款的措施。

2. 赔偿损失

赔偿损失以过错为条件。有过错的应当赔偿对方因此所受到的损失,双方都有过错的,应当各自承担相应的责任。

损失不是各方当事人为能得到的订立合同时期待的利润,而是各种实际已经发生的损失,如运输、仓储、贷款利息等。

3. 收归国库所有、返还第三人

当事人恶意串通,损害国家、集体利益或者第三人利益的,因此取得的财产收归国家所有或者返还给第三人。收归国家所有又称为追缴。追缴的财产包括已经取得的财产和约定取得的财产。如果不追缴约定取得的财产,当事人仍会因无效合同获得非法利益。

返还第三人是当事人因履行该合同而取得的财产应当返还给第三人。“取得的财产”可以是当事人从对方取得的财产,也可以是非法所得。例如,双方恶意串通买卖他人所有的物,该合同被确认为无效后应将该物返还第三人,这是物的返还;双方恶意串通买卖违法使用第三人企业名称的商品,应当将所获利润赔偿给第三人,这是对第三人的损失赔偿。

8.3.5 效力待定合同

1.效力待定合同的概念和特征

效力待定合同，是指合同虽然已经成立，但因为不完全符合有关生效要件，能否发生当事人逾期的法律效果尚未确定，只有经过权利人的追认，才能生效的合同。效力待定合同的特征：

(1)合同已经成立

(2)当事人或合同订立者欠缺主体资格而合同的效力尚未确定

合同虽然已经成立，但因实际订立人或合同当事人欠缺一定的权限或者能力而发生效力的瑕疵。这些能力的欠缺一般并不涉及国家利益或者社会公共利益，也不违反法律、行政法规的强制性规定，与合同法的原则没有根本性的冲突，所以允许有权人通过追认的方式赋予合同效力。

(3)合同是否发生法律效力须经权利人追认

所谓追认，是权利人明确做出同意或者承认的意思表示。追认必须是明示的，沉默不构成追认；追认必须是无条件的，对合同条款的全部同意，附条件的同意或只同意一部分属于提出新的要约，必须相对方同意方可生效。

2.效力待定合同的种类

效力待定合同主要是因为当事人缺乏缔约能力、处分能力和代理资格所造成的。

(1)限制民事行为能力人依法不能独立订立的合同

《合同法》第47条规定："限制民事行为能力人订立的合同，经法定代理人追认后，该合同有效，但纯获利益的合同或者与其年龄、智力、精神健康状况相适应而订立的合同，不必经法定代理人追认。相对人可以催告法定代理人在一个月内予以追认。法定代理人未作表示的，视为拒绝追认。合同被追认之前，善意相对人有撤销的权利。撤销应当以通知的方式做出。"

限制民事行为能力人因为缺乏意思能力，所以他们签订的合同在其法定代理人没有追认前，不发生预期的法律效果。

根据法律规定，限制民事行为能力人订立的合同在以下三种情况下是有效的：①经过法定代理人追认；②纯获利益的合同，如接受奖励、赠与、报酬的合同；③与其年龄、智力、健康状态相适应的合同。

除了限制民事行为能力人以外，无民事行为能力人只能由其法定代理人代理签订合同，不能自己订立合同，否则合同无效。如果无民事行为能力人自己订立了合同，该合同必须经其法定代理人追认，合同才能发生法律效力。

限制民事行为能力人的法定代理人享有追认权。限制民事行为能力人取得民事行为能力后，也有权追认合同。该追认权由其法定代理人以通知相对人的方式行使。

善意相对人为了尽快消除法律关系的不稳定状态，可以在对方做出追认之前，向限制民事行为能力人的法定代理人发出撤销通知，撤销该合同，使合同不发生法律效力。

(2)无权代理人以被代理人的名义订立的合同

《合同法》第48条："行为人没有代理权、超越代理权或者代理权终止后以被代理人名义订立的合同，未经被代理人追认，对被代理人不发生效力，由行为人承担责任。相对人可以催告被代理人在一个月内予以追认。被代理人未作表示的，视为拒绝追认。合同被追认之前，善意相对人有撤销的权利。撤销应当以通知的方式做出。"

无权代理人以被代理人的名义与相对人订立的合同是无权代理合同。该合同非经被代理人追认，对于被代理人不发生法律效力，除非构成表见代理①。被代理人对此类合同也享有追认权。善意的第三人也享有催告权和撤销权。在基本原理上与限制民事行为能力人订立的合同相同。在此不再论述。

(3)无处分权人处分他人财产的合同

《合同法》第51条："无处分权的人处分他人财产，经权利人追认或者无处分权的人订立合同后取得处分权的，该合同有效。"

处分他人财产是指对他人财产在法律上的处分，包括财产的赠与、转让、租赁、设定抵押权等。当事人订立合同处分财产时，应当享有财产处分权，否则合同无效。一般而言，对财产的处分只能由享有处分权的人行使，无处分权的人处分他人财产构成对他人的侵权。但是，法律规定，如果权利人追认或者在签订合同后取得了处分权，该合同仍然发生法律效力。

不过不能认为无处分权处分他人财产只要未经权利人追认或者无处分权人未取得处分权，该合同一律无效。为了保护善意第三人的利益，即使不符合条件，但是符合善意取得制度②，仍然是有效的合同。

(4)法定代表人、负责人超越权限订立的合同

《合同法》第50条："法人或者其他组织的法定代表人、负责人超越权限订立的合同，除相对人知道或者应当知道其超越权限的以外，该代表行为有效。"这是《合同法》建立的代表行为有效制度。

---

① 《合同法》第49条："行为人没有代理权、超越代理权或者代理权终止后以被代理人名义订立合同，相对人有理由相信行为人有代理权的，该代理行为有效。"

② 《中华人民共和国物权法》第106条："无处分权人将不动产或者动产转让给受让人的，所有权人有权追回；除法律另有规定外，符合下列情形的，受让人取得该不动产或者动产的所有权：(一)受让人受让该不动产或者动产时是善意的；(二)以合理的价格转让；(三)转让的不动产或者动产依照法律规定应当登记的已经登记，不需要登记的已经交付给受让人。受让人依照前款规定取得不动产或者动产的所有权的，原所有权人有权向无处分权人请求赔偿损失。当事人善意取得其他物权的，参照前两款规定。"

法人或其他组织的工作人员分为法定代表人和其他工作人员两类。[①] 在他们对外订立合同时，他们的身份以及他们同法人的关系是有区别的。法定代表人的职务行为是代表行为，不是代理。因为他是法人的代表人，行使的是法人的职权，被视为法人。同理，其他组织的负责人的行为也是代表行为。其他工作人员以法人名义同相对人签订合同，他们的行为不是代表行为，即使持有法人的介绍信，授权书或者盖有法人印鉴的空白合同书等文件，他也只能是法人的代理人，同法人是代理关系。

合同法规定，法定代表人的行为就是法人行为，其他组织的负责人的行为也是其他组织的行为，那么如果法定代表人违反内部规定，超越权限订立合同，对于法人或者其他组织当然有效，由组织承担责任。

但是本条规定的依据是过错原则。合同相对人没有知道法人章程、法人和其他组织对其法定代表人和负责人的权限范围的限制的义务，如果法人和其他组织也没有告诉相对人这些限制，那么法律就会保护善意相对人的权利。如果相对人知道或者应当知道法定代表人或者负责人超越权限的，法人或者其他组织对因此订立的合同不承担责任。

【案例8-15】 某公司董事长同某银行订立保证合同，为其公司股东的债务向该银行保证如果该股东不履行，由公司负连带保证责任。

分析：《公司法》第60条："董事、经理不得以公司资产为本公司的股东或者其他个人债务提供担保。"这是法律的强制性规定，银行应当知道这个禁止性规定，这个合同对公司不产生效力，该公司不承担保证责任。

【案例8-16】 某矿泉水厂（以下简称甲方）为便于联系业务，扩大销路，聘请某机关后勤部门干部朱某当业务顾问并支付津贴。朱某未通过单位有关领导私自以单位的名义，与甲方签订了一份购销矿泉水合同，并采取欺骗手段偷盖了单位印章。合同签订后，朱某又拿着合同到机关下属单位要求其按合同购买矿泉水。不久，某机关（简称乙方）领导得知此事，指令机关下属单位拒绝收货。为此，甲乙双方发生纠纷，甲方以乙方不履行合同为由起诉到人民法院，要求乙方履行合同义务并赔偿损失。

分析：此案中的朱某虽然是乙方的干部，但他不是乙方的法定代表人或负责人，他若以乙方名义与他人签订合同，必须有乙方的法定代表人授予其代理权。但朱某在没有取得代理权的情况下，私下代表乙方与甲方签订合同，该行为是无权代理行为。对该代理行为，乙方事后又不予追认。因此，朱某以乙方名义与甲方签订的购销合同，对乙方不发生法律效力。甲方要求乙方履行合同的要求不能支持。甲方的损失，应由行为人朱某自行承担。乙方不承担任何法律责任。

---

① 《民法通则》第43条："企业法人对它的法定代表人和其他工作人员的经营活动，承担民事责任。"第38条："依照法律或者法人组织章程规定，代表法人行使职权的负责人，是法人的法定代表人。"

8.3.6 附条件、附期限的合同

1. 附条件的合同

附条件的合同是当事人以将来不确定实现的事实的发生与否，限制其法律行为效力的发生或者存续的意思表示而订立的合同。

法律行为中所附的条件可以是事件，也可以是行为，但是必须符合下列条件：

(1)是将来发生的事实；

(2)是将来不确定发生的事实；

(3)是合法的事实。

附生效条件的合同，自条件成就时生效。附解除条件的合同，自条件成就时失效。当事人为自己的利益不正当地阻止条件成就的，视为条件已成就；不正当地促成条件成就的，视为条件不成就。

2. 附期限的合同

附期限的合同是当事人以将来确定发生的事实，限制其法律行为效力的发生或存续的意思表示而订立的合同。

期限是必然到来的事实，这是与条件的不同。法律行为所附期限可以是明确的期限，如某年某月某日；也可以是不确定的期限，如“某人死亡之日”等等。

当事人对合同的效力可以约定附期限。附生效期限的合同，自期限届至时生效。附终止期限的合同，自期限届满时失效。

8.4 合同的履行

8.4.1 合同履行概述

合同的履行是指债务人全面地、适当地完成其合同义务，债权人的合同债权得到完全实现。在许多情况下，合同的履行不仅仅是最后的交付，而是一系列行为及其后果的总和。合同的履行是合同效力的必然要求，也是合同关系消灭的主要原因，更是实现合同法制目的的重要手段。

1. 合同履行的原则

合同履行的原则是当事人在履行合同时应该遵守的准则，除了诚实信用原则、公平原则和平等原则外，还有以下专属合同履行的原则：

(1)适当履行原则

适当履行是当事人按照合同规定的标的及其数量、质量，由适当的主体在适当的

履行期限、履行地点以适当的方式，全面完成合同义务。

(2)协作履行原则

协作履行，是当事人不仅应适当履行自己的合同义务，而且应基于诚实信用原则的要求协助对方当事人履行合同债务。

(3)经济合理原则

经济合理原则要求在履行合同时，讲究经济效益，付出最小成本，取得最佳的合同利益。如：选择最合理的运输方式等。

2. 合同履行的规则

(1)质量、价款等履行规则

①质量要求不明确的，按照国家标准、行业标准履行；没有国家标准、行业标准的，按照通常标准或者符合合同目的的特定标准履行。

②价款或者报酬不明确的，按照订立合同时履行地的市场价格履行；依法应当执行政府定价或者政府指导价的，按照规定履行。

③履行地点不明确，给付货币的，在接受货币一方所在地履行；交付不动产的，在不动产所在地履行；其他标的，在履行义务一方所在地履行。

④履行期限不明确的，债务人可以随时履行，债权人也可以随时要求履行，但应当给对方必要的准备时间。

⑤履行方式不明确的，按照有利于实现合同目的的方式履行。

⑥履行费用的负担不明确的，由履行义务一方负担。

(2)执行政府定价的履行规则

执行政府定价或者政府指导价的，在合同约定的交付期限内政府价格调整时，按照交付时的价格计价。逾期交付标的物的，遇价格上涨时，按照原价格执行；价格下降时，按照新价格执行。逾期提取标的物或者逾期付款的，遇价格上涨时，按照新价格执行；价格下降时，按照原价格执行。

(3)代为履行债务的规则

当事人约定由债务人向第三人履行债务的，债务人未向第三人履行债务或者履行债务不符合约定，应当向债权人承担违约责任。

当事人约定由第三人向债权人履行债务的，第三人不履行债务或者履行债务不符合约定，债务人应当向债权人承担违约责任。

(4)提前履行债务的规则

债务人可以提前履行债务。债权人可以拒绝债务人提前履行债务，但提前履行不损害债权人利益的除外。债务人提前履行债务给债权人增加的费用，由债务人负担。

(5)部分履行债务的规则

债权人可以拒绝债务人部分履行债务，但部分履行不损害债权人利益的除外。债务人部分履行债务给债权人增加的费用，由债务人负担。

8.4.2 双务合同履行中的抗辩权

履行抗辩权是双务合同一方当事人在法定条件下拒绝履行其合同债务的权利。这种抗辩权,是延期抗辩权,只是在一定期限内中止履行合同,并不消灭合同效力。当拒绝履行的事由消失或者不存在时,应当继续履行合同。

1. 同时履行抗辩权

同时履行抗辩权,是指在无先后履行顺序的双务合同中,一方当事人在有证据证明另一方当事人不履行或者债务人履行不符合约定时,所享有的拒绝履行的权利。《合同法》第 66 条规定:"当事人互负债务,没有先后履行顺序的,应当同时履行。一方在对方履行之前有权拒绝其履行要求。一方在对方履行债务不符合约定时,有权拒绝其相应的履行要求。"

2. 先履行抗辩权

先履行抗辩权是在双务合同中,应当先履行的一方当事人未履行或者履行不符合约定,后履行一方所享有的拒绝其履行要求的权力。《合同法》第 67 条规定:"当事人互负债务,有先后履行顺序,先履行一方未履行的,后履行一方有权拒绝其履行要求。先履行一方履行债务不符合约定的,后履行的一方有权拒绝其相应的履行要求。"

【案例 8-17】 甲公司与乙公司签订一份买卖木材合同,合同约定买方甲公司应在合同生效后 10 日内向卖方乙公司支付 20%的预付款,乙公司收到预付款后 3 日内发货至甲公司,甲公司收到货物验收后即结清余款。乙公司收到甲公司 20%预付款后的第 2 日即发货至甲公司。甲公司收到货物后经验收发现木材质量不符合合同约定,遂及时通知乙公司并拒绝支付余款。

分析:甲公司拒绝支付余款是合法的。乙公司虽然将木材如期运至甲公司,但其木材质量不符合合同约定的质量,及其履行债务不符合合同约定,甲公司有权根据先履行抗辩权拒绝支付余款。

3. 不安抗辩权

不安抗辩权是在双务合同中,应当先履行合同债务的一方当事人因有证据证明对方当事人欠缺履行债务的能力或者欠缺信用,在对方没有对待履行或者提供担保之前,有权中止履行合同债务。当对方提供适当担保时,应当恢复履行。中止履行后,对方在合理期限内未恢复履行能力且没有提供适当担保的,中止履行的应当先履行债务的一方当事人有权解除合同。

《合同法》第 68 条第 1 款规定:"应当先履行债务的当事人,有确切证据证明对方有下列情形之一的,可以中止履行:(1) 经营状况严重恶化;(2) 转移财产、抽逃资金,以逃避债务;(3) 丧失商业信誉;(4) 有丧失或者可能丧失履行债务能力的其他情形。当事人没有确切证据中止履行的,应当承担违约责任。"条文中所说的四种情形构成预期重大违约时，先履行义务人可以根据《合同法》第94条[①]的规定解除合同。”

【案例8-18】 甲乙两公司签订钢材购买合同，合同约定：乙公司向甲公司提供钢材，总价款500万元。甲公司预支价款200万元。在甲公司即将支付预付款前，得知乙公司因经营不善，无法交付钢材，并有确切证据证明。于是，甲公司拒绝支付预付款，除非乙公司能提供一定的担保，乙公司拒绝提供担保。为此，双方发生纠纷并诉至法院。

分析：甲公司拒绝支付预付款是合法的。其行使的是不安抗辩权。

8.4.3 合同的保全

债务人的财产是债权得以清偿的一般担保。法律为防止债务人的财产不当减少而设债的保全制度，即债务人不采取法定方式主张债权，或者其财产不当减少时，债权人有代位权或撤销权。

1. 合同保全概述

合同的保全，是指法律为了防止因债务人的财产不当减少而给债权人的债权带来危害，允许债权人对债务人或第三人的行为行使撤销权或代位权。

代位权是针对债务人的消极行为，撤销权是针对债务人的积极行为。两者都是为了排除对债权的危害，实现债务人的财产权利或者恢复债务人的财产，使之能够以财产保障对债权人的清偿。

2. 代位权

《合同法》第73条规定：“因债务人怠于行使其到期债权，对债权人造成损害的，债权人可以向人民法院请求以自己的名义代位行使债务人的债权，但该债权专属于债务人自身的除外。代位权的行使范围以债权人的债权为限。债权人行使代位权的必要费用，由债务人负担。”因此，代位权是指债务人怠于行使其到期债权，而有害于债权人的债权时，债权人以自己的名义向人民法院请求代位行使债务人的债权。

【案例8-19】 甲方为工程的发包人，乙方为承包人，乙方经甲方同意，将土方工程(挖坑)分包给工头张某，张某雇佣了97个农民完成了土方工程。临近春节，该97个农民找工头索要工钱，张某找乙方索要，乙方以甲方不给为由拒绝。张某无法支付工钱，又怕农民打他，就躲了起来。农民工无奈只好找乙方索要。

分析：农民工向乙方索要是符合法律规定的，可以提起代位权诉讼。分包合同是

---

① 《中华人民共和国合同法》第94条：“有下列情形之一的，当事人可以解除合同：(一)因不可抗力致使不能实现合同目的；(二)在履行期限届满之前，当事人一方明确表示或者以自己的行为表明不履行主要债务；(三)当事人一方迟延履行主要债务，经催告后在合理期限内仍未履行；(四)当事人一方迟延履行债务或者有其他违约行为致使不能实现合同目的；(五)法律规定的其他情形。

否有效，不影响代位权的成立①。

3. 撤销权

《合同法》第 74 条规定："因债务人放弃其到期债权或者无偿转让财产，对债权人造成损害的，债权人可以请求人民法院撤销债务人的行为。债务人以明显不合理的低价转让财产，对债权人造成损害，并且受让人知道该情形的，债权人也可以请求人民法院撤销债务人的行为。撤销权的行使范围以债权人的债权为限。债权人行使撤销权的必要费用，由债务人负担。"撤销权是指债务人放弃其到期债权或者无偿转让财产，对债权人造成损害的，债权人可以请求人民法院撤销债务人的行为。

【案例 8-20】 甲公司为开发新项目，急需资金。2005 年 3 月 12 日，向乙公司借款 15 万元。双方谈妥，乙公司借给甲公司 15 万元，借期 6 个月，月息为银行贷款利息的 1.5 倍，至同年 9 月 12 日本息一起付清，甲公司为乙公司出具了借据。甲公司因新项目开发不顺利，未盈利，到了 9 月 12 日无法偿还欠乙公司的借款。某日，乙公司向甲公司催促还款无果，但得到一信息，某单位曾向甲公司借款 20 万元，现已到还款期，某单位正准备还款，但甲公司让某单位不用还款。于是，乙公司向法院起诉，请求甲公司以某单位的还款来偿还债务，甲公司辩称该债权已放弃，无法清偿债务。

分析：甲公司与乙公司之间的借贷合同关系，系自愿订立，无违法内容，又有书面借据，是合法有效的。甲公司系债务人，负有按期清偿本息的义务；乙公司为债权人，享有按期收回本金、收取利息的权利。甲公司因新项目开发不顺利，不能如约履行清偿义务，构成违约。债权人对于自己享有的债权，完全可以根据自己的意志，决定行使或者放弃。但是，当该债权人另外又系其他债权人的债务人时，如果他放弃债权的行为使他的债权人的权利无法实现时，他的债权人享有依法救济的权利。本案中，甲公司放弃对某单位享有的债权，表面上是处分自己的权益，但实际上却损害了乙公司的债权，依照我国合同法的规定，乙公司可以行使撤销权，撤销甲公司放弃债权的行为。乙公司也可以行使代位权。

8.5 合同的变更、转让和终止

8.5.1 合同变更

合同变更是指在合同成立后履行前或者完全履行之前，当事人依照法律规定的程序，对合同约定的权利义务进行修改和补充。如买卖合同标的物数量的增加或减少、交货时间的提前、延期，运输方式和交货地点改变等都可视为合同的变更。

---

① 《中华人民共和国合同法》第 272 条："禁止分包单位将其承包的工程再分包。"

合同变更，是针对已经成立的或生效的合同。无效合同和已经被撤销的合同不存在变更的问题。对可撤销而尚未被撤销的合同，当事人也可以不经人民法院或仲裁机关裁决，而采取协商的手段，变更某些条款，消除合同瑕疵，使之成为符合法律要求的合同。变更通常要遵循一定的程序或依据某项具体原则或标准。这些程序、原则、标准等可以在订立合同时约定，也可以在合同订立后约定。

8.5.2 合同转让

合同转让时合同主体发生变化，即由原合同当事人将合同的全部或者部分权利义务转让给第三人，但合同的客体，即合同的标的不变。

在合同转让的关系中，合同关系的当事人有债权人、债务人和第三人。合同的转让表明，合同的权利义务由新的当事人，即第三人承受，在合同的转让中，原合同的当事人与受让人结成新的合同关系，合同的转让包括：债权让与、债务承担和概括承受。

【案例 8-21】 2000 年 10 月 15 日，甲公司与乙公司签订合同，合同约定由乙公司于 2001 年 1 月 15 日向甲公司提供一批价款为 30 万元电脑配件，2000 年 12 月 1 日甲公司因销售原因，需要乙公司提前提供电脑配件，甲公司要求提前履行的请求被乙公司拒绝，甲公司为了不影响销售，只好从外地进货，随后将对乙公司的债权转让给了丙公司，但未通知乙公司。丙公司于 2001 年 1 月 15 日去乙公司提货时遭拒绝。

分析：乙公司拒绝丙公司的提货有法律依据。我国《合同法》第 80 条规定："债权人转让权利的，应当通知债务人。未经通知，该转让对债务人不发生效力。"本案中，甲公司将债权转让给丙公司，但未通知乙公司，因而对乙公司不发生效力。甲公司与丙公司的债权转让合同有效。丙公司的履行要求被拒绝，应当由甲公司对丙公司承担责任。

8.5.3 合同终止

1. 合同终止的概念和条件

合同终止是指在合同有效成立之后，当事人之间的债权债务关系消灭，当事人不再受合同关系的约束。根据《合同法》规定，符合下列条件可以终止合同：

(1)债务已经按照约定履行

合同当事人完全履行了合同债务，合同因此而全部履行，当事人不再受合同的约束。

(2)合同解除

当事人协商一致，可以解除合同；由于产生了法定事由，当事人依照法律的规定，也可以解除合同。

(3)债务相互抵消

债务抵消有法定抵消和合意抵消两种。法定抵消是当事人互负到期债务,该债务的标的物的种类、品质相同,任何一方可以将自己的债务与对方的债务抵消,但依照法律或者按照合同性质不得抵消的除外。合意抵消是当事人互负债务,如果标的物种类、品质不相同,经过双方协商一致,也可以抵消。

(4)债务人依法将标的物提存

提存,是由于债权人的原因而无法向其交付合同标的物时,债务人将标的物交给提存机关而消灭合同的制度。提存机关可以是公证处,也可以是银行。

(5)债权人免除债务

债权人免除债务是债权人抛弃债权,从而消灭合同关系和其他债务关系的一种单方行为。债权人免除债务不能影响其他债权人的债权实现。

(6)债权债务同归于一人

(7)法律规定或者当事人约定终止的其他情形

2. 合同的解除

合同的解除是合同没有履行或者没有完全履行时,由当事人依照法律的规定的条件和程序、终止原合同关系。

(1)法定解除

法定解除又称单方解除,是指在合同成立后,未履行或者未完全履行之前,在符合法定条件时,当事人一方有权通知另一方解除合同,即可产生解除的效果。

①因不可抗力致使合同目的不能实现。

②预期违约。履行期尚未届满,债务人明示或默示毁约,这种行为被称为预期违约。所谓明示预期违约,是指债务人以通知或声明的方式表示到期将不履行合同。所谓默示预期违约,是债务人以行为表明其到期将不履行合同,比如债务人将唯一的标的物出卖给第三人,第三人善意地取得了标的物的所有权,此时,预期违约人到期不可能履行合同,这就是默示毁约。对根本预期违约(或称为重大预期违约),被违约的一方获得单方解除权,其有权通知对方解除合同。根本预期违约是完全撕毁合同或表示不履行主要债务的违约行为,如果没有构成根本预期违约,则另一方没有单方解除权。

③当事人迟延履行主要债务,经催告后在合理的时间内仍未履行。迟延履行是指债务人在履行期届满后仍未履行债务。当事人迟延履行主要债务,如果继续履行仍能实现合同目的或者债权的履行利益仍然能够实现的情况下,债权人不能径直通知债务人解除合同,而应催告债务人履行合同义务。经催告后,债务人在合理的时间内仍未履行,此时债权人获得单方解除权,可以通知债务人解除合同。催告是债权人向债务人发出的请求履行的通知,合理的期限,是指给予债务人必要的履行准备时间。合理期限的长短,应当根据合同的具体情况确定。

【案例 8-22】 甲方在乙方处订购了 1 万台电扇,要求 4 月份到货。甲方订购的这

1万台电扇预定在6月初上架零售。至4月份未到货。甲方是否可以依此解除合同?

分析:此种情况下,依诚实信用原则,甲方不能直接通知乙方解除合同而应催告,给对方合理的宽展期,至宽展期届满,乙方仍不交货,甲方可通知乙方解除合同。

④ 当事人迟延履行债务或者有其他违约行为致使不能实现合同目的。当事人迟延履行合同或者有其他违约行为致使合同的目的不能实现,已经构成了根本违约,此时无须经催告程序,被违约人在违约人履行期限届满未履行合同时,即可通知对方解除合同。

【案例8-23】 甲定于5月4日举办青少年运动会,与乙订立承揽合同,要求乙将特制的在运动会开幕式上使用的大钟于5月3日前送到。至5月3日,乙没有送货,甲了解到乙还没有将钟装好,根本不能保证5月4日的使用。遂通知乙解除合同,并要求赔偿损失。此例中,甲解除合同不需要事先经过催告程序。

"其他违约行为"是指迟延履行以外的违约行为,如质量不合格等。质量不合格构成重大违约的(不能实现合同目的),被违约一方无需催告,有权直接通知违约人解除合同。

⑤ 法律规定的其他情形。前述四项列举了法定解除的情形,不能穷尽所有法定解除的情况,因而法律设立了兜底条款。这里的法律,不仅指《合同法》的有关规定,还包括其他法律的规定。

(2)合意解除

合意解除又称为双方解除。合意解除是当事人协商一致,以成立合同的方式解除原有的合同。因此,合意解除适用合同成立、生效的一般规则。严格地说,合意解除不需什么条件,只要双方协商一致即可。

8.6 违约责任

8.6.1 违约责任概述

1.违约责任的概念

违约责任是当事人一方不履行合同义务或者履行合同义务不符合约定的,除依法可以免除责任的以外,应当承担违反合同的责任。当事人双方都违反合同的,应当各自承担相应的责任。

2.违约责任的种类

违约责任的种类,是指违约责任的表现方式。按照《合同法》第107条的规定,违约的最基本分类是两种:一是不履行;二是履行不符合约定。

3. 违约责任的归责原则和构成要件

归责原则,是确定当事人责任所依据的原则。他要解决的问题是,法律以什么标准来确定违约责任的承担。具体而言,是以行为人的主观过错为标准,还是以行为人的行为为标准,还是以已经发生的损害结果为标准,来让行为人承担责任。

《合同法》第 107 条规定:"当事人一方不履行合同义务或者履行合同义务不符合约定的,应当承担继续履行、采取补救措施或者赔偿损失等违约责任。"这一条文并未要求违约方违约时有过错,只要违反合同,就应当承担责任,除非有约定或者法定的免责事由。因此,我国合同法首先采取了严格责任的立场。严格责任原则要求:当事人违约即构成违约责任,除非有免责的事由。

另外,应该看到,《合同法》在承认严格责任的同时,也规定了过错责任。过错责任原则要求:当事人因过错发生违约行为才构成违约责任。过错是指违约人有违约故意或者过失。例如:(1)赠与合同;[①](2)租赁合同;[②](3)承揽合同;[③](4)旅客运输合同;[④](5)多式联运合同;[⑤](6)无偿的保管合同;[⑥](7)委托合同;[⑦](8)居间合同。[⑧]

因此,对我国《合同法》确立的归责原则,可以这样概括:以严格责任为基础;以过错责任为补充。

8.6.2 违约的免责条件

1. 免责条件的概念

免责条件,是法律明文规定的当事人对其不履行合同不承担违约责任的条件。

我国合同法规定的免责条件是不可抗力和债权人有过错,当事人也可以在合同中

---

① 《合同法》第 189 条规定:"因赠与人故意或者重大过失致使赠与的财产毁损、灭失的,赠与人应当承担损害赔偿责任。"

② 《合同法》第 222 条规定:"承租人应当妥善保管租赁物,因保管不善造成租赁物毁损、灭失的,应当承担损害赔偿责任。"

③ 《合同法》第 265 条规定:"承揽人应当妥善保管定做人提供的材料以及完成的工作成果,因保管不善造成毁损、灭失的,应当承担损害赔偿责任。"

④ 《合同法》第 303 条第 1 款规定:"在运输过程中旅客自带物品毁损、灭失,承运人有过错的,应当承担损害赔偿责任。"

⑤ 《合同法》第 320 条规定:"因托运人托运货物时的过错造成多式联运经营人损失的,即使托运人已经转让多式联运单据,托运人仍然应当承担损害赔偿责任。"

⑥ 《合同法》第 374 条规定:"保管期间,因保管人保管不善造成保管物毁损、灭失的,保管人应当承担损害赔偿责任,但保管合同是无偿的,保管人证明自己没有重大过失的,不承担损害赔偿责任。"

⑦ 《合同法》第 406 条第 1 款规定:"有偿的委托合同,因受托人的过错给委托人造成损失的,委托人可以要求赔偿损失。无偿的委托合同,因受托人的故意或者重大过失给委托人造成损失的,委托人可以要求赔偿损失。"

⑧ 《合同法》第 425 条第 2 款规定:"居间人故意隐瞒与订立合同有关的重要事实或者提供虚假情况,损害委托人利益的,不得要求支付报酬并应当承担损害赔偿责任。"

自行约定排除或者限制违约责任的条款。

2. 不可抗力及其构成

不可抗力是当事人不能预见、不能避免并且不能克服的客观情况。简言之，不可抗力是当事人不可抗拒的外来力量，是不受当事人意志左右、支配的自然现象和社会现象。

不可抗力的构成要件包括以下四个方面：(1)不可抗力事件是发生在合同订立生效之后；(2)该事件是当事人双方订立合同时均不能预见的，也就是在尽到了应有的注意义务基础上仍不能预见；(3)不可抗力的事件发生是不可避免并且不能克服的，而且该事件的发生会阻碍当事人合同的履行；(4)不可抗力事件是非由任何一方的过失行为引起的客观事件。

3. 债权人有过错

债权人有过错，是指债权人对违约行为或者违约损害后果的发生或者扩大存在故意或者过失。如《合同法》第 302 条规定："承运人应当对运输过程中旅客的伤亡承担损害赔偿责任，但伤亡是旅客自身健康原因造成的或者承运人证明伤亡是旅客故意、重大过失造成的除外。"再如，《合同法》第 311 条规定："承运人对运输过程中货物的毁损、灭失承担损害赔偿责任，但承运人证明货物的毁损、灭失是因不可抗力、货物本身的自然性质或者合理损耗以及托运人、收货人的过错造成的，不承担损害赔偿责任。"该条的规定比较典型，列举了三种免责事由。

相对人有过错，未履行义务的一方，可以免责。还有一种情况：违约人应当承担违约责任，但是可以因为相对人的过错而减轻责任。这种规则被称为"过错相抵"。《民法通则》第 131 条规定："受害人对于损害的发生也有过错的，可以减轻侵害人的民事责任。"该条规定不仅适用于侵权责任，也适用于违约责任。

4. 当事人的约定

免责条款是当事人约定的免除或限制将来违约责任的条款，是当事人在责任发生之前就免责的内容或者范围进行协商的结果，具有约定性。

免责条款并不必然生效。严重违反诚实信用原则，违反社会公共利益的免责条款会损害一方当事人的利益，对正当的交易秩序也是一种损害，因而是无效的。《合同法》第 53 条："合同中的下列免责条款无效：(1)造成对方人身伤害的；(2)因故意或者重大过失造成对方财产损失的。"

8.6.3 承担违约责任的方式

1. 继续履行

《合同法》第 109 条规定："当事人一方未支付价款或者报酬的，对方可以要求其支付价款或者报酬。"第 110 条规定："当事人一方不履行非金钱债务或者履行非金钱债务不符合约定的,对方可以要求履行,但有下列情形之一的除外:(1) 法律上或者事实上不能履行;(2) 债务的标的不适强制履行或者履行费用过高;(3) 债权人在合理期限内未要求履行。”履行后还有其他损失的,可以请求赔偿损失。

当事人因违约支付了违约金或者赔偿金,但并不能因此代替合同的履行,对原合同未履行的部分仍应继续按照要求履行。债务人有能力履行而不自觉履行合同义务时,债权人可以请求人民法院强制债务人履行。

【案例 8-24】 甲应当卖给乙普通红砖 5 000 块,甲违约,乙向法院要求强制甲履行。但甲已经停炉烧砖,若甲对乙赔偿,则赔偿 50 万元(包括了可得利益),如甲实际履行,重新开炉烧砖,则需花费 150 万元。普通红砖在市场上可以轻易买到,此时应当判决赔偿,而不应当判决强制实际履行。这种情况下,也不宜判决甲方买来普通红砖送给乙,因为这样仍然增加费用。

2. 采取补救措施

《合同法》第 111 条规定:“质量不符合约定的,应当按照当事人的约定承担违约责任。对违约责任没有约定或者约定不明确,依照本法第六十一条的规定仍不能确定的,受损害方根据标的的性质以及损失的大小,可以合理选择要求对方承担修理、更换、重作、退货、减少价款或者报酬等违约责任。”

3. 赔偿损失

《合同法》第 113 条规定:“当事人一方不履行合同义务或者履行合同义务不符合约定,给对方造成损失的,损失赔偿额应当相当于因违约所造成的损失,包括合同履行后可以获得的利益,但不得超过违反合同一方订立合同时预见到或者应当预见到的因违反合同可能造成的损失。”

【案例 8-25】 河北农民李某向北京贩运萝卜,由于车站的疏忽,未将装载萝卜的车皮挂车,结果全部冻坏。该农民向法院起诉,要求铁路承运人赔偿实际损失和可得利益,按北京的萝卜销售价赔偿。

分析:法院除应判决退回运费外,令被告按车站当地的萝卜的收购价格赔偿。

《合同法》第 119 条规定:“当事人一方违约后,对方应当采取适当措施防止损失的扩大;没有采取适当措施致使损失扩大的,不得就扩大的损失要求赔偿。当事人因防止损失扩大而支出的合理费用,由违约方承担。”

4. 违约金

《合同法》第 114 条规定:“当事人可以约定一方违约时应当根据违约情况向对方支付一定数额的违约金,也可以约定因违约产生的损失赔偿额的计算方法。约定的违约金低于造成的损失的,当事人可以请求人民法院或者仲裁机构予以增加;约定的违约金过分高于造成的损失的,当事人可以请求人民法院或者仲裁机构予以适当减少。当事人就迟延履行约定违约金的,违约方支付违约金后,还应当履行债务。”

违约金是合同当事人约定的,一方不履行合同或履行合同不符合约定条件时,应给付另一方当事人一定数额的货币。它是当事人在违约事实发生以前确定的(一般在订立合同时确定)。违约金具备赔偿性,当事人没有约定违约金时,才适用赔偿金。

5. 定金责任

《合同法》第 115 条规定:“当事人可以依照《中华人民共和国担保法》约定一方向对方给付定金作为债权的担保。债务人履行债务后,定金应当抵作价款或者收回。给付定金的一方不履行约定的债务的,无权要求返还定金;收受定金的一方不履行约定的债务的,应当双倍返还定金。”我国《担保法》规定:定金合同从实际交付定金之日起生效。

《合同法》第 116 条规定:“当事人既约定违约金,又约定定金的,一方违约时,对方可以选择适用违约金或者定金条款。”定金具有预交的违约金的性质,定金与违约金并用,使违约人同时承担两种性质相同的违约责任,会产生不公平的后果。因此不能并用,而由被违约人择其一适用。被违约人可以选择对自己有利的责任形式。

【案例 8-26】 A 公司卖给 B 公司 1 000 吨煤炭,按照合同约定分 10 批发货,每批 100 吨。A 公司前 7 批煤炭质量符合要求,第 8 批不符合要求,不能用于锅炉的燃烧,B 公司就该批解除,该批订货自始失去效力。按照《合同法》第 166 条第 1 款的规定,解除该批货物不影响今后各批。A 公司后来所发第 9、10 批煤炭符合要求。B 公司在订立合同时,付给 A 公司 10 万元定金。现 B 公司要求适用定金罚则。

分析:如果 B 公司交付的 10 万元定金不折抵价款的话,那么 A 公司应当返还 11 万元(包含了双倍返还的 2 万),其中 10 万元是 B 公司自己的。假如 A 公司一批货都没有发或者 10 批货都不符合质量要求,B 公司解除 10 批订货,则 A 公司要双倍返还 B 公司 20 万元,其中 10 万元是 B 公司自己的。每批货获得 1 万元的补偿。

【案例 8-27】 A 公司与 B 公司签订买卖合同,由 A 公司卖给 B 公司一套价款为 200 万元的设备。B 公司按照约定给了 A 公司 10 万元定金。双方当事人在合同中还约定,任何一方不履行合同都要给对方 15 万违约金。如果 A 公司不履行合同,B 公司是要求其支付违约金呢,还是要求适用定金罚则?如果 B 公司撕毁合同,A 公司是要求其支付违约金呢,还是要求适用定金罚则?

分析:如果 A 公司不履行合同,B 公司应当选择适用违约金,因为违约金的金额是 15 万元。如果选择适用定金罚则,A 公司双倍返还定金 20 万元,其中 10 万元是 B 公司自己的,B 公司只得到 10 万元的补偿。B 公司选择违约金,不影响其向 A 公司交付的 10 万元定金。A 公司不返还,则构成不当得利。

如果 B 公司撕毁合同,A 公司也应当选择适用违约金,因为违约金有 15 万元。如果选择定金罚则,其只能没收 B 公司交付的 10 万元定金。A 公司选择适用违约金,但应当返还已收的 10 万元定金。A 公司依主动债权与被动债权相抵消,即实际上不需要返还 10 万元定金,B 公司实际再向 A 公司交付 5 万元,等于向 A 公司交付 15 万元的违约金。

本章小结

合同是平等主体的当事人之间设立、变更、终止民事权利义务的协议。合同的成立有两个必备的阶段，要约和承诺。要约是希望和他人订立合同的意思表示，承诺是受要约人同意要约的意思表示。合同的订立是当事人的意志自由原则的结果，而合同的效力体现了国家法律对当事人订立的合同的评价。依法成立的合同受法律保护。依据合同的效力状态，合同可以划分为有效合同、效力待定合同、可变更可撤销合同、无效合同以及附条件、附期限的合同。合同的履行是合同效力的必然要求，是实现合同利益的根本保证。双务合同的履行当事人享有同时履行抗辩权、先履行抗辩权和不安抗辩权，合同的债权人还享有代位权和撤销权。对于当事人在履行过程中的违约行为，我国合同法采用了“以严格责任为主，过错责任为辅”的原则，并且针对预期违约、不履行、瑕疵履行等行为，详细规定了承担违约责任的方式。

习　题

一、单项选择题

1. 下列协议中，(　　)适用《合同法》。

A. 甲与乙签订的遗赠扶养协议

B. 乙与丙签订的监护责任协议

C. 丙与丁集体经济组织签订的联产承包协议

D. 丁与戊企业签订的企业承包协议

2. 在甲、乙签订一份分期交货的设备买卖合同后，由于制作设备的主要原材料市场价格暴涨，超过签约时价格近 4 倍，如仍按原合同履行则卖方甲方将承受近 90 万元的损失。故甲提出修改合同，提高供货价格，乙不允，甲遂中止供货。后乙诉至法院。根据上述情况，承办法官认为，本案应将设备价格适当提高，或者解除合同。这一分析所依据的合同法原理是(　　)。

A. 情势变更原则　B. 诚实信用原则　C. 公平互利原则　D. 公序良俗原则

3. 在以招标方式订立合同时，属于承诺的行为是(　　)。

A. 招标　　B. 投标　　C. 开标　　D. 决标

4. 根据我国《合同法》的有关规定，要约可以撤销的情形有(　　)。

A. 要约已经到达受要约人，而受要约人尚未做出承诺

B. 要约人确定了承诺期限

C. 要约人明示要约不可撤销

D. 受要约人有理由认为要约是不可撤销的，并已经为履行合同做了准备工作

5. 北京甲公司与上海乙公司订立了一份书面合同，甲公司签字、盖章后邮寄给乙公司签字、盖章。该合同成立的时间是(　　)。

A. 甲公司与乙公司口头协商一致时

B. 乙公司签字、盖章时

C. 甲公司将签字、盖章的合同交付邮寄时

D. 乙公司签字、盖章并送达甲公司时

6. 根据《合同法》的规定，要约与承诺的生效时间分别为（　　）。

A. 要约到达受要约人时、承诺人发出承诺时

B. 要约人发出要约时、承诺人发出承诺时

C. 要约到达受要约人时、承诺到达要约人时

D. 要约人发出要约时、承诺到达要约人时

7. 甲、乙双方经协商达成协议，双方法定代表人均在合同文本上签了字，但都未加盖公章或合同专用章。不久甲方开始分批交货，乙方收货后付款。后因货物质量问题发生争议，诉至法院。请问应如何认定双方达成的协议，怎样处理？（　　）

A. 协议无效，已履行部分双方返还

B. 协议有效，已履行部分不再返还

C. 合同未成立，已履行部分双方返还

D. 合同已成立，已履行部分不再返还

8. 2011 年 4 月 5 日，某百货公司致函某服装厂，欲订购 1 000 套女式西装，并提供了规格、单价，询问是否同意。同月同日，该服装厂也致函该百货公司，表示现有 1 000 套女式西装，询问百货公司是否可以接受。双方收信后，均未给对方回复。4 个月后，该服装厂向该百货公司发货，百货公司拒绝收货、付款。本案中百货公司与服装厂的关系应如何认定？（　　）

A. 合同关系未成立　　B. 合同关系成立

C. 合同关系成立且生效　　D. 合同关系成立但未生效

9. 依我国法律，当事人对下列哪一合同可以请求人民法院或仲裁机构变更或撤销？（　　）

A. 因重大误解订立的合同

B. 包含因重大过失造成对方财产损失的免责条款的合同

C. 因欺诈而订立且损害国家利益的合同

D. 无权代理订立的合同

10. 甲将其电脑借给乙使用，乙却将该电脑卖给丙。依据我国《合同法》的规定，下列关于乙、丙之间买卖电脑的合同效力的表述哪一个是正确的？（　　）

A. 无效　　B. 有效　　C. 效力待定　　D. 得变更或撤销

11. 甲向首饰店购买钻石戒指二枚，标签标明该钻石为天然钻石，买回后即被人告知实为人造钻石。甲遂多次与首饰店交涉，历时 1 年零 6 个月，未果。现甲欲以欺诈为由诉请法院撤销该买卖关系，其主张能否得到支持？（　　）

A. 不可以,因已超过行使撤销权的 1 年除斥期间

B. 可以,因首饰店主观上存在欺诈故意

C. 可以,因未过两年诉讼时效

D. 可以,因双方系因重大误解订立合同

12. 甲企业因基建需要竹签,与乙厂签订了一供货合同。合同约定,乙供应甲竹签 100 捆,每根竹签单价 1 元,未约定总价。乙如约按惯例供应竹签 100 捆,每捆 100 根。甲企业以自己认为每捆竹签为 10 根,现每捆竹签为 100 根为由,主张变更合同,遭乙企业反对,双方发生纠纷。对此纠纷应如何处理?(　　)

A. 按重大误解处理 B. 按合同解释处理

C. 或按无效合同处理、或按合同解释处理 D. 按无效合同处理

13. 甲与乙订立货物买卖合同,约定甲于 1 月 8 日交货,乙在交货期后的一周内付款。交货期届满时,甲发现乙有转移资产以逃避债务的行为。对此甲可依法行使(　　)。

A. 先履行抗辩权　　B. 同时履行抗辩权

C. 不安抗辩权　　D. 债权人撤销权

14. 甲与乙订立合同,规定甲应于 2011 年 8 月 1 日交货,乙应于同年 8 月 7 日付款。7 月底,甲发现乙财产状况恶化,无支付货款之能力,并有确切证据,遂提出终止合同,但乙未允。基于上述因素,甲于 8 月 1 日未按约定交货。依据合同法原理,有关该案的正确表述是(　　)。

A. 甲有权不按合同约定交货,除非乙提供了相应的担保

B. 甲无权不按合同约定交货,但可以要求乙提供相应的担保

C. 甲无权不按合同约定交货,但可以仅先交付部分货物

D. 甲应按合同约定交货,如乙不支付货款可追究其违约责任

15、甲将其收藏的一幅齐白石遗画卖给乙,价金 5 万元。甲将债权转让给丙并通知乙。履行期届至前,该画灭失。则乙(　　)。

A. 得解除合同并拒绝丙的给付请求

B. 得对甲主张解除合同,但不得拒绝丙的给付请求

C. 不得解除合同并不得拒绝丙的给付请求

D. 不得解除合同但得拒绝丙的给付请求

16. 甲公司与乙公司(建筑企业)于 2011 年 4 月签订一买卖合同,约定 2011 年 8 月 30 日由甲向乙提供建筑用水泥 100 吨。同年 5 月初,甲公司所在地发生洪水灾害,甲公司未将灾情之事通知乙公司。同年 8 月底,乙公司催促交货,甲公司未交。同年 9 月 30 日,甲公司发货,同时致函乙公司,表明因受水灾而致迟延交货事实。乙公司因迟期收到水泥而影响工程进度,被发包方扣罚工程款 1 万元。有关该案的正确表述是(　　)。

A. 甲公司因不可抗力而迟延交货，对乙公司被扣罚的 1 万元损失不承担赔偿责任

B. 甲公司因不可抗力而迟延交货，对乙公司被扣罚的 1 万元只承担部分赔偿责任

C. 甲公司在取得主管机关灾情的证明后，免于承担赔偿乙公司 1 万元损失的责任

D. 由于甲公司未能及时通知乙公司不能按时交货，故应向乙公司承担 1 万元损失的赔偿责任

17. 甲商场与乙制衣厂订立了一份总货款为 50 万元的羽绒服买卖合同。合同约定任何一方违约均应向对方支付货款总额 20% 的违约金。现乙制衣厂不能交货，如果该批羽绒服系通用产品，则乙制衣厂应向甲商场支付违约金的最高数额为（　　）。

B. 10 万元　　B. 5 000 元　　C. 2.5 万元　　D. 5 万元

二、多项选择题

1. 下列哪些合同既属于双务合同，又属于有偿合同？（　　）

A. 买卖合同　　B. 借贷合同

C. 租赁合同　　D. 附有保管费的保管合同

2. 下列合同中，属于要物合同的是（　　）。

A. 租赁合同　　B. 自然人间的借款合同

C. 互易合同　　D. 保管合同

3. 受要约人变更下列哪些选项的内容，被视为对要约的实质性变更，该受要约人的承诺通知为新要约。（　　）

A. 合同标的、数量、质量　　B. 合同价款或者报酬

C. 合同履行期限、履行地点和方式　　D. 违约责任和解决争议方法

4. 根据我国《合同法》的有关规定，下列哪些情形的要约不得撤销？（　　）

A. 要约已经到达受要约人

B. 要约人确定了承诺期限

C. 要约人明示要约不可撤销

D. 受要约人有理由认为要约是不可撤销的，并已经为履行合同做了准备工作

5. 甲因出国留学，将自家一幅名人字画委托好友乙保管。在此期间乙一直将该字画挂在自己家中欣赏，来他家的人也以为这幅字画是乙的，后来乙因做生意急需钱，便将该幅字画以 3 万元价格卖给丙。甲回国后，发现自己的字画在丙家中，询问情况后，向法院起诉。下列有关该纠纷的表述中哪些是正确的？（　　）

A. 乙与丙之间的买卖合同属于无效合同

B. 乙与丙之间的买卖合同属于效力未定的合同

C. 甲对该幅字画享有所有权

D. 丙对该幅字画享有所有权

6. 甲公司向乙公司订购奶粉一批。乙公司在订立合同时，将国产奶粉谎称为进口奶粉。甲公司事后得知实情，适逢国产奶粉畅销。甲公司有意履行合同，乙公司则希望将这批货物以更高价格售与他人。此时，当事人的下列行为，对合同效力将产生什么影响？（ ）

A. 甲公司向乙公司催告交货，则合同成为确定的有效

B. 甲公司向乙公司预付货款，则合同成为确定的有效

C. 甲公司向乙公司送交确认合同有效的通知，则合同成为确定地有效

D. 乙公司以合同订立存在欺诈情事为由主张撤销，则合同失去约束力

7. 甲、乙签订一买卖合同，约定由甲方购买乙方一批大米。在下列何种情况下，甲方有权通知乙方解除合同？（ ）

A. 乙方因正在进行某项技术改造工程而暂时无法按期发运大米

B. 乙方因正在办理与另一企业的合并事宜而暂时无法按期发运大米

C. 乙方因正在联系大米货源而暂时无法按期发运大米

D. 甲方因正在进行一场意外火灾后的恢复工作而无法接受乙方的交货

8. 依据法律规定，合同中的哪些条款不因合同的解除或终止而失去效力？（ ）

A. 合同约定的解决争议的条款

B. 合同约定的结算和清理条款

C. 合同约定的质量标准条款

D. 合同约定的风险转移条款

9. 中国甲公司与加拿大乙公司签订一份圣诞礼品买卖合同，约定 2011 年 11 月 30 日前由甲公司向乙公司交付货物若干件。依照法律和国际条约，有关该合同的下列表述中正确的是（ ）。

A. 设甲方所在地发生重大火灾，致使合同无法履行，则甲有权通知乙解除合同

B. 设甲方所在地发生重大火灾，致使甲须推迟 1 个月交货，则乙有权通知甲解除合同

C. 设甲方所在地发生重大火灾，致使甲只能如期交付 70%的货物，则乙不得解除合同

D. 设甲方所在地发生重大火灾，致使甲无法交货，则乙有权解除合同，但不影响其要求甲赔偿损失的权利

10. 甲、乙签订一合同，约定甲向乙供应香肠 150 箱，甲负责代办托运，甲、乙任何一方违约均应向对方支付违约金 1 000 元。甲委托丙运输，丙因业务繁忙，将其中的 100 箱按期运达乙方，另 50 箱逾期运达且在运输途中遭雨淋而致货物变质。根据上述案情，下列关于本案的表述中哪些是正确的？（ ）

A. 乙可以主张拒收全部货物

B. 甲方应向乙方支付违约金1 000元

C. 对丙方的违约应由甲方提出索赔

D. 丙方应承担货物变质的赔偿责任和逾期交货的违约责任

三、简答题

1. 什么是合同？合同有哪些特征？

2. 如何理解要约和承诺的含义？

3. 我国民间有种说法：白纸黑字，不容抵赖。请运用合同法理论对其加以辨析。

4. 如何理解合同的成立和合同的生效？

5. 哪些合同是可撤销合同？哪些合同是无效合同？

6. 承担违约责任的方式有哪些？

四、案例题

1. A县的甲公司与B县的乙公司于2001年7月3日签订一份空调购销合同，约定甲公司向乙公司购进100台空调，每台空调单价2 000元，乙公司负责在B县代办托运，甲公司于货到后立即付款，同时约定若发生纠纷由合同履行地的法院管辖。乙公司于7月18日在B县的火车站发出了该100台空调。甲公司由于发生资金周转困难，于7月19日传真告知乙公司自己将不能履行合同。乙公司收到传真后，努力寻找新的买家，于7月22日与C县的丙公司签订了该100台空调的购销合同。合同约定：丙公司买下这100台托运中的空调，每台单价1 900元，丙公司于订立合同时向乙公司支付10 000元订金，在收到货物后15天内付清全部货款；在丙公司付清全部货款前，乙公司保留对空调的所有权；如有违约，违约方应承担合同总价款20%的违约金。乙公司同时于当日传真通知甲公司解除与甲公司签订的合同。铁路运输公司在运输过程中于7月21日遇上泥石流，30台托运中的空调毁损。丙公司于7月26日收到70台完好无损的空调后，又与丁公司签订合同准备将这70台空调全部卖与丁公司。同时丙公司以其未能如约收到100台空调为由拒绝向乙公司付款。请回答下列问题：

(1)乙公司在与甲公司的合同履行期届满前解除合同的理由是什么？在此解除合同的情形下，乙公司能否向甲公司主张违约责任？

(2)假设甲公司以乙公司解除合同构成违约为由向法院起诉，请问哪个法院有管辖权？为什么？

(3)遭遇泥石流而毁损的空调的损失应由谁承担？为什么？

(4)乙公司认为丙公司拒绝付款构成违约，决定不返还其订金，还要求其支付36 000元的违约金，问其主张能否得到支持？为什么？

(5)丙公司与丁公司所签合同的效力如何？为什么？

2. 某甲和某工厂订立一份买卖汽车的合同，约定由工厂在6月底将一部行使3万公里的卡车交付给甲，价款3万元，甲交付定金5 000元，交车后15日内余款付清。合同还约定，工厂晚交车一天，扣除车款10元，甲晚交款一天，应多交车款50元；一方有其他违约情形，应向对方支付违约金6 000元。合同订立后，该卡车因外出运货耽误，未能在6月底以前返回。7月1日，卡车在途经山路时，因遇暴雨，被一块落下的石头砸中，车头受损，工厂对卡车进行了修理，于7月10日交付给甲。10天后，甲在运货中发现卡车发动机有毛病，经检查，该发动机经过大修理，遂请求退还卡车，并要求工厂双倍返还定金，支付6 000元违约金，赔偿因其不能履行对第三人的运输合同而造成的经营收入损失3 000元。另有人向甲提出，甲可以按照《消费者权益保护法》请求双倍赔偿。工厂意识到对自己不利，即提出汽车没有办理过户手续，合同无效，双方只需返还财产。根据上述案情，请回答：

(1)汽车买卖合同是否有效？

(2)卡车受损，损失应由谁承担？

(3)甲能否按照《消费者权益保护法》请求双倍赔偿？

(4)甲能否要求退车？

(5)甲能否请求工厂支付违约金并双倍返还订金？

(6)甲能否请求工厂赔偿经营损失？

(7)甲能否同时请求工厂支付6 000元违约金和支付每天50元的迟延履行违约金？

3.甲公司因转产致使一台价值1 000万元的精密机床闲置。该公司董事长王某与乙公司签订了一份机床转让合同。合同规定，精密机床作价950万元，甲公司于10月31日前交货，乙公司在交货后10天内付清款项。在交货日前，甲公司发现乙公司经营状况恶化，通知乙公司中止交货并要求乙公司提供担保，乙公司予以拒绝。又过了1个月，甲公司发现乙公司的经营状况进一步恶化，于是提出解除合同。乙公司遂向法院起诉。法院查明：①甲公司股东会决议规定，对精密机床的处置应经股东会特别决议；②甲公司的机床原由丙公司保管，保管期限至10月31日，保管费50万元。11月5日，甲公司将机床提走，并约定10天内付保管费，如果10天内不付保管费，丙公司可对该机床行使留置权。现丙公司要求对该机床行使留置权。依据合同法和担保法回答下列问题：

(1)甲公司与乙公司之间转让机床的合同是否有效？为什么？

(2)甲公司中止履行的理由能否成立？为什么？

(3)甲公司能否解除合同？为什么？

(4)丙公司能否行使留置权？为什么？

4.2011年6月，A市某食品公司经理刘某委托去B市办事的某个商行负责人张某将该公司的营业执照副本和盖有该公司合同专用章的空白合同书交给公司驻D市办事处的王某。张某到B市后，因事务缠身一直未将营业执照副本和空白合同书交到王某的手中。同年7月2日，张某从朋友处得知B市某粮油加工厂欲购买玉米，便持营业执照副本和空白合同书与加工厂签订了供应300吨玉米的合同。7月4日，加工厂按合同约定将 30 万元订金汇入 A 市工商银行张某指定的账户。后因种种原因，张某组织货源不成，致合同无法履行。加工厂便找到刘某，要求食品公司承担违约责任。刘某以该合同不是本公司人员所签，且订金未汇人本公司账户为由，拒绝承担责任。双方争执不下，加工厂诉至法院。请回答：

(1)本案涉及哪些民事法律关系？试作简要分析。

(2)食品公司是否应对张某的签约行为承担责任？为什么？

(3)本案应如何处理？

生活个案答案

本题乙方不具备签订合同的资格，所以该合同属于无效合同。因为合同无效，所以违约金无需支付。双方均有过错，但是造成该事故的原因是乙方的产品质量有问题，所以 8 万元的损失，乙方承担绝大部分，一小部分由甲方承担。

第9章 市场规制法

学习目标

产品以及产品质量的判断标准；生产者和销售者的产品质量义务；产品质量责任；消费者的概念；消费者的权利；惩罚性赔偿；垄断的概念、特征以及《反垄断法》规定的垄断形式；不正当竞争的概念、特征以及不正当竞争行为的表现形式。

生活个案

甲公司称自己的产品“××营养液”多次获奖，销售额一直保持在全国同类产品首位，产品享有较高的商业信誉和商品声誉。1995年初，乙公司生产了一种产品投放全国市场，并印有宣传册在全国散发，其中称：“××营养液含有激素，造成小孩子早熟，产生许多现代儿童病”。为此“××营养液”销量大减，出现1987年问世以来第一次负增长，直接经济损失600多万元，而且商业信誉、产品声誉和企业形象受到很大损害。甲公司向法院起诉，要求乙公司立即停止侵害其商誉的不正当竞争行为，赔偿经济损失并公开赔礼道歉。

9.1　产品质量法

9.1.1　产品质量法概述

1. 产品及产品质量法

产品这个词在经济生活和法律领域中大量使用，被赋予了广泛的含义。经济学上称之为是具有使用价值，能够满足人们的物质需要或精神需要的劳动生产物。在法律上，我国《产品质量法》第2条规定："本法所称产品是指经过加工、制作，用于销售的产品"，"建设工程不适用本法规定；但是，建设工程使用的建筑材料、建筑构配件和设备，属于前款规定的产品范围的，适用本法规定"。

2. 产品质量法

产品质量法是调整在生产、流通和消费过程中因产品质量所产生的经济关系的法律规范的总称。全国人大常委会于1993年通过了《中华人民共和国产品质量法》，并于2000年进行了修改。我国的产品质量法把产品责任问题与国家对产品质量的监督一并立法，形成了较为严密的产品质量法律体系。

3. 产品质量的监督部门

国务院产品质量监督部门主管全国产品质量监督工作。国务院有关部门在各自的职责范围内负责产品质量监督工作。县级以上地方产品质量监督部门主管本行政区域内的产品质量监督工作。县级以上地方人民政府有关部门在各自的职责范围内负责产品质量监督工作。法律对产品质量的监督部门另有规定的，依照有关法律规定执行。

县级以上产品质量监督部门根据已经取得的违法嫌疑证据或者举报，对涉嫌违反本法规定的行为进行查处时，可以行使下列职权：(1)对当事人涉嫌从事违反本法的生产、销售活动的场所实施现场检查；(2)向当事人的法定代表人、主要负责人和其他有关人员调查、了解与涉嫌从事违反本法的生产、销售活动有关的情况；(3)查阅、复制当事人有关的合同、发票、账簿以及其他有关资料；(4)对有根据认为不符合保障人体健康和人身、财产安全的国家标准、行业标准的产品或者有其他严重质量问题的产品，以及直接用于生产、销售该项产品的原辅材料、包装物、生产工具，予以查封或者扣押。

4. 产品质量监督的具体制度

(1)重要工业产品质量强制性标准的制度

《产品质量法》第13条规定："可能危及人体健康和人身、财产安全的工业产品，必须符合保障人体健康和人身、财产安全的国家标准、行业标准；未制定国家标准、行业标准的，必须符合保障人体健康和人身、财产安全的要求。禁止生产、销售不符合保障人体健康和人身、财产安全的标准和要求的工业产品。具体管理办法由国务院规定。”

(2)企业质量体系认证制度

国家根据国际通用的质量管理标准，推行企业质量体系认证制度。企业根据自愿原则可以向国务院产品质量监督部门认可的或者国务院产品质量监督部门授权的部门认可的认证机构申请企业质量体系认证。经认证合格的，由认证机构颁发企业质量体系认证证书。

(3)产品质量认证制度

国家参照国际先进的产品标准和技术要求，推行产品质量认证制度。企业根据自愿原则可以向国务院产品质量监督部门认可的或者国务院产品质量监督部门授权的部门认可的认证机构申请产品质量认证。经认证合格的，由认证机构颁发产品质量认证证书，准许企业在产品或者其包装上使用产品质量认证标志。

(4)以抽查为主要方式的监督检查制度

国家有权对可能危及人体健康和人身、财产安全的产品，影响国计民生的重要工业产品以及消费者、有关组织反映有质量问题的产品进行抽查。抽查的样品应当在市场上或企业成品仓库内的产品中随机抽取。监督检查工作由国务院产品质量监督部门规划和组织。县级以上地方产品质量监督部门在本行政区域内也可以组织监督抽查。法律对产品质量管理另有规定的，依照有关法律的规定执行。

9.1.2 产品质量义务

1. 生产者的产品质量义务

(1)质量保证义务

产品质量应当符合下列要求：①不存在危及人身、财产安全的不合理的危险，有保障人体健康和人身、财产安全的国家标准、行业标准的，应当符合该标准；②具备产品应当具备的使用性能，但是对产品存在使用性能的瑕疵作出说明的除外；③符合在产品或者其包装上注明采用的产品标准，符合以产品说明、实物样品等方式表明的质量状况。

(2)产品标识义务

产品标识应当符合下列要求：①有产品质量检验合格证明；②有中文标明的产品名称、生产厂厂名和厂址；③根据产品的特点和使用要求，需要标明产品规格、等级、所含主要成分的名称和含量的，用中文相应予以标明；需要事先让消费者知晓的，应当在外包装上标明，或者预先向消费者提供有关资料；④限期使用的产品，应当在显著位置清晰地标明生产日期和安全使用期或者失效日期；⑤使用不当，容易造成产品本身损坏或者可能危及人身、财产安全的产品，应当有警示标志或者中文警示说明。此外，裸装的食品和其他根据产品的特点难以附加标识的裸装产品，可以不附加产品标识。

【案例 9-1】 2005 年 9 月，李华到当地一商场购买了一台新款微波炉。运回家后，李华发现只有产品质量检验合格报告，且受检单位、委托单位、生产单位均为同一厂家，并没有产品合格证，遂到商场退货。

(3)产品包装义务

易碎、易燃、易爆、有毒、有腐蚀性、有放射性等危险物品以及储运中不能倒置和其他有特殊要求的产品，其包装质量必须符合相应要求，依照国家有关规定作出警示标志或者中文警示说明，标明储运注意事项。

(4)产品生产的禁止性规定

生产者不得生产国家明令淘汰的产品。生产者不得伪造产地，不得伪造或者冒用他人的厂名、厂址。生产者不得伪造或者冒用认证标志等质量标志。生产者生产产品，不得掺杂、掺假，不得以假充真、以次充好，不得以不合格产品冒充合格产品。

2. 销售者的产品质量义务

销售者应当建立并执行进货检查验收制度，验明产品合格证明和其他标识。销售者应当采取措施，保持销售产品的质量。销售者不得销售国家明令淘汰并停止销售的产品和失效、变质的产品。销售者销售的产品的标识应当符合产品质量法对生产者在标识上的有关规定。销售者不得伪造产地，不得伪造或者冒用他人的厂名、厂址。销售者不得伪造或者冒用认证标志等质量标志。销售者销售产品，不得掺杂、掺假，不得以假充真、以次充好，不得以不合格产品冒充合格产品。

9.1.3　产品质量责任

1. 产品质量法中的瑕疵给付责任

(1)瑕疵给付的概念

瑕疵给付属于债的不适当履行，是指债务人虽然履行了债务，但因履行有瑕疵，以致减少或丧失该履行本身的价值或效用，侵害了债权人对于正确履行所能取得的利益。

依据我国《产品质量法》第 40 条："售出的产品有下列情形之一的，销售者应当负责修理、更换、退货；给购买产品的消费者造成损失的，销售者应当赔偿损失：①不具备产品应当具备的使用性能而事先未作说明的；②不符合在产品或者其包装上注明采用的产品标准的；③不符合以产品说明、实物样品等方式表明的质量状况的。"

【案例 9-2】 消费者王某在销售者杜某处购买女式皮鞋一双，价格 140 元。事隔两个月之后，该皮鞋出现质量问题，在王某的请求下，杜某为王某调换了一双相同款式、相同价格的皮鞋。穿上调换的皮鞋大约十天后，王某从杜某店前路过，看见另一双价格为 160 元的女式皮鞋，觉得更好看，于是提出用上次调换的皮鞋并加付 20 元来调换此双皮鞋，杜某同意。王某获得新皮鞋后半个月，发现两只鞋的鞋帮不同高，向杜某提出退赔的请求。后因双方协商不成，消费者王某向工商行政管理机关投诉，请求调解，希望销售者退还货款。

工商机关执法人员对引发纠纷的该双皮鞋进行了检查，发现两只皮鞋的高度一致，但鞋内侧的鞋帮处的确不同高。经测量，两只皮鞋内侧脚踝处的鞋帮高度相差1.1厘米。因此，该产品属于瑕疵产品，商场要承担责任。

(2)瑕疵给付责任的构成要件

①售出的产品具有瑕疵。

衡量产品是否具有瑕疵有两个标准：客观标准和主观标准。按客观标准，所交付的标的物不符合该种类物所应该具备的通常性质及客观上应有的特征时，为具有瑕疵。按主观标准，所交付的标的物不符合当事人约定的品质，以致灭失或减少其价值或效用时，即具有瑕疵。就《产品质量法》第 40 条规定，对瑕疵是采取了客观标准。《合同法》第 111 条规定：质量不符合约定的，应当按照当事人的约定承担违约责任。对违约责任没有约定或者约定不明确的，依照该法第 61 条[①]。

②标的物瑕疵的形成时间应该早于合同成立时间。

标的物的瑕疵在消费者订立买卖合同之前就存在，瑕疵并不是消费者造成的。

③消费者善意且没有重大过失。

消费者在购买时不知道标的物具有瑕疵。

(3)瑕疵给付的后果承担

①补正措施

产品质量法上规定的补正措施主要包括修理和更换两种。在合同法理论上修理属于消除缺陷，更换则属于另行给付。产品质量法上的瑕疵给付的救济手段较为多样，权利人具有选择权，但应根据标的的性质以及损失的大小，遵循公平合理、诚实信用原则进行选择。在产品质量瑕疵程度轻微的情况下，可以进行修理、更换时，不得要求退货。

②解除合同

退货是产品质量法对于产品瑕疵给付情况规定的合同解除权。

③赔偿损失

赔偿损失可以和修理、更换并用。在瑕疵履行的情况下，如果瑕疵可以被修理，消费者有权要求债务人修理，并由债务人承担修理费用。在修理后如仍给消费者造成损失的，消费者仍有权要求赔偿损失。但是双方也可以约定由债务人向债权人赔偿一笔修理费用，由债务人自己去修理，则修理已转化为赔偿损失。在更换的情况下，如果导致迟延履行而给债权人造成的损失，以及因为瑕疵履行这一违约行为给债权人造成的

---

① 《中华人民共和国合同法》第 61 条："合同生效后，当事人就质量、价款或者报酬、履行地点等内容没有约定或者约定不明确的，可以协议补充；不能达成补充协议的，按照合同有关条款或者交易习惯确定。"

其他损失，债务人都应该给予赔偿。赔偿损失与退货也可以并用。

(4)瑕疵给付中的责任分担

销售者是瑕疵给付的义务人，销售者按照规定负责修理、更换、退货、赔偿损失后，属于生产者的责任或者供货者的责任，销售者有权向生产者、供货者追偿。

【案例9-3】 原告黄某在被告杨某处以1元的价格购买了一瓶纯净水，当黄某正欲开盖饮用该瓶纯净水时，发现水中含有浑浊物。原、被告为此产生纠纷。原告以该瓶纯净水存在明显质量问题，并因此给原告心理产生巨大恐慌，身体产生不适，晚上无法入睡，绘画创作激情丧失为由向法院提起诉讼，要求被告赔偿8万元。

本案中，杨某销售含有混浊物的纯净水的行为侵害了黄某在使用商品和接受服务时享有人身、财产安全不受损害的权利，造成了黄某的财产损失，即一瓶纯净水。至于人身及精神方面的损失，黄某应承担举证责任。

2. 产品责任

(1)产品责任的概念

产品责任是产品因为缺陷致使他人的人身或财产遭受损害(不包括缺陷产品本身的损失)时，生产或者出售这一产品的制造者或者销售者及有关主体所应承担的法律责任。

缺陷是指产品存在危及人身、财产安全的不合理的危险。缺陷有设计上的缺陷、生产上的缺陷、原材料的缺陷和警示标志上的缺陷。

【案例9-4】 原告先后在某装饰材料门市部购买了70平方米的实木地板。装修竣工后不久，其发现室内飞虫不断，越来越多，影响正常生活。经检查，飞虫系地板中所长出，故原告要求将已铺设使用的地板退货，并由被告承担赔偿责任。

本案地板出飞虫是否属于缺陷产品，主要考量地板出现飞虫是否为“不合理的危险”。案中地板是属于木制品，由木材制得，树木在生长过程中生有虫子，是合理的情况，但树木加工成木材，就要求加工过程须采用必要的技术，杀死木材中的活虫及虫卵，使得地板能够符合其本身的用途。所以，木材生虫不符合地板的有关的标准。因而该地板应属于产品缺陷。

(2)产品责任的归责原则

《产品质量法》第44条规定：“因产品存在缺陷造成受害人人身伤害的，侵害人应当赔偿医疗费、治疗期间的护理费、因误工减少的收入等费用；造成残疾的，还应当支付残疾者生活自助具费、生活补助费、残疾赔偿金以及由其扶养的人所必需的生活费等费用；造成受害人死亡的，并应当支付丧葬费、死亡赔偿金以及由死者生前扶养的人所必需的生活费等费用。因产品存在缺陷造成受害人财产损失的，侵害人应当恢复原状或者折价赔偿。受害人因此遭受其他重大损失的，侵害人应当赔偿损失。”

可见，生产者和销售者对因产品缺陷造成的人身、财产损害的权利人承担的产品责任应该是严格而且连带的责任。

(3)产品责任的追究

严格责任不是绝对责任,在责任的归结中仍有免责事由的存在。《产品质量法》第41条第2款规定:"生产者能够证明有下列情形之一的,不承担赔偿责任:①未将产品投入流通的;②产品投入流通时,引起损害的缺陷尚不存在的;③将产品投入流通时的科学技术水平尚不能发现缺陷的存在的。"

此外,使用者不当使用物品造成伤害,生产者可以以自己没有过错为由,行使抗辩权。

【案例 9-5】 武某(8岁)(以下简称原告)的父母从某商店(以下简称被告)买了一些爆竹(均有说明书),准备在几天之后为其表弟结婚燃放,某日,武某避着其父母拿了两个"天地炮"与同学周某(9岁)到场地上燃放。原告手持爆竹,由周某点燃,一声炮响后,爆竹的残物伤及武某的右眼。经治疗,右眼视力下降到0.1,治疗费花去3 500余元,原告的父亲以爆竹质量不合格炸伤了儿子的眼睛为由,要求被告赔偿医药费及因护理停工损失费等8 000元,被告认为他们是销售商店,对爆竹的质量不负责任,拒绝赔偿,遂告到法院。经调查,产品质量是合格的。后又到爆竹燃放现场调查,查明点燃爆竹的原告所持的爆竹倒置,把应当向上放的一头倒置向下,而致点燃爆竹往地下爆炸,第二响又弹回上方,这时爆竹残物弹及原告之眼睛。

因产品存在缺陷造成损害要求赔偿的诉讼时效期间为两年,自当事人知道或者应当知道其权益受到损害时起计算。

因产品存在缺陷造成损害要求赔偿的请求权,在造成损害的缺陷产品交付最初消费者满十年丧失;但是,尚未超过明示的安全使用期的除外。

9.2 消费者权益保护法

9.2.1 消费者权益保护法概述

1. 消费者运动

消费者问题的出现是商品经济发展到一定时期的特有现象。随着市场竞争的日益激化,普通消费者在市场上越来越处于软弱不利的地位。特别是到了19世纪末20世纪初,资本主义由高度发达的自由竞争阶段向垄断阶段过渡。先进的生产技术和细微的生产分工使得消费者客观上越来越难判断自己的消费行为的合理性和产品的真实性;另一方面,垄断资本集团利用市场优势控制市场的行为频频发生,如抬高价格、虚假广告、缩减生产以维持高额利润以及直接以假冒伪劣产品进行出售等,对消费者利益形成了更大的威胁。因此消费者纷纷组织起来,维护自身的合法权益。

1891年美国纽约市首先成立了消费者协会。1898年由全美国各地方的消费者协会联合成立了一个全国消费者联盟。把早期的消费者受损后的单纯互助式的保护发展到建立庞大的消费者社团组织,形成蓬勃发展声势浩大的消费者运动。消费者运动得到了各国政府的普遍重视。为此他们分别在各自的政府机关中设置或成立专门机构来负责处理消费者保护的事宜。例如,美国在联邦贸易委员会中设有消费者保护司,英国则有公平交易局来处理消费者保护问题,瑞典成立国家消费者政策委员会,澳大利亚设立消费者事务局等。另一方面,各国还纷纷通过立法,来保护消费者的权益。

各国政府积极推动对消费者保护运动,其重要成果之一就是促进了消费者保护运动的国际化。1960 年,在美国、英国、澳大利亚、荷兰、比利时五国消费者组织的发起下,在荷兰海牙设立了国际消费者联盟组织"IOCU"(International Organization of Consumers Unions),它与联合国的其他机构,如国际教科文组织、国际劳工组织等同为联合国咨询机构。在该国际组织的努力下,1985 年,联合国通过了《保护消费者准则》这一规范文件,使国际消费者保护进入了一个新的阶段。

2. 消费者的概念和特征

《中华人民共和国消费者权益保护法》第 2 条:"消费者为生活消费需要购买、使用商品或者接受服务,其权益受本法保护;本法未作规定的,受其他有关法律、法规保护。"另外,《中华人民共和国消费者权益保护法》第 54 条明确规定:"农民购买、使用直接用于农业生产的生产资料,参照本法执行。"因此,我国法律上所称的"消费者"是指为满足生活需要而购买、使用商品和接受服务的社会成员。作为例外,农民在购买、使用直接用于农业生产的生产资料时作为消费者对待。

消费者具有下述四个基本的法律特征:

(1)消费者的消费性质属于生活消费

"消费"有广义与狭义之分。广义的消费是指人类为生产或生活的目的对各种资源的消耗。它包括生产消费,即物质资料的生产过程中对生产资料的消耗;生活消费,即人类为满足个人生活需要对生活资料的消耗。狭义的消费仅指生活消费。在消费者权益保护的理论研究和司法实践中,"消费"均指生活消费,包括物质产品消费和劳动服务消费两种。

(2)消费者的消费客体是商品和服务

所谓商品,是指为满足人们物质和文化生活需要用来交换的劳动产品。所谓服务,是指为方便人们的物质生活和文化生活而有偿做出的工作或者劳动。

(3)消费者的消费方式包括购买、使用(商品)和接受服务

购买、使用是对于商品而言的。购买、使用作为生活消费的两种方式,既有联系又有区别,但目的都是为了满足人们日常物质生活和文化生活的需要。有的人将购买的商品归自己使用,有的人将购买的商品供他人使用(如借用、赠与),因而,对于同一商品而言,购买者与使用者有时是一致的,有时是分离的。这仅仅是商品消费方式表现形态的不同,对于商品消费方式的构成并无影响。

接受是对于服务而言的，接受是人们直接地有偿地获得服务、享用服务并将其实际消耗于生活过程之中的行为。同样，有的人承担服务费用由自己享用该项服务，有的人承担服务费用而让他人实际享用该项服务。这是服务消费方式的两种不同表现形态，都应视为接受。故此，接受、使用他人(包括单位)赠送商品或服务的人亦应视为消费者。

(4)消费者是人

这里的人包括个人(自然人)和单位。商品和服务最终要由个人消费，因此消费者是个人是毫无疑问的，这与国外立法也是相同的。但单位能否成为法律上的消费者？对于这个问题，在立法过程中有过争议，但未有定论。《消费者权益保护法》对此也未作明确界定，法学界对此问题仍然莫衷一是。有学者认为，既然我国《消费者权益保护法》没有明确规定消费者专指公民个人，那么它当然包括单位在内，无论是公民个人，还是单位组织，只要其是为生活消费而购买、使用商品或接受服务，都应属于消费者的范畴，受《消费者权益保护法》的保护。有学者根据国外的通行做法，并依据马克思主义消费理论观，认为消费者仅指公民个人，不应包括单位。

单位消费也称集团消费，在国外一般由合同法或其他有关法律调整，而不纳入消费者权益保护的范围。但我们认为，我国情况特殊，单位消费并非都是生产消费，生活消费也大量存在，如单位购买商品作为福利分给职工消费，有的作为生活福利，有的虽非生活福利，但最终的消费也是由个人承担的。因此，有必要把单位纳入消费者的范畴，受《消费者权益保护法》的保护。同时，把单位纳入消费者保护的对象，也是我国消费者保护的实践经验之一，在我国各省、自治区、直辖市颁布的地方性消费者权益保护法规中，大多规定消费者包括单位和个人。

此外，根据司法实践经验，消费者的范围不限于有偿购买、使用商品和接受服务的人，消费者还包括下列人员：①购买者的家庭成员；②应购买者的邀请使用商品的人。

9.2.2 消费者的权利

“消费者权利”概念的正式提出始自美国前总统约翰·肯尼迪 1962 年 3 月 15 日的一份国情咨文①。1969 年，美国总统尼克松又提出消费者在其人身或财产受损害时具有要求获得适当的补偿的权利，即消费者的求偿权，丰富了消费者权利的内容，使消费者权利的体系更加完善。

鉴于消费者权益保护的国际化趋势，联合国大会于 1985 年 4 月 9 日通过了《保护

① 美国前总统约翰·肯尼迪于 1962 年 3 月 15 日在美国国会发表了《关于保护消费者利益的总统特别咨文》，首次提出了著名的消费者的“四项权利”，即有权获得安全保障；有权获得正确资料；有权自由决定选择；有权提出消费意见。

消费者准则》,规定了消费者的六项权利,即消费者的健康和安全不受危害,促进和保护消费者的经济利益,使消费者得到充足信息以便他们能够按照个人意愿和需要作出选择,获得消费教育,提供有效的赔偿办法,有组织消费者组织及其他有关的团体或组织的自由。

国际消费者组织联盟则提出了消费者的八项权利,即消费者有权得到必须的物品和服务借以生存,应该得到公平的价格和选择,应当得到安全,应有足够的资料,应该得到公平的赔偿和法律援助,应该获得消费者教育,应当享有一个健康的环境。

综上所述,我们可以看出,从消费者权利提出以后,消费者权利的内容不断地得到充实和完善,从一般的保障安全、交易公平等领域逐步扩大到消费者的教育、消费者组织设立、消费环境改善及政府决策参与等各个方面。

就世界范围而言,我国对消费者权利的确认较为滞后。1993 年以前,虽也有一些法律、法规对消费者权利作了某些规定,但远不能适应保护消费者权益的需要。1993 年 10 月 31 日,我国的《消费者权益保护法》正式通过。该法在广泛吸取各国及国际消费者保护立法经验的基础上,以专章的形式,对我国消费者的权利作了系统规定。根据该法的规定,我国消费者享有安全权、知情权、选择权、公平交易权、求偿权、结社权、受教育权、受尊重权、监督权等九项权利。我国消费者的权利就得到了明确、系统地确立,它对于提高我国消费者的自我保护意识,维护消费者权益有着深远的影响。

1. 安全权

消费者在购买、使用商品和接受服务时享有人身、财产安全不受损害的权利。消费者有权要求经营者提供的商品和服务,符合保障人身、财产安全的要求。

《宪法》赋予了公民人身权。《民法通则》规定:“公民享有生命健康权。”消费者的人身安全权即指生命健康权,这是消费者权利中最根本的权利。消费者的安全权与其他安全权相比,具有以下几个特点:

第一,消费者的安全权是在特定的环境下产生的,亦即是在消费者购买、使用商品或接受服务时产生的。离开生活消费这一特定领域,就无消费者的安全权问题。

第二,消费者的安全权是相对于经营者而言的。消费者的安全权对于经营者来说就是一种法定的安全义务。离开经营者,消费者就无从主张其安全权。

第三,消费者的安全权不只是被动行使,亦即这项权利并不只意味着只有在自己的人身、财产安全受到损害后,才能主张权利,消费者可主动行使该权利,即要求经营者提供的商品和服务,符合保障人身、财产安全的要求。

人身安全包括两方面含义:一是健康不受损害;二是生命安全有保障。

为了保障安全权的实现,首先,消费者有权要求经营者提供的商品和服务符合保障人身、财产安全的要求。具体来说,消费者享有以下权利:(1)消费者在购买、使用家用电器、家用机械、燃气及燃气用具、日用百货、文化用品、儿童玩具等生活消费品时,有权要求这些产品具有安全性或者安全性保障措施,不存在不合理的缺陷或安全隐患。(2)消费者在购买、使用食品、药品、化妆品时,有权要求这些商品符合国家规定的安全、卫生标准。(3)消费者在接受服务时,有权要求有关的服务设施、服务用具、服务环境、服务活动以及服务中所提供的商品符合安全、卫生要求,不存在不合理的缺陷或安全隐患。

其次,消费者安全权的实现有赖于国家对消费交易活动的有效管理。目前,为了切实保障消费者的安全权,除了《消费者权益保护法》和《产品质量法》中有一般性的安全保障法律规范外,我国对特殊危险性商品和服务的安全保障问题也制定了一系列专门的法律规范,如食品安全法、食品卫生监督管理规范、药品管理规范、化妆品卫生监督管理规范、城市燃气安全管理规范、生活用电安全管理规范、生活用水卫生管理规范、服务安全管理规范等。有关部门应充分利用这些法律规范对消费交易进行监督管理,以维护消费者的安全权。

最后,实现消费者的安全权最终还必然要求经营者高度重视消费者的人身、财产安全,确保其提供的商品和服务符合国家标准、行业标准及强制性标准,如果没有国家标准或行业标准,应确保其符合社会公认的安全、卫生要求。

【案例 9-6】 王某与其同事相约去一火锅店用餐。用餐结束后,王某踏上该火锅店的台阶时,由于台阶上结的冰没有清理干净,台阶又未加盖防滑垫,王某一下子滑倒在地上。王某随即被送往医院治疗,经诊断为髋骨骨折,用去医疗费 16 387.6 元。事后由于火锅店拒绝赔偿,王某起诉到法院,法院判令火锅店赔偿。

2. 知情权

知情权是指消费者在购买、使用商品或者接受服务时,知悉商品和服务的真实情况的权利。

知情权是法律赋予消费者的一项基本权利,也是消费者购买、使用商品或者接受服务的前提,应当得到经营者的尊重。一般的说,对商品和服务中与消费者利益相关的一切信息消费者都有权了解,但是,知情也是有范围的,与消费者利益没有直接联系的信息以及国家法律保护的技术、经营信息,例如商品的具体工艺过程,食品饮料的具体配方,经营者的商业秘密等,消费者就无权知晓。

根据《消费者权益保护法》第 8 条的规定,消费者的知情权大致包括以下三个方面内容:一是关于商品或者服务的基本情况。如商品的名称、商标、产地、生产者名称、生产日期和服务的内容、规格等。二是关于商品的技术指标情况。主要包括商品用途、性能、规格、等级、主要成分、有效期限、检验合格证明、使用方法说明书等。三是商品或者服务的价格以及商品的售后服务情况。

知情权作为消费者的一项法定权利,其实现受到法律的严格保护。消费者可通过以下方式来实现自己的知情权:(1)消费者有权要求经营者按照法律、法规规定的方式表明商品或者服务的真实情况。如有权要求经营者出示商品价格标签。(2)消费者有权向经营者询问和了解商品或者服务的有关情况。(3)消费者因欺诈或引人误解的宣传而与经营者交易的，有权主张该交易行为无效。《民法通则》第58条第1款第3项规定："一方以欺诈、胁迫的手段或者乘人之危，使对方在违背真实意思的情况下所为的行为无效。"《合同法》也有类似的规定。消费者可据之主张相应的交易行为无效。

【案例9-7】 上海消费者朱燕翎是因为转基因问题向跨国公司追讨知情权的第一位中国消费者。担任上海一家合资金融机构高级经理的朱燕翎，在瑞士留学期间曾经参观过全球著名的雀巢公司总部。偶然的机会她看到自己经常给儿子购买的雀巢巧伴伴中含有转基因成分的报道，然而雀巢产品外包装上却没有相关的标识，在多次交涉无效后，她把上海雀巢公司告上了法庭。不过雀巢公司以在中国生产的6种产品，不在农业部转基因食品的标识目录管理范围之内为由，认为无需申报和标注转基因食品标识，而且对其产品，既不肯定也未否定含有转基因成分。朱燕翎本人在聘请律师的陪同下，曾专门前往瑞士雀巢公司总部向其高层递交投诉信函，但此行并没有得到雀巢公司有关转基因标识的满意答复。

3. 自主选择权

消费者享有自主选择商品或者服务的权利，简称为自主选择权，主要包括以下几个方面的内容：(1)有权自主选择提供商品或者服务的经营者；(2)有权自主选择商品品种或者服务方式；(3)有权自主决定购买或者不购买任何一种商品、接受或者不接受任何一项服务；(4)在自主选择商品或服务时，有权进行比较、鉴别和挑选。

4. 公平交易权

消费者享有公平交易的权利，简称公平交易权。市场交易的基本规则是：自由、公平、诚实信用、遵守法律规范、不得违反公认的商业道德。因此，消费者和经营者都享有公平交易的权利。但由于在市场交易中，消费者往往处于弱者的地位，更需要突出强调享有公平交易的权利以便从法律上给予保护。根据《消费者权益保护法》的规定，这项权利主要体现在以下两个方面：(1)有权获得质量保障、价格合理、计量正确等公平交易条件；(2)有权拒绝经营者的强制交易行为。

【案例9-8】 王先生自带一瓶酒到北京某大酒楼，被该酒楼强收100元"开瓶费"。王先生认为对方是"强制消费者消费"，将该酒楼告上法院。法院认定"开瓶费"属于不当得利，判决该酒楼返还王先生的100元。

5. 赔偿请求权

消费者因购买、使用商品或者接受服务受到人身、财产损害的，依法享有获得赔偿的权利，简称为求偿权。享有求偿权的主体是因购买、使用商品或者接受服务而受到人身、财产损害的消费者，包括以下几种类型：(1)商品的购买者；(2)商品的使用者；(3)服务的接受者；(4)第三人。第三人是指除商品的购买者、使用者或者服务的接受者之外的，因为偶然原因而在事故现场受到损害的其他人。

为了保障消费者获得赔偿权的实现，《消费者权益保护法》对在不同情况下，消费者应向谁要求赔偿做了具体规定：

(1)消费者在购买、使用商品时,其合法权益受到损害的,可以向销售者要求赔偿。销售者赔偿后,属于生产者的责任或者属于向销售者提供商品的其他销售者的责任,销售者有权向生产者或者其他销售者追偿。这里规定的是商业先行赔偿的原则;

(2)消费者或其他受害人因商品缺陷造成人身、财产损害的,可以向销售者要求赔偿,也可以向生产者要求赔偿。属于生产者责任的,销售者赔偿后,有权向生产者追偿。属于销售者责任的,生产者赔偿后,有权向销售者追偿;

(3)消费者在接受服务时,其合法权益受到损害的,可以向服务者要求赔偿;

(4)消费者在购买、使用商品或者接受服务时,其合法权益受到损害,因原企业分立、合并的,可以向变更后承受其权利义务的企业要求赔偿;

(5)使用他人营业执照的违法经营者提供商品或者服务,损害消费者合法权益的,消费者可以向其要求赔偿,也可以向营业执照的持有人要求赔偿;

(6)消费者因经营者利用虚假广告提供的商品或者服务,其合法权益受到损害的,可以向经营者要求赔偿;广告的经营者发布虚假广告的,消费者可以请求行政主管部门对其予以惩处;广告的经营者不能提供经营者的真实姓名、地址的,应当承担赔偿责任;

(7)消费者在展销会、租赁柜台购买商品或者接受服务,其合法权益受到损害的,可以向销售者或者服务者要求赔偿。展销会结束或者柜台租赁期满后,也可以向展销会的举办者、柜台的出租者要求赔偿。展销会的举办者、柜台的出租者赔偿后,有权向销售者或者服务者追偿。

【案例 9-9】 刘某来到某饺子馆就餐。在就餐过程中,邻桌客人突然发生斗殴,致刘某左腹部受伤。刘某以"斗殴发生后,该店店主张某既未上前制止,又未及时报警,导致肇事者逃脱,应负有过错"为由,将张某告上法庭。

《最高人民法院关于审理人身损害赔偿案件适用法律若干问题的解释》(以下简称《解释》)第六条第一款规定:"从事住宿、餐饮、娱乐等经营活动或者其他社会活动的自然人、法人、其他组织,未尽合理限度范围内的安全保障义务致使他人遭受人身损害,赔偿权利人请求其承担相应赔偿责任的,人民法院应予支持。"

《解释》第六条第二款规定:"因第三人侵权导致损害结果发生的,由实施侵权行为的第三人承担赔偿责任。安全保障义务人有过错的,应当在其能够防止或者制止损害的范围内承担相应的补充赔偿责任。安全保障义务人承担责任后,可以向第三人追偿。赔偿权利人起诉安全保障义务人的,应当将第三人作为共同被告,但第三人不能确定的除外。"因此,在第三人侵权时,经营者承担的是补充责任。而且,经营者在其能够防止或者制止损害的范围内承担相应的补充赔偿责任之后,如果发现真正的行为人,仍有权向该行为人追偿,以补偿自己的损失。

6. 结社权

消费者享有依法成立维护自身合法权益的社会团体的权利,简称为结社权。赋予消费者以结社权，使消费者通过有组织的活动，维护自身合法权益是非常必要的，也是国家鼓励全社会共同保护消费者合法权益的体现。

根据我国《消费者权益保护法》，我国消费者协会具有向消费者提供消费信息和咨询服务；参与有关行政部门对商品和服务的监督、检查；就有关消费者合法权益问题，向有关行政部门反映、查询，提出建议，受理消费者的投诉，并对投诉事项进行调查、调解；投诉事项涉及商品和服务质量问题的，可以请鉴定部门鉴定，鉴定部门应当告知鉴定结论；就损害消费者合法权益的行为，支持受害的消费者提起诉讼；对损害消费者合法权益的行为，通过大众传播媒介予以揭露、批评这七项权能。

7. 获得有关知识权

消费者享有获得有关消费和消费者权益保护方面的知识的权利，简称为获得有关知识权。这一权利包括两方面的内容：一是获得有关消费方面的知识，比如有关消费观的知识，有关商品和服务的基本知识，有关市场的基本知识；二是获得有关消费者权益保护方面的知识，比如消费者权益保护的法律、法规和政策，以及保护机构和争议解决途径等方面的知识。

8. 人格尊严和民族风俗习惯受尊重权

人格尊严是消费者的人身权的重要组成部分，包括姓名权、名誉权、荣誉权、肖像权等。消费者的人格尊严受到尊重是消费者最起码的权利之一。在实践中，侵犯消费者人格尊严大量表现为侮辱消费者，即侵犯消费者名誉权的行为，此外还有搜查消费者的身体及其携带物品，甚至限制消费者人身自由的行为。

尊重民族风俗习惯，是党和国家民族政策的重要内容。我国是统一的多民族国家，各民族都有不同的风俗习惯，与消费密切相关。因此，尊重少数民族的风俗习惯，对于保护少数民族消费者的合法权益，贯彻党和国家的民族政策，都有极其重要的意义。

【案例 9-10】 当大学生钱某（女）欲离开某超市时，店门口警报器鸣响，该店一女保安员上前引导钱某穿行三处防盗门，警报器仍鸣响，钱某遂被保安人员带入该店办公室内。在女保安员及另一女文员在场的情况下，钱某解脱裤扣接受女保安的检查。店方未检查出钱某身上带有磁信号的商品，方允许其离店。事后，钱某以自己在超市无端遭到搜身，使自己心理受到极大伤害为由起诉到法院。法院两审判决该超市应向钱某赔礼道歉，并赔偿其精神等损失费人民币 1 万元。

9. 监督权

消费者享有对商品和服务以及保护消费者权益工作进行监督的权利，简称监督权。这一权利可具体表现为：消费者有权检举、控告侵害消费者权益的行为和国家机关及其工作人员在保护消费者权益工作中的违法失职行为，有权对保护消费者权益工作提出批评和建议。

9.2.3 经营者的义务

我国《消费者权益保护法》以专章的形式明确规定了经营者的义务。经营者的义务是与消费者的权利对立统一的，不规定经营者的义务，消费者的权利就难以实现；不规定消费者的权利，经营者的义务就失去了存在的意义。我国《消费者权益保护法》规定了经营者 10 项义务：

1. 依法或者依合同约定履行义务的义务

这是对经营者义务的一般性、概括性规定。要求经营者向消费者提供商品或者服务，应当依照《中华人民共和国产品质量法》和其他有关法律、法规的规定履行义务。经营者和消费者有约定的，应当按照约定履行义务，但双方的约定不得违背法律、法规的规定，特别是法律、法规的强制性规定。

2. 听取意见和接受监督的义务

这是与消费者享有的批评、监督权相对应的经营者的义务。经营者应当听取消费者对其提供的商品或者服务的意见，接受消费者的监督。

3. 安全保障义务

经营者应当保证其提供的商品或者服务符合保障人身财产安全的要求。对可能危及人身、财产安全的商品和服务，应当向消费者作出真实的说明和明确的警示，并说明和标明正确使用商品或者接受服务的方法以及防止危害发生的方法。经营者发现其提供的商品或者服务存在严重缺陷，即使正确使用商品或者接受服务仍然可能对人身、财产安全造成危害的，应当立即向有关行政部门报告和告知消费者，并采取防止危害发生的措施。

4. 不作虚假宣传的义务

经营者应当向消费者提供有关商品或者服务的真实信息，不得作引人误解的虚假宣传。经营者对消费者就其提供的商品或者服务的质量和使用方法等问题提出的询问，应当作出真实、明确的答复。商店提供商品应当明码标价。

【案例 9-11】 一些业主预交房款购买住房，购房广告上面写明该小区里有 1 300 平方米的业主会所。但楼宇建起来以后，并没有设立业主会所，于是就找到开发商。开发商说：我们的业主会所是在离这里 100 米左右的地方。业主发现那里是一些夜总会之类的商业场所。于是到法院起诉，法院认为，广告应保证其内容真实，且按照条款的通常含义理解，开发商所称的并不是业主会所，其应对业主负赔偿责任。

5. 经营者应当标明其真实名称和标记的义务

租赁他人柜台或者场地的经营者，应当标明其真实名称和标记。即使租赁期满后，在法律规定的情况下，消费者仍有权要求其承担责任。

6. 出具凭据和单据的义务

经营者提供商品或者服务，应当按照国家有关规定或者商业惯例向消费者出具购货凭证或者服务单据；消费者索要购货凭证或者服务单据的，经营者必须出具。

购物凭证或服务单据，一般指发票、保修单等。它们都是书面凭证，使经营者与消费者发生的购货合同关系的证明，是日后消费者要求经营者履行"三包"以及发生纠纷后，消费者要求索赔的有力证据。

经营者为出具凭证或者单据，或者凭证、单据不周延的，都不能排除经营者依法应承担的义务，也不能剥夺消费者依法应享受的权利。

7. 品质担保义务

经营者的质量义务以消费者正常使用商品或者接受服务为前提，保证其提供的商品和服务具有适用性，能够满足消费者的需求。经营者以广告、产品说明、实物样品或其他方式表明商品或服务的质量状况的，应当保证其提供的商品或服务的实际质量与表明的质量状况相符。

正常使用是指消费者合理使用的情况。

8. 包修、包换、包退等善后服务义务

经营者提供商品或者服务，按照国家规定或者与消费者的约定，承担包修、包换、包退或者其他责任的，应当按照国家规定或者约定履行，不得故意拖延或者无理拒绝。

9. 经营者不当免责禁止的义务

凡属对消费者不公平、不合理或者片面减轻、免除应承担的民事责任的格式条款、店堂告示、通知、声明等，都是无效的，对消费者没有任何约束力。

10. 不得侵犯消费者的人格尊严权的义务

经营者必须对消费者的人格尊严和人身自由予以尊重，并且不得以任何借口、用任何形式对消费者的人身自由加以侵犯。经营者不得搜查消费者的身体及其携带的物品，且不能利用一般合同条款予以免责。

9.2.4 惩罚性赔偿

1. 惩罚性赔偿的概念

《消费者权益保护法》第 49 条规定："经营者提供商品或者服务有欺诈行为的，应当按照消费者的要求增加赔偿其受到的损失，增加赔偿的金额为消费者购买商品的价款或者接受服务的费用的一倍。"这一条款在我国创设了惩罚性赔偿。

【案例 9-12】 王某在某商厦花 1 000 元购买了一双名牌皮鞋，按照该商厦"买 100，送 50"的规定，余某获得了该商厦 500 元的赠券。后来，经工商部门认定，该皮鞋属假冒产品。于是，王某找到商厦，要求商厦退货，并给付一倍的赔偿。该商厦答应王某的要求时，向王某索要 500 元的赠券，由于王某已将该赠券在该商厦消费，无法退还，商厦便要求王某退 500 元现金。王某则认为，该赠券是商店无偿赠与的，拒绝退还。该商厦却告诉王某，如果不将赠券退还，就拒绝退该皮鞋和赔偿。

根据《产品质量法》第 40 条和《消费者权益保护法》第 49 条，该商厦应该给王某退皮鞋并再赔偿王某该皮鞋一倍的货款。同时，商厦在经营中，以“买 100 元赠 50 元券”的经营方式，向社会推销商品。就是说，该商厦的经营方式是买卖在前，赠与在后。买卖是赠与的条件。王某在购买了 1 000 元的商品后，获得该商厦 500 元的赠券是合法的。但当其发现所购买商品是假冒时，该商厦按照法律规定，给王某退货和赔偿，那么，从买卖合同看，王某与商厦的买卖合同就随之解除。买卖关系只要不存在，赠与关系就不成立。从以上分析看，该商厦在按照有关法律规定退货和赔偿王某后，王某则应当退还该商厦的赠券。

2. 惩罚性赔偿的功能

传统民法认为，损害赔偿的功能在于弥补受害人的损害，“损害—补救”过程是一个受损害的权利的恢复过程。赔偿制度的宗旨并不是惩罚行为人。实际上，惩罚性赔偿制度的产生和发展并没有否认传统的补偿性赔偿制度的合理性，只是在一般损害赔偿制度之外发展了一种例外赔偿制度。一般认为惩罚性赔偿具有如下三方面的功能：

(1)赔偿功能

惩罚性赔偿并不是独立的请求权，必须依附于补偿性的损害赔偿。加害人的不法行为可能给受害人造成财产损失、精神痛苦或人身伤害。就这些损害的救济而言，惩罚性赔偿可以发挥一定的功能。第一，补偿性赔偿对精神损害并不能提供充分的补救。精神损害的基本特点在于无法以金钱价额予以计算，只能考虑到各种参考系数而很难确定一个明确的标准，因此在许多情况下采用惩罚性赔偿来替代精神损害赔偿是必要的。它使法官和陪审团作出裁判时具有更明确的标准(如按照与补偿性赔偿的比例确定惩罚性赔偿)。早期的普通法采用惩罚性赔偿，主要就是因为受害人遭受了精神痛苦、情感伤害等无形的损害，需要以惩罚性赔偿来弥补损失。第二，侵权行为法尽管可以对人身伤害提供补救，但在许多情况下人身伤害的损失又是很难证明的。因此，采用补偿性赔偿很难对受害人的损害予以充分补救。而惩罚性赔偿可以更充分地补偿受害人遭受的损害。第三，受害人提起诉讼以后所支付的各种费用，特别是与诉讼有关的费用，只有通过惩罚性赔偿才能补偿。很多学者认为，惩罚性赔偿适用的目的就是为了使原告遭受的损失获得完全的全部的补偿。

(2)制裁功能

惩罚性赔偿主要是针对那些具有不法性和道德上的应受谴责性的行为而适用的，就是要对故意的恶意的不法行为实施惩罚。这种惩罚与补偿性的损害赔偿有所不同。补偿性赔偿要求赔偿受害人的全部经济损失，在性质上乃是一种交易，等于以同样的财产交换损失。对不法行为人来说，补偿其故意行为所致的损害也如同一项交易。这样一来，补偿性的赔偿对富人难以起到制裁作用，甚至使民事赔偿法律为富人所控制。

而惩罚性赔偿则通过给不法行为人强加更重的经济负担来制裁不法行为，从而达到制裁的效果。

(3)遏制功能

遏制是对惩罚性赔偿合理性的传统解释。遏制可以分为一般遏制和特别遏制。一般遏制是指通过惩罚性赔偿对加害人以及社会一般人产生遏制作用，特别遏制是指对加害人本身的威吓作用。遏制是指确定一个样板，使他人从该样板中吸取教训而不再从事此行为。也有人认为，惩罚性赔偿的目的在于惩罚过去的过错并"以此作为一个样板遏制未来的过错"，因此"惩罚性"这个词有时也用"示范性(exemplary)"一词来代替，这就概括了惩罚性赔偿的两项功能，即制裁和遏制。

从经济学的观点来看，在某些情况下，被告从其不法行为中所获得的利益是巨大的，而其给受害人所造成的损失是难以证明的，或者即使能够证明也并不是太多。受害人可能不愿意为获得并不是太高的赔偿金而提起诉讼，甚至可能因为担心不能举证证明损害的存在而面临败诉的危险，从而不愿意提起诉讼。在此情况下，通过惩罚性赔偿也可以鼓励受害人为获得赔偿金而提起诉讼，揭露不法行为并对不法行为予以遏制。

【案例 9-13】 消费者王某和两个老乡，在某商场买了 3 部某通讯科技有限公司生产的手机，价格分别为 1 370 元和 1 640 元。销售人员在收款收据备注栏中写上了"假一赔十"的字样。不久，王某等人就发现了手机有质量问题，该通讯科技有限责任公司和深圳质量技术监督局为他们提供的检测鉴定报告显示，这 3 部手机都系假冒产品。于是王某要求售假店铺退货，并兑现"假一赔十"的承诺，商家表示只能按照《消费者权益保护法》的规定，给予双倍赔偿。

《消费者权益保护法》规定对假货给予双倍的赔偿，但这并非禁止性的规定，根据《民法》等有关法律，不排除可以按照消费者与商家的具体约定来赔偿，比如"假一赔十"。所以对于被告只给予双倍赔偿的请求不予支持。

9.3 反垄断法

9.3.1 垄断与反垄断法概述

1. 垄断的概念与特征

垄断是经济生活发展到一定阶段的产物。从经济学意义上讲：垄断又称独占，指少数大企业或若干企业的联合独占生产和市场。它们控制一个或者几个生产部门的生产和流通，在该部门的经济活动中取得统治地位，操纵这些部门产品的销售价格和原材料的购买价格，以保证获取高额的垄断利润。

按照美国《布莱克法律大词典》的解释，法学意义上的垄断，是指“一个或几个私人或公司享有特权或市场优势，对某一个特定的市场或贸易实施的排他性控制，或对某一特定产品的生产、销售、供应的全部控制”。同时，“垄断还表现为一个或者少数几个企业支配产品或服务的销售的市场结构状态”。由此可见，法律上关于垄断的含义是指，市场主体对市场经济运行过程进行排他性控制或对市场竞争进行实质性限制、妨碍公平竞争秩序的行为或者状态。

我国的《反垄断法》采用了列举的方式。《反垄断法》第 3 条规定：“本法所称的垄断行为包括：(1)经营者达成垄断协议；(2)经营者滥用市场支配地位；(3)具有或者可能具有排除、限制竞争效果的经营者集中。”第 8 条规定：“行政机关和法律、法规授权的具有管理公共事务职能的组织(以下简称公共组织)不得滥用行政权力排除、限制竞争。”

由此可见，我国《反垄断法》禁止的垄断行为包括四种类型：一是经营者的垄断协议；二是经营者滥用市场支配地位；三是经营者集中；四是滥用行政权力排除、限制竞争。其中，前三类的主体是经营者，第四类的主体是行政机关和法律、法规授权的具有管理公共事务职能的组织。

2. 反垄断法的概念

《反垄断法》是国家为促进和保护竞争，通过规制垄断和限制竞争行为来调整竞争关系以及与竞争有密切联系的其他社会关系的法律规范的总称。它是现代竞争法的核心组成部分，担负着抑制垄断、保护竞争、维护社会公共利益的重要使命。在整个经济法律体系中，反垄断法具有经济宪法的地位。

9.3.2 垄断协议

1. 垄断协议的概念与分类

经营者达成垄断协议是经济生活中一种最常见、最典型的垄断行为，往往会造成固定价格、划分市场、限制其他经营者进入等后果，对市场竞争危害很大。可是在一些领域，垄断协议还有利于技术进步、经济发展和社会公共利益。因此对于这部分垄断协议，各国反垄断法又给予一定的豁免。

我国《反垄断法》第 13 条规定：“本法所称垄断协议，是指排除、限制竞争的协议、决定或者其他协同行为。”

2.《反垄断法》禁止的垄断协议

我国《反垄断法》将垄断协议分成两类：一是具有竞争关系的经营者达成的垄断协议；二是经营者与交易相对人达成的垄断协议。此外，行业协会不得组织本行业的经营者从事《反垄断法》禁止的协议垄断行为。

我国《反垄断法》禁止的具有竞争关系的经营者达成的垄断协议包括：(1)固定或

者变更商品价格；(2)限制商品的生产数量或者销售数量；(3)分割销售市场或者原材料采购市场；(4)限制购买新技术、新设备或者限制开发新技术、新产品；(5)联合抵制交易；(6)国务院反垄断执法机构认定的其他垄断协议。

我国《反垄断法》禁止的经营者与交易相对人达成的垄断协议主要包括：(1)固定向第三人转售商品的价格；(2)限定向第三人转售商品的最低价格；(3)国务院反垄断执法机构认定的其他垄断协议。

【案例 9-14】 1921 年美国硬木生产商成立协会，并同时执行了一个"公开竞争计划"。该协会的力量非常强，其成员数量仅占美国硬木行业的 5%，但产量却占 1/3 之多。该协会对"计划"的目标作了如下陈述："公开竞争计划通过使协会成员充分快速地了解到其他成员的有关价格、贸易统计和贸易行为的信息，旨在使贸易行为保持某种统一性。""计划"要求每个成员向协会秘书(1)每日报告销售额和运输量，且必须明确购买者的身份以及买卖的所有细节；(2)每月报告每种产品的生产量和储存量；(3)每月开始时报送价格清单，该清单若有变化，还要报送变化后的价格清单。协会秘书将这些信息汇总后再提供给成员企业。除此之外，协会还要对成员的存货量和确定木材等级的情况进行检查，目的是保证成员报告的准确性和同一性。同时该"计划"规定，所有报告均需经过协会代表的审查；不向协会报告有关信息者将不能从协会接到汇总后的信息报告；在 6 个月内有 12 天不向协会报告有关信息者，将被开除。除了报告信息外，该协会在某些地区几乎每周召开会议。会议之前，每一个成员都必须陈述过去的产量，估计其今后两个月的产量以及市场的发展状况。

3. 对垄断协议的适用除外

我国《反垄断法》第 15 条规定，经营者能够证明所达成的协议属于下列情形之一的，不适用禁止垄断协议的规定：(1)为改进技术、研究开发新产品的；(2)为提高产品质量、降低成本、增进效率，统一产品规格、标准或者实行专业化分工的；(3)为提高中小经营者经营效率，增强中小经营者竞争力的；(4)为实现节约能源、保护环境、救灾救助等社会公共利益的；(5)因经济不景气，为缓解销售量严重下降或者生产明显过剩的；(6)为保障对外贸易和对外经济合作中的正当利益的；(7)法律和国务院规定的其他情形。

属于前款第一项至第五项情形，不适用禁止垄断协议的规定，经营者还应当证明所达成的协议不会严重限制相关市场的竞争，并且能够使消费者分享由此产生的利益。

4. 垄断协议引起的法律责任

经营者违反本法规定，达成并实施垄断协议的，由反垄断执法机构责令停止违法行为，没收违法所得，并处上一年度销售额 1%以上 10%以下的罚款；尚未实施所达成的垄断协议的，可以处 50 万元以下的罚款。

经营者主动向反垄断执法机构报告达成垄断协议的有关情况并提供重要证据的，

反垄断执法机构可以酌情减轻或者免除对该经营者的处罚。

行业协会违反本法规定，组织本行业的经营者达成垄断协议的，反垄断执法机构可以处50万元以下的罚款；情节严重的，社会团体登记管理机关可以依法撤销登记。

9.3.3 滥用市场支配地位

1. 滥用市场支配地位的概念

凡是一个市场占有相当的市场份额，不受市场竞争的制约，并且能够在相当的程度上左右生产、销售等市场的，就可以认定该企业取得了市场支配地位。我们可以根据下面几个方面来推定经营者具有市场支配地位：(1)一个经营者在相关市场的市场份额达到1/2以上的；(2)两个经营者作为整体在相关市场的市场份额达到2/3以上的；(3)三个经营者作为整体在相关市场的市场份额达到3/4以上的。另外，满足上述第(2)或第(3)个条件者，若其中有的经营者市场份额不足1/10的，不应当推定该经营者具有市场支配地位。

所谓滥用市场支配地位，就是取得市场支配地位的企业滥用其优势，排除、限制其他竞争者进入市场或以其他方式不适当地排除、限制竞争的行为。

2. 滥用市场支配地位的主要形式

我国反垄断法明确规定，禁止具有市场支配地位的经营者从事下列滥用市场支配地位的行为：(1)以不公平的高价销售商品或者以不公平的低价购买商品；(2)没有正当理由，以低于成本的价格销售商品；(3)没有正当理由，拒绝与交易相对人进行交易；(4)强制交易相对人与其进行交易，或者没有正当理由，限定交易相对人只能与其进行交易或者只能与其指定的经营者进行交易；(5)违背交易相对人的意愿，搭售商品或者在其交易时附带其他不合理的交易条件；(6)没有正当理由，对条件相同的交易相对人在交易价格等交易条件上实行差别待遇；(7)反垄断执法机构认定的其他滥用市场支配地位的行为。

【案例9-15】 2004年1月16日，长阳土家族自治县农村信用合作社联合社(下称长阳信用联社)与中国某人寿保险股份有限公司宜昌中心支公司(下称太保宜昌支公司)签订《借款人人身意外伤害保险业务合作协议书》，该协议约定，由长阳信用联社代理销售太保宜昌支公司的“借款人人身意外伤害保险”，并按销售保险费的数额收取一定比例的手续费。2005年3月28日，长阳信用联社又与人保长阳支公司签订关于代理销售“国寿安心卡”的协议，险种仍为“借款人人身意外伤害保险”。2005年3月1日，长阳信用联社对各信用社制发长信联发(2005)第28号文，该文规定“全年实现人寿公司和太平洋公司的《借款人人身意外伤害保险》业务代理收入2.6万元……对未完成意外伤害保险代理收入计划的，按计划差额的80%在绩效工资中抵扣。”长阳信用联社在发放贷款的过程中，强制要求借款人购买“借款人人身意外伤害保险”，否则不予发放贷款。工商局经审查后于 4 月 21 日立案，并经进一步进行调查，认定长阳信用联社在销售“借款人人身意外伤害保险”过程中，对种养业、运输业、建筑工程、煤炭水利四大行业和发放贷款人认为其信用不良的借款人，要求其必须购买“借款人人身意外伤害保险”。

3. 滥用市场支配地位的法律责任

根据反垄断法：经营者违反本法规定，滥用市场支配地位，排除、限制竞争的，由反垄断执法机构责令停止违法行为，处上一年度销售额 1%以上 10%以下罚款，并没收违法所得。

9.3.4 经营者集中

1. 经营者集中的概念

我国《反垄断法》对经营者集中进行了规定。经营者集中包括下列三种情形：(1)经营者合并；(2)经营者通过取得股权或者资产的方式取得对其他经营者的控制权；(3)经营者通过合同等方式取得对其他经营者的控制权或者能够对其他经营者施加决定性影响。

2. 经营者集中的法律控制

经营者集中是经济活动中的普遍现象。由于经营者集中的结果具有两面性，一方面有利于形成规模经济，提高经营者的竞争力；另一方面又可能产生或者加强市场支配地位，对市场竞争产生不利影响。所以，各国反垄断法都对经营者集中实行必要控制。

(1)经营者集中的申报

经营者集中的申报是指经营者在进行集中之前，为了使反垄断执法机关知悉和了解经营者的集中计划，并就该计划是否合法作出判断，而由经营者向有关机构提出必要的文件和资料。

根据我国《反垄断法》的规定，经营者集中达到国务院规定的申报标准的，经营者应当事先向国务院反垄断执法机构申报，未申报的不得实施集中。

经营者集中有下列情形之一的，可以不向国务院反垄断执法机构申报：①参与集中的一个经营者拥有其他每个经营者 50%以上有表决权的股份或者资产的；②参与集中的每个经营者 50%以上有表决权的股份或者资产被同一个未参与集中的经营者拥有的。

经营者向国务院反垄断执法机构申报集中，应当提交下列文件、资料：①申报书；②集中对相关市场竞争状况影响的说明；③集中协议；④参与集中的经营者经会计师事务所审计的上一会计年度财务会计报告；⑤国务院反垄断执法机构规定的其他文件、资料。

申报书应当载明参与集中的经营者的名称、住所、经营范围、预定实施集中的日期和国务院反垄断执法机构规定的其他事项。

(2)经营者集中的审查

各国反垄断法并非一律禁止经营者集中,而只是禁止那些可能对市场竞争产生重大不利影响的集中行为。因此,确立经营者集中的审查制度十分重要。

根据我国《反垄断法》的规定,国务院反垄断执法机构应当自收到经营者提交的符合法律规定的文件、资料之日起三十日内,对申报的经营者集中进行初步审查,作出是否实施进一步审查的决定,并书面通知经营者。国务院反垄断执法机构作出决定前,经营者不得实施集中。

国务院反垄断执法机构作出不实施进一步审查的决定或者逾期未作出决定的,经营者可以实施集中。

国务院反垄断执法机构决定实施进一步审查的,应当自决定之日起 90 日内审查完毕,作出是否禁止经营者集中的决定,并书面通知经营者。作出禁止经营者集中的决定,应当说明理由。审查期间,经营者不得实施集中。

有下列情形之一的,国务院反垄断执法机构经书面通知经营者,可以延长前款规定的审查期限,但最长不得超过 60 日:①经营者同意延长审查期限的;②经营者提交的文件、资料不准确,需要进一步核实的;③经营者申报后有关情况发生重大变化的。

国务院反垄断执法机构逾期未作出决定的,经营者可以实施集中。

审查经营者集中,应当考虑下列因素:①参与集中的经营者在相关市场的市场份额及其对市场的控制力;②相关市场的市场集中度;③经营者集中对市场进入、技术进步的影响;④经营者集中对消费者和其他有关经营者的影响;⑤经营者集中对国民经济发展的影响;⑥国务院反垄断执法机构认为应当考虑的影响市场竞争的其他因素。

经营者集中具有或者可能具有排除、限制竞争效果的,国务院反垄断执法机构应当作出禁止经营者集中的决定。但是,经营者能够证明该集中对竞争产生的有利影响明显大于不利影响,或者符合社会公共利益的,国务院反垄断执法机构可以作出对经营者集中不予禁止的决定。对不予禁止的经营者集中,国务院反垄断执法机构可以决定附加减少集中对竞争产生不利影响的限制性条件。

国务院反垄断执法机构应当将禁止经营者集中的决定或者对经营者集中附加限制性条件的决定,及时向社会公布。

【案例 9-16】 2006 年,法国 SEB 集团出资 24 亿人民币收购中国苏泊尔 52.74%至 61%股权。因为被收购的苏泊尔在 2005 年的市场销售额超过了 15 亿元人民币,所占有市场份额大约为 40%,从而使这起并购成为一起引人注目的外资并购事件。由于并购受到了苏泊尔竞争对手的强烈反对,因而成为商务部开展反垄断审查听证的第一案。2007 年 4 月,商务部发出《原则同意浙江苏泊尔股份有限公司引进境外战略者投资的批复》,同意 SEB 持苏泊尔 52.74%至 61%股权。这些情况说明,对于中国市场上的企业并购活动，人们特别关注的是外资对国内企业的并购。

(3)对经营者集中的豁免

经营者集中具有或者可能具有排除、限制竞争效果的，国务院反垄断执法机构应当作出禁止经营者集中的决定。但是，经营者能够证明该集中对竞争产生的有利影响明显大于不利影响，或者符合社会公共利益的，国务院反垄断执法机构可以作出对经营者集中不予禁止的决定。

(4)经营者集中的法律责任

经营者违反法律规定实施集中的，由国务院反垄断执法机构责令停止实施集中、限期处分股份或者资产、限期转让营业以及采取其他必要措施恢复到集中前的状态，可以处五十万元以下的罚款。

9.3.5 行政垄断行为

1. 行政垄断行为的概念

行政垄断行为是指行政机关和法律、法规授权的具有管理公共事务职能的组织滥用行政权力实施的限定交易、地区封锁等排除、限制竞争行为。

2. 行政垄断行为的表现形式

我国《反垄断法》规定：(1)行政机关和法律、法规授权的具有管理公共事务职能的组织不得滥用行政权力，限定或者变相限定单位或者个人经营、购买、使用其指定的经营者提供的商品。(2)行政机关和法律、法规授权的具有管理公共事务职能的组织不得滥用行政权力，实施下列行为，妨碍商品在地区之间的自由流通：①对外地商品设定歧视性收费项目、实行歧视性收费标准，或者规定歧视性价格；②对外地商品规定与本地同类商品不同的技术要求、检验标准，或者对外地商品采取重复检验、重复认证等歧视性技术措施，限制外地商品进入本地市场；③采取专门针对外地商品的行政许可，限制外地商品进入本地市场；④设置关卡或者采取其他手段，阻碍外地商品进入或者本地商品运出；⑤妨碍商品在地区之间自由流通的其他行为。(3)行政机关和法律、法规授权的具有管理公共事务职能的组织不得滥用行政权力，以设定歧视性资质要求、评审标准或者不依法发布信息等方式，排斥或者限制外地经营者参加本地的招标投标活动。(4)行政机关和法律、法规授权的具有管理公共事务职能的组织不得滥用行政权力，采取与本地经营者不平等待遇等方式，排斥或者限制外地经营者在本地投资或者设立分支机构。(5)行政机关和法律、法规授权的具有管理公共事务职能的组织不得滥用行政权力，强制经营者从事本法规定的垄断行为。(6)行政机关不得滥用行政权力，制定含有排除、限制竞争内容的规定。

【案例 9-17】 泰国有线电视公司 IBC 和 UTV 合并成有线电视公司 UBC。IBC 和 UTV 从泰国大众通讯组织获得运营许可。泰国大众通讯组织负责规制和监督有线电视市场。合并前，IBC 和 UTV 间存在激烈竞争，两个企业为消费者提供了种类繁多的节目组合。大众通讯组织批准合并后，UBC 寻求改变节目组合，提高了安装费和每月收费。因为不允许提高为低收入群体设计的最便宜组合的费用，UBC 向大众通讯组织提出申请不将这些组合提供给新的使用者。然后拒绝向其他使用者提供便宜组合的详细信息。UBC 还向大众通讯组织承诺，将提供一个替代性的高价格组合。

3. 行政垄断行为的法律责任

行政机关和法律、法规授权的具有管理公共事务职能的组织滥用行政权力，实施排除、限制竞争行为的，由上级机关责令改正；对直接负责的主管人员和其他直接责任人员依法给予处分。反垄断执法机构可以向有关上级机关提出依法处理的建议。

法律、行政法规对行政机关和法律、法规授权的具有管理公共事务职能的组织滥用行政权力实施排除、限制竞争行为的处理另有规定的，依照其规定。

9.3.6 垄断案件的处理程序

1. 调查程序的启动

反垄断执法机构依法对涉嫌垄断行为进行调查。对涉嫌垄断行为，任何单位和个人有权向反垄断执法机构举报。反垄断执法机构应当为举报人保密。

举报采用书面形式并提供相关事实和证据的，反垄断执法机构应当进行必要的调查。

2. 调查程序的展开

反垄断执法机构调查涉嫌垄断行为，可以采取下列措施：(1)进入被调查的经营者的营业场所或者其他有关场所进行检查；(2)询问被调查的经营者、利害关系人或者其他有关单位或者个人，要求其说明有关情况；(3)查阅、复制被调查的经营者、利害关系人或者其他有关单位或者个人的有关单证、协议、会计账簿、业务函电、电子数据等文件、资料；(4)查封、扣押相关证据；(5)查询经营者的银行账户。

反垄断执法机构调查涉嫌垄断行为，执法人员不得少于二人，并应当出示执法证件。执法人员进行询问和调查，应当制作笔录，并由被询问人或者被调查人签字。反垄断执法机构及其工作人员对执法过程中知悉的商业秘密负有保密义务。

3. 经营者的权利和义务

被调查的经营者、利害关系人或者其他有关单位或者个人应当配合反垄断执法机构依法履行职责，不得拒绝、阻碍反垄断执法机构的调查。被调查的经营者、利害关系人有权陈述意见。反垄断执法机构应当对被调查的经营者、利害关系人提出的事实、理由和证据进行核实。

4. 处理决定

反垄断执法机构对涉嫌垄断行为调查核实后，认为构成垄断行为的，应当依法作出处理决定，并可以向社会公布。

5. 经营者承诺

对反垄断执法机构调查的涉嫌垄断行为，被调查的经营者承诺在反垄断执法机构认可的期限内采取具体措施消除该行为后果的，反垄断执法机构可以决定中止调查。中止调查的决定应当载明被调查的经营者承诺的具体内容。

反垄断执法机构决定中止调查的，应当对经营者履行承诺的情况进行监督。经营者履行承诺的，反垄断执法机构可以决定终止调查。

有下列情形之一的，反垄断执法机构应当恢复调查：(1)经营者未履行承诺的；(2)作出中止调查决定所依据的事实发生重大变化的；(3)中止调查的决定是基于经营者提供的不完整或者不真实的信息作出的。

6. 行政复议和行政诉讼程序

对反垄断执法机构依据《反垄断法》第 28 条、第 29 条作出的决定不服的，可以先依法申请行政复议；对行政复议决定不服的，可以依法提起行政诉讼。

对反垄断执法机构作出的前款规定以外的决定不服的，可以依法申请行政复议或者提起行政诉讼。

7. 利害关系人的民事诉讼程序

经营者实施垄断行为，给他人造成损失的，依法承担民事责任。

9.4　反不正当竞争法

9.4.1　不正当竞争行为概述

1. 不正当竞争行为的概念

关于不正当竞争行为的概念，最早出现在 1883 年的《保护工业产权巴黎公约》，该公约第 10 条第 2 款第 2 项规定："凡在工商业活动中违反诚实经营的竞争行为即构成不正当竞争的行为。"这是从总体上对不正当竞争行为进行概括性的定义。

我国法学理论界也在立法上对不正当竞争行为进行了界定，在总则第 2 条规定："本法所称的不正当竞争，是指经营者违反本法规定，损害其他经营者的合法权益，扰乱社会经济秩序的行为。"

2. 不正当竞争行为的特征

(1)不正当竞争行为的实施主体主要是经营者，即从事商品经营或者营利性服务的法人、其他经济组织和个人。

(2)不正当竞争行为是经营者实施了《反不正当竞争法》禁止的违法行为或者违反商业道德的行为。此外，在法律没有明确规定的情况下，判断某种行为是否构成不正当竞争,应根据自愿、平等、公平、诚实信用原则来确定。

(3)不正当竞争行为侵害的客体是其他经营者的合法权益和正常的社会经济秩序。

3. 不正当竞争行为的种类

通常认为,不正当竞争行为是指以违背诚实信用原则和公平竞争的商业惯例的手段,从事市场交易的行为。尽管我们能够在价值判断上掌握不正当竞争行为的内涵,但是,从法律上对其准确界定确非易事。我国《反不正当竞争法》第 2 条规定:“本法所称的不正当竞争,是指经营者违反本法规定,损害其他经营者合法权益,扰乱社会经济秩序的行为。本法所称的经营者,是指从事商品经营或者营利性服务(以下所称商品包括服务)的法人、其他经济组织和个人。”同时,该法也列举了 11 种不正当竞争的行为。

9.4.2 不正当竞争行为的表现形式

我国《反不正当竞争法》主要列举了以下几种不正当竞争的行为:

1. 市场混同行为

市场混同行为是经营者采用假冒、仿冒等欺骗性手段使自己的商品或者服务与他人的商品或者服务相混淆,导致购买者将其商品或者服务误认为是其他经营者的商品或者服务的行为。其主要表现形式有以下几种:

(1)假冒他人注册商标

根据我国《商标法》的规定,假冒他人注册商标的情况有以下几种:未经注册商标人许可,在同一种商品或者类似商品上使用与其注册商标相同或者近似的商标的;在不相同或者不相类似的商品上使用复制、模仿或者翻译他人注册商标标识或者销售伪造、擅自制造的注册商标标识的。假冒他人注册商标的行为既是侵犯他人注册商标专用权的行为,也是引起市场混淆和损害社会公共利益的不正当竞争行为。

(2)仿冒知名商品特有的名称、包装和装潢

商品的名称、包装和装潢都是商品的外部标志,其组合不仅可以区分不同商品,保护商品的使用价值,还可以成为创造商品形象、开拓市场的重要手段。知名商品是为相关公众所知悉的商品,有一定知名度。知名商品特有的名称、包装和装潢往往凝结着经营者创造性的劳动,是重要的无形资产。

【案例 9-18】 美国 W 公司于 1986 年来北京投资餐馆业,其经营的餐馆已有 20 家连锁店,均使用“美国加州牛肉面大王”名称。该名称的牌幅用“红蓝白”三种颜色装饰悬挂于餐馆外。北京 Y 餐厅于 1993 年开业,在其横幅匾牌上也使用了“美国加州牛肉面大王”的名称,但其匾牌用“红白蓝”三种颜色装饰。1994 年 W 公司向法院对 Y 餐厅提起诉讼,要求 Y 餐厅承担不正当竞争的法律责任。Y 餐厅以使用“美国加州

牛肉面大王"名称系经过W公司同意和"红蓝白"与"红白蓝"装饰颜色顺序不同为理由进行答辩不构成侵权。

分析:法院经审理认为,W公司经营的"美国加州牛肉面大王"餐馆及其经营的牛肉面在当地消费者中已享有知名度,牛肉面可以认定为"知名商品"。Y餐厅辩称W公司对其使用"美国加州牛肉面大王"名称及"红蓝白"装饰给予了授权,因所举证据不足,应认定为Y餐厅擅自使用。"红蓝白"与"红白蓝"装饰虽然颜色顺序不同,但足以引起消费者混淆辨认,所以Y餐厅的行为已构成不正当竞争行为。法院判决:①Y餐厅立即停止使用"美国加州牛肉面大王"名称;②Y餐厅10日内给付W公司商誉损失费人民币8万元、律师费人民币1.6万元,共计人民币9.6万元;③Y餐厅在当地报纸上刊登声明就其行为向W公司道歉。

(3)擅自使用他人的企业名称或者姓名

这里的企业名称和姓名是指从事生产、经营、服务等经济活动的经济组织与其他经营者相区别的称呼。对于经营者来说,名称或者姓名关系到经营者的商业信誉和商品或服务的声誉。我国《民法通则》、《公司法》、《企业法人登记管理条例》等相关法律、法规对经营者的名称保护有明确规定。而《反不正当竞争法》则是从防止冒用他人商业名称和姓名的"搭便车"行为出发,禁止以混淆视听而获取竞争优势的角度来规定的。

(4)伪造或者冒用质量标志

在商品上伪造或者冒用认证标志、名优标志和产地标志等,对商品质量做出引人误解的虚假标识的行为。伪造或者冒用质量标志,其实质就是盗用他人信誉,误导购买者,从而攫取本不该属于自己的利益,此种行为当在反不正当竞争法禁止之列。

经营者假冒他人的注册商标,擅自使用他人的企业名称或者姓名,伪造或者冒用认证标志、名优标志等质量标志,伪造产地,对商品质量作引人误解的虚假表示的,依照《中华人民共和国商标法》、《中华人民共和国产品质量法》的规定处罚。经营者擅自使用知名商品特有的名称、包装、装潢,或者使用与知名商品近似的名称、包装、装潢,造成和他人的知名商品相混淆,使购买者误认为是该知名商品的,监督检查部门应当责令停止违法行为,没收违法所得,可以根据情节处以违法所得一倍以上三倍以下罚款;情节严重的,可以吊销营业执照;销售伪劣商品,构成犯罪的,依法追究刑事责任。

2.商业贿赂行为

商业贿赂行为是指经营者在市场交易过程中,为获取交易机会和竞争优势,通过秘密给付财物或其他利益等不正当手段,收买、引诱交易对方的负责人、雇员、合伙人、代理或政府部门工作人员等能够影响交易的有关人员,以促成交易或获得优惠交易条件的行为。

构成商业贿赂行为的要件主要有以下几个方面:

(1)商业贿赂的主体

商业行贿的主体是经营者，即从事生产经营活动的自然人、法人和其他经济组织。商业受贿的主体是单位或者个人，这里所说的单位是可以作为交易相对人的经营者，也可以是非经营者；个人可以是交易相对人，也可以是交易相对人以外的对交易有决定性影响的人。

(2)商业贿赂的手段

商业贿赂的方式主要是给付财物。所谓财物，是指现金和实物，包括经营者为销售或者购买商品，假借促销费、宣传费、赞助费、科研费、劳务费、咨询费、佣金等名义，或者以报销各种费用的方式，给付对方单位或者个人的财物。除给付财物外，还可以提供免费度假、旅游、高档宴席、解决子女亲属就业或资助外国留学等利益。商业贿赂最常见的一种形式是回扣，即按交易金额的一定比例折合的款项从交易总金额中扣除，并暗中给予对方当事人或者有关经手人。回扣属于违法行为。

(3)商业贿赂的目的

商业贿赂的目的是为了排挤竞争对手，以获取竞争优势。各国法律一般都要求行为人在主观上必须是故意的心理状态。

经营者采用财物或者其他手段进行贿赂以销售或者购买商品，构成犯罪的，依法追究刑事责任；不构成犯罪的，监督检查部门可以根据情节处以一万元以上二十万元以下的罚款，有违法所得的，予以没收。

【案例 9-19】 A 公司是一家规模较大的建筑模具公司，拥有多项实用新型和外观设计专利。2005 年 9 月，A 公司陆续有 8 名技术人员辞职。他们都是 A 公司设计研发部门的核心员工，并都参与了 A 公司多项专利的设计与研发。A 公司在与该 8 名技术人员签订的劳动合同中均明确约定，在劳动合同存续期间以及劳动合同终止或解除后，这些技术人员对公司的所有技术信息负有保密义务。2006 年 2 月，A 公司在参加莫斯科举行的一个展览会时，发现 B 公司参展的产品与其刚研发但尚未对外公开的新产品极其相似，并且 B 公司此次参展的技术人员中，有 3 名是 2005 年 9 月从 A 公司辞职的技术人员。经过一系列调查，发现 8 名技术人员 2005 年 9 月从 A 公司辞职后，全部被 B 公司高薪聘为设计与研发人员；2005 年 8 月，B 公司以公司房产作抵押，贷款购买了一批生产此类建筑模具的先进设备，但 B 公司只是国内的一家中小型公司，当时并不具备生产此类建筑模具产品的技术；B 公司 2005 年 9 月录用了该批技术人员后，就开始生产此类建筑模具产品，并与多家企业签订了供货合同。A 公司正准备为该产品申请专利，但由于 B 公司与多家企业签订了该产品的供货合同，并在展览会上展出了该产品，使得该产品可能丧失新颖性，申请专利将面临很大的困难，经济损失更是难以估价。于是，A 公司于 2006 年 3 月初以侵犯商业秘密为由，将该 8 名离职技术人员和 B 公司告上法庭，要求其承担赔偿责任。

3. 虚假宣传行为

虚假宣传行为是指在市场交易活动中，经营者利用广告或者其他方法对商品、服务或者经营者的情况散布和传播与实际不相符合的信息，导致或足以导致购买者错误认识的不正当竞争行为。虚假宣传的构成要件主要有以下几个方面：

(1)虚假宣传的主体是经营者。具体包括商品或者服务的经营者、广告经营者或者以广告以外的其他方法进行虚假宣传的其他经营者。

(2)虚假宣传的主要内容有两个方面：一是对商品或者服务的基本要素的宣传，如商品的质量、成分、性能、用途、产地、有效期、服务的质量、形式、特点等。二是对经营者的宣传，如经营者的资信、规模、范围、荣誉等。

(3)虚假宣传有广告和广告以外的其他方式。广告是主要方式，广告以外的其他方式主要有：展销会、订货会、现场演示、邮寄、散发虚假说明书或者其他资料、专家访谈、新闻采访等。

(4)虚假宣传者在主观上表现为故意和过失。广告经营者不认真审查广告内容而盲目发布广告，也可以构成虚假宣传。

(5)虚假宣传产生了引人误解或者足以引人误解的后果。经营者利用广告或者其他方法，对商品作引人误解的虚假宣传的，监督检查部门应当责令停止违法行为，消除影响，可以根据情节处以一万元以上二十万元以下的罚款。广告的经营者，在明知或者应知的情况下，代理、设计、制作、发布虚假广告的，监督检查部门应当责令停止违法行为，没收违法所得，并依法处以罚款。

4. 侵犯商业秘密行为

商业秘密是不为公众知悉，能为权利人带来经济利益、具有实用性并经权利人采取保密措施的技术信息和经营信息。商业秘密是权利人投入了一定时间、资金或者精力得来的，对权利人具有实际的或者潜在的经济价值或竞争优势，是一种无形财产权，它具有秘密性、实用性、保密性和价值性等特点。

《反不正当竞争法》是从保护公平竞争的角度对某些采用非法手段获得的商业秘密行为进行禁止的。侵犯商业秘密的行为主要有以下几种：

(1)以不正当手段获取他人的商业秘密的行为。所谓不正当手段主要是盗窃、利诱、胁迫等手段。以盗窃手段获取商业秘密可以通过内部知情人员或者外部人员进行。以利诱手段获取商业秘密，是指行为人通过向了解、掌握商业秘密的有关人员提供物质或者精神上的利益，诱使其提供商业秘密。以胁迫手段获取商业秘密，是指行为人向掌握商业秘密的有关人员施加生命、健康、名誉、财产等方面的威胁，强制、迫使掌握商业秘密的人披露商业秘密。此外，例如“学习”、“合作开发”等也是套取商业秘密的方法。

(2)恶意披露、使用商业秘密的行为。侵犯商业秘密的行为人，通常在获取商业秘密后会将商业秘密披露给他人或者利用各种方式将其公之于众，也可能自己直接使用该秘密，这些都会使商业秘密的权利人受到的损害进一步扩大。

(3)违反约定或违反保密要求，披露、使用或者允许他人使用其所掌握的商业秘密的行为。通过正当手段或者合法途径获得商业秘密的行为人，如项目的共同研制人或共同所有人、商业秘密的受让人、与商业秘密权利人订有商业合同的人等等，当他们与商业秘密权利人签订了保密协议或者权利人对其商业秘密有保密要求的时候，了解商业秘密的人应当遵守约定或者权利人的要求。否则，擅自向他人披露、自己使用或者允许他人使用其了解或者掌握的商业秘密，就构成了侵害他人商业秘密的不正当竞争行为。

(4)第三人侵犯商业秘密的行为。第三人是指明知或者应知转让人的商业秘密是基于侵权行为而不当取得或者占有的，仍予以受让或者泄漏的行为。这里的第三人主观上有侵权的恶意，客观上实施了间接损害商业秘密权利人利益的行为，对此也予以严厉禁止。

侵犯商业秘密的，监督检查部门应当责令停止违法行为，可以根据情节处以一万元以上二十万元以下的罚款。

5. 商誉诋毁行为

商誉诋毁行为是经营者通过捏造、散布虚假事实等不正当手段，损害竞争对手的商业信誉和商品信誉，以削弱对手的市场竞争能力，为自己牟取不正当利益的行为。

商业信誉是社会对经营者的生产、产品、销售、服务等方面诚实经营的综合赞誉程度；商品信誉是社会对商品质量、款式、性能、价格等综合因素的赞誉程度。良好的商业信誉是来之不易的，它凝聚着经营者在长期的生产经营活动中的资金、时间、精力的大量投入。它既是经营者精神上的名誉和荣誉，也是经营者进行市场竞争的优势、一项重要的无形财产。诋毁竞争对手的商誉无疑是一种严重的违背公认的商业道德、危害市场公平竞争秩序、损害竞争对手利益的不正当行为。

商誉诋毁行为的构成要件主要有以下几个方面：

(1)商誉诋毁行为是经营者针对竞争对手所实施的行为。主体是经营者，也包括与经营者串通损害他人商誉的其他单位或者个人。受商誉诋毁损害的对象是经营者的竞争对手，即当事人之间必须有竞争关系。

(2)商誉诋毁行为人在主观上存在故意。行为人实施诋毁商誉的行为的目的往往是使社会对竞争对手的评价或信任降低，使竞争对手在市场竞争中处于不利地位，相应提高自己的竞争优势。所以，明知自己捏造、散布虚假事实的行为会给竞争对手造成损害，而故意为之。过失一般不作为商誉诋毁行为处理，但可以根据民法中的侵犯他人名誉权的侵权行为处理。

(3)商誉诋毁行为人在客观上实施了捏造虚假事实或者散布虚假事实的行为。捏造、散布虚假事实的形式包括多种。如经营者以口头方式直接向客户或消费者对竞争对手的产品或者服务进行恶意中伤，散布虚假的事实；或利用新闻、广告等手段以不当对比的方法，贬低竞争对手，抬高自己；或通过产品说明书、服务介绍资料等宣传品捏造事实、诋毁竞争对手商誉；或者唆使、利用他人制造谣言，传播竞争对手不真实的消息等。

6. 不正当有奖销售行为

有奖销售是经营者销售商品或者提供服务，附带地向购买者提供物品、金钱或其他经济利益的行为。有奖销售包括两种类型：附赠式有奖销售，即经营者对购买指定商品或者达到一定购买金额的所有购买者予以奖励；抽奖式有奖销售，即以抽签、摇号、对号码等带有偶然性的方法决定购买者是否中奖以及奖励等级。

所谓不正当有奖销售，是指经营者违反诚实信用原则和公平竞争原则，以附带性的提供金钱、物品或者其他利益的引诱方式，促使其商品或者服务的不正当竞争行为。《反不正当竞争法》第13条规定"经营者不得从事下列有奖销售：

(1)采用谎称有奖或者故意让内定人员中奖的欺骗方式进行有奖销售；

(2)利用有奖销售的手段推销质次价高的商品；

(3)抽奖式的有奖销售，最高奖的金额不超过五千元。

经营者违反本法第十三条规定进行有奖销售的，监督检查部门应当责令停止违法行为，可以根据情节处以一万元以上十万元以下的罚款。

【案例9-20】 某房地产公司开展幸运抽奖活动，现场抽出一等奖一名，奖品为一台47英寸液晶电视机。在调查过程中，该房地产公司向执法人员出具了一张4 999元的47英寸液晶电视机发票，称其行为没有违反有关法律规定。经执法人员调查核实，该款电视机的实际销售价格为7 600元。

分析：国家工商总局《关于禁止有奖销售活动中不正当竞争行为的若干规定》规定，以非现金的物品或者其他经济利益作为奖励的，按照同期市场同类商品或者服务的正常价格折算其金额。本案中，47英寸液晶电视机的同期销售价格为7 600元，已经超过《反不正当竞争法》规定的奖励金额。虽然当事人以4 999元的发票作为掩饰，但改变不了其从事不正当有奖销售活动的行为性质。

7. 强制性交易行为

强制性交易是指公用企业或者其他依法具有独立地位的经营者，限定他人购买其指定的经营者的商品，排挤其他经营者的行为。对于供电、供水、供暖、煤气等公用企业实行国家控制，形成垄断及独占地位是必要的，但这种垄断地位特权的滥用，就属于强制性交易行为。其特征是：

(1)公用企业是实施该行为的特定主体。不具备独占地位的经营者以及非经营性的政府机关不是强制性交易的主体；

(2)其他处于公平交易地位的经营者的商品是公用企业强制性交易行为的客体，即该行为是强制安排他人之间的交易，并非强迫他人与自己交易；

(3)公用企业的行为带有强制性，使被强制者难以抗拒，不得不服从安排与他人交易；

(4)公用企业实施这种交易行为的目的，是从被指定的经营者处获得利益。

8.滥用行政权力限制竞争行为

滥用行政权力限制竞争，是政府及其所属部门滥用行政权力，限定他人购买其指定的经营者的商品，限制其他经营者正当的竞争活动，限制经营者跨地区、跨部门的交易，干扰、阻碍正常的交易活动。其特征是：

(1)政府及其所属部门介入竞争，干扰正常的交易，限制竞争，这是政府及其所属部门从地方和部门的狭隘利益出发，利用行政手段限制竞争；

(2)滥用行政权力限制竞争行为的客体是本来平等竞争条件下的经营者从事交易的商品；

(3)滥用行政权力限制竞争行为是对经济职权的滥用；

(4)政府及其所属部门限制竞争既可以是直接的指示、命令，也可能是利用职权限制他人自由选择经营者的商品。

公用企业或者其他依法具有独占地位的经营者，限定他人购买其指定的经营者的商品，以排挤其他经营者的公平竞争的，省级或者设区的市的监督检查部门应当责令停止违法行为，可以根据情节处以五万元以上二十万元以下的罚款。被指定的经营者借此销售质次价高商品或者滥收费用的，监督检查部应当没收违法所得，可以根据情节处以违法所得一倍以上三倍以下的罚款。

9.压价排挤竞争对手的行为

压价排挤竞争对手，是指经营者采用在一定市场上和一定时期内以低于成本的价格销售商品的手段，目的在于排挤竞争对手的行为。其特点是：

(1)不当降价。即在不符合价值规律的情况下降价销售，而且是以低于成本价销售商品。成本价格是保证企业收支平衡的最低价格，以低于此价销售，不当竞争者是另有所图。

(2)以排挤竞争对手为目的。经营者以低于成本价销售，就意味着企业必然发生亏损，这与企业竞争的牟利性是相悖的。如果不是出于经济规律和法律规定的要求而低于成本销售，目的就是排挤竞争对手。

(3)压价排挤竞争对手不仅是违反商业道德的不正当竞争行为，而且也具有限制竞争的性质。

我国《反不正当竞争竞争法》规定："有下列情形之一的，不属于不正当竞争行为：(1)销售鲜活商品；(2)处理有效期限即将到期的商品或者其他积压的商品；(3)季节性降价；(4)因清偿债务、转产、歇业降价销售商品。"

10.搭售商品或者附加不合理条件的销售行为

经营者销售商品时，违背购买者的意愿，强行搭售商品或者附加其他不合理条件。

搭售行为是经营者用具有市场优势的商品搭售市场地位较低，销路较差、不受消费者欢迎的商品，通过这种手段扩大销售量。销售商品时附加其他不合理条件有多种表现形式，如经营者在销售同时要求购买者不要再与自己的经济竞争对手交易，在销售过程中向购买者索要贿赂或者回扣等等。

11. 串通招投标的行为

投标者为了排挤对手，和招标者相互勾结、串通投标、故意抬高或压低标价的不正当竞争行为。所谓招标，就是买方通过公告或者寄招标单的形式，说明交易条件，邀请供货人或承包人来承卖或者承包工程的行为。投标是指卖方(供货人或承包人)按招标人的要求，报出竞争条件，争取达成交易的行为。多年来的实践证明，公开招标可以改善企业管理，全面提高企业和社会的经济效益。但是投标者和招标者为排挤竞争对手相互勾结，则破坏了公平竞争，使国家、集体的利益受到损失。

投标者串通投标，抬高标价或者压低标价；投标者和招标者相互勾结，以排挤竞争对手的公平竞争的，其中标无效。监督检查部门可以根据情节处以一万元以上二十万元以下的罚款。

本章小结

《产品质量法》规定产品是指经过加工、制作，用于销售的产品，建设工程不适用本法规定；但是，建设工程使用的建筑材料、建筑构配件和设备，属于前款规定的产品范围的，属于产品。生产者和销售者应当承担产品质量义务。当产品存在瑕疵，销售者承担违约责任，产品存在缺陷，销售者和生产者承担产品责任。《消费者权益保护法》中的消费者是指为满足生活需要而购买、使用商品和接受服务的社会成员。作为例外，农民在购买、使用直接用于农业生产的生产资料时作为消费者对待。消费者在消费时享有安全权、知情权等权利。《消费者权益保护法》新增了惩罚性赔偿制度。经营者提供商品或者服务有欺诈行为的，应当按照消费者的要求增加赔偿其受到的损失，增加赔偿的金额为消费者购买商品的价款或者接受服务的费用的一倍。《反垄断法》禁止的垄断行为包括四种类型：一是经营者的垄断协议；二是经营者滥用市场支配地位；三是经营者集中；四是滥用行政权力排除、限制竞争。其中，前三类的主体是经营者，第四类的主体是行政机关和法律、法规授权的具有管理公共事务职能的组织。不正当竞争，是指经营者违反本法规定，损害其他经营者的合法权益，扰乱社会经济秩序的行为。《反不正当竞争法》规定了市场混同行为、商业贿赂等不正当竞争行为。

习　题

一、单项选择题

1. 甲经营金山酒店，顾客爆满，相邻的银海酒店由乙经营，生意冷淡。乙指使数十人进入金山酒店，2 ～ 3 人占据一桌，每桌仅消费 10 余元。前来金山酒店就餐的顾客见无空桌，遂就近转往银海酒店。如此数日，银海酒店收入大增。乙的行为应如何定性？（　　）

A. 构成缔约过失　　　　B. 构成欺诈行为

C. 构成不当得利　　　　D. 构成不正当竞争行为

2. 根据《反不正当竞争法》的规定，下列各项中，不构成不正当竞争行为的是（　　）。

A. 经营者在销售商品时，在账外给予对方折扣

B. 第三人使用明知是他人违反约定提供的客户名单进行交易

C. 当地政府发布文件限制在本地区销售外地生产的同类产品

D. 以低于成本的价格进行季节性降价

3. 某百货公司销售空调机，在门口广告牌上写明："凡在本处购买空调者，给付总价款 3%的回扣，介绍推销者给付总价款 1%的佣金。"被人发现后举报到有关部门。经调查发现该公司给付的回扣、佣金，账面上均有明确记载。该公司给付回扣的行为是（　　）。

A. 不正当竞争行为　　　　B. 变相行贿行为

C. 正当的促销交易行为　　　　D. 降价排挤行为

4. 某啤酒厂在其产品的瓶颈上挂一标签，上印有"获 1990 年柏林国际啤酒博览会金奖"字样和一个带外文的徽章。此奖项和徽章均属子虚乌有。对这一行为应当如何认定？（　　）

A. 根据《反不正当竞争法》，该行为构成虚假宣传行为

B. 根据《反不正当竞争法》，该行为构成虚假表示行为

C. 根据《民法通则》，该行为构成欺诈的民事行为

D. 该行为违反商业道德，但不违反法律

5. 甲酒厂生产的"太岁康"高粱酒，在本省市场上颇有名气。以后，乙酒厂推出"状元乐"高粱酒，其酒瓶形态和瓶贴标签的图案、色彩与"太岁康"几近一致，但使用的注册商标、商品名称及厂名厂址均不同。对此，下列表述中（　　）是正确的。

A. 因注册商标、商品名称及厂名厂址均不相同，乙厂对甲厂不构成侵权

B. "太岁康"商标仅属省内知名，其标签又未获得专利，甲厂不能起诉乙厂侵权

C. 两种商品装潢外观近似，足以造成购买者发生误认，故乙厂的行为构成不正当竞争

D. 两种商品装潢虽外观近似，但常喝"太岁康"的人仔细辨认可以加以区别，故乙厂的行为不受法律禁止

6. 某商厦开展有奖销售活动，其公告中称，本次活动分两次抽奖：第一次一等奖 8

名，各奖彩电一台（价值 4 500 元）；第二次一等奖 3 名，各奖录音机 1 台（价值 2 300 元）；第一次获奖者还可参加第二次抽奖。对此事的以下判断中，（　）是正确的。

A. 开奖不允许分两次进行，该商厦构成不正当有奖销售

B. 可以两次开奖，但最高奖的总值不得超过 5 000 元，该商厦构成不正当有奖销售

C. 可以两次开奖，因每次的最高奖励额未超过 5 000 元，属正当的有奖销售

D. 是不是正当有奖销售，应取决于最后抽奖结果是否出现一人连续两次中一等奖

7. 某电器销售公司甲与某电视机厂乙因货款纠纷而产生隔阂，甲不再经销乙的产品。当客户询问甲的营业人员是否有乙厂的电视机时，营业人员故意说道："乙厂的电视机质量不好，价格又贵，所以我们不再卖他们的产品了"。下列有关该事例的表述，（　）是正确的？

A. 甲侵犯了乙的名誉权

B. 甲的行为属于诋毁乙的商业信誉的不正当竞争行为

C. 甲的行为因未通过宣传媒介诋毁乙的商业信誉，故不构成诋毁商业信誉

D. 甲侵犯了乙的荣誉权

8. 国务院反垄断执法机构对经营者集中进行初步审查的期限为（　）。

A. 自收到规定的文件资料之日起 10 日内

B. 自收到规定的文件资料之日起 30 日内

C. 自收到规定的文件资料之日起 60 日内

D. 自收到规定的文件资料之日起 90 日内

9. 下列（　）不属于可推定经营者具有市场支配地位的情况。

A. 一个经营者在相关市场份额达到 1/3

B. 一个经营者在相关市场份额达到 1/2

C. 两个经营者在相关市场份额达到 2/3

D. 三个经营者在相关市场份额达到 3/4

二、多项选择题

1. 不合法的招标投标行为有（　）。

A. 招标人与投标人串通抬高标价

B. 投标人串通压低标价

C. 限定投标人范围

D. 排挤竞争对手

2. 甲经销商经销乙厂生产的名牌针织衫，租赁了当地很有影响的丙商场的柜台。甲出于商业目的，为推销商品、占领市场，在销售时采取了一些措施。下列措施中，

(　　)是不允许的。

A. 以乙厂厂家销售的名义推销其名牌针织衫

B. 所雇用的销售人员均身着丙商场的工作服,佩戴丙商场的标志

C. 以明示方式给购买者价格折扣,但不入账

D. 标明甲自己的企业名称和标记,进行让利销售

3. 下列行为属于不正当竞争行为的是(　　)。

A. 抽奖式有奖销售活动

B. 低于成本价销售鲜活商品

C. 对商品性能作引人误解的虚假宣传

D. 以明示方式给对方回扣

E. 擅自使用知名商品特有的名称,造成与他人知名商品相混淆

4. 以下行为,(　　)构成不正当竞争行为。

A. 甲厂产品发生质量事故,舆论误指为乙厂产品,乙厂公开说明事实真相

B. 甲汽车厂不满乙钢材厂起诉其拖欠货款,散布乙厂产品质量低劣的虚假事实

C. 甲冰箱厂散布乙冰箱厂售后服务差的虚假事实,虽未指名,但一般人可以推知

D. 甲灯具厂捏造乙灯具厂偷工减料的事实,但只告诉了乙厂的几家客户

5. 下列行为中,(　　)属于法律规定的不正当竞争行为。

A. 某市政府发文规定,由于最近本市连续发生多起煤气中毒事件,因此各单位必须统一使用本市煤气公司生产的煤气安全阀

B. 某商场为促销,张贴海报,宣传在年底举办有奖销售,最高奖品为价值 4 000 元的彩电 1 台

C. 某市果品公司购进一大批水果,由于不便保存,决定降价销售,致使本市水果价格下降

D. 甲公司为提高本公司产品的市场占有率,通过座谈会的形式向顾客宣传乙公司的产品不如甲公司

6. 依照《反不正当竞争法》的规定,对公用企业的限制竞争行为,应当由(　　)进行行政处罚。

A. 国家工商行政管理部门

B. 省级工商行政管理部门

C. 设区的市的工商行政管理部门

D. 县级工商行政管理部门

7. 我国《反垄断法》规定的垄断行为包括(　　)。

A. 经营者达成垄断协议

B. 经营者滥用市场支配地位

C. 具有或者可能具有排除、限制竞争效果的经营者集中

D. 滥用行政权力排除、限制竞争的行为

8. 下列(　　)垄断协议属于横向垄断协议。

A. 固定向第三人转售商品的价格

B. 限制商品的生产数量或销售数量

C. 限制向第三人转售商品的最低价格

D. 联合抵制交易

9. 行政机关滥用行政权力，制订含有排除、限制竞争内容的规定，其行为具有以下特点。(　　)

A. 针对的对象是不特定的人或者事

B. 其效力具有普遍性

C. 该规定可以反复适用，而不是只适用一次

D. 该行为通常创立了一种新的行为模式

10. 反垄断执法机构对涉嫌反垄断行为进行调查可以采取以下措施。(　　)

A. 进入被调查的经营者的营业场所或者其他有关场所进行检查

B. 询问被调查的经营者、利害关系人或者其他有关单位或者个人，要求其说明有关情况

C. 查阅、复制被调查的经营者、利害关系人或者其他有关单位或者个人的有关单证、协议、会计账簿、业务函电、电子数据等文件、资料

D. 查封、扣押相关证据

E. 查询经营者的银行账户

三、简答题

1. 什么是产品？生产者和销售者的产品质量义务有哪些？

2. 缺陷和瑕疵有什么不同点？

3. 产品质量责任包括哪些？分别说出其定义。

4. 什么是消费者？消费者有哪些特征？

5. 第三者侵权时，安全义务保障人的义务有哪些？

6. 简述《消费者权益保护法》里的惩罚性赔偿。

7. 在何种情况下，经营者集中不用申报？

8. 行政垄断的表现有哪些？

9. 哪些行为构成滥用市场地位？

10. 何为市场支配地位？市场支配地位的认定标准有哪些？

11. 哪些情况下适用垄断协议豁免？

12. 什么是仿冒行为？仿冒行为的表现有哪些？

13. 什么是商业贿赂？其主要特征是什么？

14. 压价排挤竞争对手的行为特征是什么？

15. 串通勾结投标行为主要有哪几种？

四、案例题

1. 1996年2月4日，王某在某百货公司买到一台冰箱，冰箱附有产品合格证。王某买回冰箱后6天，发现冰箱噪音太大，就去找百货公司交涉，百货公司说冰箱一开始使用时有些噪音是正常的，过一段时间就会好。没过多长时间，冰箱的制冷器又出了问题，到后来完全丧失了冷冻食品的功能，成了一个食品储藏柜。王某再去找百货公司，百货公司说冰箱不是他们生产的，冰箱不制冷属冰箱的技术问题，此事只有生产厂家才能解决，因此让王某去找生产厂家。王某觉得生产厂家离本市有上千公里，况且冰箱又不像小件物品，可以来回搬运，只有先找百货公司，让百货公司找生产厂家。王某遭到百货公司拒绝，于是王某于6月15日向人民法院起诉，要求百货公司对冰箱进行维修，如修理不好，应负责退货。

请问：(1)什么是产品的瑕疵担保责任？

(2)某百货公司对售出的有瑕疵的产品是否负责任？为什么？

2. 甲厂获悉其竞争对手乙厂发明了一种新型产品后，组织人员借参观的名义进入乙厂偷偷拍下该产品的照片。甲厂通过对照片进行分析制造出了与乙厂相同的机器，并投入大规模生产，给乙厂造成了巨大经济损失。乙厂向法院起诉，要求甲厂停止生产，并赔偿相应的损失。

请问：甲厂的行为构成何种不正当竞争？这种不正当竞争还有哪些表现形式？

生活个案答案

被告有不正当竞争行为，诋毁原告的商业信誉，应当承担赔偿责任。本案双方达成了调解协议，被告以新闻发布会的形式向原告道歉，并且赔偿经济损失200万元。

第 10 章
工业产权法律制度

学习目标

专利权的主体和职务发明；授予专利权的条件、专利申请原则；发明专利的审查和批准、专利权的终止和无效；专利许可和专利侵权行为；商标权的客体、商标注册的申请和审查批准内容；注册商标续展和注册商标转让、许可使用以及注册商标侵权行为。

生活个案

2008 年 6 月，黄亮向中国专利行政管理部门递交了一份发明创造的专利申请。三个月后，收到了专利局的意见通知书："据查，2008 年 5 月的英国专利文献中记载了与黄亮相同的发明，其发明创造不具有新颖性。因此，驳回专利申请。"黄亮认为，自己不懂外文，从未查阅和参照英国的专利文献，其发明完全是自己的科研成果，对专利局的驳回专利申请深感困惑。

专利行政管理部门的意见通知书是合法的。因为，依据《专利法》规定，授予发明创造专利权的必备条件之一是新颖性。黄亮申请专利的发明创造不符合此项条件。若黄亮对处理意见不服，可以依据《专利法》规定向专利复审委员会申请复审，对复审决定不服，可以依据行政诉讼法向人民法院提起诉讼。

10.1 工业产权概述

10.1.1 工业产权的概念和特征

所谓工业产权从广义上讲包括发明、实用新型、外观设计、商标、服务标记、厂商名称、货源标记、原产地名称以及不正当竞争的权利；从狭义上讲，它是指受工业产权法调整而形成的独占使用权。我国所称的工业产权，主要是指专利权和商标权。

工业产权具有以下法律特征：

1. 无形性

工业产权的客体是智力成果或具有财产价值的标记，是一种没有形体的财富。知识产权客体的非物质性是知识产权的本质属性，这是与其他有形财产所有权的最根本区别。

2. 地域性

工业产权作为专有权在空间上的效力并不是无限的，而是受到地域的限制，其效力仅限于本国境内。按照一国法律获得承认和保护的工业产权，只能在该国发生法律效力。

3. 时间性

工业产权有时间上的限制。工业产权只在法律规定的期限内受到保护，一旦超过法律规定的期限，这一权利就自行消灭，而其客体就成为整个社会的共同财富，为全人类所共同使用。

4. 法定性

所谓法定性，是指工业产权的范围和产生完全由法律规定。工业产权必须依法经过审批、审查、批准后才能取得，并受到法律保护。

10.1.2 工业产权法的概念

工业产权法是调整因申请、取得、保护、使用和转让工业产权的过程中所发生的各种社会关系的法律规范的总称。我国的相关法律法规主要包括《商标法》、《商标法实施细则》、《专利法》、《专利法实施细则》等法律、法规。它们共同构成了我国工业产权法律制度体系。

10.2　专利权法律制度

10.2.1　专利与专利法概述

1. 专利与专利权的概念

现代意义上专利有广义和狭义之分。广义上的“专利”有多种含义：一是指专利权；二是指获得专利的发明创造本身；三是指记载授予专利权的发明创造的各种公开的文献，即专利文献。狭义上的“专利”，即指专利权。专利权是指一项发明创造经依法审查后，由国家专利行政管理部门依照法律规定的条件和程序，授予申请人在一定期限内对某项发明创造享有的独占权。

2. 专利法的概念

专利法，是指调整因确认、保护和行使发明创造专利权而产生的社会关系的法律规范的总称。1984 年 3 月 12 日，《中华人民共和国专利法》(以下简称《专利法》)在第六届全国人民代表大会常务委员会第四次会议通过并予以施行。1992 年、2000 年和 2008 年我国先后三次对《专利法》及相关法律进行了修改。专利法的主要内容有：专利法的基本原则，授予专利权的条件，专利的申请、审查与批准，专利权的期限、终止与无效，专利实施的强制许可和专利权的保护等。我国《专利法》的立法宗旨是为了保护发明创造专利权，鼓励发明创造特别是自主知识产权的创新，有利于发明创造的推广应用和创新型国家的建设。它的任务是调整发明创造者、发明创造的所有者和发明创造的使用者这三者的关系，保护三者的合法权益。

10.2.2　专利权的主体和客体

1. 专利权的主体

专利权的主体是指申请并获得专利权的单位和个人。享有专利权的单位和个人统称为专利权人。根据我国《专利法》的规定，有权在中国申请专利的人包括发明人或设计人、职务发明创造的单位、外国人和外国企业或者外国的其他组织。

(1)职务发明创造的单位

所谓职务发明创造是指发明人或者设计人执行本单位的任务或者主要是利用本单位的物质技术条件所完成的发明创造。凡是不能被证明为职务发明创造的，为非职务发明创造。执行本单位的任务是指：①在本职工作中作出的发明创造；②履行本单位交付的本职工作以外的任务所作出的发明创造；③退职、退休或者调动工作后 1 年内作出的，与其在原单位承担的本职工作或者原单位分配的任务有关的发明创造。利用本单位的物质技术条件是指利用本单位的资金、设备、零部件、原材料或者不向外公开的技术资料等。

职务发明创造申请专利的权利属于该单位，申请被批准后，该单位为专利权人。利用本单位的物质技术条件所完成的发明创造，单位与发明人或者设计人订有合同，对申请专利的权利和专利权的归属作出约定的，从其约定。

【案例 10-1】 2006 年初，某理工大学建筑工程科研所副主任安某应当地建筑公司的邀请，同意帮助研究有关土建工程技术问题。当时，安某还主管后勤工作。同年暑假，安某在本大学实验室内利用工具和设施，经过数十次的实验和测试，完成了"钻孔压浆成桩法"的发明创造。此后，安某对该项发明创造向中国专利机关申请了非职务发明专利，并于 2008 年 4 月获得了专利权。某理工大学认为该项发明应属于职务发明，理由是符合专利法规定职务发明的条件，即该发明属于其建筑工程科研工作职责范围且利用了本单位的实验设施等。安某是发明人，但不是该发明的合法专利申请人，专利权归属有误，专利申请权属于单位。

(2)发明人或设计人

发明人或设计人，是指对发明创造的实质性特点作出创造性贡献的人。我国法律将发明、实用新型和外观设计统称为发明创造，将发明的完成人称为发明人，将实用新型和外观设计的完成人称为设计人。在完成发明创造的过程中，只负责组织工作的人、为物质技术条件的利用提供方便的人或者从事其他辅助工作的人，不是发明人或者设计人。

所谓非职务发明创造是指发明人或者设计人在工作时间以外自由完成的职务发明以外的发明创造。发明人或者设计人完成的非职务发明创造，申请专利的权利属于发明人或者设计人，申请被批准后，专利权归申请发明人或者设计人所有。

(3)共同发明创造人或共同设计人

由两人或者两人以上共同完成的发明创造，称为共同发明创造。所谓共同发明人或共同创造人是指完成共同发明创造的个人、单位。

共同发明创造申请专利的权利归属共同发明人或者共同设计人。两个以上单位或者个人合作完成的发明创造、一个单位或者个人接受其他单位或者个人委托所完成的发明创造，除另有协议的以外，申请专利的权利属于完成或者共同完成的单位或者个人；申请被批准后，申请的单位或个人为专利权人。

(4)外国人、外国企业或者外国其他组织

外国人依照所属国同我国共同参加或缔结的国际条约，或者互惠原则，可以作为专利申请人向我国申请专利权。我国公民也可以根据《专利法》的规定，向外国申请专利权。

2. 专利权的客体

专利权的客体，就是专利法所保护的对象。我国《专利法》所规定的保护对象包括发明、实用新型和外观设计三种类型。

(1)发明

发明,是指对产品、方法或者其改进所提出的新的技术方案。发明是专利法保护的主要对象,其表现形式多种多样,一般分为产品发明和方法发明。产品发明是指人们通过研究开发出来的关于各种新产品、新材料、新物质等的技术方案。如电子计算机、超导材料等。方法发明是指人们为制造产品或者解决某个技术课题而研究开发出来的操作方法、制造方法以及工艺流程等技术方案。如汉字输入法等。

(2)实用新型

实用新型,是指对产品的形状、构造或者其结合所提出的适于实用的新技术方案。实用新型专利和发明专利的具体区别如下:①两者的专利性要求不同。较之发明专利而言,实用新型的创造性水平较低。②两者的保护范围不同。获得发明专利保护的可以是产品发明、方法发明,也可以是改进发明;而实用新型专利保护的范围仅限于对产品的形状、构造或者其结合所提出的适于实用的新的技术方案。③两者的申请审批程序不同。实用新型专利申请手续比较简便,只需初步审查,不进行实质审查;而对发明专利申请既要经初步审查,还要经过公开和实质审查方可作出授予专利权的决定。

(3)外观设计

外观设计是指对产品的形状、图案、色彩或者其结合所作出的富有美感并适于工业上应用的新设计。外观设计专利与实用新型专利的区别在于:①外观设计专利保护的是产品外表的设计,不涉及产品本身的技术性能;而实用新型专利保护的范围既涉及产品的外形和外部结构,也涉及产品的内部构造。②外观设计的目的是利用美学原理达到美感效果,而不重视技术效果;但实用新型作为一种技术方案,旨在实现一定的技术效果。③外观设计把产品作为载体仅对其外表进行独特设计;而实用新型的创造性方案与产品本身融为一体,体现于产品本身。④外观设计产品既可以是立体的,也可以是平面的;而实用新型产品必须以固定的立体形态存在。

10.2.3 专利权的取得

1. 专利权的取得条件

(1)授予发明和实用新型专利的条件

《专利法》规定:授予专利权的发明和实用新型,应当具备新颖性、创造性和实用性。

①新颖性

新颖性是指该发明或者实用新型不属于现有技术;也没有任何单位或者个人就同样的发明或者实用新型在申请日以前向国务院专利行政部门提出申请,并记载在申请日以后发布的专利申请文件或者公告的专利文件中。所谓现有技术是指申请日以前在国内外为公众所知的技术。

根据我国《专利法》的规定，新颖性的判断标准是指在申请日以前没有同样的发明或者实用新型在国内外出版物上公开发表过、在国内公开使用过或者以其他方式为公众所知，也没有同样的发明或者实用新型由他人向国务院专利行政部门提出过申请并且记载在申请日以后公布的专利申请文件中。但是，申请专利的发明创造在申请日以前6个月内有下列情形之一的，不丧失新颖性：在中国政府主办或者承认的国际展览会上首次展出的；在规定的学术会议或者技术会议上首次发表的；他人未经申请人同意而泄露内容的。

②创造性

创造性是指与现有技术相比，该发明有突出的实质性特点和显著的进步，该实用新型有实质性特点和进步。所谓实质性特点是指发明创造具有一个或者几个技术特征，与现有技术相比有本质区别。所谓进步是指与现有技术相比有所发展和前进。

③实用性

实用性是指该发明或者实用新型能够制造或者使用，并且能够产生积极效果。实用性一般具备三个条件：第一，具有可实施性。即发明创造能够解决技术问题，并且能够在产业中应用、制造和使用。第二，具有再现性。即所属技术领域的技术人员根据公开的技术内容，能够重复实施专利申请中为解决技术问题所采用的技术方案。第三，具有有益性。即发明创造能够在经济、技术和社会等领域产生积极和有益的效果。

(2)授予外观设计专利的条件

《专利法》规定：授予专利权的外观设计，应当不属于现有设计；也没有任何单位或者个人就同样的外观设计在申请日以前向国务院专利行政部门提出过申请，并记载在申请日以后公告的专利文件中。授予专利权的外观设计不得与他人在申请日以前已经取得的合法权利相冲突。上述所称现有设计，是指申请日以前在国内外为公众所熟知的设计。

由于外观设计是产品的一种新设计，其自身并不涉及技术上的创造，因此，对于外观设计授予专利权的条件更多地体现在与同类产品比较是否具有新颖性。根据我国法律规定，外观设计的新颖性在判断标准上与发明和实用新型的新颖性基本相同。

(3)不授予专利的条件

《专利法》规定了不授予专利权情形如下：科学发现、智力活动的规则和方法、疾病的诊断和治疗方法、动物和植物品种、用原子核变换方法获得的物质、对平面印刷品的图案、色彩或者二者的结合作出的主要起标识作用的设计。此外，我国《专利法》还规定，对违反法律、社会公德和社会公共利益的发明创造，不授予专利权。若发明创造本身的目的并不违法，但其实施可能破坏社会公德或者妨害公共利益，如万能钥匙，我们就不授予专利权。对违反法律、行政法规的规定获取或者利用遗传资源，并依赖该遗传资源完成的发明创造，不授予专利权。

【案例 10-2】 “哈佛鼠”又叫“肿瘤鼠”，它是哈佛大学两位科学家在 20 世纪 80 年代通过转基因技术培育出来的一种老鼠。由于该老鼠易患癌症，因此具有重大的科学和医学研究价值。欧盟各国、美国等已先后批准授予“哈佛鼠”专利权。根据我国专利法的规定，专利法暂时不保护动物新品种，因此，“哈佛鼠”在我国现阶段不可能被授予专利权。但是，对于动物新品种的生产方法，可以依照专利法的规定授予专利权。

2. 专利权申请的原则

依据我国《专利法》的规定，专利申请的原则主要有：

(1)单一性原则

即一件发明或实用新型专利申请应当限于一项发明或实用新型；一件外观设计专利申请应当限于一种产品所使用的一项外观设计。也就是说每一项发明创造只能申请一次专利，不能把两项以上的发明放到一件专利申请中办理，必须分别提出申请。但是如果属于一个总的发明构思的两个以上的发明或者实用新型，用于同一类别并且成套出售或者使用的产品的两项以上外观设计，可以作为一项申请发明。

《专利法》规定，同样的发明创造只能授予一项专利权。但是，同一申请人同日对同样的发明创造既申请实用新型专利又申请发明专利，先获得的实用新型专利权尚未终止，且申请人声明放弃该实用新型专利的，可以授予发明专利权。

(2)申请在先原则

即两个以上的申请人分别就同样的发明创造申请专利的，专利权授予最先申请的人。先申请的判断标准是专利申请日。如果两个以上申请人在同一日分别就同样的发明创造申请专利的，应当在收到专利行政管理部门的通知后自行协商确定申请人。

(3)优先权原则

优先权原则是指将专利申请人首次提出专利申请的日期，视为后来一定期限内专利申请人就相同主题在他国或本国提出专利申请的日期。专利申请人依法享有的这种权利称为优先权，享有优先权的首次申请日称为优先权日。优先权分为外国优先权和本国优先权。外国优先权是指申请人自发明或者实用新型在外国第一次提出申请之日起 12 个月内，或者自外观设计在外国第一次提出专利申请之日起 6 个月内，又在中国就相同主题提出专利申请的，依照该外国同中国签订的协议或者共同参加的国家条约，或者依照相互承认优先权的原则，可以享有优先权。本国优先权是指申请人自发明或者实用新型在中国第一次提出专利申请之日起 12 个月内，又向国务院专利行政部门就相同主题提出专利申请的，可以享有优先权。

申请人要求优先权的，应当在申请的时候提出书面声明，并且在 3 个月内提交第一次提出的专利申请文件的副本；未提出书面声明或者逾期未提交专利申请文件副本的，视为未要求优先权。

3. 专利申请

(1)专利申请的提出、修改和撤回

①专利申请的提出

我国《专利法》规定,申请发明或者实用新型的,应当提交请求书、说明书及其摘要和权利要求书等文件。请求书应当写明发明或者实用新型的名称,发明人或者设计人的姓名,申请人姓名或者名称、地址以及其他事项。说明书应当对发明或者实用新型做出清楚、完整的说明,以所属技术领域的技术人员能够实现为准,必要的时候应当附图。摘要应当说明发明或者实用新型的技术要点。权利要求书应当以说明书为依据,说明要求专利保护的范围。依赖遗传资源完成的发明创造,申请人应当在专利申请文件中说明该遗传资源的直接来源和原始来源;申请人无法说明原始来源的,应当陈述理由。申请外观设计专利的,应当提交请求书以及该外观设计的图片或者照片以及对外观设计的简要说明等文件。申请人提交的有关图片或者照片应当清楚地显示要求专利保护产品的外观设计。国务院专利行政部门收到专利申请文件之日为申请日。如果申请文件是邮寄的,以寄出的邮戳日为申请日。

②专利申请文件的修改

申请人可以对其专利申请文件进行修改,但对发明和实用新型专利申请文件的修改不得超出原说明书和权利要求书的范围;对外观设计专利申请文件的修改不得超出图片或照片表示的范围。对于根据国务院专利行政部门的要求进行修改的,申请人应当在指定的期限内修改申请,逾期不修改的,应视为撤回;经修改后仍不符合《专利法》规定的,国务院专利行政部门应当予以驳回。

③专利申请的撤回

申请人可以在被授予专利权之前随时撤回其专利申请。如果专利申请的撤回是在专利公开以前提出的,在撤回之后,申请人可以重新提出申请,其他人也可以就相同的发明创造提出专利申请。如果撤回是在专利公开以后提出的,则该发明创造丧失新颖性,进入公有领域,任何申请人均不能获得专利。

(2)专利审查

依据法律规定,专利管理机关对发明创造的专利申请分不同类型按照不同条件进行分别审批。发明专利的审批涉及到以下四个阶段:①初步审查即形式审查。主要审查发明专利的申请是否符合专利法有关形式方面的要求。国务院专利行政部门收到发明专利申请后,对申请文件是否齐备、书写是否规范等形式条件以及是否属于授予专利权的范围和实质条件是否存在明显缺陷进行审查。②早期公开。经初步审查,国务院专利行政部门认为符合《专利法》要求的,自申请日起满 18 个月,即行公布;国务院专利行政部门也可根据申请人的请求早日公布其申请。③实质审查。它是指国务院专利行政部门依法对申请专利的发明是否具有新颖性、创造性和实用性等条件所进行审查。一般情况下,实质审查是应申请人的要求而进行的。在申请日起 3 年内,申请人都可以向专利机关提出实质审查的请求。申请人无正当理由逾期不请求实质审查的，该申请被视为撤回。国务院行政部门认为必要时，可以自行对发明专利申请进行实质审查。④授予发明专利权。国务院专利行政部门对发明专利申请进行实质审查后，认为不符合《专利法》规定的，应当通知申请人，要求其在规定的期限内陈述意见，或者对其申请进行修改；无正当理由逾期不答复的，该申请即被视为撤回。发明专利申请人陈述意见或修改后，国务院专利行政部门仍然认为不符合《专利法》的，予以驳回。专利机关对符合法律要求的申请案将被授予专利，并予以登记和公告。发明专利自公告之日起生效。

此外，对于实用新型或外观设计的专利申请，国务院专利行政部门在受理申请案后便进行初步审查没有发现驳回理由的，应当作出授予实用新型专利权或者外观设计专利的决定，发给相应的专利证书，并予以登记和公告。实用新型专利权和外观设计专利权自公告之日起生效。

(3)对专利申请处理决定不服的救济程序

对驳回专利申请的决定不服的，专利申请人可以自收到通知之日起 3 个月内，向专利复审委员会请求复审。专利申请人对专利复审委员会的复审决定不服的，可以自收到通知之日起 3 个月内向人民法院起诉。

10.2.4　专利权的行使与转让

1. 专利权的行使

任何单位或者个人实施他人专利的，应当与专利权人订立实施许可合同，向专利权人支付专利使用费。被许可人无权允许合同规定以外的任何单位和个人实施该专利。发明专利申请后，申请人可以要求实施其发明的单位或者个人支付适当的费用。

专利申请权或者专利权的共有人对权利的行使有约定的，从其约定。没有约定的，共有人可以单独实施或者以普通许可方式许可他人实施该专利；许可他人实施该专利的，收取的使用费应当在共有人之间分配。除上述情况外，行使共有专利申请权或者专利权，应当取得全体共有人的同意。

被授予专利权的国有企业事业单位应当自专利权公告之日起 3 个月内发给发明人或者设计人一定奖金。一项发明专利的奖金最低不少于 2 000 元；一项实用新型专利或者外观设计专利的奖金最低不少于 500 元。由于发明人或者设计人的建议被其所属单位采纳而完成的发明创造，被授予专利权的国有企事业单位应当从优发给奖金。发给发明人和设计人的奖金，企业可以计入成本，事业单位可以从事业费用中列支。被授予专利权的国有企业单位在专利权有效期限内，实施发明创造专利后，每年应当从实施该项发明或者实用新型专利所得利润纳税后提取不低于 2% 或者从实施该项外观设计专利所得利润纳税后提取不低于 0.2%，作为报酬支付给发明人或者设计人;或者参照上述比例,发给发明人或者设计人一次性报酬。被授予专利权的国有企业事业单位许可其他单位或者个人实施其专利的,应当从许可实施该项专利收费的使用费税后提取不低于10%作为报酬支付给发明人或者设计人。

2. 专利权的转让

专利权的转让,是指专利权人将专利申请权和专利权转让给他人的行为。《专利法》规定,专利申请权和专利权可以转让。中国单位或者个人向外国人、外国企业或者外国其他组织转让专利申请权的,应当依照有关法律、行政法规的规定办理手续。转让专利申请权和专利权的,当事人应当订立书面合同,并向国务院专利行政部门登记,由国务院专利行政部门予以公告。专利申请权或者专利权的转让自登记之日起生效。

10.2.5 专利权的期限、终止和无效

1. 专利权的期限

考虑专利权不同客体的特点,根据发明创造性水平和科技发展的速度及技术的更替周期,对不同的专利给予不同的保护期限。《专利法》规定,发明专利权的期限为20年,实用新型专利权和外观设计专利权的期限为10年,均自申请日起计算。

2. 专利权的终止

专利权终止也称专利权消灭,是指专利权因保护期届满或其他原因在保护期届满前失去法律效力。专利权终止分为正常终止和非正常终止。保护期届满而引起的终止称为正常终止。非正常终止是因为:第一,没有按期缴纳年费;第二,专利权人以书面声明方式放弃专利权的;第三,专利权人死亡,无继承人或者受遗赠人的。

3. 专利权的无效

专利权的无效是指专利复审委员会根据无效宣告请求,对已授予的专利权审查后,认为该专利权的授予不符合法律规定而宣告其无效。自国务院专利行政部门公告授予专利权之日起,任何单位或者个人认为该专利权的授予不符合《专利法》有关规定,可以请求专利复审委员会宣告专利权无效。对专利复审委员会所作出的复审的决定不服的,可以在收到通知之日起3个月内向人民法院起诉。人民法院应当通知无效宣告请求程序的对方当事人作为第三人参加诉讼。专利权被宣告无效后的法律效力如下:(1)被宣告无效的专利权视为自始不存在。(2)专利权无效宣告的决定,对该决定作出以前的人民法院作出并已执行的专利纠纷的判决、裁定,已经履行或者强制执行的专利侵权纠纷处理决定,专利权人签订并已履行的专利实施许可合同和专利权转让合同,不具有追溯力。但是,因专利权人的恶意给他人造成的损失,应由专利权人赔偿;如果专利权人或者专利权转让人不向被许可实施专利权人或者专利权受让人返还专利使用费或者专利权转让费明显违反公平原则时,专利权人或者专利权转让人应当向被许可实施人或专利权受让人全部或者部分返还上述使用费或转让费。(3)宣告专

利权无效，即产生一事不再理的效力。

10.2.6　专利实施的强制许可

专利实施的强制许可，是指国务院专利行政部门依照法定条件和程序颁布的实施专利的一种强制许可方式。申请人获得这种许可后，不必经过专利权人的同意，就可以实施专利。根据《专利法》的规定，有下列情况之一的，国务院专利行政部门根据具备实施条件的单位和个人的申请，可以给予实施发明专利或者实用新型专利的强制许可：(1)专利权人自专利权被授予之日起满 3 年，且自提出专利申请之日起满 4 年，无正当理由未实施或者未充分实施其专利的；(2)专利权人行使专利权的行为被认定为垄断行为，为消除或者减少该行为对竞争产生的不利影响的。依照上述第(1)项规定申请强制许可的单位或者个人应当提供证据，证明其以合理的条件请求专利权人许可其实施专利，但未能在合理的时间内获得许可。

此外，根据《专利法》的规定，可以给予专利实施强制许可的情况还有以下几种：(1)在国家出现紧急状态或者非常情况时或者为了公共利益的目的，国务院专利行政部门可以给予实施发明专利或者实用新型专利的强制许可。(2)为了公共健康目的的，对取得专利权的药品，国务院专利行政部门可以给予制造并将其出口到符合中华人民共和国参加的有关国际条约规定的国家或者地区的强制许可。(3)一项取得专利权的发明或者实用新型比以前已经取得专利权的发明或者实用新型具有显著经济意义的重大技术进步，其实施又有赖于前一发明或者实用新型的实施的，国务院专利行政部门根据后一专利权人的申请，可以给予实施前一发明或者实用新型的强制许可。在依照上述规定给予实施强制许可的情形下，国务院专利行政部门根据前一专利权人的申请，也可以给予实施后一发明或者实用新型的强制许可。依照上述第(3)项规定申请强制许可的单位或者个人应当提供证据，证明其曾以合理的条件请求专利权人许可其实施专利，但未能在合理的时间内获得许可。

强制许可涉及的发明创造为半导体技术的，其实施限于公共利益的目的和为消除或者减少专利权人行使专利权的垄断行为对竞争产生的不利影响的情形。

取得实施强制许可的单位或者个人不享有独占的实施权，并且无权允许他人实施。取得实施强制许可的单位或者个人应当付给专利权人合理的使用费，或者依照中华人民共和国参加的有关国际条约的规定处理使用费问题。付给使用费的，其数额由双方协商；双方不能达成协议的，由国务院专利行政部门裁决。专利权人对国务院专利行政部门关于实施强制许可的决定不服的、专利权人和取得实施强制许可的单位或者个人对国务院专利行政部门关于实施强制许可的使用费的裁决不服的，可以自收到通知之日起 3 个月内向人民法院起诉。

10.2.7 专利权的保护

1. 专利权的保护范围

根据《专利法》的规定，发明或者实用新型专利权的保护范围以其权利要求内容为准，说明书及附图可以用于解释权利要求的内容。外观设计专利权的保护范围以表示在图片或者照片中的该产品的外观设计为准，简要说明可以用于解释图片或者照片所表示的该产品的外观设计。

2. 侵害专利权的行为

根据《专利法》的规定，侵害专利权的行为主要包括以下几种：

(1)未经专利权人许可，实施其专利的行为。包括：①未经专利权人许可，为生产经营目的制造、使用、许诺销售、销售、进口其专利产品，或者使用其专利方法以及使用、许诺销售、销售、进口依照该专利方法直接获得的产品；②未经专利权人许可，为生产经营目的制造、许诺销售、销售、进口其外观设计专利产品，等等。

(2)假冒他人专利的行为。包括：①未经许可，在其制造或者销售的产品、产品的包装上标注他人的专利号；②未经许可，在广告或者其他宣传材料中使用他人的专利号，使人将所涉及的技术误认为是他人的专利技术；③未经许可，在合同中使用他人的专利号，使人将合同涉及的技术误认为是他人的专利技术；④伪造或者变造他人的专利证书、专利文件或者专利申请文件，等等。

(3)以非专利产品冒充专利产品、以非专利方法冒充专利方法的行为。包括：①制造或者销售标有专利标志的非专利产品；②专利权被宣告无效后，继续在制造或者销售的产品上标注专利标记；③在广告或者其他宣传材料中将非专利技术称为专利技术；④在合同中将非专利技术称为专利技术；⑤伪造或者变造专利证书、专利文件或者专利申请文件；等等。

(4)侵夺发明人或者设计人的非职务发明创造专利申请权以及其他权益的行为。

此外，根据《专利法》的规定，有下列情形之一的，不视为侵犯专利权：

(1)专利产品或者依照专利方法直接获得的产品，由专利权人或者经其许可的单位、个人售出后，使用、许诺销售、销售、进口该产品的；

(2)在专利申请日前已经制造相同产品、使用相同方法或者已经作好制造、使用的必要准备，并且仅在原有范围内继续制造、使用的；

(3)临时通过中国领陆、领水、领空的外国运输工具，依照其所属国同中国签订的协议或者共同参加的国际条约，或者依照互惠原则，为运输工具自身需要而在其装置和设备中使用有关专利的；

(4)专为科学研究和实验而使用有关专利的；

(5)为提供行政审批所需要的信息，制造、使用、进口专利药品或者专利医疗器械的，以及专门为其制造、进口专利药品或者专利医疗器械的。

3. 侵害专利权行为的法律责任

侵害专利权行为的法律责任包括：民事责任、行政责任和刑事责任。

(1)民事责任。民事责任主要包括：停止侵害、赔偿损失、消除影响、恢复名誉等。其中，根据《专利法》的规定，侵犯专利权的赔偿数额按照权利人因被侵权所受到的实际损失确定；实际损失难以确定的，可以按照侵权人因侵权所获得的利益确定。权利人的损失或者侵权人获得的利益难以确定的，参照该专利许可使用费的倍数合理确定。赔偿数额还应当包括权利人为制止侵权行为所支付的合理开支。权利人的损失、侵权人获得的利益和专利许可使用费均难以确定的，人民法院可以根据专利权的类型、侵权行为的性质和情节等因素，确定给予 1 万元以上 100 万元以下的赔偿。

为生产经营目的使用、许诺销售或者销售不知道是未经专利权人许可而制造并售出的专利侵权产品，能证明该产品合法来源的，不承担赔偿责任。

(2)行政责任。行政责任主要包括：①对未经专利权人许可实施其专利的行为，管理专利工作的部门认定侵权行为成立的，可以责令侵权人立即停止侵权行为。②假冒专利的，除依法承担民事责任外，由管理专利工作的部门责令改正并予公告，没收违法所得，可以并处违法所得 4 倍以下的罚款；没有违法所得的，可以处 20 万元以下的罚款。③管理专利工作的部门根据已经取得的证据，对涉嫌假冒专利行为进行查处时，可以询问有关当事人，调查与涉嫌违法行为有关的情况；对当事人涉嫌违法行为的场所实施现场检查；查阅、复制与涉嫌违法行为有关的合同、发票、账簿以及其他有关资料；检查与涉嫌违法行为有关的产品，对有证据证明是假冒专利的产品，可以查封或者扣押。④违反规定向外国申请专利，泄露国家秘密的，由所在单位或者上级主管机关给予行政处分。⑤侵夺发明人或者设计人的非职务发明创造专利申请权和《专利法》规定的其他权益的，由所在单位或者上级主管机关给予行政处分，等等。

(3)刑事责任。刑事责任只限于假冒他人专利且情节严重的情形。《刑法》规定，假冒他人专利，情节严重的，处 3 年以下有期徒刑或者拘役，并处或者单处罚金。

10.3　商标权法律制度

10.3.1　商标与商标法概述

1. 商标的概念和特征

商标，是商品的生产者、经营者或者服务项目的提供者为了使自己生产经营的商品或者提供的服务项目同他人生产经营的商品或者提供的服务项目相区别而采用的一种标志。作为商品或者服务的标志，商标能代表一定商品或者服务质量和信誉。商标知名度越高，其商品的市场竞争力就越强。

商标具有以下特征：(1)商标是用于商品和服务上的标记，与商品和服务不能分离，并依附于商品和服务。(2)商标是区别于他人商品或者服务的标志，具有特别显著的区别功能。(3)商标是由文字、图形、字母、数字、三维标志和颜色组合，以及上述要素组合所构成的可视性标志。(4)商标具有独占性。商标权人对其商标具有专用权，受到法律保护。(5)商标是一种无形资产，具有价值。商标的价值可以通过评估确定。

2. 商标的分类

根据不同的标准，可以把商标分为不同的种类：

(1)按商标的结构可以分为：文字商标、图形商标、字母商标、数字商标、颜色组合商标、三维商标等。

(2)商标按其用途可以分为：商品商标和服务商标。

商品商标是用于生产销售的商品上的标记。服务商标是用于服务行业，以便与其他服务相区别的标记。

(3)商标按其作用和功能可以划分为：集体商标、证明商标、防御商标和联合商标。

集体商标，是指以团体、协会或者其他组织名义注册，供组织成员在商事活动中使用，以表明使用者在该组织中的成员资格的标志。

证明商标，是指由对某种商品或者服务具有监督能力的组织所控制，而由该组织以外的单位或者个人使用其商品或者服务，用以证明该商品或者服务的原产地、原料、制造方法、质量或者其他特定品质的标志。

防御商标，是将同一商标注册于不同的商品或者服务上，构成一个防御体系，以防止他人在不同的商品或者服务上使用该商标可能给消费者造成的混淆。

联合商标，是指将与已注册商标相近似的商标在相同或者类似商品或服务上加以注册。

(4)商标按其知名程度可以划分为：驰名商标、著名商标和知名商标。

驰名商标，是由商标局认定的在市场上享有较高声誉并为相关公众所知晓的商标。①

著名商标，是由省级工商行政管理部门认可的，在该行政区划范围内具有较高声誉和知名度的商标。

知名商标，是由市一级工商行政部门认可，在该行政区域内具有较高声誉和市场知名度的商标。

3. 商标法的概念

商标法是指调整在商标注册、使用、管理和保护过程中所发生的社会关系的法律

---

① 《驰名商标认定和保护规定》实施之前我国采取的是由工商行政部门统一批量认定驰名商标的方式，使得这种认定成为一种行政管理模式，与世界通行做法不符。现行法律规定，驰名商标采取事后认定、个案认定的方式，而且法院可以在审批当中认定某件商标是否构成驰名商标。

规范的总称。其核心内容是确认和保护注册商标的专用权。商标法的目的是，加强商标管理，保护商标专用权，促使生产、经营者保证商品和服务质量，维护商标信誉，以保障消费者和生产、经营者的利益，促进社会主义市场经济的发展。

1982 年，《中华人民共和国商标法》(以下简称《商标法》)在第五届全国人民代表大会常务委员会第二十四次会议通过并予以实施。1983 年，出台了相应的配套法规《中华人民共和国商标法实施条例》。为了适应市场经济发展和中国加入世贸组织的需要，1993 年和 2001 年，我国先后两次对《商标法》和其他相关法律进行了修改。国务院于 2002 年 8 月公布《商标法实施条例》。我国现行《商标法》的主要内容有：商标注册的申请、审查和核准、注册商标的续展、转让和使用许可、注册商标争议的裁定、商标使用的管理和注册商标专用权的保护等。

10.3.2 商标注册

1. 商标注册的原则

在商标专用权的保护上，绝大多数国家实行商标注册原则。商标注册原则，是指商标使用人必须依法向商标管理机关办理注册登记才能取得商标专用权。在我国商标使用人为了获得商标专用权，应当依照商标法的规定，向商标局提出注册申请，经商标局审核并授予商标专用权。依据我国《商标法》的规定，在商标注册中应遵守以下原则：

(1)自愿注册和强制注册相结合的原则

自愿注册，是指商标使用人根据实际需要和自己意愿，自主决定商标注册申请并取得商标专用权。通过申请并经国家商标局核准注册的商标为注册商标，注册人对其享有专用权，受法律保护；未经注册的商标也可使用，但不得与他人商标专用权相冲突。

强制注册，是指商标使用人应当依法在其生产或者经营的商品上使用注册商标，未注册商标的商品禁止在市场上销售。

我国商标法采用自愿注册和强制注册相结合的原则。对于强制注册的商标，《商标法》明确规定："国家规定必须使用注册商标的商品，必须申请商标注册，未经核准注册的，不得在市场销售。"

(2)分类申请的原则

分类申请的原则，是指商标使用人申请商标注册的，应当按照规定的商品分类表填报使用商标的商品类别和商品名称；同一申请人在不同类别的商品上使用同一商标的，应当按商品分类表提出注册申请。因此，一份申请只能请求注册一件商标，不能在一份申请中提出两件或两件以上的商标，不同类别的商品需要使用同一商标的，应当按商品分类表分别提出申请。

(3)申请在先原则

申请在先原则,又称注册在先原则,是指两个或两个以上的申请人,在同一或者类似商品上以相同或者相近似的商标申请注册时,注册申请在先的商标,申请在后的商标予以驳回。

(4)使用在先原则

使用在先原则,是指两个或两个以上的申请人,在同一天就同一或者类似商品上以相同或者相近似的商标申请注册时,注册最先使用的商标,使用在后的商标注册申请予以驳回。

(5)优先权原则

我国《商标法》规定,商标注册申请人自其商标在外国第一次提出商标注册申请之日起6个月内,又在中国就相同商品以同一商标提出商标注册的,依照该外国同中国签订的协议或者共同参加的国家条约,或者按照相互承认优先权的原则,可以享有优先权。要求优先权的申请人,应当在提出商标注册申请的时候提出书面声明,并且在3个月内提交第一次提出商标注册申请文件的副本,未提出书面声明或者逾期未提交商标注册申请文件副本的,视为未要求优先权。要求优先权的声明,经认可后,申请人在外国第一次申请商标注册的日期,即视为在中国的申请日期。

此外,我国《商标法》规定,在中国政府主办的或者承认的国际展览会展出的商品上首次使用的,自该商品展出之日起6个月内,该商标的注册申请人可以享有优先权。申请人依照上述情形要求优先权的,应当在提出商标注册申请的时候提出书面声明,并且在3个月内提交展出其商品的展览会名称、在展出商品上使用该商标的证据、展出日期等证明文件;未提出书面证明或者逾期未提交证明文件的,视为未要求优先权。

【案例10-3】 2008年5月,A公司推出了一款新型轿车,以"飞驰"作为其商标。2008年6月5日,中国北京国际汽车工业博览会开幕,A公司在博览会中展出了这款新型轿车。2008年11月18日,A公司向国家工商行政管理局商标局提出该商标的注册申请,并向商标局提交了该款汽车参加展览会的证明,要求享有优先权。在申请时,A公司通过检索得知,2008年6月8日,B公司在客车这类商品上已经以"飞驰"商标,向商标局提出了注册申请。在本案中,A公司的实际申请日虽然晚于B公司,但在2008年6月5日,A公司带有该商标的汽车参加了北京国际汽车工业博览会,享有优先权。其申请日可以提前至2008年6月5日,早于B公司的申请日。所以,依照申请在先原则,"飞驰"商标应由A公司获得注册。

2. 商标注册的条件

为了维护商标管理秩序,各国对申请注册的商标都规定了注册条件。依据我国《商标法》规定,申请注册的商标应当具备下列条件:

(1)商标必须具备法定的构成要素

商标必须由文字、图形、字母、数字、三维标志和颜色组合,以及上述要素的组合,并且具有可视性。依据《商标法》的规定，我国商品的气味、音响等不能作为注册商标使用。

商标必须具有显著特征，才起着商标标记和区别的作用。因此，申请注册的商标不能与商品名称和商品本身的性质相混同，不能与他人已注册的商标相同或者近似。否则不予注册或注册无效。

(2)商标不得使用的标志

①同中华人民共和国的国家名称、国旗、国徽、军旗、勋章相同或者近似的，以及同中央国家机关所在地特定地点的名称或者标志性建筑物的名称、图形相同的；

②同外国的国家名称、国旗、国徽、军旗相同或者近似的，但该国政府同意的除外；

③同政府间国际组织的名称、旗帜、徽记相同或者近似的，但经该组织同意或者不易误导公众的除外；

④与表明实施控制、予以保证的官方标志、检验印记相同或者近似的，但经授权的除外；

⑤同“红十字”、“红新月”的名称、标志相同或者近似的；

⑥带有民族歧视性的；

⑦夸大宣传并带有欺骗性的；

⑧有害于社会主义道德风尚或者有其他不良影响的。

县级以上行政区划的地名或者公众知晓的外国地名，不得作为商标。但是，地名具有其他含义或者作为集体商标、证明商标组成部分的除外；已经注册的使用地名的商标继续有效。

(3)注册商标不得采用的标志

①仅有本商品的通用名称、图形、型号的；

②仅仅直接表示商品的质量、主要原料、功能、用途、重量、数量及其他特点的；

③缺乏显著特征的。前款所列标志经过使用取得显著特征，并便于识别的，可以作为商标注册。

同时，《商标法》对三维标志申请注册商标作出了特别规定，仅由商品自身的性质产生的形状、为获得技术效果而需有的商品形状或者使商品具有实质性价值的形状，不得注册。

【案例 10-4】 日本石原株式会社在除草剂商品上申请注册“稳杀得”商标。商标局以该商标带有叙述性为理由，驳回其申请。商标局驳回理由为：“稳杀得”文字商标含有叙述性，意指使用这种化学试剂，对于“杂草”或“病虫害”的杀伤力稳妥可靠。该商标与使用商品有直接联系，“稳”直接涉及商品质量，“杀”说明商品用途和功能，不能核准。

3. 商标注册的申请和核准

(1)初步审定并公告

申请注册的商标，凡符合《商标法》有关规定的，由商标局初步审定，予以公告。申请注册的商标，凡不符合《商标法》有关规定或者同他人在同一种商品或者类似商品上已经注册的或者初步审定的商标相同或者近似的，由商标局驳回申请，不予公告。

(2)注册商标核准与公告

对初步审定的商标，自公告之日起 3 个月内，任何人均可以提出异议。公告期满无异议的，予以核准注册，发给商标注册证，予以公告。

对初步审定，予以公告的商标提出异议的，商标局应当听取异议人和被异议人陈述事实和理由，经调查核实后，作出裁定。当事人在法定期限内对商标局作出的裁定不申请复审或者对商标评审委员会作出的裁定不向人民法院起诉的，裁定生效。经裁定异议不能成立的，予以核准注册，发给商标注册证，并予公告；经裁定异议成立的，不予核准注册。经裁定异议不能成立而核准注册的，商标注册申请人取得商标专用权的时间自初审公告 3 个月期满之日起计算。

(3)异议处理

对驳回申请、不予公告的商标，商标局应当书面通知商标注册申请人。商标注册申请人不服的，可以自收到通知之日起 15 日内向商标评审委员会申请复审，由商标评审委员会决定，并书面通知申请人。当事人对商标评审委员会的决定不服的，可以自收到通知之日起 30 日内向人民法院起诉。

对初步审定、予以公告的商标提出异议的，商标局应当听取异议人和被异议人陈述事实和理由，经调查核实后，作出裁定。当事人不服的，可以自收到通知之日起 15 日内向商标评审委员会申请复审，由商标评审委员会作出裁定，并书面通知异议人和被异议人。当事人对商标评审委员会的裁定不服的，可以自收到通知之日起 30 日内向人民法院提起诉讼。人民法院应当通知商标复审程序的对方当事人作为第三人参加诉讼。

10.3.3 注册商标所有人的权利和义务

1. 注册商标所有人的权利

(1)注册商标专用权

注册商标专用权，是指商标专用权人在核定的商品上独自享有使用核准注册商标的权利。我国《商标法》第 3 条规定："经商标局核准注册的商标为注册商标，商标注册人享有商标专用权，受法律保护。"商标专用权是基本和核心的权利，其他权利都是从专用权中派生出来的。

注册商标专用权的取得方式有两种，即原始取得和继受取得。原始取得即申请获准注册取得，申请人应当按商标注册申请程序办理；继受取得即转让或继承取得，当事人应当按商标转让或者继承程序办理。

注册商标的有效期为 10 年，自核准注册之日起计算。注册商标有效期满，需要继续使用的，应当在期满前 6 个月内申请续展注册；在此期间未能提出申请的，可给予 6 个月的宽展期。宽展期满仍未提出申请的，注销其注册商标。每次续展注册的有效期为 10 年。续展注册核准后，予以公告。

(2)注册商标转让权

注册商标转让权，是指商标专用权人依法享有将其注册商标转让给他人并获取报酬的权利。商标转让后，原商标所有人就不再享有该注册商标的专用权，而受让人成了注册商标的所有人，享有商标专用权。转让注册商标权时应注意：①转让人和受让人应当签订转让协议，并共同向商标局提出申请。②受让人应当保证使用该注册商标的商品质量。③转让注册商标经核准后，予以公告。受让人自公告之日起享有商标专用权。④注册商标的转让不影响转让前已经生效的商标使用许可合同的效力，但商标使用许可合同另有约定的除外。

(3)注册商标使用许可

注册商标使用许可，是指注册商标专用权人依法享有将其注册商标许可他人使用并获取报酬的权利。根据许可合同，被许可人在向许可人支付了一定数额的使用费后，即取得了该注册商标的使用权，而许可人仍是该注册商标的所有人，享有该注册商标的使用权。注册商标使用许可时应注意：①商标注册人可以通过签订商标使用许可合同，许可他人使用其注册商标。许可人应当监督被许可人使用其注册商标的商品质量。②被许可人应当保证使用该注册商标的商品质量。③经许可使用他人注册商标的，必须在使用该注册商标的商品上标明被许可人的名称和商品产地。④商标使用许可合同应当报商标局备案。商标使用许可合同未经备案的，不影响该许可合同的效力，但当事人另有约定的除外。

(4)请求保护权

注册商标专用权受法律保护，当注册商标专用权受到不法侵害时，商标权人有权向有关工商行政管理部门或者人民法院请求保护，追究侵权者的法律责任。

2. 注册商标所有人的义务

注册商标所有人必须履行以下义务：(1)应当标明注册标记；(2)应当正确使用注册商标；(3)必须保证使用注册商标的商品质量；(4)应当依法缴纳有关费用。

10.3.4　注册商标专用权保护

1. 商标专用权保护范围

注册商标专用权的保护，是指以法律的形式制止、制裁一切商标侵权行为，以确保商标权人对其商标所享有的专有使用等方面的权利不受侵犯。

2. 商标侵权行为

根据《商标法》的规定，侵犯注册商标专用权的行为的表现形式主要有以下几种：

(1)未经商标注册人的许可，在同一种商品或者类似商品上使用与其注册商标相同或者近似的商标的；

(2)销售侵犯注册商标专用权的商品的；

(3)伪造、擅自制造他人注册商标标识或者销售伪造、擅自制造的注册商标标识的；

(4)未经商标注册人同意，更换其注册商标并将该更换商标的商品又投入市场的；

(5)给他人的注册商标专用权造成其他损害的。

【案例 10-5】 红星日用化学品厂(以下简称红星日化厂)在香粉霜、花露水等商品上申请注册“美露”文字商标，其字体为隶书。在此之前，佳美日用化学工业公司(以下简称佳美日化公司)在爽肤水、营养霜等商品上已注册“露美”文字商标，其字体为印刷字体。对本例中所涉及的两商标，可从以下两个方面来判断：首先，从商标构成来看，“美露”和“露美”字体虽不同，且顺序也不同，但字体对商标是否相似，一般影响不大，如在呼叫时就体现不出这方面的差别，两字的顺序不同，也要分析其所产生的差异是否明显，很显然，“美露”和“露美”无论在呼叫上或是直观上都易给消费者在认识上带来混淆。所以，两商标应属近似商标。其次，从双方商标所标示的商品来看，香粉霜、花露水、爽肤水、营养霜这些商品都属于护肤品、化妆品，而且化妆品属系列性产品，带有两商标的商品同在市场上销售，势必造成消费者的混淆。因此，两商标应属于近似商标。由于红星日化厂的“美露”商标与佳美日化公司已注册的“露美”商标属于近似商标，两者所标示的商品又属于类似商品，基于此，商标局对“美露”商标的注册申请予以驳回。

3. 侵犯商标专用权的法律责任

根据《商标法》的有关规定，侵犯商标权应承担的法律责任分为民事责任、行政责任和刑事责任。

(1)民事责任。民事责任包括停止侵害、消除影响、赔偿损失等。其中，根据《商标法》的规定，侵犯商标专用权的赔偿数额，为侵权人在侵权期间因侵权所获得的利益，或者被侵权人在被侵权期间因被侵权所受到的损失，包括被侵权人为制止侵权行为所支付的合理的开支，比如权利人或者委托代理人对侵权行为进行调查、取证的费用等。销售不知道是侵犯注册商标专用权的商品、能证明该商品是自己合法取得并说明提供者的，不承担赔偿责任。

(2)行政责任。行政责任主要包括：责令立即停止侵权行为；没收、销毁侵权商品和专门用于制造侵权商品、伪造注册商标标识的工具；罚款。根据规定，工商行政管理部门可以根据情节处以非法经营额 20%以下或者非法获利 2 倍以下的罚款；对侵犯注册商标专用权的单位的直接责任人员，可根据情节处以1万元以下的罚款。

(3)刑事责任。侵犯商标权构成犯罪的行为是侵犯商标权行为中最为严重和危害最大的一种。根据《商标法》和《刑法》第213条、214条、215条的规定，侵犯注册商标权构成犯罪的有：假冒注册商标罪；销售明知是假冒注册商标商品罪；伪造、擅自制造他人注册商标标识罪或者销售伪造、擅自制造的注册商标标识罪。这些犯罪都是为牟取非法利益，故意违反商标法，严重侵犯商标注册人合法权益，破坏社会经济正常秩序的行为。

4.商标纠纷的解决

商标纠纷包括商标侵权行为纠纷和商标合同纠纷。商标权人或利害关系人可以依法通过下列方式处理：

(1)自行协商和解

当事人可以协商解决商标纠纷。法律规定，当事人协商解决商标纠纷时必须依法进行，不得损害国家、集体或者第三人合法权益，不得违反法律强制性规定和社会公共利益。

(2)请求行政处理

对于商标纠纷，当事人不愿协商或者协商不成的，商标注册人或者利害关系人可以请求工商行政管理部门处理。

对于商标纠纷处理决定不服的，当事人可以向人民法院起诉；侵权人期满不起诉又不履行的，工商行政管理部门可以申请人民法院强制执行。工商行政管理部门根据当事人的请求，可以就纠纷中的赔偿数额进行调解；调解不成的，当事人可以向人民法院起诉。

对侵犯注册商标专用权的行为，工商行政管理部门有权依法查处；涉嫌犯罪的，应当及时移送司法机关依法处理。

(3)提起诉讼程序

对于商标纠纷，当事人不愿协商或者协商不成的，也不向工商行政管理部门申请处理的，商标注册人或者利害关系人可以向人民法院起诉，通过诉讼程序处理纠纷。

5.驰名商标的法律保护

驰名商标是指在中国为相关公众广为知晓并享有较高声誉的商标。驰名商标能给国家和企业带来巨大的经济利益。保护驰名商标对于维护社会经济秩序、保护消费者利益有着巨大意义。

驰名商标由商标局、商标评审委员会、人民法院认定，任何组织和个人不得认定或者采取其他变相方式认定驰名商标。在认定的过程中要考虑下面的因素：相关公众对该商标的知晓程度、该商标使用的持续时间；该商标的任何宣传工作的持续时间、程度和地理范围；该商标作为驰名商标受保护的记录；该商标驰名的其他因素。

驰名商标与一般商标不同之处在于，对驰名商标的保护要比普通保护更为严密。

普通商标权其保护范围仅及于与注册商标所注册的商品相同或类似的商品上不得使用与注册商标相同或者近似的商标或者其他商业标记，而驰名商标则采用跨类别保护的原则。[①] 无论驰名商标是否在其他商品类别上从事商品经营活动，只要该驰名商标在中国已经注册，都有权禁止其他人使用与驰名商标相同或者近似的商标。

本章小结

本章分为三节。第一节是工业产权概述。第二节较为全面地阐述了我国专利法的有关规定。专利申请人可以是发明人也可以不是发明人。在职务发明的情况下，专利申请人是单位；利用本单位的物质技术条件完成的发明创造，单位与发明人订有合同，对申请专利权的归属有约定的，从其约定。专利法所保护的客体是发明、实用新型和外观设计。授予发明和实用新型的条件是新颖性、创造性和实用性；授予外观设计的条件是新颖型，同时专利法也规定了几种不授予专利权的项目。专利申请的原则分别是先申请原则、优先权原则、单一性原则。第三节介绍了我国商标法的有关规定。商标注册申请的原则要注意申请在先原则和优先权原则。注册商标的续展、注册商标的转让、许可使用的法律规定也是本章的重点。

习　题

一、单项选择题

1. 根据《专利法》的规定，下列各项关于外观设计专利申请及专利权的表述中，不正确的是(　　)。

A. 外观设计专利申请应当与产品结合

B. 外观设计专利申请不进行实质审查

C. 外观设计专利权可以被强制许可

D. 外观设计专利权的保护期为 10 年

2. 甲公司在 2003 年 10 月 18 日申请注册“婴宝”商标。2004 年 5 月 10 日该商标被核准注册。根据《商标法》规定，该公司第一次申请商标续展的最后截止期限是(　　)。

A. 2013 年 10 月 18 日　　B. 2014 年 4 月 18 日

C. 2014 年 5 月 10 日　　D. 2014 年 11 月 10 日

3. 根据专利法律制度的规定，某汽车制造厂完成的下列新技术成果中，可能获得实用新型专利的是(　　)。

A. 汽车新燃料　　B. 汽车防冻液

---

① 对驰名商标保护的具体法律规定如下：(1)他人在相同或者类似商品上不得擅自使用与当事人未在中国注册的驰名商标或者近似商标，容易导致混淆的；(2)他人在不相同或者不相似的商品上不得擅自使用与当事人已经在中国注册的驰名商标相同或近似的商标，容易误导公众，致使该驰名商标注册人的利益可能受到损害的。

C. 汽车发动机　　　　　　　　D. 汽车节能方法

4. A 公司为研究开发某项产品技术，成立了以李某为负责人的研究开发小组，王某负责采购工作，张某负责后勤服务工作，李某攻破技术难题并发明了该技术的产品制造方法。该产品制作的发明人是(　　)。

A. A 公司　　　B. 李某　　　C. 王某　　　D. 张某

5. 根据《专利法》的规定，下列各项中，不能成为专利申请人的是(　　)。

A. 工作人员退休后 1 年内所完成的，与其在原单位承担的本职工作有关的发明创造

B. 职务发明创造的单位

C. 发明人的合法继承人

D. 完成发明创造的无民事行为能力人

二、多项选择题

1. 甲于 2008 年 8 月 1 日向国家知识产权局提出一个关于吸尘器的发明专利申请。在甲申请专利之前发生的下列事实中，不会影响甲专利申请新颖性的有(　　)。

A. 2008 年 3 月 15 日，甲在中国政府主办的一个国际展览会上首次展出了这种吸尘器

B. 2008 年 4 月 10 日，应当承担保密义务的工作人员乙，未经甲同意擅自在一个学术会议上公布了该发明

C. 2008 年 5 月 12 日，甲在国家商务部组织召开的一个技术会议上首次发表了介绍该发明的演讲

D. 2008 年 6 月 18 日，甲在某国际性学术刊物上首次刊登了介绍该发明的学术论文

2. 甲是乙公司的研发人员，经长期研究，完成单位交付的研发任务，开发出了一种抗癌新药，现欲申请专利。以下关于该成果权利归属的说法中，正确的是(　　)。

A. 专利申请权及专利权均归乙公司

B. 专利申请权归乙公司，专利权归甲

C. 专利申请权归甲，专利权归乙公司

D. 乙公司转让专利权时，甲在同等条件下有优先受让权

3. 根据《商标法》的规定，下列选项中，不得作为注册商标的有(　　)。

A. 三维标志　　　　　　　　B. 气味标志

C. 植物名称　　　　　　　　D. 与“红十字”标志近似的标志

4. 下列发明人或者设计人的发明创造，属于职务发明创造的是(　　)。

A. 某纺织研究所的科研人员张某利用本单位的资金、设备，发明了一项新型充电器

B. 某汽车研究所研究员李某退休后 2 年，发明了与其在职时从事工作相关的一

项新型汽车点火器

C. 某高校化学教师王某为履行学校领导交办的一项临时性的任务，发明了一种新型电光源

D. 某政府官员刘某利用自身物质条件和业余时间，发明了一项新型船用柴油机，但刘某两年前在某船舶动力研究所从事船用柴油机的研发

三、简答题

1. 我国《专利法》保护的对象是什么？

2. 授予专利权的发明和实用新型应当具备的条件是什么？

3.《专利法》规定不授予专利权的项目有哪些？

4. 侵犯专利权的行为有哪些？

5. 我国注册商标的基本原则有哪些？

6. 侵犯商标专用权的行为有哪些？

四、案例题

1. 2000 年 1 月，甲公司的高级工程师乙研发出一种节油装置，完成了该公司的技术攻坚课题，并达到国际领先水平。2000 年 2 月，甲公司将该装置样品提供给我国政府承认的某国际技术展览会展出。同年 3 月，乙未经单位同意，在向某外国杂志的投稿论文中透漏了该装置的核心技术，该杂志将论文全文刊登，引起甲公司不满。同年 6 月，丙公司依照该杂志的报道很快研制了样品，并做好了批量生产的必要申请。甲公司于 2000 年 7 月向我国专利局提交专利申请书。2000 年 12 月，丁公司也根据该杂志开始生产节能装置。2003 年 5 月 7 日，国务院专利行政部门授予甲公司发明专利，2003 年 7 月，甲公司向法院提出诉讼，分别要求丙公司和丁公司停止侵害并赔偿损失。

要求：根据上述内容，分别回答下面问题（　　）。

(1) 在丙公司已研制出样品、丁公司已开始生产的情况下，甲公司的发明为何仍具有新颖性而被授予专利？

(2) 甲公司能否要求丙公司停止侵害并赔偿损失？为什么？

(3) 丁公司实施甲公司发明的行为是否构成侵权行为？为什么？

2. 大磨坊公司于 1991 年 1 月由我国商标局核准注册取得了“大磨坊”注册商标专用权，核定使用的商品为面包。1992 年 10 月，大磨坊公司与太阳城商场签订了为期 3 年代销协议，约定由太阳城商场设专柜出售面包，由大磨坊公司提供名、优、特、新的注册商标商品。1993 年 4 月起，大磨坊公司停止向太阳城商场供货。同年 6 月大磨坊公司发现太阳城商场在大磨坊专柜上，仍在销售与其类似的面包，商品价签上注明产地大磨坊。大磨坊公司以侵害其商标专用权为由诉至法院。

请回答：

(1) 太阳城商场在大磨坊公司不供货时，仍在其大磨坊专柜销售商品价签上注明

产地为“大磨坊”的面包，是否构成对大磨坊公司商标专用权的侵犯？为什么？

(2)商标注册禁止使用的标志有哪些？

第 11 章
法律救济

学习目标

对经济纠纷解决框架有总体了解，掌握经济纠纷的类型和各自解决途径；着力培养学生证据意识，掌握证据种类和证据搜集的相关规定；熟悉并掌握经济纠纷解决的民事诉讼流程，通过本章的学习，能在解决日常经济纠纷中学以致用。

生活个案

因遭遇家庭暴力，赵女士将其丈夫王先生告上法院，要求与王先生离婚。在起诉状中赵女士称，她与王先生结婚已有十余年，并生有一个男孩名叫贝贝，今年刚上小学。结婚前几年夫妻二人感情尚可，后来王先生经常在酒后打她，对其实施家庭暴力，两人的感情也因此完全破裂。在开庭审理过程中，被告王先生矢口否认其有殴打赵女士的行为，并称他从不喝酒，因此更谈不上酒后实施家庭暴力。在法庭上，法官叫来了双方的孩子贝贝，贝贝说他爸爸经常动手殴打其母赵女士。试问，8 岁的儿子贝贝是未成年人，他的证言能成为这起离婚案的重要证据吗？

11.1 经济纠纷概述

在市场经济条件下，经济主体为实现各自的经济目标，要进行各种经济活动。由于经济主体的经济权益相互独立，加之政策和其他客观情况经常变化，产生各种经济纠纷是必然的。

11.1.1 经济纠纷的概念

经济纠纷是指经济法律关系主体之间因经济权利和经济义务的矛盾而引起的争议。它包括两种类型：其一是关于平等主体之间涉及经济内容的纠纷；其二是公民、法人或者其他组织作为行政管理相对人与行政机关之间因行政管理所发生的涉及经济内容的纠纷。对于因规章命令适用过程中产生的行政主体和规章命令适用利害关系人之间的经济纠纷，本书认为也应归于第二类。当然，前述两种类型经济纠纷有时是联系在一起的。

要说明的是，对于因为犯罪而涉及到一方或双方经济利益受损而引起的求偿诉求不属于本章所讲的经济纠纷的范畴。

11.1.2 经济纠纷的类型

经济纠纷从不同角度和标准可以分为不同的类型，本章中按照纠纷涉及主体地位是否平等分为两类：一是平等主体之间的经济纠纷；二是不平等主体之间的经济纠纷。

1. 平等主体之间的经济纠纷

平等主体之间的经济纠纷大体分为三种：第一种是债权纠纷；第二种是婚姻、家庭和继承引起的纠纷；第三种是劳务纠纷。

(1)债权纠纷

债是按照合同的约定或者依照法律的规定，在当事人之间产生的特定的权利和义务关系。在债的关系中，一方享有请求对方为一定给付的权利，即债权，该方当事人称为债权人；另一方负有向对方为一定给付的义务，即债务，该方当事人称为债务人。债权纠纷因其发生依据不同分为合同之债、侵权之债、无因管理之债和不当得利之债。

①合同之债。“合同”一词在不同的法律部门均得到应用，如劳动法上的合同、行政法上的合同、民法上的合同等。在此处仅限于民法意义上的合同。

民法上的合同特点是当事人的地位平等，当事人对自己的权利在不影响其他人合法权益和符合社会公序良俗情形之下可以自行处分。而劳动法上的合同和行政法上的合同虽然在合同设立上也要遵循当事人的自愿，但在合同履行和解除等诸多方面不同于民法意义的合同，而应当归于特殊合同之列。

②侵权之债。侵权行为是指不法侵害他人的合法民事权益的行为。依法律规定，侵权行为发生后，加害人负有赔偿受害人损失等义务，受害人享有请求加害人赔偿损失等权利。这种特定主体之间的权利义务关系，即侵权行为之债。侵权行为之债是除合同之债以外的另一类较为常见的债，它由非法行为引起，依法律规定而产生，以损害赔偿为主要内容。

③无因管理之债。无因管理，是指没有法定或约定的义务，为避免他人利益受损失而为他人管理事务或提供服务的行为。无因管理一经成立，在管理人和本人之间即发生债权债务关系，管理人有权请求本人偿还其因管理而支出的必要费用，本人有义务偿还，此即无因管理之债。无因管理之债与合同之债一样，都是因合法行为而发生的，二者的根本区别在于合同之债为意定之债，无因管理之债为法定之债。

【案例 11-1】 王某承包村里的鱼塘，经过精心饲养，收成看好。就在鱼出塘上市之际，王某不幸溺水而亡，而其两个儿子都在外地工作，无力照管鱼塘。王某的同村好友李某便主动担负起照管鱼塘的任务，并组织人员将鱼打捞上市出卖，获得收益 4 万元，其中，应向村里上缴承包费 1 万元，李某组织人员打捞、进城卖鱼所花费劳务费及其他必要费用共计 2 000 元。现李某要求王某的继承人支付 2 000 元费用，并要求平分所剩 2.8 万元款项。

本案中，王某在鱼出塘上市之际不幸溺水而亡，李某为避免他人利益受损失而为他人照管鱼塘，后又组织人员打捞、进城卖鱼等行为，应构成无因管理。对于李某管理鱼塘、组织人员打捞、进城卖鱼产生的必要费用，王某的继承人应支付。但对于李某要求平分所剩 2.8 万元款项的请求，是没有法律依据的。

④不当得利之债。不当得利，是指没有合法根据而获得利益并使他人利益遭受损失的事实。依法律规定，取得不当利益的一方应将所获利益返还于受损失的一方，双方因此形成债权债务关系，即不当得利之债。不当得利之债与侵权行为之债、无因管理之债同属法定之债。

【案例 11-2】 在长春务工的小李通过邮局给家乡姑姑汇款 1 000 元，在邮局提供的汇款单上小李写明了姑姑所在的县、乡、村。事有凑巧，本村有位和其姑姑同姓同名村民，结果小李的汇款姑姑没有收到，汇款被同村同名同姓之人取走。

本案中，同村同姓同名村民取走本来属于小李姑姑的汇款，没有法律或合同的依据，构成不当得利。

(2)婚姻、家庭和继承引起的纠纷

在离婚情形发生时往往引起经济纠纷。离婚意味着中止了共同生活关系，由此自然会发生夫妻共同生活财产与个人财产的认定和分割、债务的定性与清偿、特定情形下的经济补偿等情况。家庭经济纠纷主要涉及对未成年子女的抚养、对老人的赡养及对困难家庭成员的帮助等方面。

继承是指自然人死亡后，由法律规定的一定范围内的人或遗嘱指定的人依法取得死者遗留的个人合法财产的法律制度。在继承法律关系中，死者为被继承人，被继承人死亡时遗留的合法财产为遗产，依法承受遗产的人为继承人。在遗产分配处理过程中产生的纠纷就是遗产继承纠纷。

【案例 11-3】 北京市民闫先生因离婚纠纷到法院起诉，审理后法院判决他与妻子离婚，婚生子随前妻一起生活，他每月负担儿子抚育费 310 元。后来前妻与他人再婚，将儿子的闫姓变更为姓赵。闫先生知道后，以儿子更改姓名未经其同意为由，拒绝支付抚育费。

本案中，闫先生不能以儿子更改姓名未经其同意为由而拒绝支付抚育费。《中华人民共和国婚姻法》规定，父母与子女的关系，不因父母离婚而改变，离婚后，一方抚养子女，另一方应负担必要的生活费和教育费的一部分或全部，负担费用的多少和期限的长短，由双方协议，协议不成的，由人民法院判决。《最高人民法院关于人民法院审理离婚案件处理子女变更问题的若干具体意见》规定，父母不得因子女变更姓氏而拒付抚养费；父或母一方擅自将子女姓氏变更随其继父或继母姓氏而引起纠纷的，应责令恢复姓氏。

(3)劳动争议(劳务纠纷)

劳动争议又称劳务纠纷，是指劳动关系双方当事人因执行劳动法律、法规或履行劳动合同、集体合同发生的纠纷。

劳动争议的解决有协商、调解、仲裁和法院诉讼四种途径。具体规定参看本书劳动法部分。

2. 不平等主体之间产生的经济纠纷(行政经济纠纷)①

当公民、法人或者其他组织认为行政主体的行政行为(主要指具体行政行为)侵犯其合法权益时，一般可以通过行政复议、行政诉讼等途径解决行政主体和行政相对人之间的经济纠纷。按照行政主体行为指向对象是否具体化，可以把行政经济纠纷分为因抽象行政行为产生的经济纠纷和因具体行政行为产生的经济纠纷。

(1)因抽象行政行为产生的经济纠纷

抽象行政行为，是指国家行政机关制定法规、规章和有普遍约束力的决定、命令等行政规则的行为。

行政机关的主要职能是执行法律，将人民代表机关制定的法律规定具体应用到对行政事务的管理活动中去。由于社会的发展和行政职能的变化，行政机关需要拥有制定某些行为规则的权力，以便实现其管理职能。当行政机关制定抽象行政行为不规范、不科学，或为了地方利益而制定地方保护政策时，有可能会危及某些个体利益。从行政法发展趋势看，对行政机关制定抽象行政行为进行司法审查是必须的。但现行行

① 对于不平等主体之间经济纠纷的解释参照本章小结。

政诉讼法规定，行政机关的抽象行政行为不在行政诉讼的受理范围内。

【案例 11-4】 ××乡政府为响应县政府的“引导公务人员为地方经济做贡献”精神，下发了红头文件。这份名为《××乡 2009 年乡直单位公务用烟考核管理办法》的文件规定，全乡所有行政、事业单位，服务中心，企业一律实行政府用烟集中采购；管理办公室对用烟数量都有指导性计划，每月检查完成进度；未完成用烟计划的单位，由财政部门直接折价扣减该单位公用经费；凡公务用烟使用非正规渠道卷烟的，发现一次扣减该单位公用经费 1 000 元。在这份文件后面还附有一份指导性计划表，表中规定全乡各单位的年抽烟任务为 400 条，其中几所学校的任务为 140 条。

请你评价一下该乡政府的行政行为。该行为是否能引起经济纠纷？

【案例 11-5】 ×市根据 2007 年 11 月 26 日召开的第 32 次×市党政领导班子联席会议研究决定，从 2009 年 1 月 1 日起，在全市范围内禁止养猪。据了解，×市将分四步逐步停止养猪业发展：从现在起到 12 月 15 日，对暂缓清理的养猪场进行核查，并进行立牌公示，实行统一管理，接受社会监督；今年年底前对所有非暂缓清理的养猪场进行彻底清理；2008 年底前，对包括暂缓清理在内的所有养猪场进行全面清理；2009 年 1 月 1 日起，全市范围内停止所有生猪养殖活动，仍进行生猪养殖活动的场所发现一个、清理一个、查处一个。当地农民王某一直以养猪为业，当他听说本市政府的决定后十分不理解。想到自己养了几十年猪现在突然不让养了，关键是自己现在除了养猪干别的不在行，一气之下针对养猪禁令把×市政府告上法院。

政府出台决定、命令等针对本辖区内普通主体的这种行政行为是抽象行政行为，这种准立法行为适用主体具有广泛性和普遍性的特点，可能会对本辖区普通主体利益造成影响或损及某些个体的合法权益。本案中的农民王某因政府的养猪禁令，感到自己合法权益受损而把地方政府告上法院，但按照我国现行法律，法院不会受理。

(2)因具体行政行为产生的经济纠纷

具体行政行为，是国家行政机关依法就特定事项对特定的公民、法人和其他组织权利义务作出的单方行政职权行为。具体行政行为有行政征收、行政征用、行政给付、行政奖励、行政裁决、行政处罚、行政确认、行政许可、行政强制措施、行政监督检查等。对于具体行政行为，行政相对人认为行政主体的具体行政行为侵犯其合法权益时一般可以通过行政复议、行政诉讼等途径解决行政主体和行政相对人之间的经济纠纷。

需要指出的是，对于行政行为引起的经济纠纷是发生在行政主体和行政相对人之间，属于行政法和行政诉讼法范畴。本章如没有特别说明，以下内容仅涉及平等主体之间纠纷解决采取的途径和措施。

11.1.3 经济纠纷解决途径

人们在社会生活中，难免会发生各种经济纠纷，如离婚财产分配纠纷、侵权赔偿纠纷、房屋产权纠纷、合同纠纷、知识产权纠纷等。纠纷若不能及时妥善解决，不仅会损害当事人合法的民事权益，而且可能波及第三者甚至影响社会的安定。解决平等主体之间经济纠纷的途径大体可分为纠纷当事人协商、第三方参与的调解、行政机关的裁决、仲裁机构的仲裁和法院诉讼。

1. 纠纷当事人协商

纠纷、矛盾出现后，当事人一般希望能够通过协商解决。当事人协商解决纠纷从成本方面分析应该是最小的，也不会出现法院诉讼较长的审理期限。当然，有时纠纷当事人不止一次地协商过，但终因双方差异过大，或一方要求太高，不切实际的漫天要价，导致协议无法达成。

2. 第三方参与的调解

对当事人协商不成的，一般会寻求法院解决。但在当前社会形势下，经济纠纷的增多，如纠纷的解决方式过于集中在法院，对有限的司法资源也是一种挑战。另外，法院诉讼具有程序严格、耗费大、执行难等缺点，决定了通过诉讼往往不能达到速裁速决，息事宁人的现实需求。因此调解就成了一种快速、有效、便捷的解决矛盾争端的重要手段。

调解是由第三者（调解机构或调解人）出面对纠纷的双方当事人进行调停说和，用一定的法律规范和道德规范劝导冲突双方，促使他们在互谅互让的基础上达成解决纠纷的协议。调解协议不具有法律上的强制力，但具有合同意义上的效力。

3. 行政机关的裁决

行政裁决是指行政机关根据法律授权，对当事人之间发生的与行政管理活动密切相关的特定民事纠纷进行审查与裁决的行为。

行政裁决的具体情形含如下几方面：(1)违反行政管理的行为造成的损害赔偿争议；(2)土地、矿产、草原等自然资源权属争议；(3)国有资产产权争议；(4)拆迁补偿安置争议；(5)专利强制许可使用费争议。要注意的是，对行政机关裁决不服的救济途径根据法律的不同规定不尽相同。

4. 仲裁机构的仲裁

仲裁是由双方当事人选定的仲裁机构对纠纷进行审理并作出裁决。仲裁不同于调解，仲裁裁决对双方当事人有法律上的拘束力。但是，仲裁与调解一样，也是以双方当事人的自愿为前提条件的，只有纠纷的双方达成仲裁协议，一致同意将纠纷交付裁决，仲裁才能够进行。

5. 法院诉讼

法院诉讼是指法院在当事人和其他诉讼参与人的参加下，以审理、判决、执行等方式解决民事纠纷的活动，以及由这些活动产生的各种诉讼关系的总和。

11.2 证据

11.2.1 证据意识培养

当事人要证明自己提出的主张,需要向法院提供相应的证据材料。证据不仅是当事人证明自己主张的证据材料,也是法院认定争议的案件事实,作出裁判的根据。只有经过质证和认证的证据,才能作为认定案件事实和裁判的根据。

所谓证据意识,是指人们在社会生活和交往中对证据作用和价值的一种认知的心理状态,是人们在面对纠纷或处理争议时自觉收取、保存、运用证据的心理觉悟。包括收取、保存和运用证据的意识。

现在对于案件的审理,重在对证据的核实和质证,防止审判人员认定证据的随意性。《证据规定》中规定了有些证据不能单独作为认定案件事实的依据,如无法与原件、原物核对的复印件、复制品,无正当理由未出庭作证的证人证言等。对于这方面的论述在证据的种类中有较详细的说明。

我国现行《民事诉讼法》第 64 条第 3 款规定,人民法院应当按照法定程序,全面地、客观地审查核实证据。这里的"审查核实证据"包括了对证据证明力有无和大小的认定。《证据规定》第 64 条规定,审判人员应当依照法定程序,全面、客观地审核证据,依据法律的规定,遵循法官职业道德,运用逻辑推理和日常生活经验,对证据有无证明力和证明力大小独立进行判断,并要公开判断的理由和结果。

【案例 11-6】 某乡一副乡长经常在一餐厅赊账招待客人,餐厅老板王某每次都要副乡长亲笔写上吃饭的时间、数额,并作成统一的账本;而另一餐厅老板李某则不一样,碍于朋友情面,只对经常赊账的包工头简单记个概数。最后,他们都因餐费纠纷闹上法庭。结果,王某拿出账本质证,法院认证后判决副乡长还清欠款 2 300 元;而李某手无证据,尽管根据证人证言追回了一千元,但还有五千多元的账目说不清、查不明。不难发现,王某和李某在搜集证据上的不同态度,直接影响其将来维权胜诉的概率。

11.2.2 证据的种类

根据《民事诉讼法》第 63 条的规定,民事证据有以下七种:书证、物证、视听资料、证人证言、当事人陈述、鉴定结论、勘验笔录。这里所指的证据种类是指作为证据资料的不同表现形式。

1. 书证

书证是指以文字、符号、图形等形式所记载的内容或表达的思想来证明案件事实的证据。书证以其表达的思想内容证明案件的事实，而不是以其外形、质量等来证明案件的事实。例如各种书面文件或纸面文字材料，如合同文本、各种信函、电报、传真、图纸、图表、文件等。但书证内容的物质载体并不限于纸面材料，非纸类的物质亦可成为载体，如木、竹、石、金属等。

2. 物证

物证是以物品、痕迹等客观物质实体的外形、性状、质地、规格等证明案件事实的证据。如肇事交通工具、现场留下的物品和痕迹等。

3. 视听资料

视听资料，是指利用录音、录像等技术手段反映的声音、图像以及电子计算机储存的数据证明案件事实的证据。视听资料作为一种新的证据方法是现代科技发展的结果，随着电子产品日益普及化，在诉讼中人们也越来越多地使用视听资料。常见的视听资料如录像带，录音带，胶卷，储存于软盘、光盘、硬盘中的电脑数据等。

视听资料利用了现代科技手段储存音像和数据，因此具有易于保存的特点。视听资料中反映音像的资料还具有生动逼真的特点，比较直观地再现了案件当时发生的过程，但另一方面，视听资料也容易被人利用技术手段加以篡改。

4. 证人证言

证人是指了解案件情况并向法院或当事人提供证词的人。证言是指证人将其了解的案件事实向法院所作的陈述或证词。要注意的是，证言与其他证据相比，具有一定的主观因素，证言真实性的程度易受证人主观意识的干扰。

证人证言是证人对案件真实情况的陈述，因此不能正确表达意志的人，不能作为证人。待证事项与其年龄、智力状况或者精神健康状况不相适应的无民事行为能力人和限制民事行为能力人，不能作为证人。

证人有出庭作证的义务，但在实际情形中，证人由于特定原因确实不能出庭作证该如何处理？根据民事诉讼法和《证据规定》的规定，证人确有困难不能出庭的，经人民法院许可，可以提交书面证词或者视听资料或者通过视听传输技术手段作证。这里所指的视听资料应当是证人作证的音像资料。所谓“证人确有困难不能出庭”，主要是指以下情形：(1)年迈体弱或者行动不便无法出庭的；(2)特殊岗位确实无法离开的；(3)路途特别遥远，交通不便难以出庭的；(4)因自然灾害等不可抗力的原因无法出庭的；(5)其他无法出庭的特殊情况。

5. 当事人陈述

当事人陈述，是指当事人在诉讼中就本案的事实向法院所作的陈述。而作为证据的当事人陈述是指那些能够证明案件事实的陈述，如关于争议法律关系形成事实的陈述。要注意的是，基于趋利避害的特性，当事人的陈述与其他证据比较，更容易夹带虚假的成分。

《证据规定》第 76 条规定：当事人对自己的主张，只有本人陈述而不能提出其他相关证据的，其主张不予支持。但对方当事人认可的除外。由于当事人陈述的证明作用需要借助其他证据，因此当事人陈述的证明力就要弱得多。

6. 鉴定结论

鉴定结论是证据的一种，是鉴定人依据科学知识对案件中的有关专门性问题所作的分析、鉴别和判断。基于对当事人意思自治的尊重，鉴定机构和鉴定人员可以由双方当事人协商确定，如果双方当事人协商不成的，由人民法院指定。

鉴定结论通常是以鉴定书的形式表现的，按照《证据规定》的要求，鉴定书应当具有下列内容：(1)委托人姓名或者名称、委托鉴定的内容；(2)委托鉴定的材料；(3)鉴定的依据及使用的科学技术手段；(4)对鉴定过程的说明；(5)明确的鉴定结论；(6)对鉴定人鉴定资格的说明；(7)鉴定人员及鉴定机构签名盖章。

7. 勘验笔录

勘验笔录是指法定专业人员对事发现场或者物品进行勘察、检验、测量、绘图、拍照等所作的记录。

11.2.3 举证原则和证据搜集

1. 举证原则

(1)举证的一般原则——谁主张谁举证

原告向人民法院起诉或者被告提出反诉，应当附有符合起诉条件的相应的证据材料。当事人对自己提出的诉讼请求所依据的事实，或者反驳对方诉讼请求所依据的事实有责任提供证据加以证明。没有证据或者证据不足以证明当事人的事实主张的，由负有举证责任的当事人承担不利后果。

(2)侵权纠纷中举证责任倒置的规定

下列侵权诉讼，根据《证据规定》第4条规定，按照以下规定承担举证责任：

①因新产品制造方法发明专利引起的专利侵权诉讼，由制造同样产品的单位或者个人对其产品制造方法不同于专利方法承担举证责任；

②高度危险作业致人损害的侵权诉讼，由加害人就受害人故意造成损害的事实承担举证责任；

③因环境污染引起的损害赔偿诉讼，由加害人就法律规定的免责事由及其行为与损害结果之间不存在因果关系承担举证责任；

④建筑物或者其他设施以及建筑物上的搁置物、悬挂物发生倒塌、脱落、坠落致人损害的侵权诉讼，由所有人或者管理人对其无过错承担举证责任；

⑤饲养动物致人损害的侵权诉讼，由动物饲养人或者管理人就受害人有过错或者第三人有过错承担举证责任；

⑥因缺陷产品致人损害的侵权诉讼，由产品的生产者就法律规定的免责事由承担

举证责任；

⑦因共同危险行为致人损害的侵权诉讼，由实施危险行为的人就其行为与损害结果之间不存在因果关系承担举证责任；

⑧因医疗行为引起的侵权诉讼，由医疗机构就医疗行为与损害结果之间不存在因果关系及不存在医疗过错承担举证责任。

有关法律对侵权诉讼的举证责任有特殊规定的，从其规定。

(3)法院分配举证责任

在法律没有具体规定，其他司法解释无法确定举证责任承担时，人民法院可以根据公平原则和诚实信用原则，综合当事人举证能力等因素确定举证责任的承担。

(4)举证责任的其他规定

在合同纠纷案件中，主张合同关系成立并生效的一方当事人对合同订立和生效的事实承担举证责任；主张合同关系变更、解除、终止、撤销的一方当事人对引起合同关系变动的事实承担举证责任。对合同是否履行发生争议的，由负有履行义务的当事人承担举证责任。对代理权发生争议的，由主张有代理权一方当事人承担举证责任。

在劳动争议纠纷案件中，因用人单位作出开除、除名、辞退、解除劳动合同、减少劳动报酬、计算劳动者工作年限等决定而发生劳动争议的，由用人单位承担举证责任。

2. 证据的搜集

(1)当事人或者诉讼代理人证据搜集

当事人或者诉讼代理人证据搜集是证据的主要来源，纠纷当事人在进行具有法律意义的行为时首先要有证据意识，要及时妥善保存证据。其次，根据《民事诉讼法》第61 条规定，代理诉讼的律师和其他诉讼代理人有权调查搜集证据，可以查阅涉案有关材料。

(2)人民法院调查搜集证据

人民法院调查搜集证据包括两种情形：一种是根据自己的需要依职权主动调查搜集证据；另一种是根据当事人的申请调查搜集证据。

①主动调查搜集证据。根据《民事诉讼法》第 64 条的规定，人民法院认为审理案件需要的证据，人民法院应当调查搜集。依照《证据规定》，“人民法院认为审理案件需要的证据”，是指以下情形，第一类是涉及可能有损国家利益、社会公共利益或者他人合法权益的事实；第二类是涉及依职权追加当事人、中止诉讼、终结诉讼、回避等与实体争议无关的程序事项。

②根据当事人申请调查搜集证据。根据《民事诉讼法》第 64 条的规定，当事人及其诉讼代理人因客观原因不能自行搜集的证据，人民法院应当调查搜集。《证据规定》规定，申请法院调查搜集证据的条件必须符合下列情形之一：申请调查搜集的证据属于国家有关部门保存并须人民法院依职权调取的档案材料；涉及国家秘密、商业秘密、个人隐私的材料；当事人及其诉讼代理人确因客观原因不能自行搜集的其他材料。

【案情 11-7】 2005 年 8 月 1 日，张某在一超市购某品牌啤酒 10 瓶，当日傍晚晚餐时，放在餐桌上的一瓶啤酒突然发生爆炸，酒瓶碎片割在张某的胳膊上，造成十公分长的伤口，流血不止。张某当即被家人送至附近医院包扎，花去医疗费 150 元，医嘱休息 15 天。事故发生当日张某家人请当地公证处对事故现场进行了证据保全。8 月 20 日，张某找到超市，要求超市承担赔偿责任。超市向张某出示了该啤酒的生产厂商，并表示愿为张某索赔提供法律帮助。后张某与厂商就酒瓶爆炸受伤一事进行交涉，但厂商以酒瓶非该厂生产，且该厂产品出厂时经检验为合格产品为由，拒绝承担赔偿责任。张某经过权衡，决定选择生产厂商为被告，向法院提起诉讼，要求该厂承担侵权责任，赔偿医疗费、误工费等各项损失。庭审中，原告张某出示了公证处保全的证据，被告对该证据的真实性无异议，但认为发生事故的原因是酒瓶存在质量问题，而该瓶是由其向他厂所购为由，拒绝承担赔偿责任。

本案中，张某家人有较强的证据意识，能及时迅速请当地公证处对事故现场进行了证据保全，为以后的胜诉提供强有力的证据。张某经过权衡最后选择生产厂商为被告是符合民事诉讼法相关规定的。该酒厂不能以酒瓶非该厂生产，或者是该厂产品出厂时经检验为合格产品为由拒绝承担赔偿责任。酒厂上述理由不能成为因缺陷产品致人损害责任免除的法定事由。

11.3 民事诉讼中的时效、管辖、流程和律师制度

11.3.1 诉讼时效

1. 诉讼时效的概念

民事诉讼时效是指权利人经过法定期限不行使自己的权利，依法律规定其胜诉权便归于消灭的制度。当然，其胜诉权的消灭并不意味其实体权利的消灭。超过诉讼时效期间，当事人自愿履行的，不受诉讼时效限制。

向人民法院请求保护民事权利的诉讼时效期间一般为两年。下列的诉讼时效期间为一年：(1)身体受到伤害要求赔偿的；(2)出售质量不合格的商品未声明的；(3)延付或者拒付租金的；(4)寄存财物丢失或者损毁的。

诉讼时效期间从知道或者应当知道权利被侵害时起计算。但是，从权利被侵害之日起超过二十年的，人民法院不予保护。有特殊情况的，人民法院可以延长诉讼时效期间。

2. 诉讼时效的中止

在诉讼时效期间的最后六个月内，因不可抗力或者其他障碍不能行使请求权的，诉讼时效中止。从中止时效的原因消除之日起，诉讼时效期间继续计算。

3. 诉讼时效的中断

诉讼时效因提起诉讼、当事人一方提出要求或者同意履行义务而中断。从中断时起，诉讼时效期间重新计算。

4. 期间的相关规定

期间是指人民法院、诉讼参与人进行或完成某种诉讼行为应遵守的时间。规定按照小时计算期间的，从规定时开始计算。规定按照日、月、年计算期间的，开始的当天不算入，从下一天开始计算。

期间的最后一天是星期日或者其他法定休假日的，以休假日的次日为期间的最后一天。期间的最后一天的截止时间为二十四点。有业务时间的，到停止业务活动的时间截止。

【案例 11-8】 甲公司与乙公司于 1990 年 7 月 10 日签订一份合同，约定由甲向乙供应一套设备并负责送货、安装，货款总额 300 万元。同年 10 月 10 日，甲公司将设备运抵乙方，设备安装后，调试运转正常。乙公司即付货款 280 万元，双方同意剩余 20 万元待设备运转 3 个月后如果没有质量问题时再行支付。3 个月后，乙未向甲提出质量问题，甲去函要求乙支付余款 20 万元。乙以目前尚不能肯定设备有无质量问题为由，要求再等 3 个月。甲未允，去函要求乙方至迟到 1991 年 2 月 10 日前结清全部货款及迟延利息。乙未答复。此后 3 年内，双方未再就此事交涉。1994 年 5 月，甲公司清理合同时发现乙公司尚欠其 20 万元设备款，遂派人到乙公司追讨，乙公司查实后付清尚欠设备款 20 万。但后来乙公司获悉本笔债务实际上已经超过诉讼时效，遂起诉至法院，要求甲公司退回 20 万已过诉讼时效的货款。

本案中，甲给乙去函，要求乙方至迟到 1991 年 2 月 10 日前结清全部货款及迟延利息。这一行为构成诉讼时效中断。后来乙公司诉至法院，要求甲公司退回 20 万已过诉讼时效的货款，此请求不能得到法律支持。民事诉讼时效期满消灭的是胜诉权，其胜诉权的消灭并不意味其实体权利的消灭。超过诉讼时效期间，当事人自愿履行的，不能以已过诉讼时效期间为由要求返还前期自愿履行的债务。

11.3.2 诉讼管辖

1. 管辖的概念

民事诉讼中的管辖，是指各级法院之间和同级法院之间受理第一审民事案件的分工和权限。它是在法院内部具体确定特定的民事案件由哪个法院行使民事审判权的一项制度。

2. 级别管辖

级别管辖，是指按照一定的标准，划分上下级法院之间受理第一审民事案件的分工和权限。我国民事诉讼法是根据案件的性质、繁简程度和案件影响的大小来确定级别管辖的；把性质重大、案情复杂、影响范围大的案件确定给级别高的法院来管辖。

我国的法院有四级，并且每一级都受理一审民事案件，因此需要运用级别管辖对四级法院受理一审民事案件的权限进行分工。

(1)基层法院管辖的第一审民事案件

《民事诉讼法》第18条规定：基层人民法院管辖第一审民事案件，但本法另有规定的除外。由于民事诉讼法规定由其他各级法院管辖的案件为数较少，所以这一规定实际上把大多数民事案件都划归基层法院管辖。

(2)中级法院管辖的第一审民事案件

《依据民事诉讼法》第19条的规定，中级法院管辖的第一审民事案件有三类：第一类是重大的涉外案件，涉外案件是指具有涉外因素的民事案件。重大涉外案件是指争议标的额大，或者案情复杂，或者居住在国外的当事人人数众多的涉外案件。第二类是在本辖区有重大影响的案件，这是指案件的影响超出了基层法院的辖区，在中级法院辖区内产生了重大影响。第三类是最高法院确定由中级法院管辖的案件。

(3)高级法院管辖的第一审民事案件

高级法院的主要任务是对本辖区内中级法院和基层法院的审判活动进行指导和监督，审理不服中级法院判决、裁定的上诉案件。因此，高级法院管辖一审案件的数量是相当少的。

(4)最高法院管辖的第一审民事案件

最高法院管辖的第一审民事案件有两类：一类是在全国有重大影响的案件，另一类是认为应当由本院审理的案件。但要注意的是，由最高人民法院审理的第一审民事案件，由于没有更高层次的法院可以上诉而实行一审终审。

3. 地域管辖

地域管辖，是指按照各法院的辖区和民事案件的隶属关系来划分诉讼管辖。民事诉讼法通过级别管辖将民事案件在四级法院中做了分配，划定了各级法院受理第一审民事案件的权限，但至此仍然不能确定某一诉讼案件具体由哪个法院受理，因为除最高法院外，在同一级中仍然有许多个法院，所以还需要进行第二次分配，将已划归同一级法院管辖的一审案件在各个法院之间进行分配。这一任务是由地域管辖完成的，因此，地域管辖的作用在于确定同级法院在各自辖区内受理第一审民事案件的分工和权限。

(1)一般地域管辖

当事人有原告和被告之分，一般地域管辖的通行做法是实行“原告就被告”的原则，即以被告所在地作为确定管辖的标准。

(2)原告所在地法院管辖

考虑到实践中存在一些由被告所在地法院一管辖会给原告行使诉权和法院审理案件带来诸多不便的情况，民事诉讼法和最高人民法院《民诉意见》规定某些诉讼由原告住所地法院管辖，原告住所地与经常居住地不一致的，由原告经常居住地法院管辖。

(3)特殊地域管辖

我国民事诉讼法规定的特殊地域管辖，是指以被告住所地、诉讼标的所在地、法律事实所在地为标准确定的管辖。

4. 专属管辖

专属管辖，是指法律规定某些特殊类型的案件专门由特定的法院管辖。专属管辖是排他性管辖，它排除了诉讼当事人以协议方式选择国内的其他法院管辖。专属管辖与一般地域管辖和特殊地域管辖的关系是，凡法律规定为专属管辖的诉讼，均适用专属管辖，不得适用一般或特殊地域管辖。我国民事诉讼法规定的属于专属管辖的诉讼有以下三类：(1)因不动产纠纷提起的诉讼专属不动产所在地法院管辖。(2)因港口作业发生纠纷提起的诉讼专属港口所在地法院管辖。(3)因继承遗产纠纷提起的诉讼专属被继承人死亡时住所地或主要遗产所在地法院管辖。当遗产有多处且分布在不同法院辖区时，还需要区分主要遗产和非主要遗产，遗产既有动产又有不动产的，一般以不动产所在地作为主要遗产地，动产有多项的，则以价值高的动产所在地作为主要遗产地。

11.3.3 普通民事诉讼流程

1. 起诉

起诉是指公民、法人和其他组织在其民事权益受到侵害或与他人发生争议时，向人民法院提起诉讼，请求人民法院通过审判予以司法保护的行为。起诉是当事人获得司法保护的手段，也是人民法院对民事案件行使审判权的前提。

当事人的起诉要得到人民法院的受理，必须具备法律规定的起诉条件。依照《民事诉讼法》第 108 条的规定，起诉的条件如下：第一，原告必须是与本案有直接利害关系的公民、法人或其他组织。第二，有明确的被告。除非讼案件外，原告起诉必须明确指出侵犯其民事权益或与其发生民事权益争议的被告是谁。第三，有具体的诉讼请求、事实和理由。第四，属于人民法院受理民事诉讼的范围和受诉人民法院管辖，即原告提起的诉讼应当属于人民法院行使审判权的范围和受诉法院的管辖范围，否则法院无权对案件进行审理。

《民事诉讼法》第 109 条规定，起诉应当向人民法院递交起诉状，并按照被告的人数提交起诉状副本。书写起诉状确有困难的，可以口头起诉，由人民法院记入笔录，并告知对方当事人。

起诉状的内容，依照《民事诉讼法》第 110 条的规定，应当写明：①当事人的有关情况。当事人是个人的，写明其姓名、年龄、民族、职业、工作单位和住所；当事人是法人或其他组织的，写明其名称、单位所在地址、法定代表人或主要负责人的姓名、职务等。

②原告的诉讼请求以及诉讼请求所依据的事实和理由。③证据和证据来源、证人的姓名、住所等。④受诉法院的名称、起诉的时间、起诉人签名或盖章。起诉状应当按照法律规定的内容书写,内容如有欠缺的,受诉人民法院应告知原告限期补正。

2. 人民法院对起诉的审查与受理

受理是指人民法院通过对当事人的起诉进行审查,对符合法律规定条件的,决定立案审理的行为。当事人的起诉行为只有与法院的受理行为相结合,才能引起民事诉讼程序的开始。

人民法院对起诉审查以后,针对不同情况作出不同的处理:一种情形是,人民法院认为起诉符合法定条件的,应当在 7 日内立案并通知当事人。另一种情形是,人民法院认为起诉不符合法定条件的,应当在 7 日内裁定不予受理;原告对不予受理裁定不服的,可以提起上诉。如果人民法院在立案后,发现起诉不符合法定条件的,裁定驳回起诉,当事人对驳回起诉的裁定不服,可以提起上诉。

3. 开庭审理(诉讼一审程序)

开庭审理是指在人民法院审判人员的主持下,在当事人和其他诉讼参与人的参加下,在法院固定的法庭上或法律允许设置的法庭上,依照法定的程序和顺序,对案件进行实体审理,从而查明案件事实、分清是非,并在此基础上对案件作出裁判的全部过程。

4. 评议和宣判

由合议庭的人员在法庭调查和法庭辩论的基础上,认定案件事实,确定适用的法律,最后宣告案件的审理结果,这是开庭审理的最后阶段。

宣告判决有两种方式:一种是当庭宣判,一种是定期宣判。当庭宣判的,应当在 10 日内发送判决书;定期宣判的,宣判后立即发给判决书。不管采用哪种形式宣判,都要告知当事人上诉权利、上诉期限以及上诉法院。

适用普通程序审理的第一审民事案件,期限为 6 个月;有特殊情况需要延长的,经法院院长批准,可以延长 6 个月,还需延长的,报请上一级人民法院批准,可以再延长 3 个月。

5. 诉讼二审程序

我国实行两审终审制,当事人不服一审法院作出的裁判,可以向一审法院的上一级法院提起上诉,经上一级法院审理并作出裁判后,诉讼便告终结。所以第二审又称上诉审,第二审程序又称上诉审程序。同时,一个案件经过二审程序审理并作出裁判后,诉讼即告终结,二审作出的判决立即发生法律效力,因此,二审程序又称为终审程序。

要注意的是,第二审程序并不是当事人进行民事诉讼的必经程序,也不是人民法院审理案件的必经程序,如果当事人在案件一审过程中达成调解协议或者在上诉期内未提起上诉,一审法院的裁判就发生法律效力,第二审程序也因无当事人的上诉而无从发生。

根据我国法律规定，不服判决的上诉期间为 15 日，不服裁定的上诉期间为 10 日，从裁判送达之日起计算。诉讼参加人各自接收裁判的，从各自的起算日分别开始计算；任何一方的上诉期未满，裁判都是在上诉期内，这时，裁判处于一种不确定状态，当事人可以上诉。只有当双方当事人的上诉期都届满后，双方均未提起上诉的裁判才发生法律效力。

【案例 11-9】 2007 年 6 月 12 日凌晨 0 时 20 分左右，吕某驾驶低速自卸货车，沿长邱线自北向南行驶至 8KM＋600M 处时，与行人"无名氏"(女，身份不详)发生碰撞，造成"无名氏"当场死亡。依据某市公安局交通警察大队《交通事故认定书》，认定吕某负事故全部责任。

本案中，该市民政局根据市公安局交通警察大队《交通事故认定书》，替道路交通事故中身份不明的死亡人亲属提起民事赔偿诉讼，因其与本案无直接利害关系，不符合我国《民事诉讼法》中关于起诉的条件。

11.3.4 律师制度

1. 律师资格的获得

我国《律师法》第 2 条第 1 款规定："本法所称律师，是指依法取得律师执业证书，接受委托或者指定，为当事人提供法律服务的执业人员"。律师执业，应当通过国家统一司法考试或者取得律师资格，依法取得律师执业证书。

根据《律师法》第 5 条以及司法部的有关规定，在我国取得律师资格应当具备以下条件：第一，必须是中华人民共和国公民，外国人和无国籍人目前尚不能在我国取得律师资格；第二，必须拥护《中华人民共和国宪法》，享有选举权和被选举权；第三，必须经过国家统一的司法考试。具有高等院校法律本科以上学历，或者高等院校其他专业本科以上学历，具有法律专业知识的人员，经国家司法考试合格的，取得律师资格。对于适用前述学历条件确有困难的地方，经国务院司法行政部门审核确定，在一定期限内，可以将学历条件放宽为高等院校法律专业专科学历。

2. 律师事务所

根据《律师法》的规定，我国的律师事务所有合伙律师事务所、个人律师事务所、国资律师事务所三种类型。

(1)合伙律师事务所

合伙律师事务所是世界各国广泛采用的一种律师组织形式。《律师法》第 15 条规定："设立合伙律师事务所，除应当符合《律师法》规定的一般条件外，还应当有 3 名以上合伙人，设立人应当是具有 3 年以上执业经历的律师。合伙律师事务所可以采用普通合伙或者特殊的普通合伙形式设立。"

按照司法部颁发的《合伙律师事务所管理办法》，设立合伙律师事务所应当具备以下四个条件：①有自己的名称、住所和章程；②有书面合伙协议；③有3名以上合伙人；④有10万元人民币以上资产。

(2)个人律师事务所

个人律师事务所是2007年10月28日第十届全国人民代表大会常务委员会第三十次会议修订的《律师法》新规定的律师事务所类型。《律师法》第16条规定："设立个人律师事务所，除应当符合本法第14条规定的条件外，设立人还应当是具有5年以上执业经历的律师。设立人对律师事务所的债务承担无限责任。"一般认为，个人律师事务所是由一名律师个人投资设立，财产归其个人所有，开业律师以其个人财产对事务所债务承担无限责任的律师执业机构。

(3)国资律师事务所

我国《律师法》第20条规定："国家出资设立的律师事务所，依法自主开展律师业务，以该律师事务所的全部资产对其债务承担责任。"

3. 律师的业务范围

我国实行律师业务的法定化原则，即律师的执业范围由律师法明文规定。《律师法》第28条规定，律师可以从事下列业务：(1)接受公民、法人和其他组织的聘请，担任法律顾问；(2)接受民事案件、行政案件当事人的委托，担任代理人，参加诉讼；(3)接受刑事案件犯罪嫌疑人的聘请，为其提供法律咨询，代理申诉、控告，申请取保候审；(4)接受犯罪嫌疑人、被告人的委托或者人民法院的指定，担任辩护人；(5)接受自诉案件自诉人、公诉案件被害人或者其近亲属的委托，担任代理人，参加诉讼；(6)代理各类诉讼案件的申诉；(7)接受当事人的委托，参加调解、仲裁活动；(8)接受非诉讼法律事务当事人的委托，提供法律服务；(9)解答有关法律的询问、代写诉讼文书和有关法律事务的其他文书。以上律师业务，根据实践中的做法，具体可以归纳为11个项目，即：担任法律顾问、民事诉讼代理、行政诉讼代理、刑事法律帮助、刑事辩护、刑事诉讼代理、申诉代理、仲裁代理、非诉讼法律事务、法律咨询、代书。

本章小结

本章首先是对经济纠纷类型的介绍。对纠纷类型的分类按照涉及主体地位是否平等，分为平等主体之间的经济纠纷和不平等主体之间的经济纠纷两种。对于不平等主体之间的经济纠纷，又分为两种情形：一种是行政主体和行政相对人；另一种是规章命令制定主体和规章命令适用利害关系人。对于这种不平等主体之间的经济纠纷有些教材或者理论不把其视为一般的经济纠纷，本书观点倾向于应把其认定为一般经济纠纷。这里有两方面考虑：其一，一般来讲，行政主体对于行政相对人的行政行为引起的经济纠纷最终是由法院来审理和判定；其二，即便是行政主体准立法行为，由于有些准立法程序的过度简化、短期化、政策化和局部利益保护导向化等诸多方面影响，制定的规章和命令等抽象行政行为也会引起经济纠纷。把不平等主体之间的经济纠纷纳入一般经济纠纷范畴，对于规范、限制政府权力滥用，建立竞争有序市场经济大有裨益。

对于现实中产生的各种经济纠纷解决的途径本章进行了大致的梳理，对于不同类型的经济纠纷，根据纠纷类型和纠纷当事人具体情形应采取不同的解决途径。

由于纠纷解决途径的多样性，加之本章篇幅有限，故只针对民事纠纷的法院诉讼途径解决方式作为分析对象。首先是对于证据方面的论述。证据有“诉讼之王”之称，法院的审理、裁判是以证据作为其理由支撑。通过本部分学习，学生要掌握证据的种类，对各种证据的证明力的大小有大体了解。其次，对于我国法院审级制度、管辖和诉讼流程做了简要论述。通过本部分的学习，学生能对民事纠纷法院诉讼流程有总体把握，增强其用法律维护自己合法权益的能力。最后部分是对于我国相关律师制度的简要论述。

习 题

一、单项选择题

1. 债权人甲以买卖合同书证明他与债务人乙之间存在买卖法律关系，此买卖合同书属于(　　)。

A. 间接证据　　B. 物证　　C. 反证　　D. 书证

2. 甲路过乙家门口，被乙家的狗咬伤，住院治疗花去 1 200 元。甲起诉到法院，要求乙赔偿，乙说：“我家的狗拴在树上，从来没有咬过人，这一次怎么会断了绳子咬你呢？一定是你逗我家的狗，并割断了拴狗的绳子，狗才咬人的。所以你是自作自受，责任在你自己。”关于本案的举证责任，下列说法错误的是(　　)。

A. 甲应证明自己所受的损害

B. 甲应证明自己所受的损害系乙的狗咬伤所致

C. 甲应当证明乙具有过错

D. 乙可以通过证明损害是由甲自身的过错所致而免责

3. 由最高人民法院审理的第一审民事案件(　　)。

A. 一审终审　　B. 两审终审

C. 可以申请行政复议　　D. 可以申请仲裁

4. 物证的根本特征是(　　)。

A. 以记载的内容或表达的思想证明案件事实

B. 以属性、特征或者存在状况等物质属性证明案件事实

C. 能够证明案件主要事实

D. 不受人的主观意志的影响

5. 2000 年 6 月 5 日，家住北京市朝阳区的小学生甲(8 岁)在崇文区一同学乙(9

岁)家玩耍时,将乙头部打伤,乙父母因此花去医疗费2 000元。2000年8月20日,乙的父亲向法院提起诉讼,要求甲赔偿全部医疗费,则应该将(　　)列为原告。

A. 乙的父亲　　B. 乙

C. 乙或乙的父亲　　D. 乙和乙的母亲

6. 民事诉讼的专属管辖不适用于(　　)。

A. 不动产纠纷　　B. 港口作业引起的纠纷

C. 遗产继承引起的纠纷　　D. 票据纠纷

7. 在下列选项中,(　　)属于我国法定的民事证据种类。

A. 直接证据　　B. 间接证据

C. 证人证言　　D. 原始证据

二、多项选择题

1. 下列一审案件属于中级人民法院管辖的是(　　)。

A. 重大涉外案件　　B. 在本辖区内有重大影响的案件

C. 海事海商案件　　D. 专利民事案件

2. 下列关于期间的说明中正确的是(　　)。

A. 对一审判决不服的上诉期是15日

B. 对一审裁定不服的上诉期是10日

C. 一审普通程序的审理期限是6个月

D. 二审程序的审理期限是3个月

3. 下面各项中属于民事证据的有(　　)。

A. 书证、物证　　B. 证人证言

C. 被害人的陈述　　D. 检查笔录

三、简答题

1. 在民事诉讼中,为什么在有些情况下要实行举证责任倒置?

2. 起诉的条件。

3. 人民法院调查收集证据的两种情形。

四、案例题

1. 甲于1996年5月向某县人民法院起诉,请求法院判决确认被乙抢占的三间房归自己所有,并判令被告搬走。经审理,原告甲拿不出证据,被告乙坚决否认,但也举不出证据。人民法院收集不到证据。房屋所有权处于不明状态。县法院于8月5日作出判决,驳回原告的诉讼请求。请问,法院驳回原告的诉讼请求是否正确?为什么?

2. 甲市石某来乙市谋生,与乙市青山区的宇宏商品批发市场签订了摊位承租合同,合同期限为5年。根据该合同,石某每年向宇宏市场缴纳租金、管理费等共计5万元。在合同履行的第3年里,由于旧城拆迁改造、其他商品批发市场的激烈竞争等原因,宇宏市场的客流量开始出现较大幅度下降,致使石某等商户的营业额不断减少。

为此，石某在合同履行期的第四年，向宇宏市场单方面提出减少租金、管理费的要求。在与宇宏市场协商未果的情况下，石某决定暂缓交付年租金及管理费，双方因此发生争议。请问：

(1)如果你是石先生，你会选择哪种途径解决此纠纷？

(2)在双方事前没有约定仲裁协议的情形下，石先生就此纠纷到纠纷所在地的仲裁机构申请仲裁，仲裁机构会受理吗？

(3)如果石先生选择法院诉讼方式，他可以到何处法院起诉？

(4)石先生到法院起诉，你认为他应该准备哪些有利于其诉讼请求的证据？

(5)如果法院受理此案，从法院受理到一审裁决做出，一般需要多长时间？如果石先生对一审裁决结果不服，应如何上诉？

习题答案

第1章

（略）

第2章

一、单项选择题

1. B　2. C　3. C　4. B　5. B　6. A　7. D　8. D　9. C　10. B

二、多项选择题

1. BD　2. BC　3. ABCD　4. ABD　5. BCD　6. AC　7. BC　8. ABC　9. BD　10. ABCD

第3章

一、单项选择题

1. A　2D　3B　4B　5D　6A　7D

二、多项选择题

1. ABD　2. AD　3. ABD　4. AD　5. ABCD

第4章

一、单项选择题

1. C　2C　3B　4D　5C　6B　7D　8C

二、多项选择题

1. CD　2AC　3ABD　4ABCD　5ABCD

第5章

一、单项选择题

1. C　2. 2A　3. 3A　4. 4B

二、多项选择题

1. BCD　2. ABCD　3. ABCD　4. BCD

第6章

一、单项选择题

1. C　2. C　3. A　4. D　5. D　6. C

二、多项选择题

1. ABCD　2. ACD　3. ABC　4. AD

第7章

一、单项选择题

1. B　2. B　3. B　4. B　5. C　6. B　7. D　8. B

二、多项选择题

1. ABCD　2. BC　3. BD　4. CD　5. AD　6. AB

四、案例题

1. C　2. AD　3. ABD　4. BCD　5. AD

第8章

一、单项选择题

1. D　2. A　3. C　4. A　5. B　6. C　7. D　8. A　9. A　10. B　11. A　12. B　13. C　14. B　15. B　16. A　17. A

二、多项选择题

1. ACD　2. DB　3. ABCD　4. BCD　5. D　6. ABC　7. ABC　8. ABC　9. AB　10. BC

第9章

一、单项选择题

1. D　2. D　3. C　4. B　5. C　6. C　7. B　8. B　9. B

二、多项选择题

1. ABC　2. ABC　3. CD　4. BCD　5. AD　6. BC　7. ABCD　8. BD　9. ABCD　10. ABCDE

第10章

一、单项选择题

1. C　2. D　3. C　4. B　5. A

二、多项选择题

1. ABC　2. AD　3. BD　4. AB

第11章

一、单项选择题

1. B　2. C　3. A　4. B　5. B

二、多项选择题

1. ABD　2. ABCD　3. AB

参考文献

[1] 曲振涛.经济法教程.北京:高等教育出版社,2007

[2] 刘天善,张力.经济法教程.3版.北京:清华大学出版社;北京交通大学出版社,2008

[3] 李昌麟.经济法学.北京:法律出版社,2008

[4] 中国注册会计师协会.经济法.北京:中国财政经济出版社,2009

[5] 财政部会计资格评价中心.经济法.北京:中国财政经济出版社,2009

[6] 国务院法制办公室.中华人民共和国合同法(实用版).北京:中国法制出版社,2008

[7] 法律出版社法规中心.消费者权益保护法要点解答.北京:法律出版社,2008

[8] 孔祥俊.反不正当竞争法新论.北京:人民法院出版社,2001

[9] 全国人大常委会法制工作委员会.中华人民共和国反垄断法释义.北京:法律出版社,2007

[10] 梁慧星,陈华彬.物权法.4版.北京:法律出版社,2007

[11] 王利明.中国物权法草案建议稿及说明.北京:中国法制出版社,2001

[12] 杨荣新.民事诉讼原理.北京:法律出版社,2003

[13] 关怀.劳动法.北京:中国人民大学出版社,2008

[14] 王全兴.中国劳动法.北京:中国政法大学出版社,2008

[15] 梁慧星,陈华彬.物权法.4版.北京:法律出版社,2007

[16] 王利明.中国物权法草案建议稿及说明.北京:中国法制出版社,2001

[17] 梁慧星,等.中国物权法草案建议稿.北京:社会科学文献出版社,2000

[18] 席志国,方立维.物权法法条详解与原理阐释.北京:中国人民公安大学出版社,2007

[19] 温世扬.物权法要义.北京:法律出版社,2007

[20] 全国人大常委会.《物权法草案基本原则和主要内容》的讲解.2007年1月25日

[21] 姜明安、李洪雷.行政法与行政诉讼法教学案例.北京:法律出版社,2004

[22] 莫纪宏.诉权是现代法治社会第一制度性权利.法学杂志,2002(4)

[23] 叶自强.民事证据研究.北京:法律出版社,1999

[24] 杨荣新.民事诉讼原理.北京:法律出版社,2003